La lettre de Martine Cano

Présidente de la Fédération française de cyclotourisme

Découvrir la France à vélo, c'est bénéficier d'une expérience de voyage authentique, entre nature, culture et gastronomie, de la ville à la campagne. Notre pays a tous les atouts d'une grande destination du tourisme à vélo. Ce Guide, réalisé par le Petit Futé et la Fédération française de cyclotourisme, vous donne tous les bons plans et les parcours pour profiter de vos balades en toute sérénité.

Nous avons la chance d'avoir en France de nombreux petits sentiers, des véloroutes ou des voies vertes qui permettent de vous faire découvrir et de mettre en valeur les innombrables richesses géographiques, culturelles, patrimoniales mais aussi gastronomiques du territoire.

Seul, en couple, entre amis ou en famille, la randonnée à vélo est accessible au plus grand nombre car dépourvue de toute notion de performance. Cela tombe bien : notre pays offre des parcours entre terre, mer et montagne et aux niveaux de difficultés variés !

Et si vous souhaitez aller plus loin, la Fédération française de cyclotourisme anime le portail gratuit et accessible au grand public, **veloenfrance.fr** : une plateforme unique et interactive qui propose plus de 4 000 circuits route et VTT sur l'ensemble du territoire français. Il y a de quoi parcourir le pays, en itinérance ou avec des boucles à la journée !

Bonnes découvertes à vélo !

Lac d'Annecy

veloenfrance.fr

À vélo tout est plus beau !

Un site de la Fédération française de cyclotourisme

SOMMAIRE

5 LE CARNET DU CYCLISTE

43 AUVERGNE-RHÔNE-ALPES

© PHOTOSCHMIDT - ISTOCKPHOTO.COM

79 BOURGOGNE-FRANCHE-COMTÉ

107 BRETAGNE

118 CENTRE-VAL DE LOIRE

© ALENAPAULUS - ISTOCKPHOTO.COM

259 NOUVELLE-AQUITAINE

299 OCCITANIE

339 PAYS DE LA LOIRE

361 PROVENCE-ALPES-CÔTE D'AZUR

© LZF.GUEFAVEA

LE CARNET DU CYCLISTE

LA BALADE À VÉLO

La balade à vélo poursuit son bel essor, dans un contexte propice. La Loi d'orientation des mobilités de 2019 et ses décrets d'application favorisent la mise en place d'un « système vélo », qui associe aménagements, services, accompagnement aux changements de pratique. Cette loi intègre également le schéma national des véloroutes, ce qui lui confère, outre une dimension juridique, une portée stratégique, imposant aux aménageurs la construction d'infrastructures cyclables en site propre. L'objectif est de disposer d'itinéraires de longues distances, continus et interconnectés. Au 1er janvier 2021, la France avait inscrit plus de 25 000 km au schéma national des véloroutes, soit 58 itinéraires, et en avait réalisés 74 %, dont 45 % en site propre. Le plan « Destination France » dévoilé en novembre 2021 affiche quant à lui l'objectif de faire de l'Hexagone la « première destination vélotouristique » au monde d'ici 2030 !

Des aménagements et dispositifs pour favoriser les pratiques

Pilier du système vélo, les aménagements cyclables contribuent à une pratique sécurisée et apaisée, si toutefois ils sont conçus comme des continuums, en évitant l'écueil des tronçons disjoints ou « confettis » qui peuvent constituer un frein pour les cyclistes non aguerris. Les pistes cyclables sont des aménagements dédiés uniquement aux vélos, et séparés physiquement des autres voies. Les bandes cyclables sont quant à elle également réservées aux deux-roues non motorisés mais séparées des autres voies uniquement par un marquage sur la chaussée. D'autres dispositifs favorisent la pratique cyclable. Les routes à faible trafic, ou les zones 30, limitées à 30 km/h, induisent des conditions agréables et sécurisantes pour pédaler. Les « tourne-à-droite » (ou « cédez le passage cycliste » au feu) parfois autorisés aux feux rouges (et matérialisés par des panneaux) sont des réglementations qui favorisent la sécurité des cyclistes. Limiter la place de la voiture, via par exemple le stationnement payant constitue également un moyen de rendre la pratique cycliste plus sûre. À cela s'ajoutent les autres piliers du système vélo : des dispositifs de stationnement en nombre suffisants et sécurisés, des services permettant l'accès au vélo (location, vente, réparation), et l'accompagnement à la pratique (cours d'apprentissage et de remise en selle). Ce sont ces éléments, ajoutés à d'autres, que l'on va retrouver dans les itinéraires dédiés à la pratique de loisirs.

Des itinéraires pour développer les mobilités liées notamment aux loisirs

Les itinéraires cyclables peuvent prendre la forme d'une piste cyclable, voie verte ou route à faible circulation, jalonnés et signalisés (panneaux et marquages au sol indiquant la direction et le kilométrage).

Une véloroute est un itinéraire cyclable touristique, fléché et sécurisé, qui relie des villes et régions entre elles de manière continue. Elle emprunte des routes en sites propres (dédiés aux vélos, comme des voies vertes) mais aussi des petites routes à faible circulation. Les véloroutes sont conçues selon un cahier des charges national. L'objectif est de constituer un réseau d'itinéraires cyclables continus et interconnectés.

Un itinéraire cyclable est plus qu'un tracé signalisé et balisé : il associe souvent tout un ensemble de services : services liés aux vélos (location, réparation), hébergements, mais aussi sites touristiques ou d'intérêt naturel et paysager.

Plusieurs véloroutes s'inscrivent dans des itinéraires grandes distances, à l'échelle du pays ou de l'Europe, comme les véloroutes européennes, appelées également EuroVelos.

Les EuroVelos constituent des itinéraires cyclables culturels européens. Dix EuroVelo traversent le territoire français :

- EuroVelo 1 - Véloroute de la côte Atlantique (suit le tracé de la vélodyssée sur la partie française)
- EuroVelo 3 - Véloroute des Pèlerins
- Eurovélo 4 - Véloroute d'Europe centrale (dont 1 500 km sur la Vélomaritime en France)
- EuroVelo 5 - La Via Romea Francigena
- EuroVelo 6 - Atlantique - Mer Noire (suit l'itinéraire de la Loire à vélo)
- EuroVelo 8 - Véloroute de la Méditerranée
- EuroVelo 12 - Véloroute de la mer du Nord
- EuroVelo 15 – Véloroute du Rhin
- EuroVelo 17 – Véloroute du Rhône
- EuroVelo 19 – La Meuse à Vélo

Une voie verte est un aménagement entièrement dédié aux véhicules non motorisés. Il s'agit souvent d'anciennes voies de halage ou lignes ferroviaires. La continuité du parcours est assurée, et la morphologie de la voie (plate ou avec faibles pentes) permet une large accessibilité. De plus ces voies peuvent constituer un itinéraire culturel et bénéficient d'un cadre paysager qui les rend agréables. Elles incluent également des services (logement, location de vélo, etc.).

À QUI S'ADRESSE LA BALADE À VÉLO ?

Trop âgé pour la balade à vélo ? Trop jeune ? Pas assez entraîné ? En situation de handicap ? Avez-vous déjà entendu l'une de ces sentences ? Eh bien sachez que le vélo est adapté à toutes et tous. Tout est affaire de motivation, parfois d'émulation, éventuellement de formation et d'expérience, mais aussi d'ajustement du matériel, et de choix des itinéraires. Voici quelques éclairages, issus notamment des retours d'expérience de pays ayant une pratique cyclable plus développée qu'en France (Danemark et Pays-Bas où la part modale du vélo représente respectivement 18 % et 27 %). Il apparaît que c'est bien le déploiement d'un « système vélo » qui permet des conditions favorables à une large pratique de la bicyclette. Ce système se fonde sur trois piliers : l'aménagement de voies cyclables, le stationnement et les services (formation, réparation, etc.). Voici quelques conseils, afin que la balade soit avant tout un moment de plaisir.

À chacun son rythme et ses envies

Il convient au préalable d'identifier ses envies en matière de balade (découverte en famille, visite d'un site touristique, parcours en forêt, etc.) et de les ajuster à ses contraintes (temps, horaires de train, etc.) mais aussi à ses capacités (condition physique). Un itinéraire en site propre (voie verte) est idéal pour débuter en toute confiance la balade à vélo, seul ou avec des enfants. Ce type d'itinéraire est en général plat, balisé et jalonné de points d'intérêt touristique et de services (restaurants, café, etc.). Pour ce qui est des parcours qui présentent un peu de dénivelés, on choisira un parcours adapté à ses capacités, en veillant toujours à pédaler à son rythme. On n'oubliera pas que les montées font la beauté des paysages et sont associées aussi à des descentes. Pour celles et ceux qui souhaiteraient apprendre à pédaler ou tout simplement se remettre en selle avant de s'élancer en balade, des vélos-écoles présentes sur le territoire permettent un apprentissage à tous les âges. Le choix du vélo peut également orienter votre pratique et le choix de vos itinéraires.

©LIGHTPOET-SHUTTERSTOCK.COM

Un vélo réglé et un équipement adapté

Il s'agit d'avoir à la fois un vélo bien révisé, réglé à sa taille, et d'être soi-même bien équipé. En cas de pluie, le garde-boue est un élément important. Quant au cycliste, il adoptera une tenue de pluie qui garantisse son étanchéité : cape de pluie, pantalon imperméable, guêtres. Pour ce qui est de la conduite, il conviendra de redoubler de vigilance, de diminuer sa vitesse, d'anticiper en évitant les freinages brusques et les éléments glissants sur la chaussée (feuilles, etc.). Enfin, pour les adeptes de nouvelles technologies, des applications smartphone existent, pour mieux prévoir les précipitations comme Rain Today' ou Alerte Pluie. En hiver, on conseillera de lutter contre le froid par le port de différentes épaisseurs de vêtements, de bons gants, éventuellement des manchons de guidons, et de rester visible (comme par temps de pluie ou de nuit). En été, on veillera à se protéger de la chaleur et des UV (protection solaire et vestimentaire) et de privilégier des parcours ombragés.

Évaluer son temps de parcours

Sur une voie dédiée, on ne craint pas les embouteillages, ni les heurts liés aux voitures. Les temps de parcours sont donc fiables : vous seul êtes maître du temps. Plusieurs éléments rentrent en compte dans le temps de parcours d'une balade, qui doit rester, rappelons-le, une source de plaisir. Il faudra ainsi intégrer les

© JAYSI - SHUTTERSTOCK.COM

temps de pause liés à vos envies : visites touristiques, pique-niques, baignades, photos, etc. Autre point à intégrer, votre condition physique. Généralement, en matière de cyclotourisme, on conseille de parcourir 30 à 50 km par jour pour une personne peu sportive. Cette distance peut être portée à 80 km par jour pour une personne sportive et jusqu'à 180 km par jour pour des personnes entraînées. Pour information, les systèmes d'informations géographiques qui calculent des itinéraires vélos se fondent sur une vitesse moyenne de 15 km/h pour des itinéraires sur des voies cyclables, donc avec de faibles pentes. Attention aussi à un ennemi bien connu des cyclistes : le vent de face, qui même sur du plat, peut contribuer à ralentir vos temps de parcours et à rendre la balade un peu moins aisée et agréable. Mais ce sont les aléas du vélo et ils peuvent être anticipés grâce à la météo… et l'expérience. Dernier point : les distances doivent aussi tenir compte d'autres paramètres tels que la saison (journées plus longues en été), la chaleur et l'ensoleillement (rouler plutôt le matin, éviter les créneaux 12h-16h ou faites une pause à ce moment-là, à l'ombre ou sous abri).

Avec les enfants

Pour les enfants, on conseillera de s'adapter à leur rythme et de réaliser des distances n'excédant pas 40 km par jour. L'idée, pour toutes et tous, est de débuter par des itinéraires courts avant de se lancer dans de plus grandes escapades. Le maître-mot doit rester le plaisir ! Des vélos-cargos (avec remorques) permettent de transporter les enfants selon leur âge. Des systèmes d'attache (barre-tandem, follow-me) servent quant à eux à relier votre vélo à celui de votre enfant, lorsque celui-ci n'est pas encore pleinement autonome.

Le vélo, c'est bon pour la santé

« Le vélo ce n'est pas bon pour la santé, à cause de la pollution. » Cette affirmation n'est pas valable, au regard des avantages cumulés de la pratique du vélo. Une étude conduite par l'Observatoire régional Île-de-France, publiée en 2012, indique en effet que les bénéfices sanitaires liés au vélo sont vingt fois supérieurs aux risques (accidents, pollution de l'air). Il convient ici de rappeler, qu'en matière d'exposition à la pollution de l'air, il vaut mieux circuler à vélo qu'être confiné dans un bus, une voiture ou dans le métro. Sur le même parcours, un automobiliste sera exposé à un niveau de pollution 1,5 fois supérieur à celui du cycliste. Dès lors que celui-ci peut rouler sur une piste cyclable, il diminuera par deux son niveau d'exposition. Au Danemark, une étude a mis en avant que les personnes qui pratiquaient le vélo dans leurs déplacements domicile-travail avaient un taux de mortalité inférieur de 28 % par rapport aux autres. Résumons : se déplacer à vélo induit des processus mécaniques et chimiques qui sont bons pour le cœur, les poumons, le système musculaire et osseux. Pratiquer régulièrement le vélo contribue également à diminuer le risque de certains cancers et le diabète de type II, et favorise le développement neurosensoriel. L'OMS a également mis en exergue le lien entre activité physique et santé psychique : ainsi le vélo peut-il favoriser le sommeil, et baisser le niveau de stress. Une pratique en plein air et dans la nature réduit quant à elle le risque de dépression. Plus il y a de vélos, moins il y a d'accident… mais aussi moins de pollution. Car le vélo est aussi bon pour tout ce qui nous environne ! Sachez qu'aux Pays-Bas, les plus de 65 ans effectuent plus d'un quart de leurs déplacements à vélo. Le pays est traversé de voies cyclables et s'il est plutôt plat, le vent et la pluie n'arrêtent pas les cyclistes de tout âge.

FF vélo
FÉDÉRATION FRANÇAISE DE CYCLOTOURISME
À VÉLO TOUT EST PLUS BEAU !
VELOENFRANCE.FR
REJOIGNEZ-NOUS !
3 SORTIES GRATUITES AVANT DE VOUS INSCRIRE
CIRCUITS TOURISTIQUES & CULTURELS POUS TOUS
3 000 CLUBS VOUS ACCUEILLENT EN FRANCE
UNE ASSURANCE ADAPTÉE À VOTRE PRATIQUE
4 000 CIRCUITS PERMANENTS GRATUITS
3 500 RANDONNÉES PONCTUELLES DANS L'AGENDA
SUIVEZ-NOUS !
@ffvelo

Phare de l'Île Vierge © J-C Raoul

1. *Côte des Abers et des moulins*

Route — 05:30
Plouvien — Facile
65 km — 524 m
29 Finistère

Ce circuit finistérien vous emmène sentir l'air breton à la découverte des deux grands estuaires du nord du Finistère : l'Aber Wrac'h et l'Aber Benoît. En passant par Plouvien, vous observerez d'anciens moulins situés sur un affluent de l'Aber Benoît puis, après Landéda, vous descendrez jusqu'au petit port de Prat-Ar-Coum pour y déguster quelques huîtres. De retour sur le plateau, vous aurez une vue panoramique sur une zone maritime s'étendant jusqu'au phare de l'Île Vierge et ses 77 m, le plus haut d'Europe ! Après le port de l'Aber Wrac'h et le pont de Paluden, marquez un arrêt au belvédère où la vue panoramique sur toute l'embouchure est superbe ! Le circuit vous fera ensuite passer par Lilia, au plus près du phare de l'île Vierge, avant un retour empruntant le plateau de Plouguerneau consacré à la polyculture. Un conseil pour la vue et les photos : effectuez cette randonnée aux heures de marée haute !

COMITÉ DÉPARTEMENTAL DE CYCLOTOURISME 29
4 rue Anne Robert Jacques Turgot, 29000 Quimper
02 98 98 75 31
codep29ffct@maisondessports29.fr

2. *Au cœur du Parc naturel régional de la Haute Vallée de Chevreuse*

Route — 05:00
Saint-Rémy-lès-Chevreuse — Difficile
65 km — 513 m
78 Yvelines

Suivez bien les détours du parcours proposé, ils vous conduiront à travers les sites les plus agréables et préservés de la région ! En partant de Saint-Rémy-lès-Chevreuse, et après avoir traversé l'agréable vallon de la Mérantaise, vous atteindrez rapidement le site de Port-Royal des Champs, foyer du jansénisme du XVIIe siècle. Si vous êtes amateur d'histoire et de patrimoine, un petit crochet vous permettra de rejoindre sans effort le château de la Madeleine, où se trouve la Maison du Parc. Après les Essarts-le-Roi que vous contournerez grâce à une piste cyclable vous atteindrez les étangs de Saint-Hubert, retenue d'eau prévue pour alimenter le château de Versailles, puis redescendrez vers Auffargis, entrée des célèbres Vaux-de-Cernay où se cache une ancienne abbaye cistercienne. Avant de rejoindre Chevreuse, le circuit vous mènera à Choisel, où vous serez tout proche du château de Breteuil, mais attention à la côte où il faudra passer le petit plateau !

YVELINES TOURISME
3 rue de Fontenay,
78000 Versailles
01 39 07 71 22
tourisme@yvelines.fr
www.tourisme.yvelines.fr

COMITÉ DÉPARTEMENTAL DE CYCLOTOURISME 78
18 rue Auguste Rodin ,
78450 Villepreux
06 10 48 26 00
departement78-presidence@ffvelo.fr

Puy Mary

3. *Les clarines du Puy Mary*

Route | 02:50
Mandailles | Difficile
34 km | 901 m
15 Cantal

Il faudra être bon grimpeur pour partir à la conquête du Pas de Peyrol (1588 m) et ainsi découvrir un espace unique et magique au cœur du plus grand volcan d'Europe. L'emblématique paysage auvergnat avec ses puys, dômes, éperons rocheux forme un panorama époustouflant qui saura vous surprendre. Ces vertes terres d'estives, égayées par des troupeaux de vaches rouges, dévoilent également l'empreinte de l'homme, l'ancrage économique et culturel d'un pays authentique, riche de ses traditions et savoir-faire montagnards. Une fois en haut, vous éprouvez le sentiment d'être seul au monde face à des paysages grandioses et sauvages !

COMITÉ DÉPARTEMENTAL DE CYCLOTOURISME 15
Warlier Jean-Marc
Marzes
15310 Saint-Cernin
06 47 60 39 35
departement15-presidence@ffvelo.fr
cantal.ffct.org

4. *Au Pays des montreurs d'ours*

Route | 05:00
Massat | Difficile
61 km | 1418 m
09 Ariège

Du col de Saraillé jusqu'aux granges de Cominac, taillées en gradins, vous emprunterez des routes qui font la particularité de la Gascogne pyrénéenne. Pour poursuivre votre balade deux possibilités : soit l'ancien village fortifié d'Oust, ou Ercé, connu pour ses Montreurs d'Ours, un métier spécifique à la vallée du Garbet exercé pendant plus de 100 ans. Vous longerez ses rives jusqu'à Aulus-les-Bains et sa station thermale où il faudra reprendre des forces pour arriver au col d'Agnès puis à l'étang de Lers. Au point culminant, le massif des Trois Seigneurs, excursion incontournable pour les amateurs de trésors naturels et géologiques qui suivront la trace d'une roche volcanique très rare : la lherzolite.

COMITÉ DÉPARTEMENTAL DE CYCLOTOURISME 09
2 avenue de Foix,
09000 Vernajoul
05 61 65 53 45
bucheralain@orange.fr
ariege.ffct.org

Couserans © Bastien M.

5. *Le belvédère de l'Ouest varois*

Route | 05:30
Toulon | Difficile
71 km | 934 m
83 Var

C'est un véritable paysage de carte postale que vous offre ce parcours au départ de Toulon. En passant par la plage des Sablettes et la corniche panoramique de Sicié, vous arriverez au sommet appelé le Pas des Masques qui vous fera descendre par une belle route de montagne offrant un panorama sur la baie de Bandol et l'île des Embiez. La douceur du littoral vous mènera jusqu'au port pittoresque de Sanary-sur-Mer puis jusqu'aux vieilles rues de Bandol. Profitez de l'ambiance provençale en vous arrêtant au moulin à huile de Saint-Côme avant de monter à La Cadière-d'-Azur. Pour les plus agiles, les Gorges du Cimaï offre d'ailleurs un joli site d'escalade. C'est ensuite Évenos, pittoresque village médiéval bâti sur un piton volcanique offrant un panorama extraordinaire sur les gorges d'Ollioules et du Destel.

Mais attention, il en faudra encore sous la pédale pour grimper jusqu'au sommet du mont Caume (800m) et admirer un vaste panorama sur la rade de Toulon et le mont Faron. Une magnifique récompense !

VAR TOURISME - AGENCE DE DÉVELOPPEMENT TOURISTIQUE
1 Bd de Strasbourg - BP 5147,
83093 Toulon Cedex
04 94 18 59 60
info@vartourisme.org
www.visitvar.fr/fr/

COMITÉ DÉPARTEMENTAL DE CYCLOTOURISME 83
7 Allée de la Salsepareille, Pinède des Cigales, 83390 Pierrefeu-du-Var
04 94 48 10 79
codepvar83@gmail.com
paca.ffvelo.fr/comite-departemental-du-var

6. *Tour du lac d'Annecy*

Route	03:00
Annecy	Facile
40 km	310 m
74 Haute-Savoie	

Pour que votre Tour du lac d'Annecy soit un vrai coup de cœur, suivez ces petits conseils : attaquez bien votre circuit dans le sens des aiguilles d'une montre, ce qui vous permettra notamment de rouler du côté de l'eau après Talloires. Partez de bon matin et quittez la route principale au quatrième kilomètre, après la petite montée de Chavoire (un panneau vous y invite). Vous profiterez d'une vraie balade familiale en bordure des eaux cristallines qui figurent parmi les plus pures de France. S'il fait bon, emportez ce qu'il faut pour vous baigner !

SAVOIE MONT BLANC TOURISME
20 Avenue Parmelan BP 348,
74012 Annecy Cedex
04 50 23 96 00
www.savoie-mont-blanc.com

7. *Les pistes sous les pins*

Route	06:00
Léon	Facile
74 km	133 m
40 Landes	

Immersion sous les pins des Landes et sur la piste cyclable qui vous emmène jusqu'à Moliets. Votre parcours sera jonché de belles trouvailles : un ancien lavoir, la chapelle Saint-Laurent-de-Mâa et quelques anciennes maisons landaises. Vous prendrez aussi une piste cyclable goudronnée qui vous conduira à Contis plage, un vestige du mur de l'Atlantique. Pendant 17 km, vous allez rouler au milieu des pins en entendant au loin le bruit des vagues de l'océan et le vent dans les cimes des pins. À Lit-et-Mixe n'oubliez pas de visiter le musée « Vieilles Landes » avant de vous diriger vers Uza et son plan d'eau.
Enfin, un petit détour vous permettra d'aller au moulin de la Galoppe pour visiter le parc animalier et pêcher la truite.

COMITÉ DÉPARTEMENTAL DE CYCLOTOURISME 40
15 rue des Ecureuils,
40110 Morcenx
05 58 07 80 89
landes.ffct.org
departement40-presidence@ffvelo.fr

8. *Colmar, Turckheim, Trois-Épis*

Route	02:30
Colmar	Facile
34 km	531 m
68 Haut-Rhin	

Un circuit de charme qui vous emmène à la découverte de l'Alsace et de Colmar. En passant par la cité vigneronne de Turckheim, vous apercevrez de nombreuses maisons à colombages du XVIe et XVIIe siècle. Grimpez ensuite jusqu'au promontoire rocheux du Galz (730 m), où une superbe vue vous attend sur la plaine d'Alsace, la Forêt Noire et le Sundgau. Après un moment sportif jusqu'au sommet du col du Linge c'est déjà Niedermorschwihr et ses belles maisons de vignerons en pierre ou à colombages. Prenez le temps sur le retour de vous arrêter à Colmar pour visiter la Maison des Têtes et le musée Unterlinden, ou tout simplement de vous balader dans le Vieux Colmar et le quartier de la Petite Venise.

ASSOCIATION DÉPARTEMENTALE DU TOURISME DU HAUT-RHIN
Maison du Tourisme de Haute-Alsace
1 rue Schlumberger
BP 60337 – 68006 Colmar Cedex
03 89 20 10 68
adt@tourisme68.com

Niedermorsch wihr

9. *Des costières au Rhône*

Route		05:15	
Saint-Gilles		Facile	
69 km		231 m	
Gard (30)			

Au départ de Saint-Gilles, vous pédalerez jusqu'à Bellegarde et son aqueduc romain, pour aller chercher le chemin des carrières et apercevoir le mas gallo-romain des Tourelles. Après une pause à l'abbaye troglodytique de Saint-Roman (Ve siècle) et sa vue panoramique, rejoignez la plaine pour traverser le Rhône sur l'écluse de Vallabrègues. C'est déjà Beaucaire, l'antique Ugernum, fièrement dressée sur la rive droite du fleuve avec la tour polygonale de son château, son hôtel de ville, ou son église Notre-Dame-des-Pommiers. À son apogée, au XVIIIe siècle, la foire de Beaucaire attirait plus 300000 visiteurs ! Pour vous imprégner de la culture taurine locale, faites une halte à la statue du redoutable Goya, dressée à l'entrée de la ville, devant le port de plaisance. Un mistral favorable vous portera sur le chemin du retour sur des petites routes tranquilles desservant grands mas et élevages de taureaux.

OFFICE DE TOURISME NÎMES
6 Rue Auguste,
30020 Nîmes
04 66 58 38 00
info@ot-nimes.fr
www.ot-nimes.fr

COMITÉ DÉPARTEMENTAL DE CYCLOTOURISME 30
5 plan Lucien Coutaud,
30000 Nîmes
04 66 27 53 59
ghislaine.charton@orange.fr
gard.ffct.org

10. *Sur les pas de Ronsard*

Route	03:45
Montoire-Sur-Le-Loir	Facile
55 km	193 m
Loir-et-Cher (41)	

Partez en balade sur les traces du poète Pierre de Ronsard et les terres de son enfance en Val de Loire. Dans une campagne verdoyante, vous profiterez d'abord des charmes du patrimoine historique de Poncé-sur-le-Loir qui vaut le détour par son château, son église, et son artisanat traditionnel. En arrivant à Couture, vous pourrez visiter le manoir de la Possonnière, charmante demeure du poète, construite en pierre de tuffeau typique de la région du Val de Loire. Vous ne pourrez qu'être séduits par l'élégance de l'architecture et le calme des jardins qui vous invitent à découvrir la personnalité de Pierre de Ronsard. Avant de repartir, profitez de l'Ile verte sur le Loir pour prendre un pique-nique en plein air bien mérité !

COMITÉ DÉPARTEMENTAL DE CYCLOTOURISME 41
2 rue de la Presle,
41700 Contres
06 13 89 22 24
jeanmarieberthin@gmail.com
www.codep41-ffct.org

CHOISIR SON VÉLO

Si choisir son vélo peut être source de bonheur pour les passionnés, les cyclistes débutants ou occasionnels peuvent facilement se perdre devant la multitude d'offres. Le choix d'un vélo passe avant tout par la pratique que vous allez en faire. Pour de petites randonnées ou des trajets plutôt plats, de nombreux modèles feront l'affaire. Suivant votre pratique, vous pourrez par exemple opter pour un vélo de ville, un vélo tout chemin (VTC), un vélo tout terrain (VTT) ou un vélo de course. Les professionnels, comme les vélocistes, sauront vous guider dans votre choix. Gardez en tête que l'essentiel est le confort. Un vélo trop grand ou une selle mal réglée provoqueront immanquablement des douleurs qui vous décourageront. Il convient aussi d'être attentif à la qualité des éléments du vélo. Sachez qu'il n'est pas besoin d'investir dans un vélo haut de gamme pour rouler dans de bonnes conditions et se faire plaisir.

Identifier votre besoin

Le choix du vélo dépend de l'usage que vous souhaitez faire : balades occasionnelles sur voies vertes, randonnées sportives sur terrains accidentés, etc. Pour des balades en France sur des véloroutes, un VTC conviendra parfaitement. N'hésitez pas à prendre conseil auprès de professionnels avant de vous lancer dans un achat ou une location : vélocistes, loueurs, réseaux cyclos, vélo-écoles, ateliers d'autoréparation, ou associations. Il s'agit aussi de toujours essayer le vélo en condition réelle au préalable !

Éléments à vérifier

Un vélo doit être adapté à votre morphologie et à votre pratique. On veillera à régler la selle et le guidon à sa taille et à gonfler les pneus suffisamment et en fonction du temps et du revêtement. Pour cela, les professionnels sauront aussi vous aider. Un vélo, c'est bien, un vélo bien équipé, c'est mieux. Voici quelques points à examiner qui vous aideront à choisir une monture adaptée à vos besoins :

- **La selle.** La selle est l'un des éléments fondamentaux du vélo. Pour tout cycliste recherchant le confort, le bon compromis est peut-être de choisir une selle un peu moins légère mais plus confortable : bien rembourrée et souple pour une pratique de loisir ou plus ferme et légère pour une pratique sportive.

- **Les roues.** Elles ont un rôle important dans le rendement de votre machine, un impact sur l'aérodynamisme et ont une grande influence sur le confort d'une sortie. Il existe plusieurs types de roues sur le marché suivant différents critères comme le profil de la jante, la matière (aluminium ou carbone), le freinage (à patins ou à disque), leur poids, le type de roulements, etc.). Sans rentrer dans les détails, les roues sont considérées comme un investissement mais aussi peuvent améliorer notablement les qualités d'un vélo.

- **Les pneus.** Les pneus sont des éléments déterminants en termes de confort, rendements et fiabilité. Il existe de nombreux pneus différents qui correspondent à chaque fois à un type de vélo, pour des personnes, conditions et terrains spécifiques. Plus le pneu est large et plus la surface de contact au sol est grande, meilleur sera le confort de conduite.

- **Le guidon.** Le guidon ou cintre a une influence réelle sur le confort, l'endurance et les performances. Lorsqu'on a mal aux fesses, on pense tout de suite à la selle, mais on ne sait pas toujours que le guidon peut être responsable de certaines douleurs ressenties. En effet, une mauvaise posture de conduite peut être liée à la forme du guidon, sa largeur ou sa hauteur provoquant des douleurs plus ou moins pénibles.

- **Les vitesses.** Les vitesses ou le développement correspondent à la distance parcourue par un vélo à chaque tour de pédale. La majorité des vélos possèdent entre 21 et 24 vitesses, en général 3 à 5 vitesses suffisent en ville pour passer les petites côtes et faux plats. Par contre, si votre conduite est plus sportive, 21 vitesses sont préférables, ce qui vous permettra de réaliser des randonnées d'une certaine distance et d'adapter votre pédalage au gré des changements du relief. C'est aussi en pratiquant quotidiennement que vous vous rendrez compte si les développements sont appropriés à votre propre utilisation.

- **Le système de freinage.** L'un des organes les plus importants d'un vélo est le système de freinage. La plupart des vélos possèdent deux poignées de frein indépendants, commandant chacune une mâchoire équipée de patins en caoutchouc venant exercer une force sur la jante par l'intermédiaire de câbles de frein. Certains systèmes de freinage sont basés sur le principe du frein à disque ou du frein tambour, mais plus coûteux et demandent plus d'entretien que leurs homologues de type V-brakes.

CHOISIR SON VÉLO

© RYANJLANE - ISTOCKPHOTO.COM

Le cadre. Le cadre représente moins de 1/3 du poids du vélo et pour la pratique sportive, mieux vaut un vélo confortable, solide et bien équipé, que léger. Sur le marché, on retrouve plusieurs types de matériaux : carbone, acier ou aluminium. Le carbone est plutôt réservé aux pratiquants qui recherchent le rendement et la performance. L'acier amortit mieux les petits chocs et vibrations et vieillit bien. Un bon cadre en acier peut être confortable et est très apprécié par les randonneurs et les voyageurs sur longue distance. Tandis que le cadre en aluminium est en général plus léger, mais plus raide. Un cadre alu endommagé est plus difficile à réparer. Il résiste moins bien aux chocs et vibrations, mais mieux à la corrosion par l'eau salée. Pour ce qui est du choix de la géométrie du cadre, essayez plusieurs vélos, au besoin plusieurs marques. Il est important de se faire conseiller par un détaillant spécialisé qui vous aidera à adapter le vélo à votre morphologie et à votre pratique.

Équipements

Les autres accessoires importants sont un gilet haute visibilité (obligatoire par temps pluvieux, sombre et hors agglomération), des sacoches latérales, ou un sac à dos que vous accrocherez sur votre porte-bagages à l'aide d'un tendeur, éventuellement une sacoche avant ou un panier, un casque (obligatoire pour les enfants de moins de 12 ans). Une béquille et un carter (pour ne pas abîmer ses bas de pantalons) pourront se révéler intéressants. Pour rappel, les éléments obligatoires sur un vélo sont deux dispositifs de freinage, un système d'éclairage et une sonnette.

Différents types de vélo

Vélo de ville. Il existe différents types de vélo de ville. Ce sont des cycles adaptés aux déplacements urbains et confortables pour de courtes distances. On trouve dans cette catégorie le fameux vélo hollandais.

Vélo de route. Les vélos de route ou vélos de course sont adaptés à la conduite sur route (pneus fins), dans le cadre d'une pratique sportive.

Vélo tout chemin (VTC). Il s'agit d'un vélo polyvalent, qui convient à la fois à la pratique en ville et en randonnée sur des chemins peu accidentés. C'est le vélo idéal pour la balade. Il est adapté au port de charge (porte-bagages) et existe avec assistance électrique.

Vélo tout terrain (VTT). Le VTT, appelé aussi mountain bike, est un vélo robuste, équipé de pneus larges, et dédié aux pratiques en sentiers accidentés. Il constitue également un vélo de voyage intéressant, équipé de porte-bagages et d'une fourche suspendue. Il existe également en version à assistance électrique.

Gravel. Issu d'un mot anglais signifiant « gravier », il s'agit d'un vélo hybride, entre VTT et vélo de route, adapté aux sentiers accidentés et à la route.

Autres vélos. Le **vélo pliant**, s'il s'avère pratique dans les transports, est de manière générale moins confortable pour les balades à vélo. À partir de 20 km, le **vélo couché** peut être très agréable, même si moins manœuvrable en ville avec de la circulation. Quant au **tandem** c'est là une question très personnelle, à tester pour voir si cela convient !

Avec les enfants, différentes modalités sont envisageables. Les enfants peuvent avoir leur propre vélo ou des systèmes qui relient le vélo de l'adulte à l'enfant (tandem d'attelage, barque de remorquage ou follow-me). Enfin, selon l'âge et le niveau de pratique des enfants, il existe des sièges bébé, remorques ou vélos-cargos.

Vélos à assistance électrique (VAE)

Un vélo à assistance électrique est avant tout un vélo sur lequel on pédale. L'assistance électrique vient accompagner le pédalage, afin de donner plus de puissance à l'effort déjà fourni par le cycliste et s'arrête à partir de 25 km/h et en l'absence de pédalage. Les « speed-bikes » qui permettent de rouler au-delà de 25 km/h avec l'assistance électrique ne sont plus considérés comme des vélos et relèvent de la réglementation afférente aux véhicules motorisés : obligation d'assurance, d'immatriculation et port du casque. Le choix du vélo à assistance électrique est en premier lieu défini par l'usage auquel on le destine.

Pour des balades loisirs ou randonnées, il faudra s'orienter vers des vélos type VTC. Le VTT électrique est une solution possible pour des sentiers plus accidentés. On conseillera le vélo à assistance électrique à celles et ceux qui, pour des raisons de santé, ne peuvent pédaler sur de longues distances, ou qui se remettent à l'activité physique.

Les modes d'assistance : l'assistance « tout ou rien », elle, est liée à un capteur de pédalier et couplé à un moteur dans la roue. Elle se déclenche dès qu'il y a pédalage et peut donner des sensations d'à-coup. L'assistance progressive, elle, est liée à une motorisation pédalier et un capteur d'effort. Elle est délivrée selon l'effort du cycliste, de manière plus progressive, et donne un plus grand confort de pédalage.

L'autonomie des batteries. Pour assurer une bonne autonomie, une batterie d'un minimum de 400 Wh est vivement recommandée. Côté budget, il existe des vélos électriques en dessous de 1 000 € mais ils ne seront pas adaptés pour un usage type balade. Mieux vaut investir un minimum de 1 500 € pour un vélo qui sera un investissement dans la durée. Attention, une fois la batterie déchargée, le pilotage du vélo est nettement moins confortable. Il s'agit aussi d'un vélo souvent lourd, ce qui peut poser des contraintes lorsqu'il faut porter le vélo (dans les transports ou dans des escaliers). Dans tous les cas il est conseillé de s'adresser à un vélociste spécialisé dans les VAE, avant tout achat. Demander à essayer le vélo au préalable et à faire la manipulation pour enlever et remettre la batterie, pour vous assurer de sa praticité. Le professionnel, outre vous conseiller, pourra effectuer la réparation et la révision de votre vélo. Enfin sachez qu'il existe des aides financières régionales pour l'achat d'un VAE.

Quelques marques proposant différentes gammes de VAE : Lapierre®, Gitane®, Orbea®, Scott®, Trek®, Moustache®, Cannondale®, Eveo®, O2Feel®, Giant®, Peugeot®, Winora®, Kalkhoff®, Gazelle®, Matra®, B'Twin (Décathlon®), Nakamura (Intersport®), Scrapper (Go Sport®), etc.

Achat de vélos

Dans tous les cas, toujours essayer le vélo. Moult canaux existent pour se procurer un vélo. Nous conseillons les achats chez les vélocistes, qui vendent du neuf mais aussi de l'occasion, en général des VTC en très bon état, qui ont servi une saison chez des loueurs. Vous pouvez aussi contacter directement les loueurs. Pour ce qui est des petites annonces, nous conseillons les forums ou sites spécialisés de vélos (ex : CCI). Quant aux sites comme le Bon Coin, un peu de prudence s'impose, pour éviter de vous retrouver en possession d'un vélo volé. Il est cependant possible de faire de bonnes affaires (prenez le temps de bien discuter avec le vendeur). Des associations (MDB), bourses aux vélos organisées par des tiers lieux ou des municipalités proposent des vélos d'occasion. Les vélos peuvent s'acheter pour une vingtaine

© IZABELA HABUR - ISTOCKPHOTO.COM

© SERGEY RYZHOV - SHUTTERSTOCK.COM

d'euros et il vous faudra souvent être bricoleur ou bricoleuse. N'hésitez pas à chiner, vous trouverez peut-être chaussure à votre pied, enfin vélo à votre besoin. Pour le marché du neuf, nous conseillerons plutôt les magasins spécialisés, où il sera plus facile de trouver des vélos de qualité, avec des vendeurs compétents et un service après-vente.

Vélocistes et budgets

Face aux nombreuses évolutions technologiques et à la segmentation du marché, il n'est pas toujours facile de faire son choix. Rien ne vaut un vélo de marque acheté auprès d'un vendeur spécialisé. Évitez la super promo proposée par les supermarchés : la qualité est médiocre, comme le service après-vente, et certains équipements essentiels peuvent poser des problèmes. Il sera alors compliqué par la suite de trouver une personne compétente pour les régler, car un grand magasin, en général n'a pas de service pour cela. Un vélociste, au contraire, c'est un entretien gratuit après le premier mois, une taille ajustée, un bon conseil et du suivi si vous le souhaitez. Au bout du compte, les quelques euros que vous pensiez économiser sur l'achat en grande surface seront bientôt engloutis dans des frais de réparation ou de remplacement. Un vélo neuf peut coûter entre 180 € et 5 000 €. À moins de 200 €, vous aurez du matériel bas de gamme et pas très confortable. Si vous décidez de faire des balades d'une certaine distance, il risque de ne pas tenir la route, voire de se détériorer rapidement. Si nécessaire, investissez un peu plus afin d'avoir un meilleur équipement. Sachez qu'il existe aussi des vélocistes qui peuvent vous monter un vélo sur mesure à partir d'un cadre et de composants, et des artisans qui fabriquent eux-mêmes les cadres de vélos. Les prix pour un vélo artisanal sur mesure s'échelonnent entre 3 000 € et 8 000 €, ce qui est le fruit d'une grande qualité et d'un confort optimal.

Quelques marques et fabricants

- **Fabricants de vélos de cyclotourisme sur mesure** en France : rendez-vous sur le site www.francevelotourisme.com, dans la rubrique « conseils », onglet « vélo et matériel de cyclotourisme » et « fabricant de vélo sur mesure ».
- **Marques de vélos de cyclotourisme** : Lapierre® (www.cycles-lapierre.fr), Gitane® (www.cycles-gitane.fr/), Cannondale® (www.cannondale.com), Giant Bicycles® (www.giant-bicycles.com), et Cyclable® (www.cyclable.com) qui sélectionne des vélos et des accessoires de haute qualité, qui ne nécessitent qu'un minimum d'entretien ou de réparation en s'appuyant sur des marques françaises ou européennes de renom : Peugeot®, Gitane®, Gazelle®, VSF Fahrradmanufaktur®, Genesis®, Surly®, Kalkhoff®, Brompton®, Electra®. Côté accessoires: Abus®, Thule®, Vaude®, Ortlieb®, Brooks®, etc.

AVANT LE DÉPART

Afin de profiter pleinement de votre balade, quelques précautions peuvent s'avérer utiles. Le choix de l'itinéraire doit tout d'abord répondre à vos envies mais aussi être adapté à votre condition physique. Il s'agira d'établir votre parcours en fonction de vos capacités, sans souci de performance. Vous veillerez également à accorder votre itinéraire à vos contraintes personnelles (temps disponible, etc.), aux éventuels horaires de train pour vous rendre sur le parcours et repartir, mais aussi à vérifier certains paramètres comme la durée d'ensoleillement du jour et la météo (inutile de vous imposer une escapade en plein soleil ou sous l'orage !). Tout cela peut s'anticiper, en écoutant vos envies et en étudiant le profil du parcours, en consultant les prévisions météorologiques et en prévoyant un équipement adapté, pour vous et le vélo. On conseillera également de voyager léger, pour plus de confort, en laissant le superflu à la maison.

Envie et condition physique

Le choix du parcours constitue la première étape de votre balade ! Il s'agit en effet de vous accorder, avec celles et ceux qui seront du voyage, à un itinéraire qui répondent à vos goûts (visite culturelle, balade le long d'une rivière avec possibilité de baignade, etc.) mais aussi à vos capacités. Une balade à vélo n'est pas une compétition et ne requiert pas d'entraînement spécifique. Il s'agit plutôt de veiller à avoir une bonne hygiène de vie (activité physique, alimentation, sommeil), de pédaler à votre rythme et d'adapter le parcours (longueur, dénivelé) à vos capacités et sans souci de performance. N'hésitez pas à demander l'avis de votre médecin en cas de doute.

Étudier le parcours et consulter la météo

Avant de partir, pensez ainsi à examiner les principales difficultés du parcours tels que le dénivelé, le profil de l'itinéraire, la distance totale en utilisant le roadbook et la carte. Définir des options afin de raccourcir l'itinéraire si besoin peut s'avérer judicieux (par exemple, gare SNCF ou arrêt de bus). Le parcours est aussi fait de tout un ensemble de caractéristiques géographiques et historiques. Les sites d'intérêt naturels, culturels ou paysagers pourront faire l'objet d'une halte touristique et il conviendra au préalable de vérifier les horaires de visites et d'en tenir compte dans le calcul de votre temps de parcours. Ces points d'intérêt touristiques pourront également vous donner quelques indications et constituer des repères en cas de doute sur la direction. La saisonnalité (durée du jour, chaleur, etc.) et la météo sont aussi des paramètres importants qui vous permettront d'affiner votre parcours (en évitant par exemple de pédaler aux heures les plus chaudes en été).

Voyager léger : l'essentiel, pas le superflu

Voyager léger contribue à limiter les efforts et à garder une sensation de fluidité sur le vélo. On veillera donc à ne pas surcharger le vélo et à n'emporter que l'essentiel. On préférera l'utilisation de porte-bagages sur lesquels on pourra installer un sac à dos et/ou des sacoches. Le port de sac sur soi est en effet déconseillé pour des raisons de confort (il peut être une source de mal au dos et contribue à faire transpirer). Dans les sacoches, ou emportera de quoi se sustenter (pique-nique ou en-cas selon la durée de la balade). On n'oubliera pas non plus d'emporter une ou plusieurs gourdes d'eau selon le parcours et la saison, et selon la possibilité de trouver des points d'eau potable sur le chemin. Les sacoches contiendront les autres éléments nécessaires au bon déroulement de votre balade, parmi lesquels, une carte ou un guide, un téléphone portable, une pharmacie de premiers secours et une trousse à outils pour les réparations (kit anti-crevaison : en général fourni par le loueur de vélo). On veillera également à emporter des équipements adaptés au temps et à la saison et à préparer et régler le vélo en conséquence.

Les équipements obligatoires à vélo en France

- **Pour le vélo :** deux freins en état de fonctionnement et un avertisseur sonore. Pour les éclairages, de nuit (ou de jour en cas de visibilité insuffisante) : un phare avant (blanc ou jaune), un phare arrière (rouge), un catadioptre avant (blanc ou jaune), un catadioptre arrière (rouge), des réflecteurs visibles latéralement (par exemple, entre les rayons) et des réflecteurs de pédales.
- **Pour la tenue du cycliste :** un gilet haute visibilité est obligatoire hors agglomération la nuit ou en agglomération lorsque la visibilité est insuffisante et un casque (obligatoire pour les enfants de moins de 12 ans).

La check-list avant de partir

Ça y est, vous avez décidé de vous lancer. Vous avez fixé le jour, l'itinéraire, et vous êtes en forme. Comme dans toute chose, un peu d'imprévu fait partie intégrante du voyage. Voici cependant une petite check-list qui vous permettra de partir en toute sérénité :

LA GRANDE FÊTE DU VTT
VELOVERT FESTIVAL
Samoëns
2 • 3 • 4
JUIN 2023
SALON • TESTS • RANDOS • CONCERTS
OFFICIEL
CAPFRANCE
LAPIERRE
SPONSORS
BH
ekoï
komoot
SCHWALBE
SCOTT
ORGANISATEURS
Chlorobike EVENTS
Samoëns
PARTENAIRES INSTITUTIONNELS
FÉDÉRATION FRANÇAISE DE CYCLISME
MORILLON
ENGAGEMENTS
E-SHOP
Alltricks.com

© CLICK_AND_PHOTO - ISTOCKPHOTO.COM

Météo. Consultation des prévisions météorologiques (sur la route vous pouvez aussi utiliser des applications, par exemple, Rain today).

État des routes. Vérification de l'itinéraire et de son état : travaux, boue, périodes de chasse (contactez les offices de tourisme, les services de la préfecture ou les collectivités locales si besoin).

Intermodalité. Vérification de l'intermodalité au cas où vous prenez le bus ou le train : perturbations, travaux sur les lignes, horaires, éventuellement réservation des places avec les vélos et vérification des modalités d'acceptation des vélos (démontés ou non démontés). Si les vélos doivent être démontés, prévoir une housse de transport ou une bâche et des outils pour démonter roues et pédalier).

Prévenir. Tenir informé quelqu'un de votre itinéraire (surtout si vous partez seul).

Cartes. Vérifier que vous avez une carte de l'itinéraire, guide papier ou numérique, et penser à bien télécharger le fonds de carte sur votre GPS.

Batteries chargées. Téléphone, appareil photo, VAE, vous pouvez prévoir un chargeur solaire pour votre téléphone ou des batteries de rechange.

Vérification du vélo. Une bicyclette révisée et réglée à votre taille ; et vérifier notamment le gonflage des pneus, l'éclairage, les freins, la transmission et l'antivol.

Vérification du matériel. Sacoches, pompe, kit de réparation et outils, téléphone (avec applications) ou GPS, boussoles, trousse de pharmacie (premiers secours) et couverture de survie.

Équipement personnel. Gilet haute visibilité, casque, mitaines, pinces à pantalon, et équipement en fonction de la météo : en cas de pluie, cape de pluie, pantalon imperméable, guêtres ; contre le vent et/ou le froid, veste coupe-vent, polaire, gants, manchons ; et enfin pour se protéger du soleil et des UV, crème solaire, t-shirt ou vêtement long, lunettes de soleil, mitaines, chapeau. Autre équipement selon vos besoins et la balade : serviette et maillot de bain, couverture ou plaid pour s'étendre, carnet de croquis, etc.

Horaires et réservations. Vérifier les horaires des sites touristiques que vous souhaitez visiter, les créneaux d'arrivée pour hébergements ; pensez à vous munir des justificatifs de réservation (billets papiers ou électroniques).

À boire (gourde) et à manger (en-cas ou pique-nique).

Documents et argent. Carte d'identité, carte Vitale et mutuelle, carte d'assurance, carte bancaire, espèces.

MÉCANIQUE ET ENTRETIEN

Entretenir et réparer son vélo sont la base d'une pratique agréable et sans stress. Les rudiments en matière d'entretien et de mécanique s'apprennent rapidement. Connaître les principaux éléments qui composent le vélo et effectuer leur entretien est une première étape. Savoir identifier l'état général du vélo s'acquiert avec l'expérience. Pouvoir réparer une crevaison est un point important mais n'ayez crainte, en cas de difficulté, vous pourrez demander de l'aide autour de vous. Nous vous donnons ici quelques conseils de base mais il existe aussi des livres et tutoriels en lignes. Vous pouvez aussi apprendre la mécanique (ateliers d'auto-réparation, cours ou stages). Sur votre route, vous trouverez des professionnels (vélocistes) qui pourront procéder tant à l'entretien qu'à la réparation de votre vélo. Et puis, en balade, l'entraide fonctionne en général très bien et vous trouverez sûrement quelqu'un pour vous épauler.

Entretien du vélo

La longévité du vélo, sa sûreté et sa fiabilité tiennent en partie à un entretien régulier. Entretenir son vélo ne demande pas beaucoup de temps. A partir du moment où l'état général du vélo semble correct, une simple vérification de routine est suffisante.

▶ Nettoyage, graissage et vigilance. Nettoyez votre vélo régulièrement, notamment après vos balades. Pour cela, vous pouvez vous munir de chiffons, éponges, brosses et d'huile de coude. A l'aide d'un chiffon sec ou de brosses, vous pouvez frotter les éléments à nettoyer. Le nettoyage du cadre, des roues et de la chaîne peut aussi se faire à l'aide d'eau et de savon, en pensant à bien rincer et sécher les parties humides, ce qui évitera à votre vélo de s'abîmer prématurément. Une fois propre, il s'agit de graisser la chaîne, afin qu'elle puisse coulisser et changer de vitesse sans aucun problème. Une chaîne bien entretenue dure cinq fois plus longtemps. Pour nettoyer votre chaîne de manière écologique – et économique –, rien de mieux qu'une brosse ou brosse à dent sur laquelle vous pouvez ajouter du vinaigre blanc. On pourra aussi utiliser une brosse à dents pour graisser la chaîne ou déposer une goutte sur chaque maillon, pour éviter les surplus d'huile. Une chaîne qui « chante » ou reste sèche doit vous alerter. Les éléments de câble (freins et dérailleurs) pourront, quant à eux, être régulièrement lubrifiés. D'une manière générale, soyez attentifs aux sensations de gênes, aux bruits qui peuvent signaler un dysfonctionnement et n'hésitez pas à contacter un spécialiste (atelier de réparation) pour avoir des conseils.

▶ Gonflage des pneus. L'entretien passe aussi par la vérification et le gonflage des pneumatiques. En règle générale, l'usure des pneus est globalement assez facile à déterminer puisque les caractéristiques de détérioration sont généralement visibles. Si votre pneu est déchiré ou fendu et que vous pouvez voir la chambre à air n'attendez pas avant de le changer car le risque de crevaison est maximal. Pour vérifier l'usure normale d'un pneu, il s'agit de regarder son état global comme les flancs du pneu. En passant votre doigt sur la partie inférieure du pneu et si celle-ci s'effrite, c'est qu'il est usé. N'hésitez pas également à le soulever pour examiner l'état du pneu sous la roue. Il est possible dans certains cas d'être confronté à de mauvaises surprises. Pour obtenir une pression correcte dans les pneus, celle-ci est indiquée sur le côté du pneu défini par une mesure appelé PSI ou Bars. Pour les vélos de route et de ville, on recommande de gonfler entre 7 et 8 kg (bars) max. Il vous suffit de vous munir d'une pompe adaptée avec le compteur intégré afin d'administrer la bonne pression. Si vous n'en disposez pas, vous pouvez gonfler vos pneus dans les stations de gonflage vélo qui sont présentes sur le long de certaines voies cyclables.

© PREDRAG VUCKOVIC - ISTOCKPHOTO.COM

Il est important de bien entretenir son vélo.

© ARTISTGNDPHOTOGRAPHY - ISTOCKPHOTO.COM

La crevaison est l'incident le plus fréquent.

▸ Stockage du vélo. Quelques autres astuces pour profiter de votre vélo le plus longtemps possible : il est fondamental de mettre son vélo à l'abri de l'eau et du soleil. En effet, l'eau est le pire ennemi du vélo. Elle s'infiltre partout et détruit tout sur son passage. L'idéal est de l'essuyer rapidement avec un vieux chiffon après être revenu si vous avez pris une averse. Quant au soleil, il détériore prématurément les pneus. Mieux vaut donc protéger votre vélo du soleil, si vous ne voulez pas vous retrouver avec une crevaison.

▸ Précaution sécurité et environnement. La sécurité commence par vous. On vous conseillera une tenue qui ne craint pas les salissures et vous protégera : gants, blouse, avec un point d'eau, du savon (et éventuellement du marc de café) à proximité pour vous nettoyer les mains. Le mieux est d'effectuer l'entretien dans un lieu ventilé et de veiller à la propreté de l'atelier et au rangement des produits et des outils. Et n'oubliez pas, lorsque vous entretenez votre vélo, de protéger le sol des égouttures. Un litre d'huile pollue un km² d'eau. L'huile usagée et certains produits (vérifier les étiquettes) sont des déchets spéciaux : contacter la déchetterie ou le service en charge de la collecte des déchets de votre collectivité afin de connaître les modalités d'enlèvement. Pensez également à stocker vos produits et déchets à l'abri des pluies, sur un support étanche et étiquetez-les.

Mécanique : quelques éléments de réparation

Réparer son vélo n'est pas toujours chose facile, mais il est toujours préférable de connaître quelques notions de base. Cela vous fera économiser de l'argent, et vous rendra totalement en confiance et autonome envers ce moyen de transport qu'est le vélo.

Réparer une crevaison

La crevaison est l'incident le plus banal qui puisse arriver à un vélo, et sans doute le plus énervant. L'opération de réparation d'une crevaison peut durer entre 15 minutes à plusieurs heures selon votre expérience en mécanique. Avant tout, il s'agit de trouver la crevaison, donc il faut au préalable démonter le pneu et la chambre de la jante. Voici en trois étapes comment démonter un pneu :

▸ Étape 1 : retirer la roue du vélo et dégonfler le pneu en appuyant sur le petit picot situé au milieu de la valve, pas besoin d'attendre que le pneu soit entièrement dégonflé ; s'il est mou, cela suffit.

▸ Étape 2 : enlever le pneu de la roue, pour cela vous devez tout d'abord appuyer sur les flancs du pneu, vers l'intérieur. Le pneu se détache simplement des parois où l'on va pouvoir insérer les démonte-pneus entre le pneu et la jante à des endroits différents. Vous les utilisez comme leviers afin que le pneu sorte des rails de la jante. Attention à ne pas pincer la chambre à air !

▸ Étape 3 : une fois le pneu hors de la jante, il suffit de retirer la chambre à air du pneu.

Une fois que c'est fait, gonfler légèrement la chambre, celle-ci laisse entrer un sifflement d'air et permet de trouver le trou. Si la crevaison est très légère et ne siffle pas, il suffit de tremper la chambre à air légèrement gonflée dans l'eau (ou utilisez la salive avec son doigt, à défaut d'eau) : des bulles d'air sortent du trou. L'objectif est de préparer la pose de la rustine. C'est l'opération la plus délicate, il faut bien noter que toute la qualité de votre réparation dépendra de ce passage difficile ! Dans un premier temps, avec l'aide d'un papier de verre, poncez délicatement la chambre à air à l'endroit du trou.

© PETAR CHERNAEV - ISTOCKPHOTO.COM

Il est conseillé aussi de poncer l'intérieur du pneu qui se situe au niveau de la crevaison, car il se peut qu'une épine ou un morceau d'épine soit toujours logé dans le pneu et puisse re-crever instantanément le pneu. Et puis, appliquez la colle sur toute la surface que vous avez poncée pour ensuite poser la rustine sur le trou en la pressant fortement quelques minutes, sans la faire glisser. Une fois la rustine en place, regonflez très légèrement la chambre afin qu'elle ait une relative rigidité permettant de la glisser plus facilement dans le pneu. Pour finir, faites levier avec les démonte-pneus comme vous l'avez fait précédemment pour replacer le pneu dans la roue, en faisant très attention de ne pas pincer la chambre à air. Une fois la chambre à air ou le pneu changé, gonflez la chambre à air à la pression requise (cf. § entretien) puis resserrez fermement la roue en vous aidant des attaches rapides ou écrous. Dernière opération avant de remettre le pneu et la roue de vélo en place : vous devez vérifier le sens du pneu. Bien sûr, la plupart des pneus ont un sens. Il est indiqué sur le pneu par une petite flèche avec la mention front/rear soit avant/arrière.

▶ Pour mener à bien l'opération, pensez à vous munir d'une trousse à outils comprenant un kit anti-crevaison (mis à disposition par le loueur de vélo) : pompe à main, démonte-pneus, rustines, colles, grattoir, clés, pince, outil multiple et chiffon.

Avarie de chaîne

Lors des sorties, on prévoit souvent le kit de réparation pour crevaison, plus rarement de quoi réparer la chaîne. C'est vrai, l'incident est plus rare, mais tout aussi pénalisant. D'autant que l'outillage est simple et léger : un dérive-chaîne suffit. Le changement de chaîne, dans le cas de bris, n'est pas obligatoire. La chaîne peut être réparée, en supprimant le couple du maillon brisé. La chaîne sera plus courte, mais, à moins que la chaîne ait été précédemment raccourcie, cela n'aura pas d'incidence. Il n'est pas possible d'installer ou de retirer une chaîne d'un vélo sans l'ouvrir. En effet, la chaîne passe autour de la base arrière droite. Pour déterminer la longueur d'une chaîne, copier sur l'ancienne chaîne, en comptant le nombre de maillons, la longueur pouvant différer si l'ancienne chaîne est usée (allongée avec le temps). Ensuite, installer provisoirement la chaîne sur le vélo en la faisant passer sur le grand pignon et le grand plateau. La chape du dérailleur ne doit pas alors être trop ni trop peu tendue. Retirer l'excédant de maillons.

Ateliers de réparation et réseaux d'entraide

Nous vous conseillons les ateliers de réparations associatifs et solidaires, où pour une cotisation annuelle (de 5 à 20 €) vous pourrez gagner en « vélonomie », en apprenant à entretenir et réparer votre vélo. Vous pouvez également apprendre seul, à l'aide d'ouvrage ou tutoriels. N'oubliez pas non plus les gens autour de vous : famille, amis, collègues. Ponctuellement des ateliers de réparation, des cours d'entretien ou stages de mécanique peuvent être organisés (par des associations, collectivités territoriales, vélocistes) ou lors d'événements ou manifestations vélo. Si vous êtes hermétique à la mécanique et que vous n'aimez pas mettre les mains dans le cambouis, vous pouvez tout à faire sous-traiter cette prestation. Les vélocistes sont des professionnels qui assurent la réparation des vélos. N'hésitez-pas à leur confier votre bécane. Des collectivités, dans le cadre de leur système vélo, ont également mis en place des ateliers de réparations, souvent situés dans des endroits stratégiques (gares).

L'ACCUEIL EN BALADE

La balade à vélo ne se résume bien souvent pas à de l'activité physique. Elle offre matière à découvrir tout un patrimoine et un terroir. Cela passe par l'observation des paysages depuis votre bicyclette, des visites culturelles, des baignades, des déjeuners sur l'herbe ou encore par l'accueil chez des hôtes, pour un repas, une nuitée ou tout un séjour. Le réseau des offices de tourisme pourra vous aider en amont et pendant la balade, pour vous indiquer de bonnes adresses. Il existe tout un réseau de prestataires dans l'accueil des cyclistes. Le label national Accueil Vélo référence un ensemble de services liés au vélo, sélectionnés selon des cahiers des charges précis, incluant les activités de restauration et d'hébergement. Sachez également que la balade à vélo est accessible à toutes les bourses et que vous trouverez différents types d'offres pour vos pauses repas, vos nuits, et des tarifs réduits pour des visites touristiques.

Des hébergements pour toutes les bourses

En balade, différentes possibilités s'offrent à vous en matière d'hébergements, selon vos envies et vos contraintes.

Sous la tente. Envie de profiter de la balade pour dormir sous la toile ? Vous pouvez opter pour le camping, qui offre, avec un emplacement pour votre tente, de l'électricité, un espace cuisine et un bloc sanitaire. Selon le standing, d'autres services pourront vous êtres proposés : restaurant, piscine, soirée à thème, etc. Les campings qui ont le label Accueil vélo offrent un espace couvert pour ranger les deux-roues, un coin blanchisserie et un atelier pour les petites réparations. Des aires de bivouac existent également sur certains parcours où vous pourrez passer la nuit souvent à la condition de planter la tente à la nuit tombée et de la replier au lever du jour. Vous trouverez sur le site suivant des conseils pour vous initier au camping : www.pc.gc.ca/fr/serapprocher-connect/ltc-dlc

Une autre option qui peut séduire certains d'entre vous est le camping sauvage. L'idée est de trouver un spot à l'abri pour vous permettre de passer la nuit le plus confortablement possible. Cette pratique est autorisée et réglementée en France, à l'exception de certains endroits (dont villes et réserves naturelles). L'interdiction peut être signalisée par des panneaux et formalisée par des arrêtés municipaux. Renseignez-vous.

Vous pouvez également poser votre tente chez l'habitant, dans un jardin. Des plateformes existent, qui mettent en lien hôtes et voyageurs pour du gambing (contraction de garden + camping) : www.homecamper.fr

Chez l'habitant. Si vous souhaitez passer du temps avec des habitants, le réseau warmshowers ou couchsurfing pourra vous permettre de faire de belles rencontres. Attention, il ne s'agit pas d'un simple hébergement gratuit mais bien d'un partage entre un hôte et un voyageur, qui souhaitent s'enrichir de la rencontre. La communauté Warmshowers (« douches chaudes » en anglais) met en relation les cyclotouristes selon un principe simple : se faire héberger pendant un voyage à vélo, le temps d'une escale, tout en rendant la pareille à d'autres dès que vous en aurez l'occasion. Une carte interactive référence les personnes qui peuvent vous recevoir pour une nuit ou plus, avec les détails de leurs moyens d'accueil (une parcelle de camping dans leur jardin, une chambre, repas offert ou non, etc.), ainsi que leurs coordonnées. Couchsurfing fonctionne sur le même principe mais est non spécifique aux voyageurs à vélo : www.couchsurfing.com

© SHAUNL - ISTOCKPHOTO.COM

LE CARNET DU CYCLISTE

© HALFPOINT - ISTOCKPHOTO.COM

Hôtels, chambre d'hôtes et gîtes. Principalement installés sur les zones traversées par des véloroutes et autres pistes cyclables, de nombreux hébergeurs proposent des équipements particuliers et des services spécifiques destinés aux cyclotouristes. On y retrouve entre autre les Logis Vélo avec plus de 450 hôteliers sur toute la France offrant un accueil de qualité. Plus d'infos sur www.logishotels.com/envie-de/les-themes/velo.html

Accueil vélo

Certaines régions de France ont développé leur propre réseau d'hébergements labellisés, et proposent le label Accueil Vélo. C'est une sélection d'hébergements qui bordent un itinéraire cyclable. Regroupés en réseau, ces campings, hôtels, gîtes et chambres d'hôtes vous réservent un accueil adapté : local à vélos fermé, petit matériel de réparation, possibilité de transport de bagages à l'hébergement suivant, etc. Les hôteliers en général vous proposent un petit déjeuner copieux, un panier pique-nique, un local sécurisé pour les vélos, un point d'eau pour laver les vélos, un lavage et séchage du linge, une mise en relation avec un loueur ou un transporteur du réseau, une mise à disposition d'une place de parking pour un véhicule pendant l'absence du client. Vous pourrez trouver un prestataire grâce à son moteur de recherche en ligne sur www.francevelotourisme.com.

Autres hébergements

En balade à vélo, vous pouvez aussi trouver à vous loger en gîte rural. Sur les chemins de Saint-Jacques-de-Compostelle, muni d'une credential, vous pourrez faire halte dans les auberges pour pèlerins. Pour ce qui est des hôtels, auberges de jeunesse ou chambres d'hôtes traditionnelles, n'hésitez pas à les appeler. Ils sont de plus en plus nombreux à s'équiper pour recevoir les cyclistes ou peuvent s'adapter pour accueillir votre vélo dans de bonnes conditions (mise à disposition d'un abri protégé pour le vélo par exemple).

Se restaurer sur la route

En balade, vous pourrez opter pour plusieurs formules, selon votre temps ou votre porte-monnaie. Le label Accueil Vélo identifie des restaurateurs bike-friendly (www.francevelotourisme.com/restaurants-bars). Dans certaines villes vous pourrez trouver des cafés-vélo qui combinent les services de réparateurs vélos, bar et restaurant. Encore une fois, les itinéraires cyclables tels que voies vertes comportent des services de restauration à proximité ou directement le long de l'itinéraire. Vous pourrez aussi bénéficier de formules panier-repas à emporter chez vos hôtes. N'hésitez pas à le demander. Pour un pique-nique de qualité, vous pouvez aussi vous arrêter chez les commerçants, producteurs locaux ou marchés situés le long de votre itinéraire. Renseignez-vous auprès de vos hôtes ou des offices de tourisme pour connaître les jours de marché.

Découvrir le terroir

Certains offices de tourisme sont labellisés Accueil Vélo et pourront vous prodiguer des conseils spécifiques. D'une manière générale, ces établissements constituent des mines d'informations qui vous seront utiles dans votre pérégrination tant sur l'aspect pratique que pour la découverte du patrimoine et des sites culturels. Le mieux est de les contacter en amont ou consulter leur site Internet, afin de préparer au mieux votre voyage. Pour les cyclotouristes qui n'aimeraient pas l'organisation et préfèrent le confort d'un voyage organisé, sachez que des voyagistes proposent des séjours à vélo, en groupe. Ils peuvent aussi vous confectionner un voyage sur mesure pour un groupe que vous aurez constitué.

le son FeelGood
house - electro.
FG.
DJ radio
écoutez 20 radios electro
sur le player FG. ››››››
fm/dab+
l'appli FG.
radioFG.com

LES SERVICES EN BALADE

En balade, vous n'êtes pas tout seul ! Un circuit vélo ne se résume pas à un simple tracé et vous pourrez trouver un ensemble de services sur la route ou à proximité. Sachez d'abord qu'il existe des possibilités pour transporter votre vélo non démonté dans les trains, bus, mais aussi métros et bateaux (bacs, ferries, etc.). Des services de location (intégrant, outre le vélo, les sacoches, le kit de réparation, parfois aussi le casque ou d'autres équipements) existent et peuvent être réservés. D'autres services pourront égrener votre parcours et vous faciliter la vie : réparations, stations de gonflage, stations de recharge de batterie de VAE, transport des bagages ou taxis. Les véloroutes et voies vertes intègrent cette notion de service dans leur cahier des charges, ainsi que le label Accueil Vélo. Dans tous les cas, pas de panique. Les circuits sont fréquentés par d'autres cyclistes, souvent prompts à l'entraide.

Intermodalité : vélo et train

Les politiques évoluent en matière d'intermodalité et nous vous conseillons de consulter les sites Internet des transporteurs pour vérifier les conditions de transport des vélos.

- **Vélos démontés.** Les vélos démontés et placés dans une housse (de format 120 x 90 cm max. pour la SNCF), ainsi que les vélos pliables sont acceptés gratuitement dans tous les trains. Toutefois, dans les trains OUIGO, il vous en coûtera 5 € lors de votre réservation pour transporter votre vélo pliable ou démonté.

- **Vélos non démontés.** Les trains TER (Trains Express Régionaux) acceptent en général (mais pas toujours !) les vélos non démontés gratuitement et sans réservation, dans la limite des places disponibles. Consultez au préalable le site Internet TER de votre région. Pour ce qui est du réseau Intercités, il vous en coûtera 10 € lors de la réservation pour transporter votre biclou. Dans certains TGV INOUI, il est possible de transporter votre vélo pour 10 € et avec réservation, dans la limite des places disponibles. Sachez que vous pouvez également réserver un emplacement vélo payant dans l'Eurostar et dans les TGV Lyria.

- **Pour plus d'informations**, rendez-vous sur www.sncf.com/fr/offres-voyageurs/voyager-en-toute-situation/velo-a-bord

Réseau transilien et RATP

Pour ce qui est du réseau transilien les modalités sont les suivantes : du lundi au vendredi, avant 6h30, entre 9h30 et 16h30 et après 19h30. Le samedi, dimanche et les jours fériés sans restriction d'horaires. Attention, en cas de forte affluence, l'accès au train avec votre vélo pourra vous être refusé. Le vélo est accepté dans les bus Transilien (dont Noctilien) dotés d'une soute à bagages. Dans les RER, les vélos sont acceptés les samedis, dimanches et jours fériés toute la journée, et les autres jours avant 6h30, entre 9h et 16h30, puis après 19h.

Vélo et bus interurbains

Nous vous conseillons de consulter les sites ou de contacter directement les transporteurs. Les vélos démontés dans des housses sont considérés comme des bagages, mais les conditions varient selon les lignes pour les vélos non démontés (et la période). À noter que la Loi d'orientation des mobilités prévoit que les autocars assurant des lignes régulières de transport public, en circulation après le 1er juillet 2021, doivent pouvoir transporter un minimum de 5 vélos non démontés.

Vélo et bateau (bac, ferry)

Les itinéraires vélos nécessitent parfois le passage de rivières, mers ou estuaires et empruntent des bacs ou ferry, qui acceptent généralement les vélos. Renseignez-vous auprès des opérateurs de transport. À Paris, le service Navibus (navette sur la Seine) a la capacité d'accueil d'un vélo non démonté par bateau.

Vélo et voiture

Un dispositif de porte-vélo vous permettra de transporter votre vélo en voiture. Parmi les différentes possibilités on citera le porte-vélo hayon. Il se fixe rapidement sans aucune restriction de hauteur, pouvant transporter jusqu'à quatre vélos, s'il est doté d'un bras articulant.

Location de vélos

Il existe des systèmes de location de courte ou moyenne durée, à utiliser selon vos besoins. Les locations courte durée se révèlent très pratiques pour la balade et permettent de découvrir différents types de vélos et de louer directement sur

© VM - ISTOCKPHOTO.COM

le lieu de votre balade. Certains loueurs peuvent également récupérer votre vélo en fin de séjour si vous n'effectuez pas une boucle. Les locations longue durée vous permettent, quant à elles, de bénéficier d'un vélo pour les déplacements du quotidien. Les collectivités qui proposent ce service, ont souvent des tarifs intéressants (dont des tarifs solidaires) et incluent d'autres services : consignes, maintenance du vélo, etc.

Voici quelques ressources utiles :

- www.francevelotourisme.com (label Accueil Vélo) ;
- offices de tourisme : ils vous informent sur les loueurs et proposent parfois des vélos en location ;
- collectivités territoriales ;
- vélocistes, loueurs privés ;
- associations ;
- l'application en ligne Ouibike (www.ouibike.net) qui propose un service de réservation en ligne 7j/7 et toute l'année. Ouibike propose aussi la location et livraison de vélos au sein d'un réseau de plus de 300 points de location ;
- l'application de location entre particuliers Bebike (www.sobebike.com). C'est la première application de location de vélo entre particuliers. Il vous suffit de télécharger l'application et vous pourrez ensuite trouver un vélo partout dans votre région.

Réparation du vélo

Avant de partir, assurez-vous que votre vélo est en bon état de fonctionnement et bien réglé. En cas de souci sur la route, pas de panique, voyez déjà si vous êtes en mesure de diagnostiquer et traiter le problème. Les itinéraires étant généralement fréquentés par d'autres cyclistes, il est fort probable qu'on vienne spontanément vous aider. Sachez que des réparateurs de cycles sont souvent présents à proximité des itinéraires, en tout cas dans les villes. Le label Accueil vélo recense un certain nombre de prestataires qui peuvent assurer les réparations ou vous aider. Vous pouvez également contacter le loueur de vélo qui pourra vous prodiguer des conseils ou dans certains cas venir vous récupérer.

Services de bagagerie et taxis

Si vous partez plusieurs jours en itinérance et que vous ne souhaitez pas porter vos bagages sur votre vélo, sachez que sur certains itinéraires, des prestataires assurent un service de portage. Vous retrouverez ainsi chaque soir vos effets personnels dans votre hébergement. Des services de taxi existent également afin de vous transporter avec votre vélo d'un point A à un point B si vous ne souhaitez pas pédaler toute la journée. Ayez aussi un œil sur les horaires de bus ou train qui acceptent les vélos sous certaines conditions.

Label Accueil vélo

Cette marque nationale réunit plus de 600 prestataires de différents secteurs : hébergeurs/restaurateurs, loueurs de vélos, réparateurs de vélos, offices de tourisme et sites touristiques qui assurent un certain nombre de services dédiés au vélo selon des critères précis, notamment une localisation à moins de 5 km d'un itinéraire cyclable, des conseils et équipements spécifiques (stationnement vélo sécurisé), etc.

Pour plus d'informations :

- www.francevelotourisme.com
- consulter les offices de tourisme
- contacter votre loueur de vélo et votre hébergeur.

SÉCURITÉ ET PROTECTION CONTRE LE VOL

La sécurité est un paramètre important en balade. Cela commence par un vélo correctement réglé et en bon état de fonctionnement. A cela s'ajoute la tenue du cycliste, qui devra associer confort, visibilité et résistance aux aléas climatiques. Une fois équipé, il s'agira, pour s'élancer avec confiance et fluidité, de respecter quelques règles de bonne conduite, ainsi que la réglementation en vigueur, tant dans le trafic que sur les aménagements cyclables. Pour celles et ceux qui auraient besoin de se remettre à pédaler, sachez que des vélos-écoles permettent un apprentissage ou une remise en selle à tout âge. Enfin, afin d'éviter de se faire voler son vélo, ce qui est un risque somme toute assez fréquent, on conseillera également quelques mesures de prévention. Outre la vigilance, des dispositifs tels que des antivols, ou des systèmes de marquage peuvent dissuader plus d'un voleur et vous éviter de voir disparaître votre monture.

La sécurité à vélo

Voir et être vu. La visibilité est le premier atout du cycliste. De jour comme de nuit, il est important d'être bien visible de tous : des automobilistes, bien sûr, mais aussi des piétons, des autres cyclistes. Le gilet de sécurité haute visibilité permet d'attirer l'attention de tous, et il est obligatoire la nuit, hors agglomération, de même que de jour par temps sombre ou de brouillard. Des dispositifs d'éclairages, eux aussi obligatoires, assureront votre visibilité (catadioptres, dynamo, lampes amovibles ou systèmes autonomes reelight). Il s'agit aussi d'être clair dans ses intentions : tendre le bras pour indiquer chaque changement de direction et s'assurer que notre intention ait été bien comprise par les autres usagers. Les cyclistes sont particulièrement vulnérables aux intersections. Observer le Code de la sécurité routière aide aussi les automobilistes à prévoir où se dirigent les cyclistes. En agglomération, soyez attentifs aux revêtements tels que ralentisseurs et grilles d'égout. Attention aux angles morts et aux mouvements latéraux des camions, bus, camionnettes : il est préférable de rester bien derrière.

Le gilet de sécurité haute sécurité permet de bien être vu des autres.

Code de la route. Toute une réglementation s'impose aux cyclistes et leur confèrent des droits mais aussi des devoirs en matière d'équipement, de circulation, ou d'aménagements. La réglementation est évolutive et varie d'un pays à l'autre. Aussi est-il nécessaire de se renseigner au préalable. Pour ce qui est de la circulation en France, des panneaux bleus indiquent les pistes cyclables : le rond à caractère d'obligation et les rectangulaires conseillent de les emprunter. Les voies expresses interdites sont matérialisées par des panneaux blancs cerclés de rouges. Pour plus d'informations, voir le site de la Fédération des Usagers de la bicyclette : www.fub.fr

Oser prendre sa place. Il s'agira de s'élancer avec confiance et de prendre sa place dans le trafic ou dans les aménagements dédiés. On tâchera de rester maître de son vélo et de sa vitesse en évitant de zigzaguer sur la route. Sous la pluie et sur chaussée détrempée, pensez à anticiper le freinage. Si vous roulez en groupe, assurez-vous de rouler dans une formation appropriée. Peu de choses sont aussi irritantes aux yeux des automobilistes qu'un groupe de cyclistes désorganisés qui pédale lentement et qui bloque la voie. Évitez de rouler à plus de deux de front. En cas de dépassement par un autre véhicule ou sur une route étroite, roulez en file simple. Aussi est-il important de communiquer entre vous afin de prévenir les obstacles placés sur la route (trous, gravillons, etc.), mais aussi d'informer les autres qu'une voiture va doubler ou vient en face. En cas d'incident mécanique, il vaut mieux ne pas s'arrêter sur la chaussée, mais sur le bas côté droit de l'accotement. Apprendre à pédaler ou se remettre en selle est toujours possible : renseignez-vous auprès du réseau des vélos-écoles ou de votre collectivité : www.fub.fr

SÉCURITÉ ET PROTECTION CONTRE LE VOL

Un vélo réglé et en état de fonctionnement

Pour rouler en sécurité, il s'agit d'abord d'avoir un vélo réglé et en bon état de fonctionnement. Récent ou vieux, le vélo doit être en parfait état de marche : les vitesses doivent changer sans problème (danger en cas de saut de chaîne dû à un mauvais entretien de la transmission). Les freins doivent fonctionner correctement et sans à coup (il faut de temps à autre surveiller l'usure des patins et câbles). Il est aussi important de vérifier le serrage des boulons et attaches rapides, notamment des roues, du guidon, de la selle et des freins. En ce qui concerne les pneus, ils doivent être regonflés régulièrement en respectant la pression donnée par le fabriquant, indiquée sur le pneu. Parmi les éléments importants à prendre en compte figure la selle, un composant essentiel en terme de confort, surtout pour les longues échappées. Sa hauteur ainsi que celle du guidon doivent favoriser l'ergonomie. Tout vélociste ou loueur saura vous prodiguer les bons conseils en matière de réglage et d'entretien.

Éléments de sécurité du vélo. Les éléments obligatoires sur un vélo sont deux dispositifs de freinage, un porte-bagage, un système d'éclairage, une sonnette. La sonnette sert notamment à prévenir les autres usagers, piétons, voitures ou cyclistes et à éviter ainsi d'éventuels accidents. Les garde-boues vous permettront de rester propre et de ne pas aveugler le cycliste qui vous suit avec des éclaboussures. Un rétroviseur, installé du côté gauche, permet de savoir à tout moment ce qui se passe derrière soi et peut se révéler bien utile dans le trafic. Il est important de vérifier au préalable si le champ de vision n'est pas trop réduit. Une béquille facilite les petits arrêts. Il s'avère également important de disposer d'une pompe (à main, car transportable) et d'une trousse à outils contenant : un démonte-pneus, chambres à air, colle et rustines ; chiffons, gants, pompe, dérive-chaîne, pince et outil multifonction (clé BTR, tournevis).

Un équipement vestimentaire adapté. D'une manière générale, pour pratiquer le vélo dans de bonnes conditions, il est important de s'équiper correctement et en fonction des aléas climatiques. On évitera les bas de pantalons larges, les lacets de chaussures non lacés, les écharpes tombantes et les longs manteaux s'accrochant facilement : risque de chute ! Préférez des vêtements de couleurs claires de préférence qui permettent d'augmenter votre visibilité en journée. Pour les randonnées longues, vous pouvez opter pour un cuissard court ou long en fonction de la saison. Il vous épargnera les désagréments de la selle bien connus des cyclistes professionnels, tels que les échauffements ou brûlures de la peau. Pour le choix du casque (obligatoire pour les moins de 12 ans), préférez ceux à coque rigide qui protège d'éventuels traumatismes crâniens en cas de chute. Des lunettes de soleil vous protègeront des UV mais aussi de la poussière.

Prévenir le vol

Quelle que soit leur qualité, les vélos sont très recherchés par les voleurs. Chaque année, ce sont environ 400 000 vols de vélos qui sont déclarés en France. Tout cycliste qui se respecte vous parlera de son premier vol de vélo (en ville, un cycliste sur deux s'est déjà fait voler son vélo). Comme il vaut mieux prévenir que guérir, voici quelques conseils de première ligne. A l'extérieur, veillez à ne pas laisser trop longtemps votre vélo et dans la mesure du possible gardez-le dans votre champ de vision. Préférez les endroits fréquentés ou les parkings sécurisés et/ou surveillés. Certaines collectivités, dans

Il est important d'avoir une tenue adaptée.

Le casque est obligatoire pour les enfants de moins de 12 ans.

le cadre de leur système vélo ont mis en place des parkings de stationnement sécurisés et des locations de box.

Comment attacher son vélo pour pouvoir le sécuriser au mieux ? Attachez à la fois le cadre et la roue avant. En effet, il est très important d'attacher la roue avant au cadre, car celle-ci est plus vulnérable au vol que la roue arrière puisqu'elle se démonte plus facilement. Évitez les attaches rapides de selle et de roues de vélo surtout pour une utilisation en agglomération. Ils peuvent sembler pratique au premier abord, mais sachez qu'ils facilitent le vol de votre vélo. Il faut savoir que les accessoires sont également une proie très facile des voleurs, même les moins expérimentés. N'hésitez pas à garder avec vous vos sacoches, pompe, ou compteur, lorsque vous laissez le vélo.

▶ **Marquage**. A partir de 2021, le marquage des vélos est obligatoire pour les vélos vendus neufs (depuis le 1er janvier 2021) et d'occasion par les professionnels (dès l'été 2021). Des opérateurs agréés par l'État sont en charge de ce marquage. Sachez que vous pouvez aussi faire marquer un vélo déjà en votre possession. Le marquage est associé à l'enregistrement du vélo sur un registre national unique. Le marquage du vélo permet de dissuader les voleurs (difficulté à revendre votre vélo par la suite) et facilite les recherches en cas de vol. Nombre de deux-roues volés et retrouvés ne peuvent en effet être rendus à leurs propriétaires faute d'identification. Si vous souhaitez plus d'informations, consultez www.bicyoce.org et la Loi d'orientation des mobilités 2019 et les décrets d'application.

▶ **Antivols.** Un ou plusieurs antivols sont aujourd'hui souvent indispensables pour empêcher le vol si vous êtes obligé de vous séparer de votre vélo un certain temps. Pour un court arrêt, le cadenas en étrier permet de bloquer rapidement la roue arrière. Alors que pour un arrêt plus long, il vaut mieux utiliser de gros cadenas en forme de U, étudiés pour résister à de multiples agressions. Ils sont lourds, mais leur prix est nettement inférieur à celui d'un nouveau vélo. Les antivols en spirale cèdent en revanche à la première pince coupante venue, et les cadenas à chiffres ne résistent pas non plus longtemps au voleur. Un U plutôt court, associé à un antivol bloquant la roue arrière est en général recommandé. Sachez que peu de choses arrêtent un voleur bien équipé et organisé. C'est pourquoi l'ensemble des conseils précédemment évoqués s'applique pour diminuer les risques de vol. La FUB propose également un comparateur d'antivol (www.bicyoce.org).

▶ **Assurance.** Le vol de vélo à votre domicile est en général compris dans votre assurance habitation. Des assurances spécifiques existent pour le vol de vélo. Le site www.bicycode.fr en répertorie quelques-unes.

▶ **Un système de parking vélo entre particuliers** : https://www.velhome.co/

En cas de vol

Zut, on vous a dérobé votre vélo : échappé, volatilisé ! La première chose à faire est d'aller porter plainte au commissariat ou à la gendarmerie. Il s'agit ensuite de le renseigner, via la base de données de votre opérateur, si votre vélo est marqué. Vous pouvez également consulter les sites suivants : www.bicycode.org et http://veloperdu.fr. Consultez également votre assurance et demandez à vos amis d'ouvrir l'œil, regardez les petites annonces. A froid, essayez de comprendre les facteurs qui ont permis le vol afin de mieux anticiper la prochaine fois. Et relativisez : ce n'est que du matériel. Par sécurité, prenez toujours une photo de votre vélo attaché dans votre abri.

S'INFORMER

Voici quelques adresses pour vous aider à chaque étape de votre parcours, de sa préparation jusqu'à la fin de la balade. Vous trouverez des structures qui proposent des ateliers de remise en selle afin de vous permettre de reprendre ou apprendre le vélo en toute confiance. Nous vous présentons également différentes organisations qui pourront vous apporter des conseils en matière de vélo (achat, entretien, conseils pour rouler). Nous vous indiquerons aussi quelques pistes pour préparer vos itinéraires avec des informations et des outils pratiques. Vous trouverez le nom de structures associées au cyclotourisme via lesquelles vous pourrez trouver des compagnons de route et des idées de parcours. Enfin, quelques éléments de littérature, revues et sites liés à l'univers du vélo vous seront présentés, car ils peuvent constituer des sources d'inspiration et contiennent des informations récentes.

Se (re)mettre en selle, trouver un vélo et circuler en toute sécurité

FUB

Fédération des Usagers de la Bicyclette
12, rue des Bouchers
67000 Strasbourg
✆ 03 88 75 71 90
contact@fub.fr
www.fub.fr Créée en 1980, la FUB, Fédération française des usagers de la bicyclette, agit pour apporter des réponses concrètes aux préoccupations quotidiennes des cyclistes et promouvoir l'usage du vélo comme mode de déplacement quotidien, par la mise en réseau des associations locales. Les principaux champs d'action sont concertation entre usagers et collectivités, le conseil et l'information, les bourses aux vélos, le marquage BICYCODE®, les ateliers d'autoréparation et la vélo-école pour adultes et enfants.

Mieux se Déplacer à Bicyclette (MDB)

Maison du Vélo
37, boulevard Bourdon
75004 Paris
✆ 01 43 20 26 02
https://mdb-idf.org
Il s'agit d'une association pionnière en matière de promotion du vélo qui propose des accompagnements (vélos-écoles, ateliers de réparation, marquage, etc.), des projections, des bourses aux vélos, des balades et manifestations cyclofestives, ainsi que des actions militantes (convergence francilienne).

FNAUT

Fédération nationale des Associations d'Usagers des Transports
32, rue Raymond Losserand
75014 Paris
✆ 01 43 35 02 83
www.fnaut.fr
La Fédération nationale des Associations d'Usagers des Transports rassemble aujourd'hui 150 associations implantées dans toutes les régions françaises. Association de consommateurs agréée, la FNAUT conseille et défend les usagers de tous les modes de transport et les représente auprès des pouvoirs publics et des entreprises de transport. Groupe de pression d'intérêt général, la FNAUT s'efforce d'infléchir la politique des transports et de l'aménagement du territoire.

UPWAY

https://upway.shop
info@upway.shop
Cette plateforme en ligne est dédiée au rachat, au reconditionnement et à la revente de vélos électriques, sous garantie d'un an. Leur credo ? Rendre le vélo électrique accessible au grand public avec des offres pour tous les budgets et une livraison assurée à domicile ! Vous retrouverez des marques incontournables, telles que Cowboy, VanMoof ou encore Giant. En plus d'un aspect économique attrayant, la démarche d'Upway s'inscrit dans un cycle vertueux en prolongeant la durée de vie des vélos électriques plutôt que de créer du jetable.

S'informer sur les itinéraires, trouver des compagnons de route

ASSOCIATION FRANÇAISE DES VÉLOROUTES ET VOIES VERTES (AF3V)

www.af3v.org
Cette association d'usagers, qui fonctionne avec des délégations départementales, propose notamment des randos vélos de plusieurs types : randonnées militantes (pour faire avancer les voies vertes), randonnées grands itinéraires, randos-découvertes, autres randonnées ; on trouve sur le site une carte interactive et un moteur de recherche qui permet de trouver une véloroute ou une voie verte en fonction de la région, du type de revêtement de la voie et le type d'activité.

© ESTUDI M6 - SHUTTERSTOCK.COM

CYCLO-CAMPING INTERNATIONAL (CCI)

www.cyclo-camping.international/fr

Cyclo-Camping International est une association sans but lucratif qui regroupe et informe ceux qui voyagent à vélo sans aide motorisée. Elle est animée par des bénévoles et réunit tous les passionnés du voyage à vélo, ceux qui partent demain, et ceux qui sont revenus hier... Elle leur permet de S'informer, de se rencontrer, et de communiquer entre eux à partir de leurs expériences.

CYCLOTRANSEUROPE

www.eurovelo3.fr

CyclotransEurope, fondée en 1996, a pour objectif la réalisation en France d'une véloroute reliant à la fois Paris à Moscou et Saint-Jacques-de-Compostelle à Trondheim (la Scandibérique), autant que possible en site propre. Depuis 2001, CyclotransEurope propose de découvrir une partie de l'itinéraire de la TransEuropéenne, entre amis ou en famille, grâce aux randonnées organisées tous les étés.

FÉDÉRATION FRANÇAISE DE CYCLOTOURISME (FFCT)

www.ffvelo.fr

Les Comités régionaux et départementaux permettent une présence active et soutenue auprès des licenciés, mais également des institutions sportives, touristiques et des administrations régionales et départementales. Les clubs sont les acteurs principaux de la FFCT. À ce titre, ils gèrent et assurent l'activité du cyclotourisme sur le territoire français incluant les départements d'Outre-mer. Ils en assurent la promotion, l'animation auprès de leurs adhérents, l'organisation de manifestations et de randonnées, la création de structures d'accueil et la mise en place d'écoles de cyclotourisme.

FRANCE VÉLO TOURISME

www.francevelotourisme.com

Vous retrouvez sur ce site des idées d'itinéraires pour vos balades à vélo de 2h ou de plusieurs jours. Grâce à un moteur de recherche et une carte interactive, vous pouvez confectionner un itinéraire sur mesure, selon vos envies et vos capacités (difficulté, durée, thématique et destination), en préconisant des itinéraires cyclables aménagés. Vous retrouvez aussi, sur France vélo tourisme, tous les établissements labellisés Accueil Vélo sur votre itinéraire : hébergements, restaurants, lieux de visite, offices de tourisme, loueurs et réparateurs.

Livres

Littérature :

- *Petit Traité de Vélosophie* de Didier Tronchet, Éditions Plon.
- *Besoin de Vélo* de Paul Fournel, Éditions Points Seuil.
- *Voici des Ailes* de Maurice Leblanc, Éditions Phébus.

Ouvrages spécialisés (réparation, droit) :

- *Comment entretenir et réparer son vélo. Le manuel de survie pour les nu(le)s en mécanique* de Romain Puissieux, Éditions Mango, 2018.
- *Le Code du Cycliste* de Ludovic Duprey, Éditions Dalloz, 2021.

Livres sur la pratique du vélo :

- ***Le Retour de la bicyclette,*** de Frédéric Heran, Éditions La Découverte, 2015.
- ***En roue libre***, de David Le Breton, Éditions Terre Urbaine, 2020.
- ***Réenchantons le vélo***, de Priscilla Parard, Éditions Terre Vivante, 2021.

Magazines et presse spécialisée

- ***Cyclo-camping international***, la revue trimestrielle de l'association CCI (www.cyclo-camping.international/fr/revue/non-categorise/revue) : des récits de voyageurs, des infos et des annonces.
- ***200 le vélo de route autrement***, magazine trimestriel (www.200-lemagazine.com) : des articles en lien avec le monde du vélo, des récits de voyages, pour tout public du néophyte au compétiteur.
- ***Chasse-goupille***, fanzine bordelais (https://wiklou.org/wiki/Chasse-Goupille_(fanzine)) réalisé par des autrices de la France entière dans l'esprit *do it yourself* et dont le thème est « l'émancipation avec et par la bicyclette ».
- ***Cyclotourisme Mag*** (www.cyclotourisme-mag.com), mensuel édité par la Fédération française de cyclotourisme, consacré à l'ensemble de l'actualité de la discipline avec de nombreux conseils pratiques et techniques.

Cyclist magazine, une nouvelle route s'offre à vous...
La passion du vélo
Alaphilippe | BikingMan Portugal | Alé, le chic italien | Col du Granon | Huez à la folie
La passion du vélo
Cyclist
MATOS
Pépites à rouler
Le San Marco et les Écrins
Biniam Girmay
La nouvelle star
Découvrez Cyclist, sûrement le plus passionnant des magazines de vélo.
Disponible chez votre marchand de journaux ou sur www.turbulencespresse.fr

LE CYCLE

01 41 40 32 32 - www.lecycle.fr

Le Cycle est le magazine n° 1 des pratiquants, sa mission est de vous faire rêver et vous faire vivre votre passion avec les meilleurs conseils et guides d'achat. Dans chaque numéro, retrouvez les essais des vélos et des produits avec une analyse en laboratoire et des tests sur le terrain. Découvrez des comparatifs de matériels ainsi que des dossiers techniques. Les reportages Parcours et Col dur mettent à l'honneur une région, son patrimoine, en parcourant trois circuits adaptés. Avec les rubriques Atelier, Diététique, Entraînement, les actus régionales, les suppléments du Guide du Tour, des vélos et des équipes pros sans oublier le carnet Entraînement, vivez votre passion du cyclisme dans toutes les pratiques, du cyclosport à la compétition, de la route au gravel.

CYCLIST

04 73 14 03 00 - www.turbulencespresse.fr

7,50 € le numéro. 39 € l'abonnement d'un an (19,50 € l'abonnement numérique).

Bimestriel dédié au cyclisme sur route à destination des passionnés avec des reportages sur des escapades à vélo en France, des news et tests de matériels, l'actualité des clubs et également des astuces pour bricoler son vélo. Des portraits des grandes légendes du cyclisme, des dossiers thématiques, du coaching, du choix d'un vélo, des interviews de personnalités et des reportages présentant de belles balades sur les plus belles routes de l'Hexagone ; le tout avec des photographies qui font rêver et donnent envie d'enfourcher sans plus attendre son vélo !

E-BIKE MAGAZINE

03 44 62 43 79

6,50 € l'unité, abonnement 1 an : 36 €.

E-bike Magazine, c'est une revue bimestrielle qui est intégralement consacrée au vélo à assistance électrique (VAE). Tous les deux mois, vous retrouvez toutes les actualités liées au VAE et aux derniers modèles. Dans chaque numéro, un chapitre « essais » vous livre les résultats de plusieurs tests et essais techniques. Retrouvez également des portraits de coureurs pro, une rubrique « courrier des lecteurs », des conseils pratiques et des dossiers et des inspirations pour vos randonnées. Un magazine spécialisé au contenu dense et pratique.

E-BIKE LIFE MAGAZINE

03 44 62 43 79

6,90 €/l'unité.

À la suite du succès de *E-Bike Magazine*, les éditions Larivière ont décidé de prolonger le plaisir des « cyclolecteurs » en lançant *E-Bike Life Magazine*. Ce nouveau magazine trimestriel est dédié aux vélos à assistance électrique (VAE) et plutôt spécialisé pour les usagers de VAE en milieu urbain. Partant d'une tendance générale : dans les grandes villes, de plus en plus de personnes cherchent des solutions de déplacement plus écologiques. On retrouvera donc des conseils pour accompagner cette mobilité électrique, des tests techniques et recommandations.

VTT MAGAZINE

03 44 62 43 79

5,80 € à l'unité, abonnement 1 an en numérique : 39 €, abonnement 1 an papier : 56 €.

Mensuel emblématique consacré à l'ensemble de l'actualité du vélo tout-terrain avec des essais matériel et expertises techniques, des focus sur les pilotes les plus charismatiques, mais aussi des sauts impressionnants, entre autres thématiques. Bien sûr, vous trouvez également dans le *VTT magazine*, disponible à l'unité ou en abonnement (papier et/ou numérique), une sélection de randonnées sur les plus beaux sentiers de France et des idées de voyages à faire à VTT partout dans le monde, pour vous inspirer et vous donner envie.

VÉLO VERT MAGAZINE

01 39 13 33 22 - www.velovert.com

À l'unité : 6,95 €, abonnement 1 an : 49 € et abonnement 2 ans : 85 €. Offres avec produits offerts disponibles.

Vélo Vert Magazine, c'est un mensuel consacré à l'actualité du vélo tout-terrain et vélo tout-terrain à assistance électrique, et des numéros hors-série de référence. On y trouve des interviews de coureurs, des conseils pour l'entretien de son VTT, l'agenda des randonnées et courses en France et de nombreuses autres rubriques telles que, par exemple, toute l'actualité des coureurs emblématiques de VTT, des tests techniques des vélos dernier cri, en plus de conseils pratiques. Et chaque année, le magazine fait une sélection et élit « le VTT de l'année ».

Sites et applications

Sites et blogs :

- www.isabelleetlevelo.fr/ : un site incontournable avec toute l'actualité vélo (« mais pas que... »).
- www.weelz.fr : le mag « leader de pignon ». Ce site encourage la pratique du vélo comme mode de déplacement à part entière.
- www.citycle.com : un blog d'actualité et d'information autour du monde du vélo, cyclisme urbain, cyclotourisme, tous les conseils y sont apportés.
- www.cyclos-cyclotes.org : un forum consacré au cyclotourisme.
- www.cartovelo.fr : une librairie en ligne des guides et cartes.
- umap.openstreetmap.fr : pour créer vos propres cartes personnalisées.

Applications pour tracer son itinéraire :

- komoot
- IGNrando'

petit futé
2023 - 2024
VERSION NUMÉRIQUE OFFERTE
Les plus belles Balades à Vélo
FRANCE
CARTE PARCOURS GPX À TÉLÉCHARGER

AUVERGNE-RHÔNE-ALPES

ENTRE LE LAC D'ANNECY ET LE MASSIF DES BAUGES

(HAUTE-SAVOIE)

- **Itinéraire :** Entre le lac d'Annecy et le massif des Bauges
- **Total :** 51 km
- **Durée :** de 3 à 6 heures, entre 20 et 10 km/h.
- **Difficulté :** intermédiaire à difficile. Routes de montagne avec un col à grimper.
- **Dénivelé positif :** 990 m

LIEUX	Km partiel	Km cumul	Routes
VIUZ-LA-CHIÈSAZ	0	0	Bourg
QUINTAL	5	5	D141
ANNECY	8,5	13,5	D5
SEVRIER	4	17,5	D912
COL DE LESCHAUX	12	29,5	D912
ALLÈVES	12	41,5	D5
VIUZ-LA-CHIÉSAZ	9,5	51	D5

TAPEZ PETITFUTE.APP DANS LE NAVIGATEUR DE VOTRE SMARTPHONE. PRENEZ UNE PHOTO DE LA PAGE ET OBTENEZ
LE TRACÉ GPX DE LA CARTE
GENÈVE
Cran-Gevrier
Annecy
Lovagny
le Fier
Gorges du Fier
Chavanod
D 16
Seynod
A 41
D 1201
D 5
Lac d'Annecy
Veyrier-du-Lac
D 909
Sévrier
Menthon-St-Bernard
Montagny-les-Lanches
D 141
D 41
D 1508
Chapeiry
Quintal
Saint-Sylvestre
St-Jorioz
Duingt
CHAMBÉRY
ALBERTVILLE
D 912
Le Semnoz
Alby-sur-Chéran
VIUZ-LA-CHIESAZ
Héry-sur-Alby
Crêt de Chatillon 1 699m
Saint-Eustache
Entrevernes
Gruffy
Lathuile
Parc Naturel Régional du Massif des Bauges
La Chapelle-Saint-Maurice
D 3
le Chéran
Col de Leschaux 897 m
Leschaux
Cusy
Allèves
D 911
Bellecombe-en-Bauges
Massif des Bauges
Saint-Offenge-Dessous
Arith
Lescheraines
La Motte-en-Bauges
Autoroute
Route principale
Route secondaire
Circuit vélo
Départ
N
O
E
S
0
2 km

AUTOUR DE VICHY
(ALLIER)

- **Itinéraire :** Autour de Vichy
- **Total :** 70,7 km
- **Durée :** de 3 heures 30 à 7 heures, entre 20 et 10 km/h
- **Difficulté :** moyen à difficile. Dénivelé important avec nombreuses côtes.
- **Dénivelé positif** : 970 m

LIEUX	Km partiel	Km cumul	Routes
CUSSET	0	0	D906B
CHÂTEL-MONTAGNE	22	22	D906B D25
LE MAYET-DE-MONTAGNE	6	28	D207
FERRIÈRES-SUR-SICHON	7,8	35,8	D49
ARRONNES	9,1	44,9	D995
BUSSET	9,4	54,3	D995 D121
SAINT-YORRE	4,9	59,2	D121
VICHY	11,5	70,7	D131 D2209

CUSSET
Vichy
La Bruyère
Les Judas
La Croix-Rouge
Châtel-Montagne
Puy du Roc
644m
Molles
Le Vernet
Nizerolles
La Chapelle
La Sablière
Abrest
Hauterive
Allier
CLERMONT-FERRAND
Le Gué-Chervais
Le Mayet-de-Montagne
Saint-Yorre
Busset
Arronnes
Saint-Sylvestre-Pragoulin
Puyravel
Château de Montgilbert
le Sichon
Cheval-Rigon
Ferrières-sur-Sichon
Mariol
THIERS
D 27
D 2209
D 6
D 1093
D 906B
D 25
D 7
D 62
D 995
D 906
D 131
D 121
D 207
D 49
N
O
E
S
0
2 km
Autoroute
Route principale
Route secondaire
Circuit vélo
Départ
PARCOURS GPX
TAPEZ PETITFUTE.APP DANS LE NAVIGATEUR DE VOTRE SMARTPHONE. PRENEZ UNE PHOTO DE LA PAGE ET OBTENEZ
LE TRACÉ GPX
DE LA CARTE

BOURG-SAINT-MAURICE, L'ADRET DE TARENTAISE

(SAVOIE)

- **Itinéraire :** Bourg-Saint-Maurice, l'Adret de Tarentaise
- **Total :** 65 km
- **Durée :** de 4 à 8 heures, entre 20 et 10 km/h.
- **Difficulté :** difficile. Bonne condition physique – Longue ascension jusqu'à la station des Arcs.
- **Dénivelé positif :** 2 500 m

LIEUX	Km partiel	Km cumul	Routes
BOURG-SAINT-MAURICE	0	0	D119
VULMIX	3	3	D86
LES CHAPELLES	4	7	D86
VALEZAN	3,5	10,5	D86
GRANIER	6,5	17	D86
AIME	9	26	D218
MACOT-LA-PLAGNE	3,5	29,5	D220
LANDRY	5	34,5	D220
VALLANDRY	10	44,5	D87
LES ARCS 1800	2,5	47	
LES ARCS 1600	4,5	51,5	D120
COURBATON	6,5	58	D120
BOURG-SAINT-MAURICE	7	65	D119

© AURÉLIEN ANTOINE - ADOBESTOCK

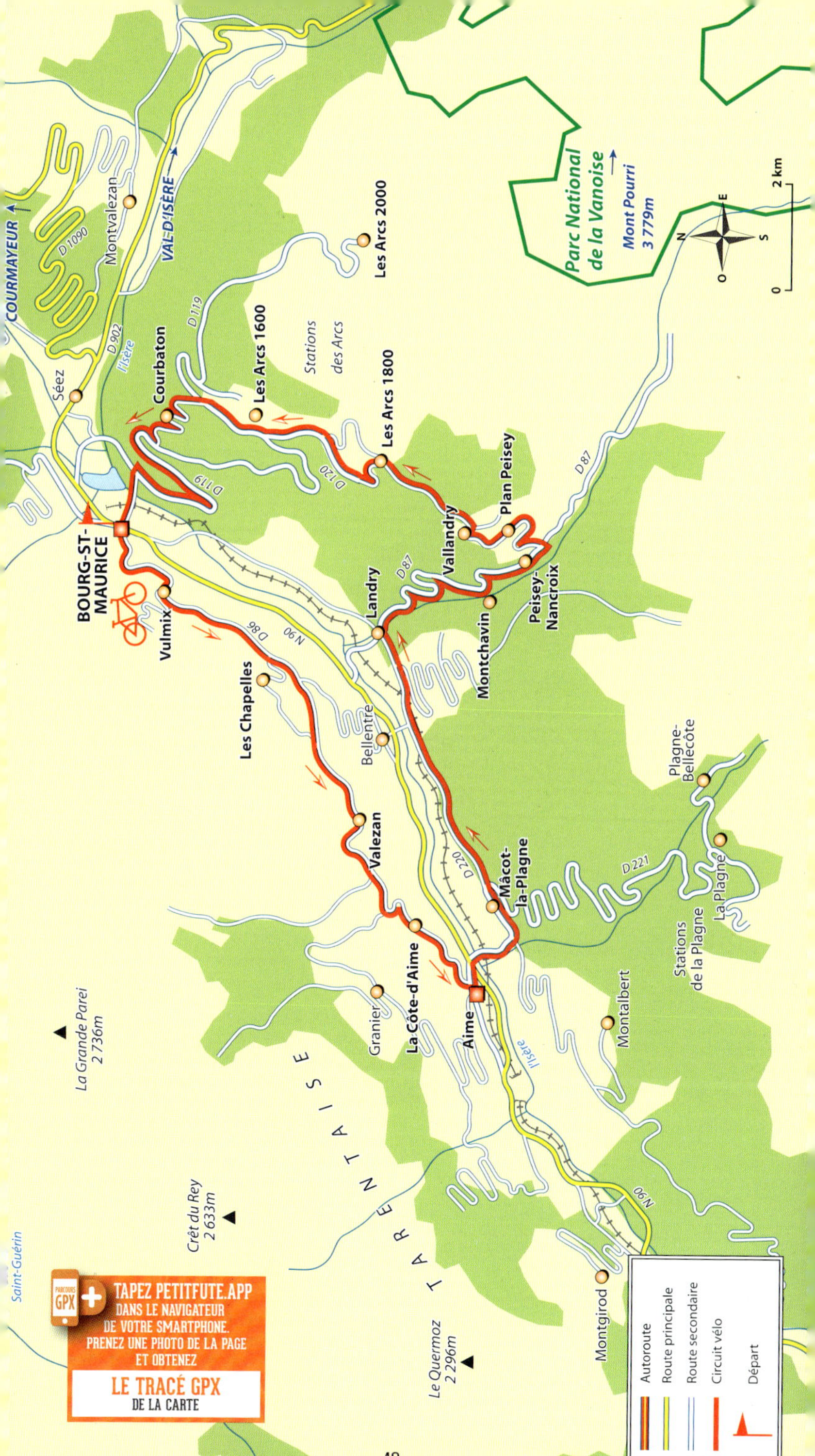
BOURG-ST-MAURICE
Vulmix
D 86
Les Chapelles
Valezan
La Côte-d'Aime
Aime
Granier
Bellentre
Landry
N 90
D 87
Vallandry
Montchavin
Peisey-Nancroix
Plan Peisey
Les Arcs 1800
Les Arcs 1600
Les Arcs 2000
Stations des Arcs
Courbaton
D 119
D 120
Séez
D 902
l'Isère
Montvalezan
D 1090
COURMAYEUR
VAL-D'ISÈRE
Parc National de la Vanoise
Mont Pourri 3 779m
D 87
Mâcot-la-Plagne
D 220
D 221
Plagne-Bellecôte
La Plagne
Stations de la Plagne
Montalbert
Montgirod
TARENTAISE
La Grande Parei 2 736m
Crêt du Rey 2 633m
Le Quermoz 2 296m
Saint-Guérin
N
E
S
O
0
2 km
Autoroute
Route principale
Route secondaire
Circuit vélo
Départ
PARCOURS GPX
TAPEZ PETITFUTE.APP DANS LE NAVIGATEUR DE VOTRE SMARTPHONE. PRENEZ UNE PHOTO DE LA PAGE ET OBTENEZ
LE TRACÉ GPX DE LA CARTE

ESCAPADE EN DRÔME PROVENÇALE (DRÔME)

- **Itinéraire :** Escapade en Drôme provençale
- **Total :** 59 km
- **Durée :** de 4 à 8 heures, entre 20 et 10 km/h.
- **Difficulté :** difficile. Routes départementales et 3 petits cols.
- **Dénivelé positif :** 1 100 m

LIEUX	Km partiel	Km cumul	Routes
BOURDEAUX	0	0	D538
CRUPIES	5,5	5,5	D70
BOUVIÈRES	6,5	12	D70
COL DE LA SAUSSE	4	16	D70
COL DE VALOUSE	11	27	D130
LA PAILLETTE	3	30	D130
DIEULEFIT	13	43	D538
COL DU PERTUIS	10	53	D538
BOURDEAUX	6	59	D538

SAOU, CREST
SAILLANS
Le Poët-Célard
D 538
D 156
Bézaudun-sur-Bîne
BOURDEAUX
D 70
Les Tonils
Montagne de Couspeau
Truinas
Col du Pertuis
Comps
Orcinas
Crupies
Dieulefit
Guisand
Vesc
Bouvières
D 335
Montjoux
La Paillette
Col la Sausse
L'Estellon
Le Lez
D 130
Valouse
Col de Valouse
Teyssières
Saint-Ferréol-Trente-Pas
Autoroute
Route principale
Route secondaire
Circuit vélo
Départ
PARCOURS GPX
TAPEZ PETITFUTE.APP DANS LE NAVIGATEUR DE VOTRE SMARTPHONE, PRENEZ UNE PHOTO DE LA PAGE ET OBTENEZ
LE TRACÉ GPX DE LA CARTE
N
O
E
S
0
2 km

LA VIA FLUVIA, DE LA LOIRE AU RHÔNE

- **Itinéraire :** La Via Fluvia, de la Loire au Rhône
- **Total :** 95,1 km dont 75 km aménagés en voie verte et véloroute.
- **Durée :** de 4 heures 30 à 10 heures, entre 20 et 10 km/h
- **Difficulté :** moyenne
- **Dénivelé positif :** 330 m

LIEUX	Km partiel	Km cumul	Routes
LAVOÛTE-SUR-LOIRE	0	0	Via Fluvia : véloroute, voie verte
YSSINGEAUX	22,6	22,6	Via Fluvia : véloroute, voie verte
RAUCOULES	20,5	43,1	Via Fluvia : véloroute, voie verte
RIOTORD (MAISONNEUVE)	19,5	62,6	D503, VC7 : jonction non-aménagée à retrouver sur www.viafluvia.fr
ST-SAUVEUR-EN-RUE (LES CHAVANNES)	6,4	69	Via Fluvia : véloroute
ST-SAUVEUR-EN-RUE (LA GARE)	2,7	71,7	D22, D503, D1082 : jonction non-aménagée à retrouver sur www.viafluvia.fr
ST-MARCEL-LÈS-ANNONAY	13,8	85,5	Via Fluvia : véloroute, voie verte
ANNONAY	9,6	95,1 (dont 75 km aménagés)	

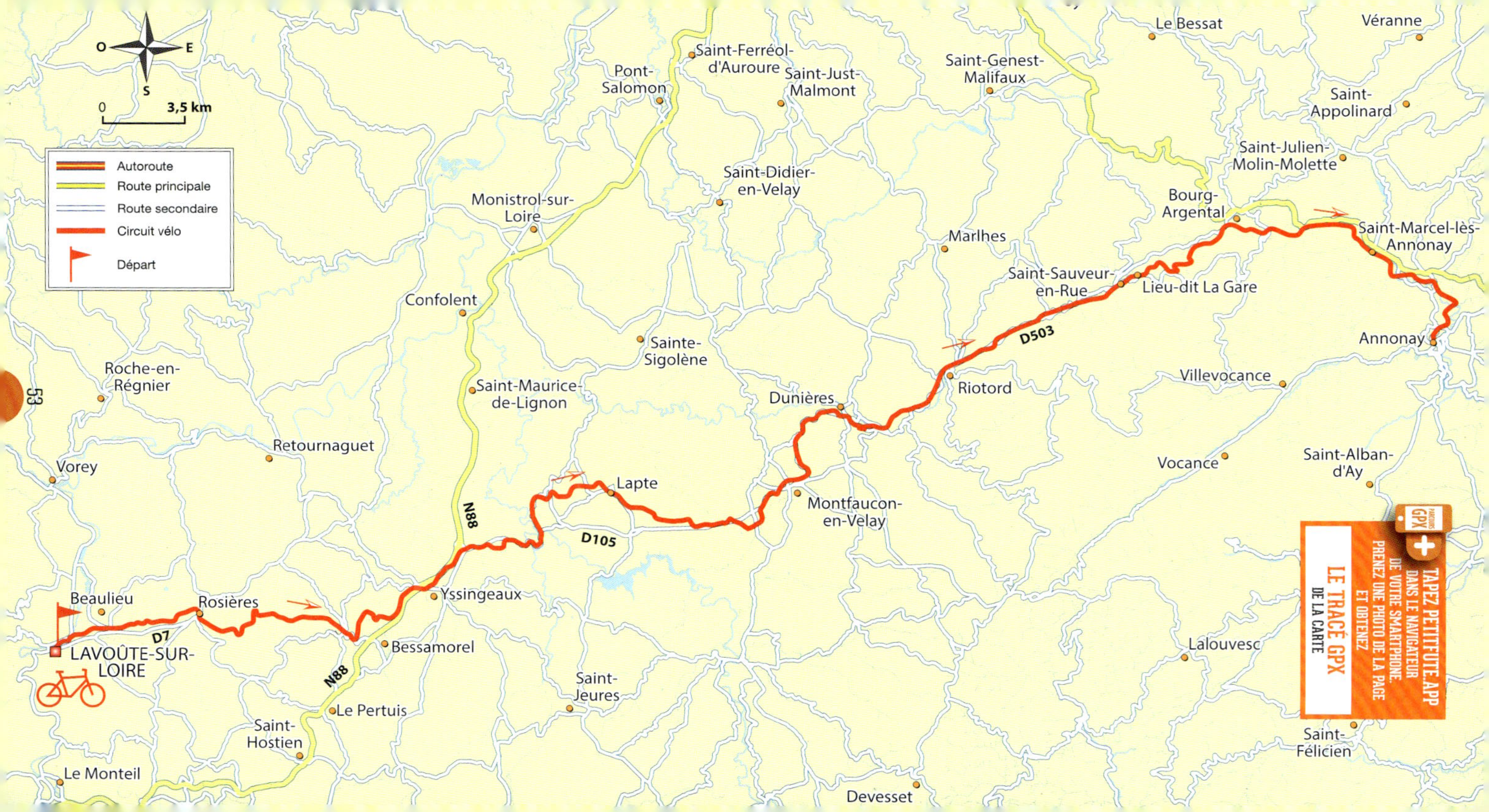
O
E
S
0
3,5 km
Autoroute
Route principale
Route secondaire
Circuit vélo
Départ
Le Bessat
Véranne
Saint-Ferréol-d'Auroure
Pont-Salomon
Saint-Just-Malmont
Saint-Genest-Malifaux
Saint-Appolinard
Saint-Julien-Molin-Molette
Saint-Didier-en-Velay
Monistrol-sur-Loire
Bourg-Argental
Saint-Marcel-lès-Annonay
Marlhes
Saint-Sauveur-en-Rue
Lieu-dit La Gare
Confolent
Sainte-Sigolène
D503
Annonay
Roche-en-Régnier
Saint-Maurice-de-Lignon
Dunières
Riotord
Villevocance
Retournaguet
Vorey
Lapte
Montfaucon-en-Velay
Vocance
Saint-Alban-d'Ay
N88
D105
Beaulieu
Rosières
Yssingeaux
D7
LAVOÛTE-SUR-LOIRE
Bessamorel
N88
Saint-Jeures
Lalouvesc
Le Pertuis
Saint-Hostien
Saint-Félicien
Le Monteil
Devesset
PARCOURS GPX
TAPEZ PETITFUTE.APP
DANS LE NAVIGATEUR
DE VOTRE SMARTPHONE.
PRENEZ UNE PHOTO DE LA PAGE
ET OBTENEZ
LE TRACÉ GPX
DE LA CARTE

LES ÉTANGS DE DOMBES
(AIN)

- **Itinéraire :** Les étangs de Dombes
- **Total :** 52 km
- **Durée :** de 3 à 6 heures, entre 20 et 10 km/h.
- **Difficulté :** facile. Routes départementales légèrement ondulées.
- **Dénivelé positif :** 120 m

LIEUX	Km partiel	Km cumul	Routes
CHÂTILLON-SUR-CHALARONNE	0	0	D17
ROMANS	6	6	D17
SAINT-GEORGES-SUR-RENON	2	8	D80
SAINT-ANDRÉ-LE-BOUCHOUX	4,5	12,5	D67
SAINT-PAUL-DE-VARAX	5	17,5	D17
SAINT-NIZIER-LE-DÉSERT	5	22,5	D70B
BOULIGNEUX	17	39,5	D70 Suivre Le Plantay Les Villardières
SANDRANS	5	44,5	D2
CHÂTILLON-SUR-CHALARONNE	8,5	52	D27 Direction Etang de Chalamont D7

© MICHEL – ADOBE STOCK

CHATILLON-SUR-CHALARONNE
Romans
Saint-Georges-sur-Renon
Saint-André-le-Bouchoux
Lent
Saint-Paul-de-Varax
Relevant
Etang de Chalamont
Chalaronne
Saint-Germain-sur-Renon
Les Étangs de Dombes
La Chapelle-du-Châtelard
Marlieux
Sandrans
La Bête
Caillat
Saint-Nizier-le-Désert
Les Mallets
Bouligneux
Le Plantay
LYON, VILLARS-LES-DOMBES
D 17
D 7
D 936
D 2
D 27
D 26
D 1083
D 70B
D 70
D 22
N
O
E
S
0
2 km
Autoroute
Route principale
Route secondaire
Circuit vélo
Départ
PARCOURS GPX
TAPEZ PETITFUTE.APP DANS LE NAVIGATEUR DE VOTRE SMARTPHONE. PRENEZ UNE PHOTO DE LA PAGE ET OBTENEZ
LE TRACÉ GPX DE LA CARTE

LES MONTS DU FOREZ
(LOIRE)

- **Itinéraire :** Les Monts du Forez
- **Total :** 50 km
- **Durée :** de 3 heures à 5 heures 30, entre 20 et 10 km/h.
- **Difficulté :** difficile. Routes départementales sinueuses et une longue ascension.
- **Dénivelé positif :** 1 200 m

LIEUX	Km partiel	Km cumul	Routes
BOËN	0	0	D1089
LEIGNEUX	2,5	2,5	D1089
SAINT-GEORGES-EN-COUZAN	9	11,5	D6
CHALMAZEL	8	19,5	D6
LA CHAIZE	11	30,5	D101 D55 D44
SAINT-LAURENT-ROCHEFORT	10,5	41	D44 D44.1 D21
LEIGNEUX	5,5	46,5	D21 D1089
BOËN	3	50	D1089

TAPEZ PETITFUTE.APP
DANS LE NAVIGATEUR
DE VOTRE SMARTPHONE.
PRENEZ UNE PHOTO DE LA PAGE
ET OBTENEZ
LE TRACÉ GPX
DE LA CARTE
PARCOURS GPX
Saint-Sixte
Saint-Laurent-Rochefort
L'Hôpital-sous-Rochefort
La Côte-en-Couzan
La Valla-sur-Rochefort
D 44
D 21
D 1089
D 3008
Leigneux
BOËN
FEURS
D 1089
Trelins
D 6
Palogneux
Sail-sous-Couzan
Château de Couzan
MONTBRISON
Marcoux
D 101'
D 101
Parc de la Drosera
La Chaize
Saint-Just-en-Bas
D 101
Le Lignon
D 6
Chalmazel
Saint-Georges-en-Couzan
D 6
N
O
E
S
0
2 km
Autoroute
Route principale
Route secondaire
Circuit vélo
Départ

PRIVAS, LA VALLÉE DE L'OUVÈZE

(ARDÈCHE)

- **Itinéraire :** Privas, vallée de l'Ouvèze
- **Total :** 50,6 km
- **Durée :** de 3 à 6 heures, entre 20 et 10 km/h.
- **Difficulté :** intermédiaire à difficile. Petites routes et routes départementales avec dénivelé.
- **Dénivelé positif :** 850 m

LIEUX	Km partiel	Km cumul	Routes
PRIVAS	0	0	D2
LE MOULIN À VENT	7,3	7,3	D2
LE CHAMBON DE BAVAS	5,4	12,7	D2
COL DU TRIBLE	5,7	18,4	D265
SAINT-CIERGE-LA-SERRE	2,8	21,2	D265
LES-FONTS-DU-POUZIN	8,9	30,1	D265 D365
SAINT-SYMPHORIEN-SOUS-CHOMÉRAC	7,7	37,8	Suivre la direction
CHOMÉRAC	4,3	42,1	Suivre la direction
ALISSAS	3	45,1	D2
PRIVAS	5,5	50,6	D2

VALENCE
La Voulte-sur-Rhône
Les Ollières-sur-Eyrieux
Saint-Vincent-de-Durfort
Saint-Étienne-de-Serre
Col du Trible
Saint-Cierge-la-Serre
Le Chambon-de-Bavas
Pranles
Le Moulin à Vent
Laval
Les Fonts du Pouzin
Saint-Julien-en-Saint-Alban
Le Pouzin
Loriol-sur-Drôme
Flaviac
PRIVAS
Coux
Ouvèze
Saint-Symphorien-sous-Chomérac
Alissas
Planas
Chomérac
Baix
Rhône
VALENCE, LYON
MONTÉLIMAR
MONTÉLIMAR, MARSEILLE
D 120
D 2
D 265
D 265A
D 365
D 86
D 104
D 104N
D 22
A7 - E15
N7
16
N
O
E
S
0
2 km
Autoroute
Route principale
Route secondaire
Circuit vélo
Départ

SUR LES PAS DES ÉCRIVAINS : LE CHAMBON-SUR-LIGNON (HAUTE-LOIRE)

- **Itinéraire :** Sur les pas des écrivains – Chambon-sur-Lignon
- **Total :** 71 km
- **Durée :** de 3 heures 45 à 7 heures, entre 20 et 10 km/h
- **Difficulté :** moyen à difficile. Dénivelé important.
- **Dénivelé positif** : 950 m

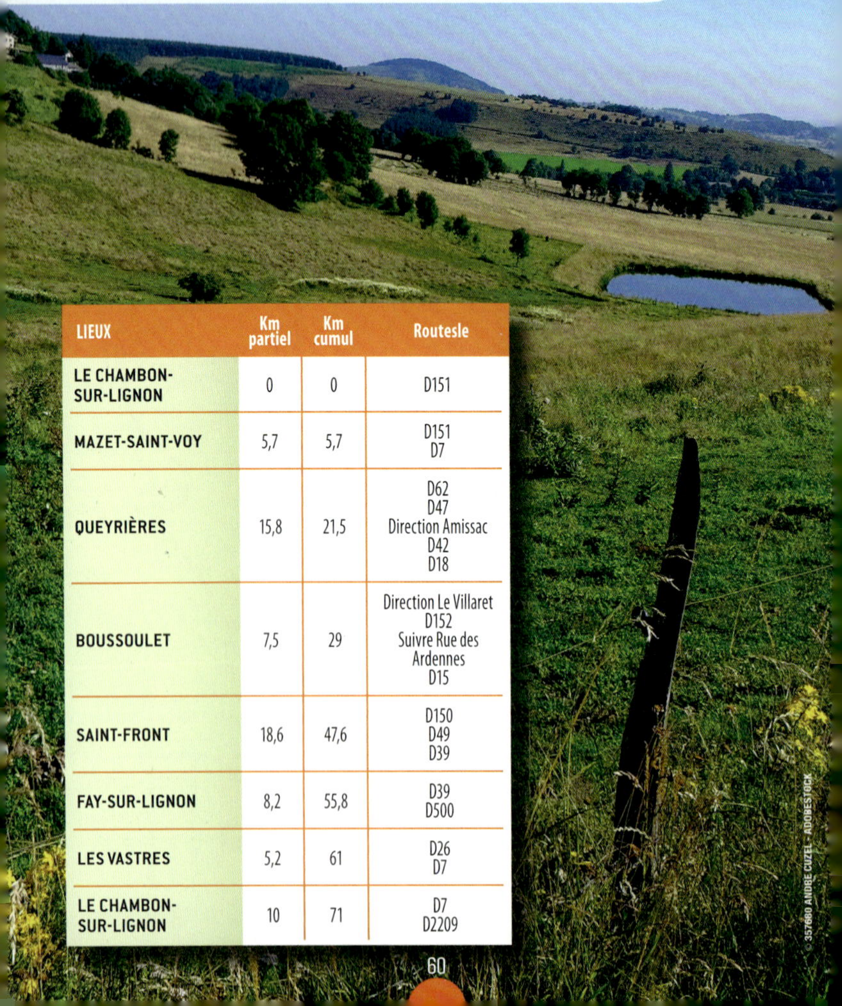

LIEUX	Km partiel	Km cumul	Routesle
LE CHAMBON-SUR-LIGNON	0	0	D151
MAZET-SAINT-VOY	5,7	5,7	D151 D7
QUEYRIÈRES	15,8	21,5	D62 D47 Direction Amissac D42 D18
BOUSSOULET	7,5	29	Direction Le Villaret D152 Suivre Rue des Ardennes D15
SAINT-FRONT	18,6	47,6	D150 D49 D39
FAY-SUR-LIGNON	8,2	55,8	D39 D500
LES VASTRES	5,2	61	D26 D7
LE CHAMBON-SUR-LIGNON	10	71	D7 D2209

TAPEZ PETITFUTE.APP
DANS LE NAVIGATEUR
DE VOTRE SMARTPHONE.
PRENEZ UNE PHOTO DE LA PAGE
ET OBTENEZ
LE TRACÉ GPX
DE LA CARTE
PARCOURS GPX
LE CHAMBON-SUR-LIGNON
SAINT-AGRÈVE
SAINT-AGRÈVE
LE PUY-EN-VELAY
Saint-Étienne-Lardeyrol
St-Hostien
N 88
St-Pierre-Eynac
St-Julien-Chapteuil
Queyrières
Piallevialles
Recharinges
Monedeyres
le Villaret
le Grd Testavoyre 1 436m
Massif du Meygal
le Pic du Lizieux 1 388m
Arnissac
Mazet-Saint-Voy
la Chèze
Boussoulet
Champclause
le Betz
Montusclat
la Pradette
Villelonge
Mars
Lantriac
Fay-sur-Lignon
les Vastres
Lac de Saint-Front
Saint-Front
Machabert
Laussonne
Aubépin
Moudeyres
Chaudeyrolles
St-Clément
Lignon
D 28
D 18
D 74
D 42
D 47
D 62
D 151
D 7
D 15
D 49
D 150
D 36
D 39
D 500
N
E
S
O
0
2 km
Autoroute
Route principale
Route secondaire
Circuit vélo
Départ

TOUR DU PUY DE SANCY
(PUY-DE-DÔME)

- **Itinéraire :** Tour du Puy de Sancy
- **Total :** 73 km
- **Durée :** de 4 à 8 heures, entre 20 et 10 km/h
- **Difficulté :** difficile. Routes de montagne sinueuses et à fort dénivelé.
- **Dénivelé positif :** 1 560 m

LIEUX	Km partiel	Km cumul	Routes
MONT-DORE	0	0	D983
CHASTREIX	19	19	D645 D88 D615
PICHERANDE	9,6	28,6	D203
SUPER-BESSE	11,9	40,5	D149 D140D
BESSE-ET-ANASTAISE	7	47,5	D149
COURBANGES	7,4	54,9	D36
MONT-DORE	18,1	73	D36 D983

MONT DORE
Le Capucin
1 468m
D 983
D 645
D 36
Monts Dore
Puy de Sancy
1 885m
Chastreix-
Sancy
D 616
D 615
Parc Naturel Régional
des Volcans d'Auvergne
Reboisson
Chastreix
La Tour-
d'Auvergne
D 203
D 47
D 88
La Morangie
D 149
Charreire
Picherande
Super-Besse
D 978
Lac
Pavin
Lac
Chauvet
Besse-
et-Anastaise
Réserve Naturelle
de la Vallée de Chaudefour
Courbanges
Rocher
de l'Aigle
Chambon-
sur-Lac
Lac
de Chambon
D 996
Murol
Saint-Victor-
la-Rivière
D 5
Lac
de Montcineyre
N
O
E
S
0
2 km
Autoroute
Route principale
Route secondaire
Circuit vélo
Départ
GPX
TAPEZ PETITFUTE.APP
DANS LE NAVIGATEUR
DE VOTRE SMARTPHONE.
PRENEZ UNE PHOTO DE LA PAGE
ET OBTENEZ
LE TRACÉ GPX
DE LA CARTE

VOIRON, LE MASSIF DE LA CHARTREUSE (ISÈRE)

- **Itinéraire :** Voiron, massif de la Chartreuse
- **Total :** 47,5 km
- **Durée :** de 2 heures 45 à 5 heures 15, entre 20 et 10 km/h.
- **Difficulté :** difficile. Ascension d'un col
- **Dénivelé positif :** 1 070 m

LIEUX	Km partiel	Km cumul	Routes
VOIRON	0	0	Direction Coublevie
SAINT-JULIEN-DE-RAZ	9,5	9,5	D128
SAINT-ÉTIENNE-DE-CROSSEY	9	18,5	D520
MIRIBEL-LES-ÉCHELLES	8,5	27	D28
COL DES MILLE MARTYRS	5	32	D28
SAINT-SIXTE	6	38	D49
VOIRON	9,5	47,5	Direction Le Pion

NEIVAX38000 - ADOBESTOCK

TAPEZ PETITFUTE.APP
DANS LE NAVIGATEUR
DE VOTRE SMARTPHONE.
PRENEZ UNE PHOTO DE LA PAGE
ET OBTENEZ
LE TRACÉ GPX
DE LA CARTE
Parc Naturel Régional de Chartreuse
Col des Mille Martyrs
VOIRON
Le Pilon
Saint-Sixte
Miribel-les-Échelles
Saint-Roch
Saint-Étienne-de-Crossey
Saint-Julien-de-Raz
Coublevie
Saint-Aupre
Saint-Nicolas-de-Macherin
Saint-Laurent-du-Pont
Saint-Joseph-de-Rivière
Les-Échelles
Entre-Deux-Guiers
Saint-Christophe
Chirens
Bilieu
Massieu
Lac de Paladru
La Murette
Saint-Blaise-du-Buis
Réaumont
Saint-Cassien
Saint-Jean-de-Moirans
La Buisse
LYON
GRENOBLE
CHAMBERY
LE PONT-DE-BEAUVOISIN
Autoroute
Route principale
Route secondaire
Circuit vélo
Départ
N
S
E
O
0
2 km

LES MONTS LYONNAIS
(RHÔNE)

- **Itinéraire :** Les Monts Lyonnais
- **Total :** 41 km
- **Durée :** de 2 à 4 heures, entre 20 et 10 km/h.
- **Difficulté :** intermédiaire. Routes sinueuses et vallonnées.
- **Dénivelé positif :** 780 m

MICHEL - ADOBESTOCK

LIEUX	Km partiel	Km cumul	Routes
MORNANT	0	0	Bourg
SAINTE-CATHERINE	10,5	10,5	D2
LARAJASSE	6,5	17	D97
SAINT-MARTIN-EN-HAUT	9	26	D600
MORNANT	15	41	D34

MORNANT
LYON
SAINT-ÉTIENNE
Saint-Martin-en-Haut
La Chapelle-sur-Coise
Rontalon
Saint-Laurent-d'Agny
Chaussan
Saint-André-la-Côte
Saint-Sorlin
Monts du Lyonnais
La Coise
Coise
Larajasse
L'Aubépin
Sainte-Catherine
Riverie
Saint-Didier-sous-Riverie
Saint-Maurice-sur-Dargoire
D 311
D 11
D 97
D 2
D 34
D 30
D 63
D 342
N
O
E
S
0
2 km
Autoroute
Route principale
Route secondaire
Circuit vélo
Départ
PARCOURS GPX
TAPEZ PETITFUTE.APP DANS LE NAVIGATEUR DE VOTRE SMARTPHONE. PRENEZ UNE PHOTO DE LA PAGE ET OBTENEZ
LE TRACÉ GPX
DE LA CARTE

AUVERGNE RHÔNE-ALPES TOURISME

8, rue Paul-Montrochet
LYON (2e)
✆ 04 26 73 31 59

Le Comité Régional du Tourisme n'oublie pas, entre les montagnes des Alpes et les merveilles ardéchoises, de faire une belle place aux sites, hébergements, activités ou événements autour de Lyon. Que l'on soit à la recherche d'un hôtel, d'un séjour adapté aux personnes à mobilité réduite, d'un lieu pour organiser un séminaire et bien d'autres choses, on se renseigne par téléphone, mais encore mieux sur le site Internet de la région à la navigation aisée et au contenu de qualité.

COMITÉ AUVERGNE-RHÔNE-ALPES DE CYCLISME

9, rue Édouard-Herriot - **BOURGOIN-JALLIEU**
✆ 04 74 43 54 30
www.auvergnerhonealpescyclisme.com
Ouvert du lundi au vendredi de 7h30 à 12h30 et de 13h à 17h15.

Le comité Auvergne-Rhône-Alpes de cyclisme possède son site Internet qui réunit tout sur le vélo dans la région. VTT, piste, cyclocross, route, cyclisme pour tous, BMX, cyclisme en salle, cyclisme féminin, parcourez les différentes rubriques qui présente l'actualité de ces formes de cyclisme, les compétitions à venir, les résultats, le calendrier sportif en Auvergne-Rhône-Alpes… Vous retrouverez aussi des liens vers les différents clubs. N'hésitez pas à prendre contact avec eux.

BOUVIER TT

Quartier les Caves - **LA BÉGUDE-DE-MAZENC**
✆ 04 75 46 29 84
http://bouviertt.free.fr/
Ouvert toute l'année. Sauf pendant les vacances de fin d'année. Prestations sur mesure et sur devis.

Faire du vélo en ville c'est écolo, mais si vous rêvez des grands espaces qui conviennent à ce moyen de locomotion, de bosses et de parcours techniques, de nature et de sensations, faites appel à Eric Bouvier. Ce professionnel diplômé d'État vous invite à sortir des sentiers battus et avaler les bosses et les dénivelés. Bicross sur une piste aménagée, VTT de descente, sentiers odoriférants, le plaisir est total et la sécurité assurée, dans une ambiance zen et fort tonique... Randonnées, raids, stages, location de VTT, pour tous et pour tous les goûts.

CYCLISME À VAL D'ISÈRE

Place Jacques-Mouffier
VAL-D'ISÈRE
✆ 04 79 06 06 60
www.valdisere.com
Retrouvez des circuits VTT sur le site Internet.

D'excellentes pistes de VTT pour l'amateur débutant, en passant par une piste verte de plusieurs kilomètres aménagée pour les familles avec de douces descentes et des points d'observation pour contempler le paysage, à la piste noire réservée aux experts. Certaines remontées mécaniques vous emmènent au sommet. D'autres préféreront appuyer sur les pédales et gravir la pente. Des circuits comme celui des 7 chapelles, pour découvrir le patrimoine lors de balades familiales. Pour le col de l'Iseran, 48 km de virages, une pente à 4,1 % et un beau dénivelé de 1 955 m.

LE CENTRE CYCLOTOURISTE « LES 4 VENTS »

AUBUSSON-D'AUVERGNE
✆ 04 73 53 16 94
www.4vents-auvergne.com
Haute saison : ouvert tous les jours de 9h à 12h30 et de 16h à 19h30.

Situé sur un plateau, au cœur du parc naturel régional du Livradois-Forez, le centre national de la FFCT jouit de points de vue remarquables sur les monts du Livradois, les monts du Forez et la chaîne des Puys. Le centre est ouvert tous les jours d'avril à novembre, offrant une capacité totale d'accueil en gîte et hôtel de 66 personnes. Vous pouvez aussi séjourner sur le camping 1 étoile de 31 emplacements. Garage à vélos et station de lavage VTT. Restauration sur place.

ÉVOLUTION 2 LA CLUSAZ

232, route des Grandes Alpes
LA CLUSAZ
✆ 04 50 02 81 29
https://evolution2.com/la-clusaz
Cours de VTT privé : à partir de 50 €.

Cette structure spécialisée dans les sports de glisse en montagne et les sports extrêmes a été créée par Antonin Lieutaghi, ancien champion du monde Xtrem en Freeride et Speed, passionné de glisse et de VTT, organisateur de circuits et séjours itinérants en France et dans le monde entier. Pour chaque domaine, des guides de haute montagne, d'anciens champions de leurs spécialités, des sportifs professionnels reconnus et même des pros-riders titrés vous accompagnent. En été : freeride multisport, glisse, VTT en montagne. De belles sessions de glisse en perspective.

LES GRANDES TRAVERSÉES DU JURA (GTJ)

17, Grande rue ✆ 03 84 51 51 51
www.gtj.asso.fr

7 tracés pour 7 activités de randonnées dans le massif, à pied, en VTT, en ski, à cheval sur des centaines de km.

Ces grandes traversées sont 7 tracés pour 7 activités de randonnées entre Montbéliard (Doubs) au Nord, et Culoz (Ain) au Sud, en passant par Goumois, Morteau, Pontarlier, Mouthe, Morez, Mijoux et Bellegarde-sur-Valserine. Elles traversent le Parc naturel régional du Haut-Jura. 400 km à pied, 380 km en VTT et 175 km à cheval ! Vous pourrez télécharger les données GPS de la GTJ à vélo dans son intégralité puis les données des 3 variantes : Goumois, Menthières et Le Grand Colombier.

MAISON DU VÉLO

Chemin du Moulin
RUMILLY
✆ 04 50 01 68 11
www.lamaisonduvelo.com

Ouvert toute l'année. Sur réservation. Location pour randonnées et balades organisées.

Quel que soit son niveau, on trouve auprès de ces passionnés en place depuis plus de 10 ans les meilleurs conseils pour pratiquer ce sport ou ce loisir. Location de vélo pour tous les usages - sur route, chemin, nature - et même de VTT électrique pour rendre les sorties plus ludiques. Descente du Semnoz, randonnées dans les Bauges ou à travers l'étang de Crosagny : du petit au grand dénivelé, il y en a pour tous les goûts. De plus, la Maison du vélo propose des stages pour les jeunes, de l'entraînement à la compétition, et organise des raids sur plusieurs jours.

MAISON DU VÉLO

1, rue Michel-Servet
VALENCE
www.revv-valence.org

Permanences lundi et jeudi de 15h à 20h, 1er et 3e samedis du mois de 15h à 18h.

L'association REVV (Roulons En Ville à Vélo), membre de la Fédération des usagers de la bicyclette, s'attache à développer la pratique citadine du deux-roues et milite pour un meilleur partage de la rue. À leur actif un atelier d'aide à la réparation, le marquage bicycode, le recyclage de vélos endommagés et même une vélo-école. Saviez-vous, par exemple, qu'il existe deux sortes d'éclairages pour votre vélo ? Vous aurez surtout tout le loisir de bichonner votre deux-roues. L'association programme des sorties, notamment au départ du kiosque Peynet.

MONTÉE DE L'ALPE D'HUEZ

ALPE D'HUEZ

L'Alpe-d'Huez, c'est une montée mythique du Tour de France, bien qu'elle ne soit pas la plus escarpée : la montée et ses passages récurrents du Tour de France, ainsi que le caractère parfois déterminant de cette étape, lui ont permis de se bâtir une célébrité internationale. Chaque jour, les cyclistes de toutes nationalités sont près de 300 à effectuer l'ascension. Chaque mois de juillet, la station est également le théâtre de l'arrivée de la cyclosportive La Marmotte qui réunit environ 6 000 à 7 000 participants.

La montée décrit 21 virages, présente un dénivelé de 1 121 mètres, une pente moyenne de 7,9 % avec un maximum de 14 %... L'Alpe-d'Huez propose aussi un domaine de VTT incomparable avec plus de 250 km de chemins balisés dont 5 pistes de descente, et la plus longue descente du monde, la Mégavalanche longue de 30 km, reliant la station aux bourgades voisines du massif des Grandes Rousses. Le Tour de France a offert sa première arrivée à L'Alpe-d'Huez en 1952 avec le triomphe de Fausto Coppi. Mais il faut attendre presque un quart de siècle pour que la bourgade de l'Oisans soit de nouveau à l'affiche du Tour. Depuis, les arrivées se sont multipliées, la légende de l'ascension s'est construite, avec les duels entre Bernard Thévenet et Hennie Kuiper, ou Greg LeMond et Laurent Fignon, ou encore la photo finish de Bernard Hinault et Greg LeMond main dans la main. L'Italien Marco Pantani détient toujours depuis 1995 le record de la montée en 36 min 40 s... à une moyenne de plus de 23 km/h !

OCIVÉLO

38, rue d'Arcole
SAINT-ETIENNE
✆ 04 77 21 18 29
www.ocivelo.fr

Ouvert du mardi au vendredi de 15h à 20h. Vélo-école : lundi, mercredi et samedi de 10h à 11h30.

L'association Ocivélo a pour objectif de développer la pratique du vélo au quotidien à Saint-Etienne. Elle organise des bourses aux vélos, propose une vélo-école pour adultes, des conférences, des balades à thèmes pour sensibiliser le public. Elle intervient sur des aménagements pour rendre l'utilisation du vélo en centre-ville plus pratique et plus sécuritaire. Enfin, elle gère un atelier participatif, Le Dérailleur, où vous trouverez de l'aide pour réparer vous-même votre vélo. L'association récupère aussi les vieux vélos.

SAVOIE MONT BLANC

81, rue François Guise
CHAMBÉRY
✆ 0 820 00 73 74
www.savoie-mont-blanc.com

Liste des stations équipées sur le site.

La beauté et la variété des paysages de Savoie et du massif du Mont-Blanc se caractérisent par des dénivellations très variées. En conséquence, les niveaux de difficulté des itinéraires de cyclotourisme rencontrés par les amoureux de la petite reine sont tout aussi variés. Si les grands cols alpins du Tour de France vous font toujours rêver, les kilomètres de véloroute dont certaines portions font partie de la fameuse « Léman-Méditerranée » font l'unanimité. La région vous propose une offre cyclo de plus en plus variée, pour tous les niveaux.

SAVOIE MONT-BLANC TOURISME

20, avenue du Parmelan - **ANNECY**
✆ 0 820 00 73 74
www.savoie-mont-blanc.com

Ouvert du lundi au jeudi de 9h à 12h30 et de 13h30 à 17h30 ; le vendredi de 9h à 12h30 et de 13h30 à 17h.

Le site Internet de cette structure rassemble les informations de Savoie et Haute-Savoie. Ainsi, le visiteur peut construire, selon sa destination géographique ou ses centres d'intérêt, son itinéraire et son programme de visites pour ne rien manquer des «incontournables» du pays de Savoie. Un lien direct permet de faire ses réservations auprès des agences locales habilitées. On peut également se renseigner sur la météo et le trafic routier avant de se rendre sur un lieu de séjour.

TOURISME EN HAUTE-LOIRE

1, place Monseigneur-du-Galard
LE PUY-EN-VELAY ✆ 04 71 07 41 54
www.auvergnevacances.com

Retrouvez toutes les informations utiles et téléchargez les itinéraires à vélo sur le site Internet.

Le portail du tourisme en Haute-Loire offre une section « Sur nos chemins en VTT ». Le meilleur du vélo pour profiter de l'incroyable mosaïque de paysages laissée par les volcans. Les 3 400 km de routes départementales, la plupart de faible trafic, offrent aux cyclistes d'immenses possibilités. Une sélection d'itinéraires détaillés permettra aux plus sportifs d'entre vous, comme aux adeptes de la randonnée ou de la simple promenade en vélo, de trouver leur bonheur. Pour des balades adaptées à chaque niveau sur un ou plusieurs jours comme la Grande Traversée.

VÉLO-CITÉ 63

21, rue Jean-Richepin
CLERMONT-FERRAND
www.velocite63.fr

Permanences variables selon le mois. Atelier au 30, rue Etienne-Dolet, parking Espace d'Accueil des Etudiants.

Vélo-Cité 63 est une association militante et conviviale dont le but est de développer l'usage du vélo en ville. Elle met en avant les bienfaits sociaux et environnementaux de la petite reine. L'association effectue aussi une veille permanente sur l'actualité des projets urbains en faveur des cyclistes. Elle supervise enfin l'atelier participatif «Vélo Boulot Dodo» en face du CROUS de Dolet, où l'on vient réparer son vélo sous l'œil du mécanicien en chef et où l'on peut «adopter» un vélo retapé. L'association organise également des balades à vélo.

VÉLO CLUB D'ANNECY

12, rue Louis-Boch
ANNECY
✆ 04 50 67 79 14
www.velo-club-annecy.fr

Le vélo club, créé en 1888 par des passionnés de la « petite reine », rassemble toujours de nombreux adhérents qui veulent partager la pratique de leur sport favori, soit lors de sorties hebdomadaires, soit lors de séjours organisés. Faire le tour du lac, c'est beau, monter dans le Semnoz, c'est encore plus beau, mais se balader en groupe d'amis dans cette magnifique région, c'est ce qu'il y a de plus beau ! Le club incontournable de cyclotourisme de la région. Rendez-vous sur le site Internet de l'association pour découvrir les prochaines sorties organisées.

À VÉLO SUR LES TRACES DE GEORGES BRASSENS

145, Grand-Rue
DOMPIERRE-SUR-BESBRE
✆ 04 70 34 61 31
www.tourisme.interco-abl.fr

Voici une sympathique occasion de se plonger dans le souvenir de Georges Brassens, le temps d'une balade nature qu'il appréciait. Depuis la place de l'Église de Thionne, vous pédalerez sur environ 12 km (facile, balisage blanc et jaune) de route goudronnée et balisée, pour découvrir successivement le château des Gouttes, Goyette, les étonnantes maisons en tronc d'arbre du hameau de La Thuilerie, le bois et le château des Fougis, ou encore Landois, sur le chemin du retour.

BIKEPARK LES GETS

Route du Front de neige
LES GETS
✆ 04 50 75 80 80
www.lesgets.bike

Ouvert de juin à septembre. Haute saison : ouvert tous les jours de 9h à 17h30.

Précurseur en Europe du VTT comme sport de glisse nouvelle génération et leader du Mountain Bike, la station des Gets dispose d'un Bikepark composé de 128 km de pistes balisées. Y ont été développés des zones de pratiques et des itinéraires accessibles à toute la famille comme aux plus téméraires. L'accès au domaine des Portes du Soleil permet de pratiquer la descente en VTT sur 650 km d'itinéraires balisés. Tout est fait pour attirer un public de passionnés et familial. Le VTT pour tous. La station accueillera les Championnats du Monde en août 2022.

BASE DE LOISIRS DU PLAN D'EAU

BELMONT-DE-LA-LOIRE
✆ 04 77 63 72 25

Entre prairies et forêts, Belmont-de-la-Loire vous invite au cœur de ses collines de toute beauté. La base de loisirs avec son camping et ses gîtes vous accueille au vert et au calme. Sur place vous trouverez diverses activités accessibles pour toute la famille : location de VTT, aire de jeux, circuits de randonnée, jeux de boules, pataugeoire, pêche, sentiers autour du plan d'eau, promenade en poneys, aires de pique-nique avec barbecue, mur d'escalade, court de tennis...

LA DOLCE VIA

LES OLLIÈRES-SUR-EYRIEUX
www.dolce-via.com

Location de vélos possible, possibilité de trouver des établissements pour recharger les batteries.

Cette vallée fait le bonheur des vététistes et des cyclistes de tous bords. Emprunter la Dolce Via revient à redécouvrir l'ancienne voie de chemin de fer désaffectée depuis 1968, de Saint-Agrève à Saint-Laurent-du-Pape et permet de pédaler en toute quiétude et originalité dans des paysages sauvages. La Dolce Via c'est 55 km de voie douce aménagée et sécurisée au centre de paysages naturels préservés. À pied, en VTT ou à cheval, venez vous y balader en famille. Et, tout du long, campings et fermes vous permettent de vous reposer et vous restaurer.

BIKE PARK

Pré-la-Joux
CHÂTEL
✆ 04 50 73 34 24

De juin à septembre. Tarifs : 8 € (1 montée). Accessible par les télésièges de Pierre-Longue ou Rochassons.

Aux Portes du Soleil, sur le secteur de Pré-la-Joux, un espace montagnard consacré aux mordus de la descente en VTT. Ouvert tout l'été, on accède à 6 zones d'exception dont 5 accessibles par la piste verte de la Blues & Rock, soit 20 tracés dont 3 verts et 4 bleus, et de nombreuses variantes pour descendre sur des pistes adaptées à tous les niveaux de pratique. A Châtel, ce sont les pistes de DH ultra techniques avec racines et marches, des lignes carrément freeride, mais aussi des pistes larges avec des sauts accessibles pour les débutants.

ÉCOLE DE VTT DES ARAVIS

Maison du Tourisme - **LE GRAND-BORNAND**
✆ 04 50 02 78 18
www.compagnie-guides-aravis.com

En fonction des conditions. Sorties collectives en juillet et août. Haute saison : ouvert tous les jours. Stages.

Avec le mythique col de la Colombière souvent visité par le Tour de France, le Grand-Bornand est le paradis du cyclisme sportif. La station a aussi ses adeptes de VTT en freeride. Elle ouvre 3 remontées mécaniques version estivale. 8 itinéraires, 75 km de pistes balisées à partir du sommet de la télécabine du Rosay et 2 pistes inédites au départ du télésiège du Châtelet ! Le forfait Aravis, c'est 200 km de pistes sur les 6 remontées mécaniques des 3 stations : le Grand-Bornand, La Clusaz, Manigod. Possibilité de s'initier avec un guide dans l'espace freeride.

LA GRANDE MOLLIÈRE

AIX-LES-BAINS
✆ 04 79 88 68 00
www.savoie-mont-blanc.com
Accès libre. Itinéraire cyclotourisme. Distance : 24 km. Dénivellation positive : 30 m.

Une petite mise en jambes ? Ce parcours vous amènera au prix d'un effort assez modeste sur un magnifique belvédère aménagé de façon à profiter de la vue panoramique. Départ possible de Chambéry ou d'Aix-les-Bains. La Grande Mollière est praticable hors période d'enneigement et en fonction des conditions climatiques. Dans le sens Aix-Chambéry, vous longerez le lac du Bourget, passerez par Voglan ou Bourget-du lac dans un sens puis inverserez après après avoir atteint Chambéry, avant de retourner vers le point de départ. Plan téléchargeable en ligne.

SENTIER CYCLISTE DANS LE VAL DES VESVRES

6, rue Jean-Vidal
YZEURE
✆ 04 70 46 81 50
www.allier-auvergne-tourisme.com
Durée : environ 2 heures.

On aurait aussi pu appeler ce parcours le « circuit des étangs » : vous les longerez, les contournerez, et les apprécierez sous tous les angles (ou presque). La promenade débute par l'étang des Vesvres, qui servit dès le Moyen Âge à l'aquaculture. Vous poursuivrez ensuite par l'étang des Nérauds, en n'oubliant pas de marquer l'arrêt devant le chêne de Jehan, doyen de la forêt, du haut de ses 250 ans. Dernière étape : l'étang Vieillard. Aires aménagées pour le pique-nique.

PISTE CYCLABLE DU TRAMWAY T3 À LYON

Place Bellecour
LYON (2e)
✆ 04 72 77 69 69
www.lyon-france.com

Si vous doutez de votre sens de l'orientation en ville, cette Voie verte de 14 kilomètres est faite pour vous ! C'est bien simple : en suivant les rails du tramway T3 dans son intégralité, vous ne pouvez absolument pas vous tromper ! Reliant la gare de la Part-Dieu à la station Meyzieu Gare, elle se présente comme une bonne alternative aux transports en commun pour s'entraîner en plein air. Son enrobé lisse ouvre l'accès à toutes les pratiques physiques : à pied, en vélo ou en rollers.

TÉLÉSIÈGE PANORAMIQUE

Col de Rousset
SAINT-AGNAN-EN-VERCORS
✆ 04 75 48 24 64
Ouvert en hiver pour le ski, puis en juillet et août pour les piétons, les VTTistes... 8,50 €.

Une montée en télésiège hors saison d'hiver, pour profiter d'un panorama extraordinaire au sommet. Départ vers les Hauts Plateaux du Vercors, vous pouvez redescendre à pied par un sentier de randonnée, ou alors : monter en télésiège avec votre VTT et dévaler les pistes sur les pédales. Attention à bien vous protéger avec au minimum un casque. Location de Trottin'herbe également possible au pied des pistes où l'on vous fournit les casques. Et c'est parti pour une descente tout à fait fun. Super en famille ou entre amis pour profiter d'un bon bol d'air frais !

RANDONNÉE PÉDESTRE ET VTT DE CHIMILIN

CHIMILIN ✆ 07 50 47 29 08
Un dimanche d'avril chaque année. Parcours VTT : 8 € ; marche : 6 €.

L'association Sou des écoles et l'USEP organisent chaque année une jolie randonnée à pied ou à VTT pour découvrir la belle région verdoyante de Chimilin ! Au printemps c'est vraiment le meilleur moment alors plus d'excuses pour paresser, on enfile ses baskets et on y va ! Tous les bénéfices seront reversés au Sou des écoles.

- **Distance :** 21/30/50 km à VTT et 9/15/22 km à pied.
- **Départ :** de 7h30 à 10h30.
- **Difficulté :** facile.

Ravitaillement le long du parcours et buvette.

LE TOUR DU LAC DU BOURGET

AIX-LES-BAINS
✆ 04 79 88 68 00
www.aixlesbains-rivieradesalpes.com
Accessible hors des périodes d'enneigement. 54 km (2h30-3h), 550 m de dénivelé positif.

Entre lac et montagnes, le parcours offre de quoi en prendre plein la vue. On peut partir du principe que l'on prend le départ à Aix-les-Bains, en direction du Bourget-du-Lac, sur la voie verte qui longe le lac. Avec ou sans halte pour se baigner à la plage du Bourget, on poursuit vers Bourdeau en suivant le balisage cyclo, direction Hautecombe. C'est là que ça commence à grimper. Au choix : l'ascension du col du Chat (environ 4 km) ou le tunnel du Chat, pour les cyclistes et piétons.

Véloroute de Saint-Rambert-d'Albon à Saint-Vallier.

TROTTE NATURE

7, Grande-Rue-de-Cotaviol - **BOURG-ARGENTAL**
✆ 06 82 21 47 25
www.trottnaturepilat.com
Ouvert toute l'année. Trottinette de montagne - Parcours découverte : 25 € ; parcours sportif : 40 €.

Titulaire d'un brevet d'État en matière d'accompagnement de randonnées en VTT et de balades en vélo à travers le Pilat, Valérie vous accompagne pour diverses activités à pied, en trottinette de montagne (avec tracé vert, bleu, rouge ou noir selon la difficulté désirée et la capacité physique de chacun pour ne pas perdre la notion de plaisir) ou en VTT. Départ d'un des parcours proposés en groupe ou en solo, du crêt de la Perdrix ou du crêt de l'Œillon. À découvrir pour passer un beau moment sportif au cœur de la nature. Également des nuitées sous tipi chauffé.

VÉLORAIL DES GORGES DU DOUX

265A, route du Pont du Roi - **BOUCIEU-LE-ROI**
✆ 04 75 08 20 30 - www.velorailardeche.com
Ouvert de Pâques à la Toussaint. Horaires et jours variables selon saison et descente. Adultes : de 17 € à 39 €.

Au départ de la gare de Boucieu-le-Roi, faites le plein de sensations au grand air ! Longeant la vallée du Doux, profitez d'un panorama à 360° à bord de voiturettes actionnées par un jeu de pédales. Plusieurs descentes sont proposées : celle des Châtaigniers avec la traversée de beaux viaducs, celle des Etroits au cœur des gorges du Doux et La Grande Aventure, la plus sportive. A 300 m de la gare, n'oubliez pas de découvrir Boucieu-le-Roi, commune classée Village de Caractère.

VELORAIL ELECTRIQUE DU BOURBONNAIS

Rue de la Gare - **NOYANT-D'ALLIER**
✆ 06 82 71 42 65 - www.velorailbourbonnais.fr
Haute saison 7j/7 à partir de 9h45. Basse saison week-ends et jours fériés. Location dès 35 €/5 pers. sur réservation.

Pas besoin de prendre le train pour emprunter cette ancienne voie ferrée et voyager à la découverte du Bocage bourbonnais. Des Vélorails permettent de parcourir de manière originale et conviviale les kilomètres de rails aujourd'hui désaffectés. On utilise l'assistance électrique ou on s'en passe, selon son envie et son courage. Des gigantesques statues de la pagode asiatique de Noyant au viaduc surplombant l'étang de Messarges. Prêt d'un livret de balade. Formulaires pour les 6-10 ans.

VÉLOROUTE DE SAINT-RAMBERT-D'ALBON À SAINT-VALLIER

RN7, le Creux de la Thine
ALBON
✆ 04 75 03 17 05
www.viarhona.com

Dans son long périple entre le lac Léman et la Méditerranée, voici déjà de quoi vous entraîner progressivement à la ViaRhôna, avant de vous atteler aux 450 kilomètres en Rhône-Alpes ! Ce tronçon de la fameuse Véloroute relie Saint-Rambert-d'Albon à Saint-Vallier en 15 kilomètres (facile), en passant en chemin par les communes d'Andancette et de Laveyron. À pied, à vélo ou même pourquoi pas en rollers, vous progressez dans un environnement agréable le long de la rive gauche du Rhône.

VIA FLUVIA

37, rue Centrale
MONTFAUCON-EN-VELAY
✆ 06 37 20 70 90
www.viafluvia.fr
Ouvert toute l'année. Tous les jours.

La Via Fluvia, à la fois véloroute et voie verte, traverse 3 départements : la Loire, la Haute-Loire et l'Ardèche. Sur près de 80 km actuellement (et devant atteindre à terme 120 km), on découvre à vélo (ou à rollers), en famille ou entre amis, la richesse des paysages de ces départements. 6 segments en constituent son tracé, mais chaque segment a son ambiance spécifique. Pour les enfants et les non-sportifs, pas d'inquiétude ! Le tronçon entre Yssingeaux et Raucoules est aménagé sur une ancienne voie ferrée complètement sécurisée, rendant aisée la progression.

LA VIA RHÔNA : DE LA VOULTE AU POUZIN

8, rue Paul-Montrochet
LYON (2e)
✆ 04 26 73 31 59
www.viarhona.com

© RA TOURISME / ROUGY

Ses 6 km d'enrobé lisse ainsi que sa facilité d'accès permettront aux vélos, rollers, fauteuils roulants… de profiter de cette étape entre les communes de La Voulte et du Pouzin. Traversez dans un premier temps le pont de La Voulte, longez le Rhône, poursuivez sur la Voie verte, reprenez la digue, franchissez la Drôme, redescendez sur la digue puis le long du contre-canal ; il ne vous reste plus qu'à remonter une dernière fois sur la digue au pont du Pouzin, et vous voilà arrivé !

VIA RHÔNA - VOIE VERTE DE VILLEBOIS À LAGNIEU

25, rue de Vougy
VILLEBOIS
✆ 04 74 36 62 75
www.mairievillebois.fr

450 kilomètres : voici la distance qu'il vous faudra parcourir si vous souhaitez rejoindre la Méditerranée à vélo au départ du lac Léman. Mais rassurez-vous, la célèbre ViaRhôna est divisée en plusieurs tronçons, que l'on peut arpenter séparément ! Au départ de Villebois, les 8 km en bord de Rhône du tronçon n° 2 vous mèneront jusqu'à Lagnieu via Sault-Brenas et Saint-Sorlin-en-Bugey. Praticable à pied, à vélo, sur des rollers ou un skateboard et même en fauteuil roulant.

VIA RHÔNA, D'ANCÔNE À CHÂTEAUNEUF-DU-RHÔNE

8, rue Paul-Montrochet
CHÂTEAUNEUF-DU-RHÔNE
✆ 04 26 73 31 59
www.viarhona.com

450 kilomètres. Voici la distance qu'il vous faudra parcourir si vous souhaitez rejoindre la Méditerranée en vélo au départ du lac Léman. Mais rassurez-vous, la célèbre ViaRhôna est divisée en plusieurs parties, que l'on peut arpenter séparément ! Au départ d'Ancône, le troisième tronçon évolue en rive droite, le long du canal du Rhône. 13 km (facile) séparent la commune de l'usine de Châteauneuf-du-Rhône. En jogging, à vélo ou même sur des rollers grâce à son enrobé lisse.

VTT

SAILLANS
Ouvert toute l'année.

Bien loti en la matière, le département de la Drôme offre aux vététistes 3 000 km de sentiers balisés du plateau du Vercors à celui d'Albion, de marnes en chemins caillouteux, de cols en berges. Centre labellisé par la Fédération française, Saillans est le point de départ d'une dizaine de circuits dont deux vraiment sportifs (parcours noirs), l'un d'eux affichant près de 1 000 m de dénivelé ! Nous recommandons particulièrement le circuit des balcons de la Drôme qui réserve des points de vue somptueux sur la vallée. Renseignements au bureau du tourisme de Saillans.

ALTERMOVE

41, avenue du Maréchal-de-Saxe
LYON (6e)
✆ 04 82 53 96 69
www.altermove.com
Ouvert du mardi au samedi de 10h à 19h.

VAE pour Vélo à Assistance Électrique, le compagnon indispensable pour parcourir la ville sans aucune difficulté. Dans une boutique résolument tournée vers la modernité et le changement, Altermove vous propose un large choix de deux-roues électriques. Des vélos qui s'adaptent à votre profil avec de grandes marques belles et robustes, ainsi que des batteries fiables. Vélos de ville, pour les chemins ou pour le tout-terrain, vélos pliants, mais aussi les «speed bikes», véritables bolides urbains (carte grise, plaque et casque obligatoires). Boutique électrisante.

COMHIC TOUR

7, quai Romain-Rolland - **LYON** (5e)
✆ 04 72 65 43 86
www.comhic.com
Ouvert tous les jours de 9h30 à 18h. Tour en Segway : de 32 € pour une Découverte à 72 € pour un Grand Tour de 3h.

Une autre façon de se déplacer en ville avec le gyropode Segway. On peut venir découvrir la gamme de Segway à cette adresse accueillante et s'apercevoir que tout le monde peut utiliser de manière assez naturelle ce moyen de transport doux, puisqu'il fonctionne à l'électricité. Les Lyonnais sur les hauteurs apprécieront également la puissance de cet engin qui grimpe facilement les pentes de notre ville ! Pour vous familiariser avec le Segway en compagnie d'un moniteur et découvrir la ville d'une autre façon, on vous conseillera de participer au ComhiC Tour.

BE CYCLES

116, boulevard Gustave Flaubert - **CLERMONT-FERRAND** ✆ 04 73 26 26 24
https://www.becycles.fr/
Ouvert le lundi de 15h à 19h ; du mardi au samedi de 9h à 12h et de 14h à 19h ; le samedi de 10h à 18h.

Be Cycles a pris la suite des Cycles Géral qui œuvraient depuis plus de 30 ans dans la région clermontoise. Autre changement de taille, ils sont désormais présents dans de nouveaux locaux plus vastes. François, un ancien de la maison, est toujours là et travaille à présent en compagnie de Damien, Clément et Antoine qui sauront vous conseiller dans la vente, la réparation et l'entretien de votre vélo. Bénéficiez d'une étude posturale afin de connaître avec précision la taille de votre futur vélo, mais aussi la selle ou les chaussures adaptées à votre pratique.

CYCLABLE CHAMBÉRY

256, rue de la République
CHAMBÉRY
✆ 04 58 14 07 54
https://chambery.cyclable.com
Ouvert mardi, mercredi, vendredi et samedi de 10h à 13 et de 14h à 19h ; le jeudi de 14h à 19h.

Ici, on est partisan de l'écomobilité. Professionnelle et passionnée, l'équipe vous conseillera, que vous soyez en quête d'une monture pliable, de course, électrique ou de ville. La boutique propose aussi des vélos curieux, où l'on pédale couché, ou des triporteurs pour transporter ses enfants tout en roulant ! Divers accessoires et pièces sont aussi en vente - casques, cadenas, dérailleurs, pneus, housses, garde-boues, etc. On vous encourage à délaisser votre engin motorisé pour mieux pédaler, parce que c'est bon pour votre santé et la planète !

BOUTICYCLE

16, rue Ramond - **CLERMONT-FERRAND**
✆ 04 73 43 84 52
https://bouticycle.com/
Ouvert le mardi, le mercredi, le vendredi et le samedi de 10h à 13h et de 14h à 19h ; le jeudi de 14h à 19h.

En centre-ville, le magasin expose des marques de référence : Commençal, GT Bicycles, BMC, Mérida et beaucoup d'autres. Cela pour toutes les formes d'usages : vélo de route, de course, de ville, VTT, VTC, pliables, électriques... À côté, la maison déploie tous les services relatifs à l'usage et à l'entretien de ces vélos : réglages personnalisés de l'appareil, atelier avec ou sans rendez-vous (plusieurs forfaits pour entretien régulier), restauration de vélos, programme de fidélité et même un Bouti'Club enfants pour adapter le vélo à sa croissance.

CYCLES D.GUÉDON

11, rue Danton
LYON (3e)
✆ 04 72 36 83 28
cyclesdguedon.com
Ouvert du mardi au vendredi de 8h à 12h30 et de 14h à 18h30, samedi de 9h à 12h30.

A l'époque où le vélo s'impose dans notre Métropole, Daniel Guédon est le dernier artisan à fabriquer des vélos à Lyon. Découvrez des merveilles de vélos – tricycles, vélos de course, de ville, VTT, tandems – 100 % fabriqués maison par un authentique passionné, ancien coureur cycliste. Depuis 44 ans, Daniel Guédon fabrique des vélos qui roulent comme des horloges ! Du travail à l'ancienne, des cadres en acier sur mesure soudés à la main, des pièces uniques, robustes et adaptées à vos envies. Vous pouvez même faire le tour du monde ! Exceptionnel.

CYCLES RIGOBERT

7, avenue de Chevêne
ANNECY
✆ 04 50 45 16 83
www.rigobert-sas.com
Ouvert du mardi au samedi de 9h à 12h et de 14h15 à 19h.

Une référence en matière de deux-roues à Annecy et dans la région, puisque l'enseigne a été créée en 1947. Près de 75 ans de bons et loyaux services pour cette boutique - qui a évolué avec son temps - spécialisée dans la vente, la réparation, la préparation et le montage à la carte de cycles «classiques», de VAE bien pratiques dès que l'on sort de la ville, de VTC et VTT performants, mais aussi de motos et de scooters. De nombreuses pièces et des accessoires pour « améliorer » votre machine. Techniciens pour les meilleurs conseils. Atelier réparation au top.

DEAD IS HYPE BICYCLES WORKSHOP

6, rue Paul-Bert
GRENOBLE
✆ 09 83 98 44 39
www.deadishypebicycles.com
Ouvert du mardi au vendredi de 10h15 à 12h15 et de 14h15 à 19h15 ; le samedi de 13h à 19h.

En plein cœur de ville, on entre dans cette boutique avec son vélo pour le faire réparer, l'entretenir ou le faire customiser. On peut aussi venir les mains vides et repartir avec des vélos uniques avec des motifs personnalisés à l'extrême. Des cadres haut de gamme, fabriqués artisanalement, des roues, des selles et des pédales à ne plus s'arrêter dans la beauté de l'effort. Et toujours la tête de mort stylisée à porter sur le dos et des fringues dans le même esprit.

ENERGY BIKES

22, quai de France - **GRENOBLE**
✆ 04 76 17 21 15
www.energybikes.fr
Ouvert du mardi au samedi de 9h30 à 12h et de 14h à 19h.

Energy Bikes est le spécialiste des véhicules propres qui nous proposent la vente ou la location (courte et longue durée) de deux-roues électriques : vélos à assistance électrique, Escooters ou trottinettes. Une gamme de deux-roues sympathiques évoluant en permanence, une équipe dynamique, plus aucune excuse pour ne pas rouler vite écologique ! Possibilité de location à partir d'une demi-journée de VAE, vraiment intéressant pour se déplacer écologiquement et rapidement dans Grenoble. Nombreuses pièces détachées pour réparer son deux-roues.

ERIDER

9, avenue du Rhône
ANNECY
✆ 04 56 34 83 31
www.eridershop.fr
Ouvert le lundi de 14h à 19h ; du mardi au samedi de 9h30 à 12h30 et de 14h à 19h.

Cette boutique installée à l'entrée d'Annecy s'est spécialisée dans le vélo électrique. Une équipe d'experts à votre service vous propose le vélo électrique le mieux adapté à votre pratique, du sport extrême sur les pentes de nos montagnes au trajet quotidien pour aller au travail en passant par les sorties en famille. Large choix de matériel de haute qualité avec les marques Stromer, Bergamont, Hercules, O2Feel et Ghost. Si vous n'êtes pas encore certain de passer à l'assistance électrique, louez-en un pour la journée, faite le tour du lac et... craquez !

LIBELO

VALENCE
✆ 04 75 60 06 26
www.vrd-mobilites.fr
En libre-service (plus de 16 ans) : 2 €/jour ou 6 €/semaine, puis première demi-heure gratuite, 0,50 € la suivante.

À Valence, il est possible de retirer un vélo Libélo à l'une des 44 stations réparties dans la ville ainsi que des communes alentour. Disponible 7 jours sur 7 et 24 heures sur 24 sans souci d'entretien ni de garage. Sur le site Internet, vous trouvez tous les conseils pour bien circuler à vélo, la localisation des stations, la disponibilité des vélos en station et même les formulaires d'abonnement. Agréable : vous pouvez rejoindre le port de l'Épervière et suivre durant un moment les berges du Rhône sur cet itinéraire vert reliant le lac Léman à la Méditerranée.

LYON CYCLE CHIC

74, rue Salomon-Reinach
LYON (7e)
✆ 04 72 70 34 61
www.lyoncyclechic.com
Ouvert du mardi au samedi de 9h à 19h. Atelier sur RDV uniquement.

Prenez le temps de le découvrir le vélo adapté à votre pratique chez Lyon Cycle Chic. Parce qu'un vélo c'est un investissement utile, pratique et stylé, un compagnon du quotidien pour aller au travail, accompagner les enfants à l'école en vélo cargo ou se promener sur les bords du Rhône, il vous faut du choix, des conseils et des essais. Ça tombe bien, il y a tout ça dans cette belle boutique et plus encore ! Belle sélection de VAE, vélos pliants, vélos pour toutes les pratiques et tous les âges. Accessoires, atelier et locations.

MONDOVÉLO

Parc des Essarts
ANDRÉZIEUX-BOUTHÉON
✆ 04 77 10 02 19
www.mondovelo.fr
Ouvert du lundi au samedi de 9h30 à 19h.

Membre d'une grande chaîne, le magasin vend tout le nécessaire pour avaler les kilomètres derrière son guidon. VTT, VTC, vélo de ville ou de route, pour les enfants, Mondovélo dispose même des BMX et de vélos électriques. Les plus grandes marques sont présentes : Scott, Lapierre, Montana... Vous trouverez aussi une gamme de pièces détachées et d'accessoires, de la protection avec l'indispensable casque et des genouillères pour le VTT, à des roues, des selles et même des cadres en carbone. Retrouvez ici toutes les nouveautés dans le domaine du cyclisme !

NATURA VÉLO

245, route des Plages
CHARAVINES
✆ 04 76 35 64 98
www.naturavelo.com
Ouverture selon les saisons.

Parce que le vélo reste le moyen le plus doux et le plus pratique pour se déplacer dans la région. Location de vélos tous gabarits (VTT, VTC, vélos de route, tandems... et de superbes vélos électriques pour tous les terrains) mais aussi randonnées, circuits de découverte et stages (pilotage descente, biker...) encadrés par des moniteurs. Un atelier sur place pour les réparations. Une enseigne loisirs complète qui propose également des activités telles que du canyoning, de l'escalade, de l'accrobranche ou des randonnées pédestres.

PEDAL' DOUCE ALPES

2, rue Jean Jaurès
ANNECY
✆ 04 50 05 00 50
Service de location ouvert du mardi au dimanche de 9h à 18h.

À deux pas du lac et de la piste cyclable qui en fait le tour, une adresse toute douce pour nous rendre le vélo plus agréable. Pédal'Douce est le spécialiste des vélos électriques. Accueil sympathique pour nous conseiller le vélo le plus adapté à nos besoins ; il y a même des tandems. Coup de cœur pour les vélos signés Arcade, sans oublier les nombreux accessoires, notamment les remorques pour emmener ses enfants en promenade. Une Pédal'Douce qui rend nos visites plus sensationnelles avec des packs exclusifs comprenant location de vélos et une activité.

ROUL' MA POULE

4, rue des Marquisats
ANNECY
✆ 04 50 27 86 83
www.annecy-location-velo.com
Haute saison : ouvert tous les jours et les jours fériés de 10h à 18h.

Une enseigne et deux adresses sérieuses de location combinant matériel pour la promenade sur route - ou piste - et sur l'eau pour l'adresse d'Annecy-le-Vieux. Des vélos, mais encore des rollers, des kayaks et des paddles. Pour les familles, possibilité de louer du matériel enfant, un siège bébé et une remorque ! Un matériel de qualité avec de grandes marques pour certains deux-roues plus techniques comme les VTT, VTC et les désormais incontournables VAE... Les loueurs sont des techniciens passionnés de sport cycliste ou nautique.

ROULE & CO

21, allée des Harmonies
ANNECY
www.roule-co.org
Consulter les horaires de l'atelier sur le site Internet. Adhésion de 25 €/an.

Cœur, poumons, moral, fluidité de la circulation, le vélo a tout bon. Mais tout le monde ne roule pas sur l'or et ne peut acquérir ou faire réparer son vélo. Direction Roule & Co à Cran-Gevrier, une association qui fait la promotion du vélo pour devenir un citoyen « éco-mobile ». On aime les ateliers de réparation participatifs (récupération, réparation et recyclage de vélos, conseils et cours de mécanique), mais encore des ateliers d'apprentissage du vélo ouverts à tous. Roule & Co, ce sont aussi de nombreux événements «vélorutionnaires» à suivre toute l'année.

LA RUE À VÉLO

5, rue Traversière - **SAINT-ETIENNE**
✆ 09 82 55 92 76
saint-etienne.cyclable.com
Ouvert du mardi au vendredi de 10h à 13h et de 14h à 19h ; le samedi de 10h à 12h30 et de 14h à 18h30.

Considérant le vélo comme un véritable moyen de transport, sont proposés ici des vélos adaptés à toutes les situations : vélo de ville, VTT, vélo de randonnée, vélo classique. Vous êtes tenté par un vélo à assistance électrique mais vous n'osez pas franchir le pas, vous vous interrogez sur son efficacité ? La Rue à vélo vous propose de l'essayer afin d'en tester les performances avant de vous décider. Vous pouvez également louer les vélos ou un tandem classique mixte. Location ou vente de multiples accessoires et tout le nécessaire pour l'entretien du vélo.

V.LEO

Place Jean-Moulin - **MOULINS**
✆ 04 70 47 78 53
www.agglo-moulins.fr
Haute saison du lundi au vendredi de 9h à 12h et de 14h à 17h. 1 mois électrique : 20 €, classique : 10 €.

Si vous avez envie de vous balader en toute liberté dans le secteur, sachez que Moulins Communauté a mis 370 vélos à disposition, dont 350 vélos à assistance électrique et 20 vélos classiques. Pas de borne ou de contrainte. Au départ de la Boutiq'Aléo, la location de vélos peut se faire pour une moyenne ou longue durée, d'un mois à un an. Dès les formalités remplies, vous pourrez circuler librement dans la cité moulinoise et vous déplacer sur les 44 communes que compte Moulins Communauté. Vous êtes également autorisé à l'emmener chez vous.

UN VÉLO À LA CAMPAGNE

La Gare - **LOUROUX-DE-BOUBLE**
✆ 04 70 32 72 26
www.unveloalacampagne.fr
Fermé de novembre à mars. Haute saison tous les jours de 9h30 à 18h. Demi-journée vélo classique 16 €, électrique 26 €.

Vélos à la location, comme vous l'aurez compris. VTC, VTT, enfant, siège bébé, classique ou à assistance électrique, c'est à vous de choisir. Plusieurs formules sont proposées, en toute liberté, avec sept circuits en forêt, dans les gorges et Combrailles, des sorties accompagnées d'un guide, des jeux de piste. Ils fournissent les accessoires, et la carte avec les points d'intérêt. Pour les VTT, parcours préenregistrés sur le GPS fixé au guidon. Antivol, casque, bombe anti-crevaison (facturée en cas d'utilisation), pompe manuelle, ainsi que vestiaires et douches.

VÉLO DAYAK PASSION

12-14, avenue Gabriel Péri
SAINT-MARTIN-D'HÈRES
✆ 04 38 12 86 57
www.velo-dayak.fr
Ouvert du lundi au samedi de 10h à 13h et de 14h30 à 19h.

Cette boutique est spécialisée dans le VTT, avec de superbes montures adaptées à toutes les pratiques, sans oublier les accessoires et les textiles, toujours de qualité (Endura, Vaude, Xbionic, Specialized...). Le plus de l'enseigne : les conseils de véritables passionnés et un service après-vente irréprochable. Chez Dayak, on ne vient pas chercher un prix, mais de la qualité et des sensations. Possibilité de mettre son ancien vélo en dépôt-vente afin d'en changer plus facilement, et de louer un vélo parmi un parc de plus de 100 deux-roues.

VÉLO STATION

91, quai Pierre Scize
LYON (5e)
✆ 04 72 00 91 44
www.velostation.com/-Lyon-Saint-Paul
Ouvert du mardi au samedi de 9h à 19h.

Pour partir en deux-roues sur les routes et les chemins de la région, faites une halte à la Station. Dans cette boutique, le vélo n'est pas présenté comme un moyen de performance, mais plutôt comme un art de vivre, un moyen de bien-être et de confort pour tous les citadins. Pour faire son choix, il faut se laisser guider. On nous explique et nous fait essayer les vélos qui conviennent le mieux à nos pratiques. De nombreux accessoires : sacoches, paniers, selles, sièges bébé, vêtements... Atelier performant pour réparer tous les bobos du vélo.

VÉLONAUTE

35, rue Tronchet
LYON (6e)
✆ 04 37 48 89 17
www.velonaute.com
Ouvert du mardi au samedi de 10h à 13h et de 14h30 à 19h.

Écologique et mis en valeur par le plan de circulation de la ville de Lyon ; économique et ne nécessitant parfois que très peu d'efforts, le vélo est bien la solution urbaine pour les déplacements au quotidien. Cette enseigne indépendante (8 boutiques) nous présente le meilleur choix en termes de vélos, notamment hollandais, anglais et vélos électriques. Du solide et de l'élégant pour tous les goûts, du vélo de ville au VTT à assistance électrique (le plus grand choix de Lyon) ! On peut venir à la boutique faire remettre en état ou «customiser» son vieux vélo.

VÉLONECY

Place de la Gare
ANNECY
✆ 04 50 51 38 90
www.velonecy.com
Ouvert toute l'année du lundi au samedi de 9h à 13h et de 14h à 18h30.

Pourquoi est-il plus facile de se déplacer à vélo avec Vélonecy ? Parce que Vélonecy offre une large gamme de vélos adaptés aux besoins de chaque utilisateur à des tarifs légers, services compris ! En ville, où les déplacements sont pour la plupart inférieur à 3 km, le vélo est le moyen de transport le plus rapide, zéro pollution et bon pour la santé. L'agglo dispose de plus de 120 km de voies cyclables et plus de 3 500 emplacements de parking gratuit. Vélonecy permet de louer facilement le vélo qui vous correspond grâce aux conseils de spécialistes.

LA DÉCOUVERTE DES GRANDS CRUS

(CÔTE-D'OR)

- **Itinéraire :** La découverte des grands crus
- **Total :** 34 km
- **Durée :** de 1h30 à 3h, entre 25 et 10 km/h
- **Difficulté :** Trois côtes, terrain un peu vallonné
- **Dénivelé positif :** 200 m

LIEUX	Km partiel	Km cumul	Routes
GARE DE NUITS-SAINT-GEORGES	0	0	
QUAI POYEN	3	3	
CIMETIÈRE DE NUITS	2	5	Voie cyclable
VILLARS-FONTAINE	9	14	D25 puis D35
CHAMBOEUF	2	16	D116
GEVREY-CHAMBERTIN	7,5	23,5	D31
CIMETIÈRE DE NUITS-SAINT-GEORGES	3	26,5	La voie des vignes

PARCOURS GPX
TAPEZ PETITFUTE.APP DANS LE NAVIGATEUR DE VOTRE SMARTPHONE. PRENEZ UNE PHOTO DE LA PAGE ET OBTENEZ
LE TRACÉ GPX DE LA CARTE
Valforêt
D 31
Chambœuf
Gevrey-Chambertin
Plantigone
Chazan
Curley
Morey-Saint-Denis
Chambolle-Musigny
Reulle-Vergy
L'Étang-Vergy
Curtil-Vergy
Gilly-lès-Cîteaux
Flagey-Echézeaux
Concœur
Messanges
Segrois
Vosne-Romanée
Villars-Fontaine
Les Nouroies
Moulin Moniot
Meuilley
NUITS-SAINT-GEORGES
Quai Poyen
Agencourt
N
O
E
S
0
2 km
Autoroute
Route principale
Route secondaire
Circuit vélo
Départ

LE LAC DES SETTONS

(NIÈVRE)

- **Itinéraire :** Le lac des Settons
- **Total :** 31 km
- **Durée :** de 1 heure 30 à 3 heures, entre 20 et 10 km/h
- **Difficulté :** quatre côtes, terrain peu vallonné
- **Dénivelé positif** : 400 m

LIEUX	Km partiel	Km cumul	Routes
MONTSAUCHE-LES-SETTONS	0	0	Office de tourisme
LAC DES SETTONS	4	4	D913
PLANCHEZ	9	13	D520
LA FIOLE	3	16	D505
OUTROUX-EN-MORVAN	7	23	CV D17 D12
MONTSAUCHE-LES-SETTONS	8	31	D12 D977Bis

TAPEZ PETITFUTE.APP DANS LE NAVIGATEUR DE VOTRE SMARTPHONE. PRENEZ UNE PHOTO DE LA PAGE ET OBTENEZ
LE TRACÉ GPX DE LA CARTE
PARCOURS GPX
AVALLON
D 236
Bonin
Gouloux
Razou
LORMES
D 977bis
Chassaygne
MONTSAUCHE-LES-SETTONS
D 17
D 977bis
D 37
Les-Settons
Ouroux-en-Morvan
Montélesme
D 193
Lac des Settons
MOUX-EN-MORVAN
Bois de Montsauche
D 520
Chalaux
D 12
D 17
D 37
Poirot
Route secondaire
Circuit vélo
Départ
Boutenot
La Gutteleau
Bois de Sérault
Bois de l'Oussière
Planchez
D 17
D 121
Frétoy
L'Huis-Prunelle
D 12
D 37
D 2
Lavault-de-Frétoy
Corancy
Forêt d'Anost
N
O
E
S
0
500 m

LUXEUIL-LES-BAINS, LA ROUTE DES MILLE ÉTANGS (HAUTE-SAÔNE)

- **Itinéraire :** Luxeuil-les-Bains, la route des Mille Étangs
- **Total :** 76 km
- **Durée :** de 3 heures 45 à 7 heures 30, entre 20 et 10 km/h.
- **Difficulté :** facile à moyen. Petites routes assez vallonnées.
- **Dénivelé positif** : 700 m

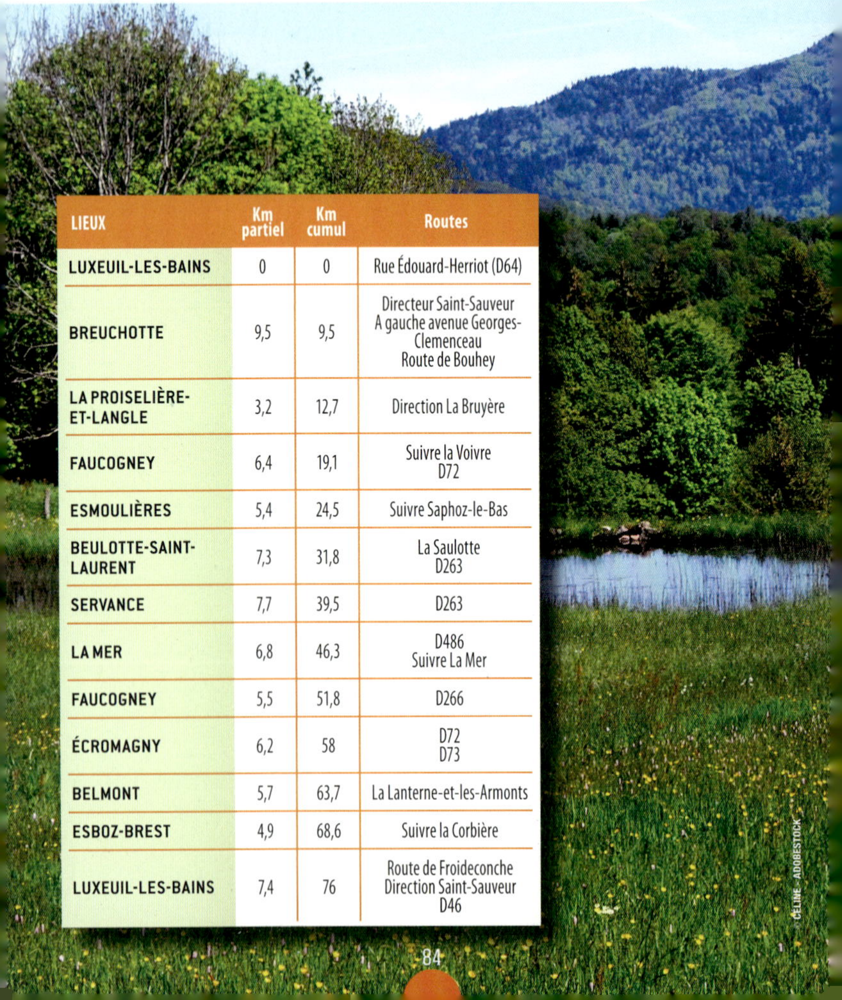

LIEUX	Km partiel	Km cumul	Routes
LUXEUIL-LES-BAINS	0	0	Rue Édouard-Herriot (D64)
BREUCHOTTE	9,5	9,5	Directeur Saint-Sauveur A gauche avenue Georges-Clemenceau Route de Bouhey
LA PROISELIÈRE-ET-LANGLE	3,2	12,7	Direction La Bruyère
FAUCOGNEY	6,4	19,1	Suivre la Voivre D72
ESMOULIÈRES	5,4	24,5	Suivre Saphoz-le-Bas
BEULOTTE-SAINT-LAURENT	7,3	31,8	La Saulotte D263
SERVANCE	7,7	39,5	D263
LA MER	6,8	46,3	D486 Suivre La Mer
FAUCOGNEY	5,5	51,8	D266
ÉCROMAGNY	6,2	58	D72 D73
BELMONT	5,7	63,7	La Lanterne-et-les-Armonts
ESBOZ-BREST	4,9	68,6	Suivre la Corbière
LUXEUIL-LES-BAINS	7,4	76	Route de Froideconche Direction Saint-Sauveur D46

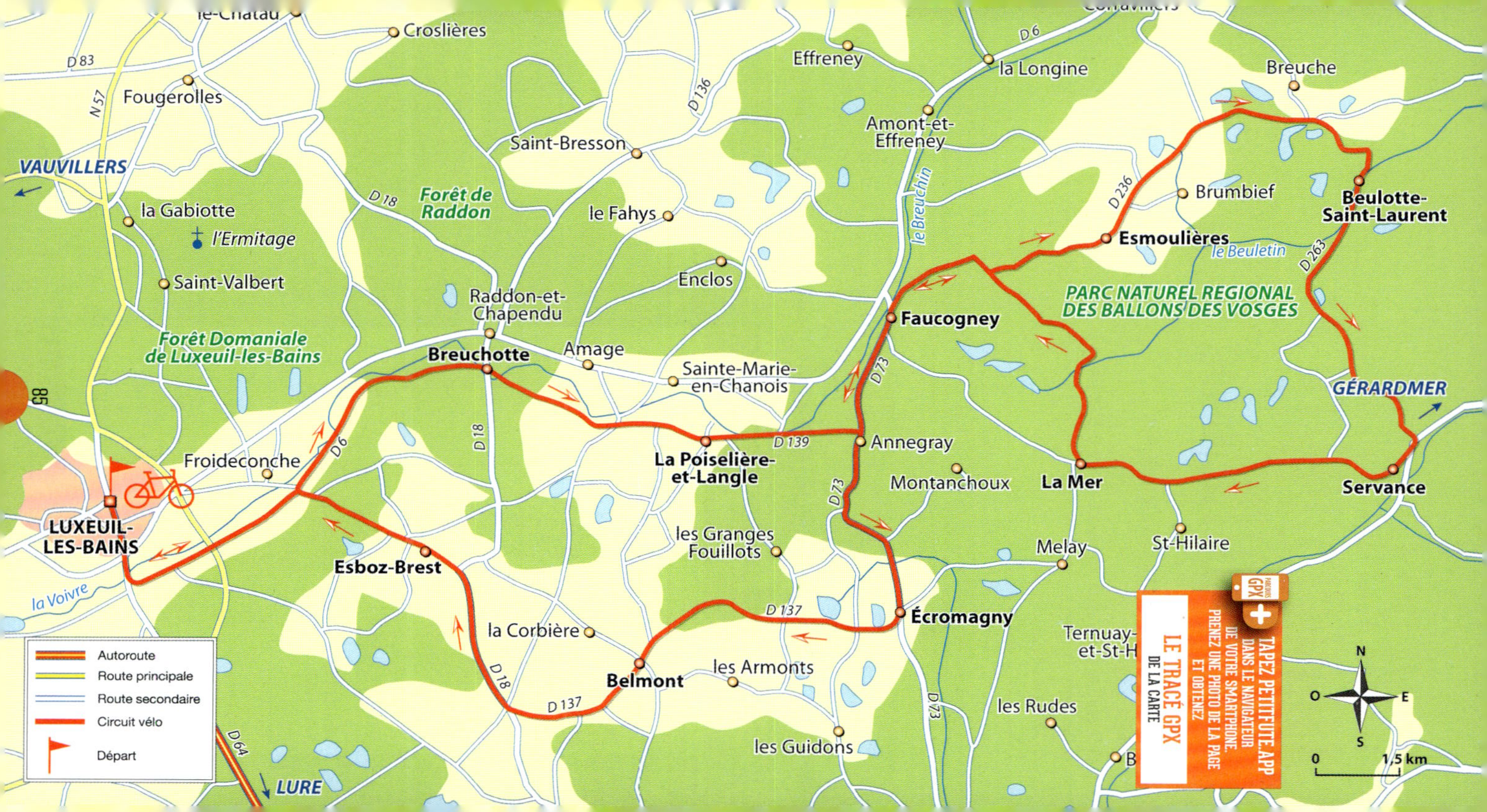

Croslières
D 83
N 57
Fougerolles
VAUVILLERS
la Gabiotte
l'Ermitage
Saint-Valbert
Forêt Domaniale de Luxeuil-les-Bains
Saint-Bresson
D 18
Forêt de Raddon
le Fahys
D 136
Enclos
Raddon-et-Chapendu
Breuchotte
Amage
Sainte-Marie-en-Chanois
Effreney
Amont-et-Effreney
la Longine
D 6
le Breuchin
Breuche
Brumbief
D 236
Esmoulières
le Beuletin
Beulotte-Saint-Laurent
D 263
PARC NATUREL REGIONAL DES BALLONS DES VOSGES
Faucogney
GÉRARDMER
Froideconche
LUXEUIL-LES-BAINS
la Voivre
D 139
La Poiselière-et-Langle
Annegray
D 73
Montanchoux
La Mer
Servance
Esboz-Brest
les Granges Fouillots
Melay
St-Hilaire
Écromagny
D 137
la Corbière
Belmont
les Armonts
les Guidons
les Rudes
Ternuay-et-St-H
D 64
LURE
Autoroute
Route principale
Route secondaire
Circuit vélo
Départ
TAPEZ PETITFUTE.APP DANS LE NAVIGATEUR DE VOTRE SMARTPHONE. PRENEZ UNE PHOTO DE LA PAGE ET OBTENEZ
LE TRACÉ GPX
DE LA CARTE
PARCOURS GPX
N
O
E
S
0
1,5 km

85

NEVERS ET LA DÉCOUVERTE DE LA LOIRE (NIÈVRE)

- **Itinéraire :** Nevers et la découverte de la Loire
- **Total :** 67,5 km
- **Durée :** de 3 heures 15 à 6 heures 45, entre 20 et 10 km/h
- **Difficulté :** huit côtes, terrain vallonné
- **Dénivelé positif** : 400 m

LIEUX	Km partiel	Km cumul	Routes
NEVERS	0	0	Place de la République
LE PRÉ FLEURI	2	2	D907
AGLAN	7	9	D149
CHÂTEAU-LE-GIGNY	4	13	D149
MAGNY-COURS	5	18	D200
CHEVENON-LES-CHAUMES	8	26	D200
IMPHY	3	29	D200
PRYE	4	33	D172
SAUVIGNY-LES-BOIS	3,5	36,5	D18
MONTIGNY-AUX-AMOGNES	9,5	46	D209 D958 D617
OUROUËR	4	50	D176
BELLERAY	2,5	52,5	D26
SAINT-MARTIN-D'HEUILLE	6	58,5	D26 D148
LA GRIPPE	4	62,5	D148 D977
NEVERS	5	67,5	D977

TAPEZ PETITFUTE.APP DANS LE NAVIGATEUR DE VOTRE SMARTPHONE. PRENEZ UNE PHOTO DE LA PAGE ET OBTENEZ
LE TRACÉ GPX DE LA CARTE
PARCOURS GPX
CLAMECY
NEMOURS
Forêt de Guérigny
Guérigny
Parigny-les-Vaux
Pougues-les-Eaux
Balleray
Sauvage
Ourouër
Saint-Martin-d'Heuille
Urzy
Forêt des Amognes
Montigny-aux-Amognes
Fourchambault
NEVERS
SAINT-BENIN D'AZY
Saint-Eloi
Sauvigny-les-Bois
Clos-Ry
BOURGES
Plagny
Sermoise-sur-Loire
Marigny
Imohy
Aglan
Chevenon
Saint-Ouen-sur-Loire
Magny-Cours
DECIZE
Béard
Saint-Parize-le-Châtel
Luthenay-Uxeloup
Nièvre
Loire
Colatre
Canal Latéral à la Loire
Lichen
A 77
D 8
D 26
D 977
D 47
D 176
D 958
D 978
D 40
D 18
N 81
D 976
D 13
D 172
D 200
N 7
D 133
D 116
N
O
E
S
0
1 Km
Autoroute
Route principale
Route secondaire
Circuit vélo
Départ

SEMUR-EN-AUXOIS
(CÔTE-D'OR)

- **Itinéraire :** Sémur-en-Auxois
- **Total :** 42 km
- **Durée :** de 2 à 4 heures, entre 20 et 10 km/h
- **Difficulté :** six côtes, terrain un peu vallonné
- **Dénivelé positif** : 190 m

LIEUX	Km partiel	Km cumul	Routes
SEMUR-EN-AUXOIS	0	0	Église
MASSINGY-LÈS-SEMUR	5,5	5,5	D954
VENAREY-LES-LAUMES	7,5	13	D954
FLAVIGNY-SUR-OZERAIN	9	22	D905 D103 D9
MARIGNY-LE-CAHOUËT	9	31	D9 D905 D119
MASSÈNE	7,5	38,5	D10C
SEMUR-EN-AUXOIS	3,5	42	D970 D954

PARCOURS GPX
TAPEZ PETITFUTE.APP
DANS LE NAVIGATEUR
DE VOTRE SMARTPHONE.
PRENEZ UNE PHOTO DE LA PAGE
ET OBTENEZ
LE TRACÉ GPX
DE LA CARTE
MONTBARD
MONTBARD
Lantilly
Vernarey-
les-Laumes
Alise-
Sainte-Reine
Clos-Fleury
Mussy-
la-Fosse
Villars-
en-Villenotte
Massingy-
lès-Semur
Flavigny-
sur-Ozerain
Pouillenay
SEMUR-
EN-AUXOIS
Juilly
Souhey
Magny-
la-ville
Saint-Euphrône
Chassey
La Roche-Vanneau
Pont-et-Massène
Marigny-
le-Cahouët
Villeferry
VITTEAUX
A 6
D 980
D 954
D 6
D 905
D 103B
D 970
N
O
E
S
0
500 m
Route principale
Route secondaire
Circuit vélo
Départ

BELFORT – LE COL DU BALLON D'ALSACE

(TERRITOIRE DE BELFORT)

- **Itinéraire :** Belfort – le col du Ballon d'Alsace
- **Total :** 76 km
- **Durée :** de 3 heures 45 à 7 heures 30, entre 20 et 10 km/h
- **Difficulté :** moyen à difficile. Montée du col du Ballon d'Alsace.
- **Dénivelé positif :** 1 100 m.

LEONID ANDRONOV - ADOBESTOCK

LIEUX	Km partiel	Km cumul	Routes
BELFORT	0	0	Avenue Jean-Jaurès (Centre hospitalier Belfort Montbéliard)
GIROMAGNY	11,7	11,7	D13 D465 via Chaux
MALVAUX	4,3	16	D465
SOMMET BALLON D'ALSACE (1 247 M)	11,9	27,9	D465 (col)
DOLLEREN	14,6	42,5	D465 D466 via Sewen
MASSEVAUX	6,7	49,2	D66
ROUGEMONT-LE-CHÂTEAU	7,2	56,4	D110 D2
ETUEFFONT	5,1	61,5	D2
ROPPE	8,2	69,7	D12 D83
BELFORT	6,3	76	D83 D22 via Vétrigne et Offemont D13

TAPEZ PETITFUTE.APP
DANS LE NAVIGATEUR
DE VOTRE SMARTPHONE.
PRENEZ UNE PHOTO DE LA PAGE
ET OBTENEZ
LE TRACÉ GPX
DE LA CARTE
PARCOURS GPX
Autoroute
Route principale
Route secondaire
Circuit vélo
Départ
GERARDMER
Ballon d'Alsace
1247 m.
Lac d'Alfred
D 466
Sewen
Dolleren
Rimbach
D 466
PARC NATUREL REGIONAL
DES BALLONS DES VOSGES
Kirchberg
Sickert
D 465
Malvaux
Massevaux
D 466
la Doller
D 110
Riervescemont
Lamadeleine-
Val-des-Anges
D 2
Vescemont
Rougemont-
le-Château
D 12
Rougegoutte
Leval
D 2
Petitmagny
Grosmagny
Etueffont
Petitefontaine
Romagny-sous-
Rougemont
D 465
Bourg-sous-
Châtelet
Felon
D 483
MULHOUSE
D 12
Saint-Germain-
le-Châtelet
Sermamagny
Eloie
Base
D 83
A 36
Roppe
D 13
D 22
Lacollonge
Fontaine
Denney
D 83
D 419
A 36
Bessoncourt
BELFORT
MULHOUSE
Chèvremont
D 83
Novillard-
Bretagne
N
O
E
S
Bavilliers
Danjoutin
Vézelois
MONTBÉLIARD
0
2 km

BESANÇON – LA VALLÉE DU DOUBS (DOUBS)

- **Itinéraire :** Besançon – vallée du Doubs
- **Total :** 73,4 km
- **Durée :** de 3 heures 45 à 7 heures, entre 20 et 10 km/h.
- **Difficulté :** moyen à difficile. Circuit vallonné empruntant des petites routes.
- **Dénivelé positif** : 850 m

LIEUX	Km partiel	Km cumul	Routes
BESANÇON	0	0	Rue de Vesoul
CHÂTILLON-LE-DUC	7,4	7,4	N57 Les Quatrouillots Route de Châtillon-le-Duc
BUTHIERS	5,6	13	Route de Devecey Traverser Voray-sur-l'Orgnon
AULX-LES-CROMARY	9,2	22,2	Traverser Perrouse et Cromary
CHAUDEFONTAINE	6,8	29	Traverser Moncey Rue Eugène-Pochard
ROULANS	7	36	Direction Pouligney-Lusans D30
BOUCLANS	12,5	48,5	Traverser Laissey Champlive et Vauchamps
NAISEY-LES-GRANGES	4,1	52,6	D354
MONTFAUCON	13,7	66,3	D104 Traverser la Chevilotte et Saône
BESANÇON	7,1	73,4	Les Pendeurs Longer le chemin de halage N57 Prendre le pont Brégille

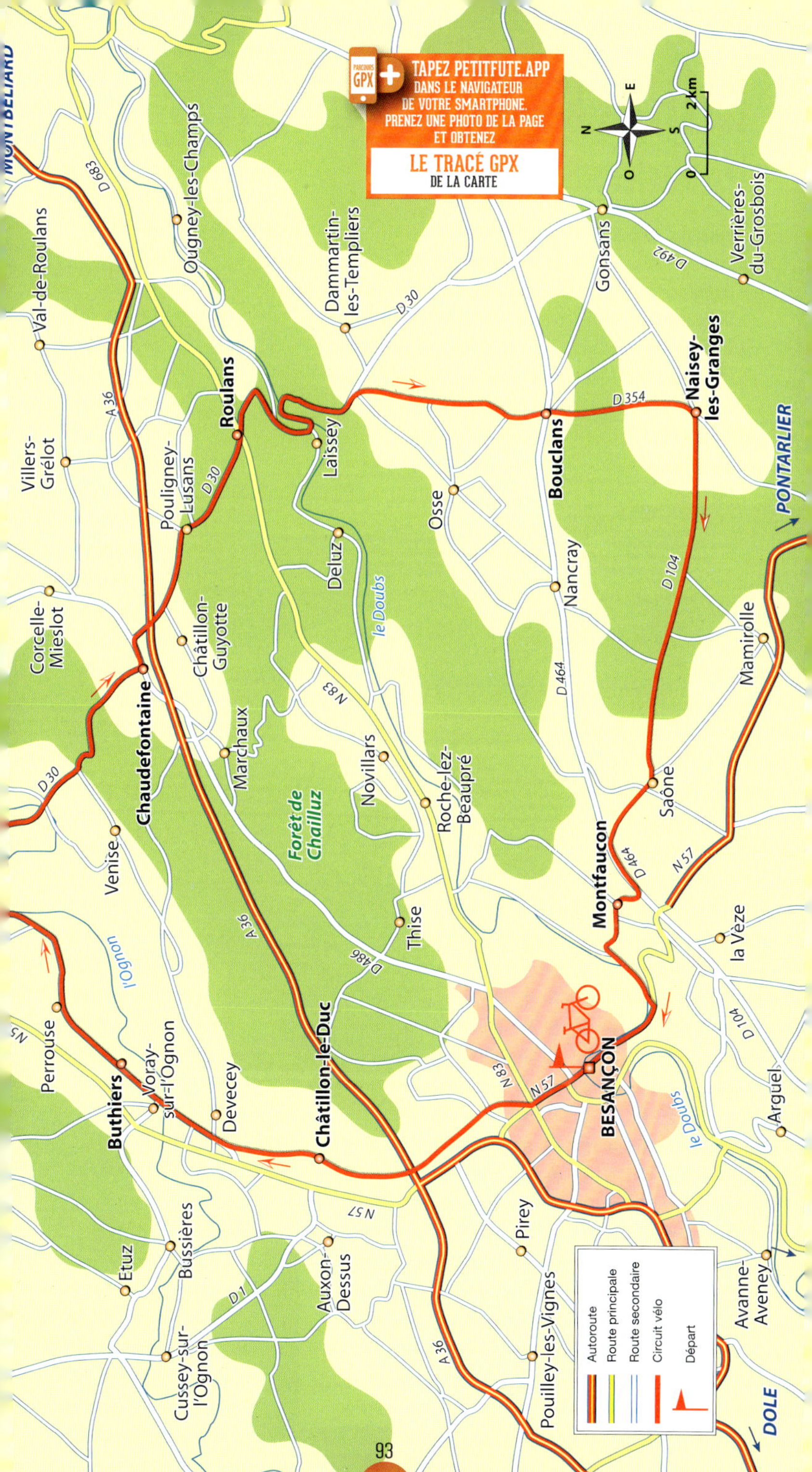
TAPEZ PETITFUTE.APP
DANS LE NAVIGATEUR
DE VOTRE SMARTPHONE.
PRENEZ UNE PHOTO DE LA PAGE
ET OBTENEZ
LE TRACÉ GPX
DE LA CARTE
PARCOURS GPX
N
E
S
O
0
2 km
MONTBÉLIARD
PONTARLIER
DOLE
BESANÇON
Montfaucon
Saône
Naisey-les-Granges
Bouclans
Roulans
Laissey
Deluz
Chaudefontaine
Châtillon-le-Duc
Buthiers
Voray-sur-l'Ognon
Perrouse
Val-de-Roulans
Villers-Grélot
Corcelle-Mieslot
Venise
Ougney-les-Champs
Pouligney-Lusans
Châtillon-Guyotte
Marchaux
Forêt de Chailluz
Novillars
Roche-lez-Beaupré
Thise
Dammartin-les-Templiers
Gonsans
Verrières-du-Grosbois
Osse
Nancray
Mamirolle
la Vèze
Arguel
Avanne-Aveney
Pirey
Pouilley-les-Vignes
Auxon-Dessus
Devecey
Bussières
Etuz
Cussey-sur-l'Ognon
le Doubs
l'Ognon
D 683
A 36
D 30
D 354
D 104
D 464
D 492
N 83
N 57
D 486
D 1
Autoroute
Route principale
Route secondaire
Circuit vélo
Départ

CHABLIS ET LE SEREIN

(YONNE)

- **Itinéraire :** Chablis et le Serein
- **Total :** 27,5 km
- **Durée :** de 1 heure 20 à 2 heures 45, entre 20 et 10 km/h
- **Difficulté :** facile. Deux côtes, assez plat
- **Dénivelé positif** : 75 m

LIEUX	Km partiel	Km cumul	Routes
CHABLIS	0	0	Place de la Mairie
CHICHÉE	4	4	D45
CHEMILLY-SUR-SEREIN	3,5	7,5	D45
POILLY-SUR-SEREIN	3,5	11	D45
LICHÈRE-PRÈS-AIGREMONT	6	17	D144
GRAND-VAUCHARME	2	19	D956
CHABLIS	8	27	D91
CHABLIS-OUEST	0,5	27,5	D965

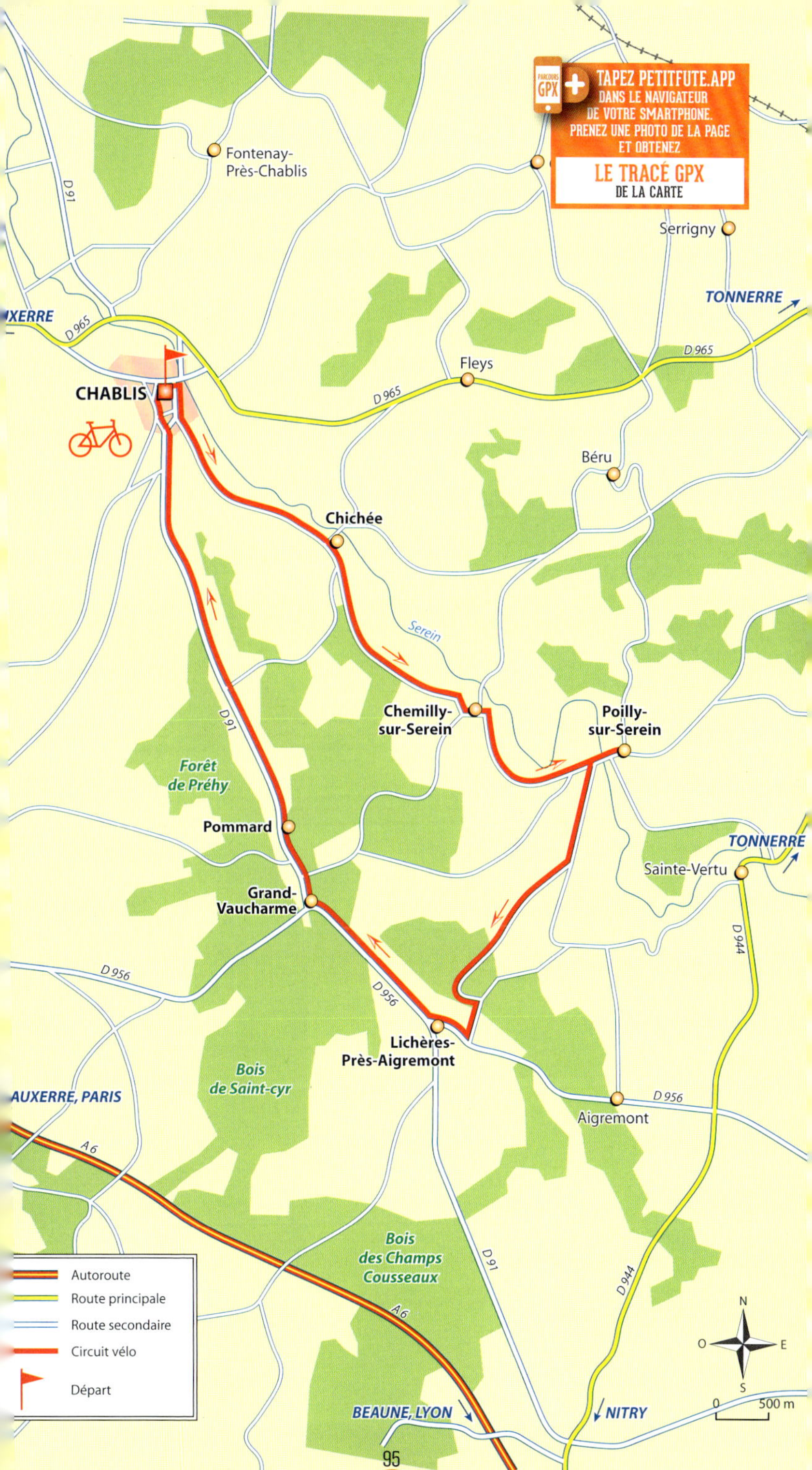
TAPEZ PETITFUTE.APP
DANS LE NAVIGATEUR
DE VOTRE SMARTPHONE.
PRENEZ UNE PHOTO DE LA PAGE
ET OBTENEZ
LE TRACÉ GPX
DE LA CARTE
PARCOURS GPX
Fontenay-Près-Chablis
Serrigny
D 91
TONNERRE
XERRE
D 965
Fleys
D 965
CHABLIS
D 965
Béru
Chichée
Serein
Chemilly-sur-Serein
Poilly-sur-Serein
D 91
Forêt de Préhy
Pommard
TONNERRE
Sainte-Vertu
Grand-Vaucharme
D 944
D 956
D 956
Lichères-Près-Aigremont
Bois de Saint-cyr
AUXERRE, PARIS
D 956
Aigremont
A 6
Bois des Champs Cousseaux
D 91
D 944
Autoroute
Route principale
Route secondaire
Circuit vélo
Départ
A 6
N
O
E
S
0
500 m
BEAUNE, LYON
NITRY

DOLE, LA BALADE DOLOISE

- **Itinéraire :** Dole – la balade Doloise
- **Total :** 67 km
- **Durée :** de 4 heures à 6 heures 30, entre 20 et 10 km/h.
- **Difficulté :** facile. Petites routes avec peu de dénivelé.
- **Dénivelé positif :** 255 m

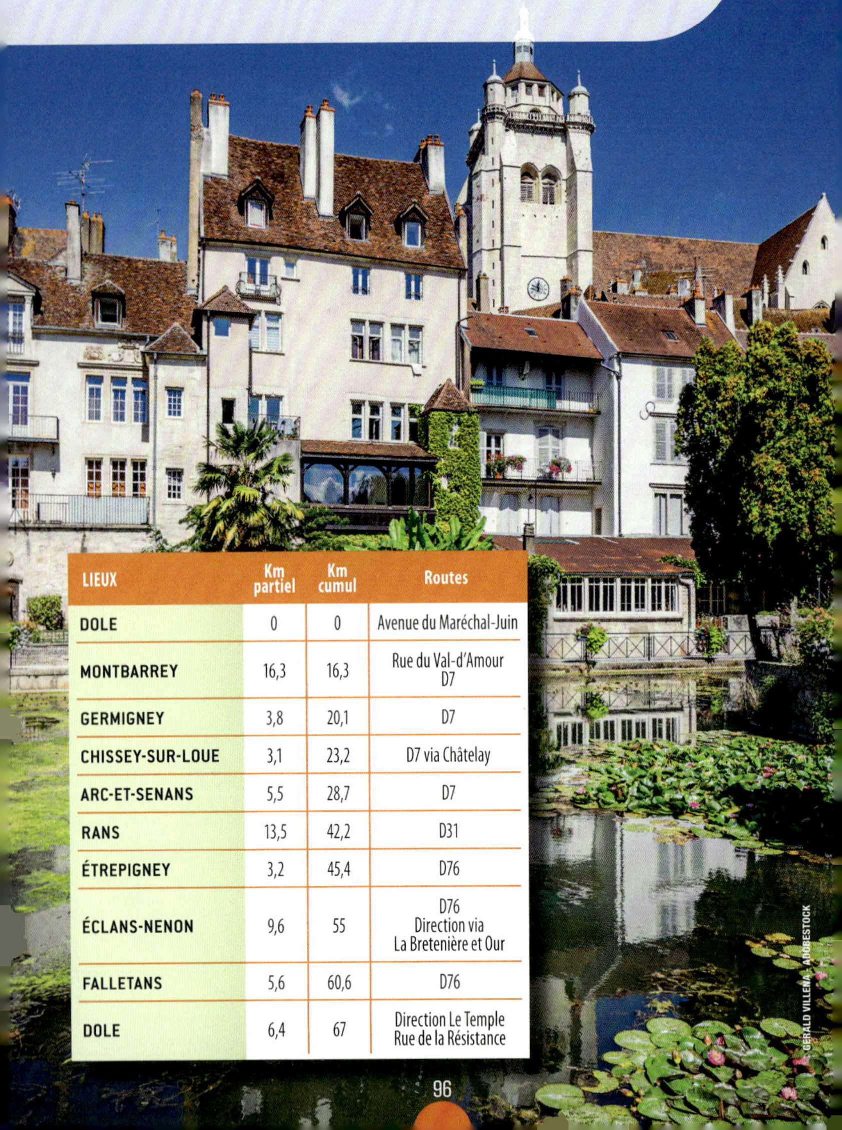

GÉRALD VILLENA - ADOBESTOCK

LIEUX	Km partiel	Km cumul	Routes
DOLE	0	0	Avenue du Maréchal-Juin
MONTBARREY	16,3	16,3	Rue du Val-d'Amour D7
GERMIGNEY	3,8	20,1	D7
CHISSEY-SUR-LOUE	3,1	23,2	D7 via Châtelay
ARC-ET-SENANS	5,5	28,7	D7
RANS	13,5	42,2	D31
ÉTREPIGNEY	3,2	45,4	D76
ÉCLANS-NENON	9,6	55	D76 Direction via La Bretenière et Our
FALLETANS	5,6	60,6	D76
DOLE	6,4	67	Direction Le Temple Rue de la Résistance

PARCOURS GPX

TAPEZ PETITFUTE.APP DANS LE NAVIGATEUR DE VOTRE SMARTPHONE. PRENEZ UNE PHOTO DE LA PAGE ET OBTENEZ

LE TRACÉ GPX DE LA CARTE

L'ABBAYE DE CLUNY
(SAÔNE-ET-LOIRE)

- **Itinéraire :** Abbaye de Cluny
- **Total :** 32 km
- **Durée :** de 1 heure 30 à 3 heures, entre 20 et 10 km/h
- **Difficulté :** cinq côtes, terrain très peu vallonné
- **Dénivelé positif :** 70 m

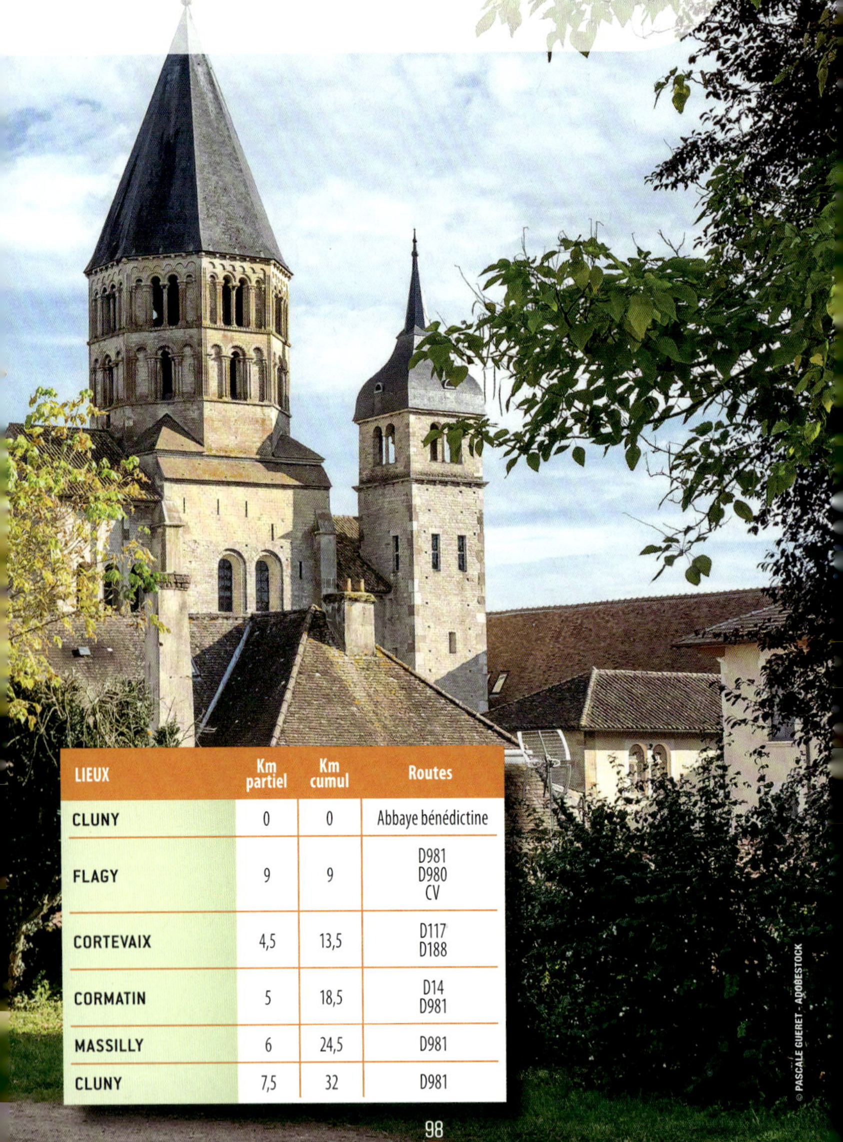

LIEUX	Km partiel	Km cumul	Routes
CLUNY	0	0	Abbaye bénédictine
FLAGY	9	9	D981 D980 CV
CORTEVAIX	4,5	13,5	D117 D188
CORMATIN	5	18,5	D14 D981
MASSILLY	6	24,5	D981
CLUNY	7,5	32	D981

PARCOURS GPX
TAPEZ PETITFUTE.APP DANS LE NAVIGATEUR DE VOTRE SMARTPHONE. PRENEZ UNE PHOTO DE LA PAGE ET OBTENEZ
LE TRACÉ GPX DE LA CARTE
GIVRY
D 981
D 14
Bonnay
Cormatin
Cortevaix
D 14
Chazelle
Ameugny
D 14
LE CREUSOT
Salornay-sur-Guye
D 980
D 981
Taizé
Mont
D 14
Flagy
Toury
Massilly
Massy
Cortambert
Collonge
La Vineuse
D 980
Varanges
Lournand
Donzy-le-Pertuis
D 981
CLUNY
D 15
Route principale
Route secondaire
Circuit vélo
Départ
N
O
E
S
0
500 m
D 980
MACON

BOURGOGNE-FRANCHE-COMTÉ MOBILITÉ ÉLECTRIQUE BFCME

65, rue de Longvic
DIJON
✆ 03 80 28 09 86
www.bme.asso.fr

Beaucoup de Français pensent passer à l'électrique un jour, mais franchir le pas n'est pas si simple. Comment mettre une borne de recharge dans son garage ? Quelle est l'autonomie des batteries ? Leur durée de vie ? Le rôle de l'association est de partager l'information, la connaissance et les expériences vécues pour donner aux décideurs des éléments pertinents pour définir et mettre en œuvre les meilleures réponses en matière de mobilité électrique.

CBL-COMPAGNIE BELFORT LOISIRS

4, rue Jean-Pierre-Melville
BELFORT
✆ 03 84 22 63 08
www.cbl-belfort.com
Permanence le jeudi de 18h à 19h.

Voici la compagnie la plus dévouée au VTT et au VTC de la région. La section cycle de la CBL est en effet la gardienne farouche des jeunes traditions du tout-terrain. Elle organise chaque année (printemps ou automne en fonction des possibilités d'organisation) la « Transterritoire », une manifestation de masse ouverte à tous sur inscription. Trois niveaux de difficultés à travers le Territoire de Belfort. On peut aussi profiter d'autres activités : ski, randonnée, roller.

CYCLOTOURISTES BELFORTAINS

17, rue Favre
CRAVANCHE
Bulletin d'adhésion à compléter sur le site Internet. Abonnement revue Cyclo Mag : 20 € pour les licenciés.

Les Cyclotouristes belfortains vous invitent à découvrir le plaisir de randonner à bicyclette dans le cadre de la Fédération française de Cyclotourisme. Que vous soyez ou non licencié, il est possible de participer aux sorties vélos (3 pour les non licenciés) dès 14 ans. La plupart des sorties commencent place d'Armes à Belfort. Chacun trouvera ici une pratique adaptée à son niveau et ses affinités : touristique ; pour voyager en France ou à l'étranger ; vélo sportif.

DESTINATION 70

1, rue Max-Devaux
VESOUL
✆ 03 84 97 10 80
www.destination70.com

Le site officiel du tourisme en Haute-Saône. Destination 70 est un portail dédié à la fois à la découverte du département et à la réservation de vos vacances : gîte, chambre d'hôtes, tourisme, activités... Retrouvez toutes les informations pratiques mais aussi toutes les offres de séjours thématiques sur une carte interactive. Cliquez, localisez et obtenez tous les renseignements sur l'élément sélectionné. SImple, complet et pratique. Adapté et précis, il y en a pour tous les goûts. Bonne visite à tous donc, vous êtes au bon endroit !

EVAD

2, rue des Corroyeurs
DIJON
✆ 06 14 50 68 59
www.evad-dijon.fr
Cotisation annuelle individuelle : 10 €. L'Association des cyclistes urbains du Grand Dijon.

Créée en 1994, l'association Evad porte le flambeau de la pratique du vélo à Dijon. Membre de la Fédération Française des Usagers de la Bicyclette, elle œuvre pour le développement de l'utilisation du vélo comme moyen de transport quotidien, mais aussi pour les aménagements et équipements nécessaires, dans la ville, qui sont liés à cette pratique. L'idée, c'est de partager la rue et de créer également un « code de la rue ». Evad organise de nombreux événements comme les balades urbaines. Pratique : la rubrique « alerte vélo volé » sur le site Internet.

ROUTE 71

71000 MÂCON
https://route71.fr

Route 71 Bourgogne du Sud, c'est le nom de la route qui vous mène de découvertes en découvertes en Saône-et-Loire. Une immersion dans les hauts lieux viticoles, et un festival de saveurs et de paysages magnifiques. Pour vous guider, n'hésitez pas à télécharger l'appli (gratuite) « Route 71 » qui vous offrira la possibilité de sortir des sentiers battus sans rien manquer de l'essentiel : villages de charme, églises romanes ou domaines incontournables, vos envies guideront votre itinéraire ! Pratique et ludique, mais surtout très informatif.

GRANDES TRAVERSÉES DU JURA

15 - 17, Grande-Rue
LES PLANCHES-EN-MONTAGNE
✆ 03 84 51 51 51
www.gtj.asso.fr
Le bureau est ouvert au public. Accueil sur rdv.
Grandes Traversées du Jura coordonne et développe les activités proposées sur les itinéraires GR5 ET GR9. 180 structures publiques et privées y adhèrent. Pour votre randonnée, les informations nécessaires, appeler le siège de l'association ou site Internet. La Grande Traversée du Jura peut se faire à pied, en VTT, en VTC, en raquettes, en ski de fond, cheval ! 388 km de sentiers balisés de Montbéliard jusqu'à Culoz (01) et traversent le Parc naturel du Haut-Jura.

MORVANVTT

www.morvanvtt.fr
Des topos sur toutes les activités nature en Morvan.
Pas uniquement sur le VTT, le site Web est dédié à toutes les activités nature en Morvan, y compris le cyclotourisme et la randonnée pédestre. On peut facilement filtrer par activité, puis accéder à des circuits documentés, avec niveau de difficulté, carte et trace GPS. Idéal pour découvrir le Morvan sans se perdre grâce à des passionnés de leur région qui ont mis à disposition ces informations. Le site Internet précise bien néanmoins que les itinéraires et niveaux de difficulté sont donnés à titre indicatif. Avant toute sortie, vérifier la météo.

LA GRANDE BOUCLE DE BOURGOGNE DU SUD

MACON-CHALON-MACON
✆ 03 85 21 02 20
www.route71.fr
C'est l'itinéraire mythique, celui-là même où la première Voie Verte de France est née entre Cluny et Givry ! Sur cette boucle de 145 km, au parcours facile et tranquille, défilent châteaux, villages au petit patrimoine typique, vignobles du Mâconnais et de la Côte chalonnaise, bonnes tables, patrimoine roman. De Chalon-sur-Saône à Mâcon, l'échappée se poursuit sur la Voie Bleue dans une ambiance champêtre et apaisante des bords de Saône.

TOUR DE BOURGOGNE A VÉLO

www.le-tour-de-bourgogne-a-velo.com
Au plaisir de pédaler en région Bourgogne s'ajoutera celui de profiter, à portée de chemin, de toutes les richesses de la région : vignobles et plaisirs gourmands, vieilles pierres et patrimoines, rivières et canaux, hébergements de charme et sens de l'accueil. La Bourgogne vous propose un réseau de véloroutes unique. Ce sont près de 1 000 km d'itinéraires cyclables balisés et sécurisés réservés aux cyclistes et cyclotouristes, dont la majorité fait partie du grand itinéraire régional du Tour de Bourgogne à vélo. A vos deux-roues !

TOUR DU JURA

1, rue Jorbey
DANNEMARIE-SUR-CRÈTE
www.tourdujura.com
En avril ou en mai, selon les années.
Le Tour du Jura est une épreuve cycliste dont le parcours fait découvrir la beauté et la diversité des paysages du département. Petites routes bucoliques, qui laissent le temps de s'imprégner de l'âme d'une région verdoyante et paisible avec ses bois, ses étangs, ses pâturages, ses vieilles maisons… La première édition du Tour du Jura a eu lieu en 2006. Il est organisé par le club Jura Cyclisme Pays du Revermont. Retrouvez toutes les informations utiles (coureurs, dates, fermetures des routes le jour J, etc.) sur le site Internet de l'événement.

VÉLO MORVAN NATURE

Espace Saint-Brisson
SAINT-BRISSON
www.velomorvannature.fr
Cette association gère 120 circuits de 4 km à 50 km, accessibles à tous, spécialistes comme débutants, soit 2 100 km de sentiers balisés au départ de différentes communes du Parc du Morvan. Sachez que sur ces circuits balisés vous trouverez des stations de lavage Altao, permettant un nettoyage des vélos avec un matériel adapté ainsi que le contrôle de la pression et le gonflage des pneus. Des animations sont proposées, notamment des randonnées VTT, accompagnées par des guides brevetés, pour une durée d'une demi-journée à plusieurs jours pour les groupes.

BALADE À VÉLO SUR LE CANAL DE BOURGOGNE

4, place du Marché
ROUGEMONT
✆ 03 81 97 85 10
www.ot-2valleesvertes.fr/
10 km.

Une Voie verte a été aménagée le long du canal de Bourgogne pour relier les communes de Rougemont et de Montbar. Propice au vélo comme à la randonnée, cet itinéraire de 10 km est plat et goudronné. Il traverse les communes de Buffon et de Saint-Rémy dont vous pourrez admirer le patrimoine architectural, notamment le château de ce dernier. Arrivé à Montbar, vous enjamberez la Brenne pour rejoindre le parc Buffon, où sommeillent les ruines de l'ancien château des ducs de Bourgogne.

LA BOUCLE DE LA PETITE FINLANDE

SERVANCE
33 km. 2h15.

Sur ce circuit cycliste, vous pouvez partir de Servance, de Faucogney-et-la-Mer ou de Beulotte-Saint-Laurent. Nous avons choisi Servance et le Saut de l'Ognon pour entamer cette boucle de la Petite Finlande, qui traverse la région des mille étangs. Le circuit oscille entre 360 et 680 m d'altitude. Vous croiserez un environnement fait de ruisseaux, d'étangs et de forêts de sapins car nous sommes déjà dans le massif vosgien. Ce parcours convient à toute la famille et aux amateurs de vélo.

BOUCLE CYCLABLE AUTOUR DE BELFORT

2 bis, rue Clemenceau
BELFORT
✆ 03 84 55 90 90
www.belfort-tourisme.com
Durée : 2h. Difficulté : facile.

La petite superficie du Territoire de Belfort est un avantage pour les sportifs et touristes. Enfourchez votre bolide dans le centre-ville de son chef-lieu, puis dirigez-vous vers le sud en longeant la Savoureuse. Rapidement, la campagne prend le pas – on comprend alors pourquoi Alphonse Allais disait de Belfort qu'elle était « la ville à la campagne ». A Sévenans, remontez vers votre point de départ via la Coulée verte sur le canal de Montbéliard à la Haute-Saône, direction Botans.

CIRCUIT DES QUATRE FORÊTS

PORT-SUR-SAÔNE
15 km. 5 heures. 541 m de dénivelé. En VTT ou à pied.

Ce circuit (très) sportif peut s'effectuer à pied ou en VTT, bien protégé par un casque car les chutes sont loin d'être rares. Plusieurs lieux de départ possibles, mais celui de la Maladière est le plus pratique. Cette boucle de 15 km vous emmène à travers plusieurs bois : Colombes, la Pelleroye, Four et Jean Mouret. Vous croisez un étang et le village de Vauchoux. Un circuit à parcourir avec précaution si vous n'êtes pas trop entraîné, ou accompagné.

BOUCLE DE LA MER

MELISEY
24 km. Comptez 1h45. Assez facile.

Voici l'une des boucles cyclables de Haute-Saône que nous préférons. 24 km pour découvrir le plateau des Milles Etangs. Départ de Mélisey, on peut faire une première pause à Ecromagny pour découvrir le métier de maréchal-ferrant, puis direction Annegray et les vestiges d'une abbaye fondée par saint Colomban. On passe ensuite par la chapelle Saint-Martin à La Mer et par Faucogney, petite cité comtoise de caractère. 470 mètres de dénivelé. Une balade relativement facile pour découvrir les magnifiques paysages de ce pays : étangs, prairies, forêts.

CIRCUITS DE RANDONNÉES EN SÉNONAIS

Place Jean-Jaurès
SENS
✆ 03 86 65 19 49
www.tourisme-sens.com

Fan de marche à pied ou de petite reine, venez vivre un moment grandeur nature dans le Sénonais. Plusieurs parcours, plus ou moins difficiles, de 10 à 35 km, vous sont proposés. Vous découvrirez ainsi les paysages riches et variés de la région : étangs, parcs, jardins, bois, etc. Pour cela, il vous suffit de vous rendre sur le site de l'office de tourisme et de télécharger la fiche descriptive du parcours choisi. Et, bien sûr, pensez à l'emporter dans votre poche avant de partir !

ESPACE VTT-FFC DU PAYS CHÂTILLONNAIS

CHÂTILLON-SUR-SEINE

✆ 03 80 91 13 19

www.chatillonnais-tourisme.fr

Circuits praticables de début mars à mi-octobre.

Pour découvrir le Châtillonnais en général et la magnifique forêt domaniale de Châtillon-sur-Seine, devenue Parc national en novembre 2019, choisissez le VTT ! En effet, l'office de tourisme vous permet de découvrir neuf chemins balisés au sein du onzième parc national français, le plus vaste après celui de la Guyane. Le circuit d'initiation de la Belette (12 km) est une promenade au cours de laquelle vous aurez peut-être la chance d'apercevoir un animal sauvage. Le circuit des Charbonniers (27 km) est un mélange de routes caillouteuses et de lignes forestières. Le circuit du Sentier à la Biche (34 km) vous permet de composer votre parcours selon vos envies. Les plus courageux choisiront le circuit La Forêt de Châtillon (75 km) ou encore le circuit du Fayard (89 km) qui concernent les amateurs de longues randonnées en VTT tandis que celui des Combes (25 km) est plus sportif et dispose de nombreux points de vue sur la vallée de l'Ource. Les sportifs peuvent tenter celui du Val des Choues (37 km) qui mêle technicité et diversité. Pour les amateurs de crémant, bullez grâce au circuit La Route du Crémant (68 km)... Enfin, pour découvrir les vestiges d'anciens châteaux et le patrimoine historique de Châtillonnais, choisissez le circuit Les Hauts Plateaux (56 km). Vous trouverez, à l'office de tourisme, dans les antennes locales en saison et en téléchargement sur Internet le circuit qui vous conviendra et qui alliera au mieux votre niveau, vos envies et votre temps !

LA FRANCOVÉLOSUISSE ENTRE BELFORT ET SÉVENANS

2 bis, rue Clemenceau

BELFORT

✆ 03 84 55 90 90

www.belfort-tourisme.com

Reliant Belfort à Sévenans, elle constitue un tronçon (6,5 km, facile) du projet d'envergure de la Francovélosuisse, une piste de 40 km qui connecte Belfort, Delle et Porrentruy. Piétons, cyclistes et rollers peuvent prendre plaisir à progresser sur cette Voie verte goudronnée et de bonne qualité. Vous pourrez la poursuivre par la promenade François-Mitterrand ou par la Coulée verte du canal, qu'elle dessert. Attention cependant : cette dernière n'est pas praticable en rollers.

LA VALLÉE DU DOUBS À VÉLO

La Vallée du Doubs comprend 7 étapes avec une distance totale de 158 km formant partie du réseau EuroVelo 6, né à l'initiative de la Fédération Européenne des Cyclistes (ECF) en 1994. De Dole à Bâle, de la Franche-Comté à la Suisse, l'itinéraire de l'EuroVelo 6 traverse la vallée du Doubs, sauvage, encaissée, gourmande, abritant des bijoux architecturaux. Le chemin de halage a été aménagé et c'est un véritable enchantement. Retrouvez le détail du parcours sur ce portail très complet.

VÉLOROUTE DU CANAL LATÉRAL

Palais Ducal

NEVERS

✆ 03 86 68 46 00

www.nevers-tourisme.com

Si la Loire a façonné et fait vivre la Nièvre depuis des siècles, le Canal latéral lui vole la vedette le temps de cette balade. Au départ de Nevers, une véloroute de 14 kilomètres (1h30 environ) relie la ville à la commune du Guétin en suivant l'ancien chemin de halage qui longe l'eau. A partir du pont de Nevers, la voie est entièrement sécurisée et accessible aux piétons et cyclistes. Le parcours serpente sur un terrain plat, jusqu'à rencontrer l'Allier à l'entrée du Guétin.

LA VOIE VERTE

SANTENAY

Aires de pique-nique tout au long de la voie verte.

Partant de Santenay, cette voie de 100 km a été réalisée sur le tracé des anciennes voies de chemin de fer et chemins de halage. Idéale pour les cyclistes, elle est pourvue d'un revêtement goudronné et permet, depuis Santenay, de relier Chalon-sur-Saône (22 km) en longeant le canal du Centre. Une balade magnifique, vivifiante, riche en rencontres ! Tout le long du chemin, vous croiserez des bateaux de plaisance, des écluses, des vignes... Pour les plus courageux, la voie verte poursuit sa route jusqu'à Mâcon en passant par Givry, Cluny, Charnay-les-Mâcon.

LOUEURS / REVENDEURS

LES 2 ROUES ÉLECTRIQUES

13, avenue Jean-Jaurès - **DIJON** ✆ 03 80 46 12 36
www.les-2-roues-electriques.fr
Ouvert du mardi au vendredi de 10h à 12h et de 14h à 19h ; le samedi de 9h30 à 12h et de 14h à 18h30. Label Accueil Vélo

Les 2 Roues Électriques est une adresse incontournable pour les amoureux des deux-roues. Dirigée par Christophe Degrandcourt, cette enseigne vous propose une large gamme de vélos et trottinettes électriques, mais aussi des accessoires, et parfois même des vélos d'occasion, parfaits pour les budgets plus serrés. Le choix des marques est optimum, Peugeot, Gitane, Kalkhoff, BH, Flebi ou Onemile en vélos pliants ultra urbains, O2Feel., ou Gazelle avec des marques françaises pour les plus exigeants. Service de location de vélos classiques et électriques.

CHRIS BIKE

13, impasse de Reggio
DIJON
✆ 07 61 66 66 50
www.chrisbike.com
Ouvert du lundi au samedi de 9h à 19h. Pistes d'essai. Stages à la carte.

C'est aussi parce que la montagne propose de nouvelles pratiques sportives sur ses pentes que la demande en sports extrêmes explose. Chris Bike Dijon, spécialiste du VTT extrême, organise une fois par mois un voyage (en Italie, en Espagne, en Suisse, à Madère, mais aussi en France) pour des groupes de 25 personnes. Tout est compris dans les formules : prêt de matériel, transport, gîte, et au moins 3 jours de roulage. La garantie de pratiquer sur des spots exceptionnels. Des voyages sportifs qui fédèrent la petite communauté de passionnés du Club CBD.

LE BATARDEAU

1, place Achille-Ribain - **AUXERRE**
✆ 03 86 40 14 28
https://le-batardeau.fr
Location vélos, bateaux électrique, pédalos et paddles. Réservation en ligne. Bistro ouvert d'avril à fin octobre.

C'est au sein d'un ancien site industriel que « Le Batardeau » vous accueille, au bord du Canal du Nivernais et de sa véloroute. Mais elle ne vous propose pas seulement VTC et vélos électriques. Des bateaux électriques aussi, ainsi que des paddles et des kayaks. Bref, tout pour profiter du canal ! Quant au bistro, sur sa belle terrasse ombragée au bord de l'eau vous y dégusterez quelques excellents produits locaux (fromages, charcuteries, vins, bières…). A noter aussi, pour les marcheurs, la proximité de la coulée verte qui passe juste à côté.

CYCLABLE DIJON

26, avenue du Drapeau
DIJON
✆ 03 80 73 23 03
Ouvert du mardi au vendredi de 10h à 13h et de 14h30 à 19h ; jusqu'à 18h le samedi.

Cyclable est le rendez-vous idéal pour les habitants du cœur de Dijon qui roulent à vélo ! Cyclable propose majoritairement des solutions de mobilité urbaine et électrique avec les marques françaises comme Moustache, allemandes comme Kalkhoff ou VSF Fahrradmanufaktur, anglaises comme Brompton (le vélo pliant homologué bagage à main) et enfin américaines comme Electra. Pour ceux qui aiment le côté pratique, il y a le vélo pliant homologué pour le tram ou le train. Le rayon équipements et accessoires est complet, les conseils des vendeurs Stéphane sont très avertis.

BURGUNDY BIKE

12, rue de la Maladière - **BROCHON**
✆ 06 38 16 50 33
www.burgundybike.com
9h à 19h. À partir de 10 €/h, demi-journée 15 €, journée 20 €, week-end 50 €. Pousseur PMR 15 €/h. Tarifs groupes.

Burgundy Bike est un service de location de vélos à assistance électrique situé au cœur du vignoble, géré par Olivier Gaugry, ancien gérant de la fromagerie du même nom. Partez à la découverte du secteur et louez à l'heure, à la journée ou même au week-end grâce à un service de proximité, réactif, disponible et innovant. On peut dire que Burgundy Bike a un tour d'avance avec, en nouveauté, son tandem, parfait pour pédaler à deux ! Une adresse à classer dans les bons plans. Rendez-vous sur la page Facebook ou par téléphone pour prendre rendez-vous.

ESPACE SUN CITY

9, rue de l'Esplanade Nord. - **THISE**
✆ 03 81 61 06 42
www.veloelectrique-suncity.com
Ouvert du mardi au samedi de 9h à 12h et de 14h à 18h.

Sun City vous propose des technologies nouvelles, soucieuses de l'environnement mais également de votre porte-monnaie. Vous pourrez ainsi acheter ou louer, pour une longue ou courte durée, un de ces extraordinaires vélos, mais aussi acheter les accessoires complémentaires pour rouler en toute sécurité, et enfin bénéficier du service de réparation minute et du service après-vente de qualité proposés par l'enseigne ! Sun City, un rayon de soleil dans la ville et une idée ingénieuse qui ne viendront plus jamais ternir le paysage urbain ! Vente en ligne également.

JURA VTT

2, chemin de la Crétine - **MARIGNY**
✆ 06 83 02 71 55
www.jura-vtt.com

Location adulte : de 15 € la demi-journée à 126 € pour 7 jours.

Situé à Marigny, au bord du lac de Chalain, Jura VTT vous propose des locations de VTT/VTC (un parc d'une centaine de vélos de 16 à 26 pouces), ainsi que des parcours familiaux ou sportifs. N'hésitez pas à découvrir le VTT sur des parcours de descentes accessibles à toute la famille, empruntant des itinéraires longeant lacs, cascades, belvédères, rivières, forêts... Des transports sur demande sont prévus à cet effet. L'équipe saura vous indiquer les meilleurs itinéraires adaptés à votre profil afin que la balade journalière ou sur plusieurs jours soit mémorable.

OPTYMO

13, rue de Madrid - **BELFORT** ✆ 0 800 304 863
www.optymo.fr

Serveur vocal interactif 7j/7 et 24h/24 au N°Vert 08 00 30 48 63. Formule 1 jour à 1 €/7 jours à 3 € + 0,02 €/minute.

Le réseau de transports en commun du Territoire de Belfort propose des vélos en libre-service. Pour les utilisateurs occasionnels, le service de locations de vélos est accessible à partir d'un serveur vocal interactif. La durée maximale de la location est de 24h (au-delà une pénalité de 150 € sera prélevée). Il suffit de se rendre à une borne muni d'une CB et d'un téléphone portable, puis de suivre les instructions. Comme tous les vélos en libre-service des autres villes, vous comprendrez assez facilement le fonctionnement. N'hésitez pas à demander autour de vous.

LA ROUE DE SECOURS

13, rue Krug
BESANÇON
✆ 03 81 83 13 28

Ouvert le lundi et le vendredi de 9h à 12h et de 13h30 à 17h30 ; le mardi.

Association Loi 1901, la Roue de secours, située vers le quartier Battant, propose un système de location avantageux qui favorise les locations de longue durée pour les personnes désirant se rendre à leur travail ou chercher du travail en cyclomoteurs (ce n'est pas une location touristique). Les prix varient en fonction de votre revenu, comptez de 4 € à 5 € la journée de location. Il vous sera demandé une caution de 250 € et une photocopie de votre contrat de travail ou attestation pôle emploi. Une honorable initiative qui s'applaudit.

LA SOLEXERIE

17, rue des Blés
NUITS-SAINT-GEORGES ✆ 07 88 76 97 58
www.lasolexerie.fr

Accueil vélo. BS du mardi au samedi 10h 18h. HS du mardi au dimanche 10h 18h. Café-vélo. Location vente VAE + Solex.

© LA SOLEXERIE

A la Solexerie, située à la gare de Nuits-Saint-Georges, les amateurs de balades à vélo se donnent rendez-vous pour partir en escapade sur la route des Climats de Bourgogne. Jérémy Rizet loue des vélos à assistance électrique mais aussi d'authentiques Solex. Proposée à la location comme à la vente vous trouvez une gamme de VAE, VTC, VTT et vélos enfants. Comptez sur l'expertise d'un passionné qui saura aussi vous conseiller sur le choix des meilleurs itinéraires. Prêt de remorque pour installer les petits jusqu'à 5 ans. Son conseil : retour en TER si vous allez loin.

VELO ET OXYGEN

9, route de Châtillon
BESANÇON
✆ 03 81 47 26 86
www.velo-oxygen25.com

Ouvert du mardi au samedi de 9h30 à 12h30 et de 14h à 19h. Samedi jusqu'à 18h.

Quand on vit en ville, parfois on étouffe, on ressent le besoin de s'oxygéner... Et si vous le faisiez à VTT en profitant de la nature qui entoure la ville de part en part, ou si vous investissiez le VTC et chaussiez le pédalier pour regagner la sérénité ? Pour cela, une adresse, Vélo & Oxygen ! La gamme des vélos proposée par ces spécialistes est impressionnante : du vélo de course au VTT, en passant par le vélo de ville, le BMX et les vélos pour enfants, de 200 € à 5 000 €, vous trouverez certainement le vélo de vos rêves. Service après-vente au top.

PASSEPORT

BRETAGNE

BOURBRIAC, LA ROUTE DES 4 COLS (CÔTES-D'ARMOR)

- **Itinéraire :** Bourbriac, la route des 4 cols en Côtes-d'Amor
- **Total :** 75,8 km
- **Durée :** de 4 à 8 heures – entre 20 et 10 km/h.
- **Difficulté :** moyen à difficile. Circuit comportant 4 côtes à fort dénivelé.
- **Dénivelé positif** : 700 m

LIEUX	Km partiel	Km cumul	Routes
BOURBRIAC	0	0	D8 (Mairie)
SAINT-PEVER	7,3	7,3	Direction Saint-Adrien D24
BOQUEHO	12,2	19,5	D24 via Croix des Maisons Col de Maralha
QUINTIN	10	29,5	D7
LANFAINS	6,8	36,3	D7 D7B Col de Lanfains
LE VIEUX BOURG	9,2	45,5	D63 direction Saint-Bihy D214
SAINT-GILLES-DE-PLIGEAUX	9,1	54,6	D28 Col de la Clarté
KERIEN	10,7	65,3	D28 via Kerpert D8
BOURBRIAC	10,5	75,8	D8 Col de Roc'h Glaz Bihan

© JEREMY - ADOBESTOCK

TAPEZ PETITFUTE.APP
DANS LE NAVIGATEUR
DE VOTRE SMARTPHONE.
PRENEZ UNE PHOTO DE LA PAGE
ET OBTENEZ
LE TRACÉ GPX
DE LA CARTE
GPX
BOURBRIAC
Logoray
St-Adrien
St-Péver
Bois d'Avaugour
D 24
La Croix-des Maisons
Bois Meur
Pont-Camp
D 7
Boqueho
Cohiniac
St-Fiacre
Sullé
Plésidy
D 767
La Gare
Kerhenry
Cosquer-Jehan
Étang du Blavet
D 8
Senven-Léhart
Leff
Le Foeil
Étang-Neuf
St-Connan
Magoar
Kerien
Trieux
St-Gilles-Pligeaux
D 28
Le Vieux Bourg
D 63
Quintin
ST-BRIEUC
D 790
St-Europe
D 7b
Caradeuc
St-Damant
Logueltas
Canihuel
CORLAY
Lanfains
Étang de Kerné Uhel
N
O
E
S
0
1,5 km
Autoroute
Route principale
Route secondaire
Circuit vélo
Départ

DOUARNENEZ, LA POINTE DU RAZ (FINISTÈRE)

- **Itinéraire :** Douarnenez, la Pointe du Raz
- **Total :** 53 km
- **Durée :** de 2 heures 45 à 5 heures 30 – entre 20 et 10 km/h.
- **Difficulté :** très facile.
- **Dénivelé positif** : 300 m

LIEUX	Km partiel	Km cumul	Routes
DOUARNENEZ	0	0	D143
POULDERGAT	5	5	D143
LANDUDEC	5	10	D143
POULDREUZIC	5,5	15,5	D143
PLOUHINEC	14,5	30	D40 direction Penhors
PONT CROIX	5	35	D2
PORS PIRON	5	40	D207
DOUARNENEZ	13	53	Suivre Kervoal – Treboul D7

TAPEZ PETITFUTE.APP DANS LE NAVIGATEUR DE VOTRE SMARTPHONE. PRENEZ UNE PHOTO DE LA PAGE ET OBTENEZ

LE TRACÉ GPX DE LA CARTE

MESSAC, AU PAYS DE REDON

(ILLE-ET-VILAINE)

- **Itinéraire :** Messac, au Pays de Redon
- **Total :** 66 km
- **Durée :** de 3 heures 30 à 7 heures – entre 20 et 10 km/h.
- **Difficulté :** facile à moyen. Balade avec quelques dénivelés et sur voie verte.
- **Dénivelé positif :** 200 m

BARRY LE FEUVRE – ISTOCKPHOTO.COM

LIEUX	Km partiel	Km cumul	Routes
MESSAC	0	0	D772 (avenue de la Gare)
MALON	6,3	6,3	D77 via Guipry D127
LA MACHONNAIS	9,3	15,6	D127 D53
BRUC-SUR-AFF	11	26,6	D54 D67
QUELNEUC	4,5	31,1	Suivre direction Quelneuc
[illegible]ER	11,5	42,6	D50 direction Comblessac D772
[illegible]	23,4	66	Voie verte

TAPEZ PETITFUTE.APP DANS LE NAVIGATEUR DE VOTRE SMARTPHONE. PRENEZ UNE PHOTO DE LA PAGE ET OBTENEZ
LE TRACÉ GPX
DE LA CARTE
PARCOURS GPX
PLOËRMEL
Guer
D 772
Quercault
D 776
Combs
Guignon
D 177
Voie verte
Maure-de-Bretagne
Les Brulais
D 50
Aff
D 65
D 772
La Telhaie
Lohéac
Rublard
D 773
St-Séglin
Combs
Lieuron
Voie Verte
D 772
Quelneuc
La Croix-Belle-à-Pied
D 177
Carentoir
Le Temple
Bruc-sur-Aff
D 65
Vilaine
Guipry
D 77
MESSAC
BAIN-DE-BRETAGNE
D 67
D 777
Pipriac
D 773
Canut
D 127
PLOËRMEL
La Chapelle-Gaceline
D 777
Aff
Mâlon
D 8
D 67
Les Emailleries
Sixt-sur-Aff
N
O
E
S
D 177
D 59
Étang de Baron
St-Just
D 53
0
1,5 km
D 54
La Manchonnais
REDON
Autoroute
Route principale
Route secondaire
Circuit vélo
Départ

LOCMINÉ, AU CŒUR DES LANDES DE LANVAUX (MORBIHAN)

- **Itinéraire :** Locminé, au cœur des Landes de Lanvaux
- **Total :** 70 km
- **Durée :** de 3 heures 30 à 7 heures – entre 20 et 10 km/h.
- **Difficulté :** facile. Balade ombragée avec quelques côtes.
- **Dénivelé positif :** 400 m

LIEUX	Km partiel	Km cumul	Routes
LOCMINÉ	0	0	D117
PLUMELIN	5	5	D117
MOUSTOIR-AC	6	11	D179 Direction Moustoir-Ac
GRAND CHAMP	14,3	25,3	D115 D150
BRANDIVY	8,2	33,5	D779 D103
PLUVIGNER	6,2	39,7	D103
MALACHAPPE	6,3	46	D102
CAMORS	8,3	54,3	D24 D189
LA CHAPELLE-NEUVE	5,7	60	D189
PLUMELIN	5	65	D189
LOCMINÉ	5	70	D117

SÉBASTIEN CLOZEL - ISTOCKPHOTO.COM

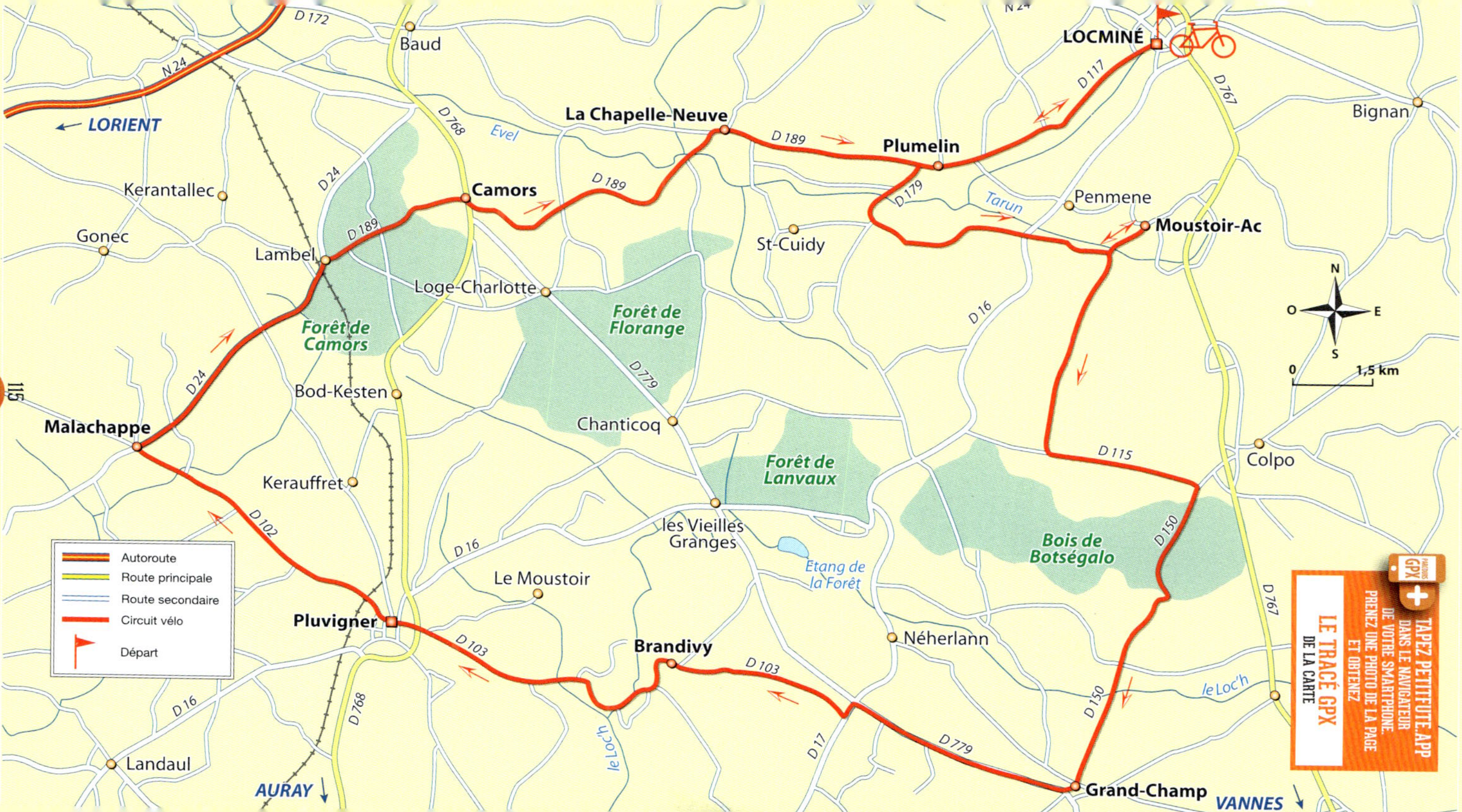

PARCOURS GPX

TAPEZ PETITFUTE.APP DANS LE NAVIGATEUR DE VOTRE SMARTPHONE. PRENEZ UNE PHOTO DE LA PAGE ET OBTENEZ

LE TRACÉ GPX DE LA CARTE

ABBIS LOCATION VÉLO

28, bis, rue d'Ambon
DAMGAN
✆ 02 97 48 10 49
www.legolfenvelo.com
Haute saison : ouvert tous les jours. Sur réservation hors saison. Chèque Restaurant.

Trouvez ici votre deux-roues ou plus ! Vélo classique ou vélo à assistance électrique, tandem ou rosalie, vélos suiveurs ou autres équipements pour les enfants, trailer bike, voiture à pédale : vous trouverez ici tout ce qu'il vous faut pour rouler au vert et au grand air, à la force des mollets, avec ou sans tricherie. Qui plus est, les parkings des plages étant souvent pris d'assaut, vous vous assurez, à vélo, de vous garer où bon vous semblera et de profiter des plaisirs de l'eau. Parcourrez les 10 km de front de mer le nez au vent... Bonheur assuré !

ABICYCLETTE

81, mail François-Mitterrand - **RENNES**
✆ 02 30 96 49 54
www.abicyclette-voyages.com
Voir tous les tarifs de location de vélo selon le type de vélo et le nombre de jours sur le site Internet.

Cette agence de voyages est spécialisée dans l'organisation personnalisée de randonnées à vélo en France. Contactez-la pour parler de votre projet de randonnée cycliste et elle vous concoctera un voyage sur mesure. Vous retrouverez également sur le site Internet des exemples d'itinéraires, le temps d'un week-end, en famille, ou thématiques, ainsi que le témoignage d'anciens voyageurs. L'agence vous propose également la location de vélo sur le grand Ouest en Bretagne, Normandie, Val de Loire et sur la côte atlantique, avec livraison directe à votre hôtel.

ALEX HINAULT SAINT MALO CYCLES

Avenue de Launay-Breton - **SAINT-MALO**
✆ 09 81 95 57 98
www.alexhinaultsaintmalocycles.fr
Ouvert le lundi de 14h à 19h ; du mardi au vendredi de 10h à 12h30 et de 14h à 19h ; le samedi de 10h à 19h.

Alexandre Hinault, fils du célèbre champion cycliste local, a ouvert dans le quartier de La Madeleine cette belle boutique dédiée au vélo dans tous ses états, en juillet 2014. En une poignée d'années, il s'est taillé une solide réputation de spécialiste, grâce à son expertise, son écoute et ses conseils avisés. Il propose à la vente une large sélection de vélos et accessoires de marques réputées et assure les réparations en tous genres grâce à l'atelier situé dans la vaste boutique.

BRETAGNE TOURISME

1, rue Raoul-Ponchon
RENNES
✆ 02 99 28 44 30
www.tourismebretagne.com

Sur le site de Bretagne Tourisme, retrouvez toutes les informations utiles pour votre venue en Bretagne. Diverses rubriques vous invitent à découvrir les lieux emblématiques, des idées de séjour, le meilleur de la Bretagne, ou encore des séjours et activités classées selon vos envies et thématiques. Pour les cyclistes, rendez-vous dans cette section, à la sous-rubrique «Voyage à vélo». En vous baladant à travers les pages dédiées, vous dénicherez de précieuses informations pour vos futures balades cyclistes en plein air et hébergements accueillant les vélos.

BROCÉLIANDE BIKE TOUR

2, rue des Forges - **PAIMPONT**
✆ 06 45 41 59 88
Station de Paimpont ouverte tous les jours de 10h à 18h. Location de vélo électriques à partir de 16 € les 2 heures.

Avez-vous pensé à pour parcourir Brocéliande avec un vélo à assistance électrique ? À la station de Paimpont, 45 VTC en location vous attendent pour une visite en toute liberté. Vous pouvez également participer à une balade contée d'une demi-journée en enfourchant votre monture en compagnie de Guillaume, votre conteur, pour découvrir les créatures magiques de Brocéliande et marcher (ou plutôt rouler !) dans les pas des chevaliers de la Table ronde (mardi et/ou jeudi durant les vacances). Futé : le forfait journée incluant l'entrée à la Porte des Secrets.

CHIC'CYCL

206, rue de Saint-Malo - **RENNES**
✆ 02 99 13 18 02
www.cyclable.com
Ouvert du lundi au vendredi de 9h30 à 13h et de 14h à 19h30 ; le samedi de 9h30 à 12h30.

Une boutique en solutions cyclistes pour toute la famille, qui vend, répare et loue des vélos ! Si vous cherchez un vélo, que ce soit pour votre quotidien urbain, électrique, pliable dans le coffre de la voiture ou pour partir l'aventure en deux-roues, c'est la bonne adresse. Dans une ambiance hangar-atelier jouant sur le bois, vous trouverez de tout pour le confort et la pratique du vélo. Pièces, accessoires, vélos neufs, références de qualité, l'adresse est toujours en quête de modèles originaux et novateurs. La qualité est au rendez-vous malgré des prix élevés.

COMITÉ DÉPARTEMENTAL FINISTÈRE CYCLOTOURISME

4, rue Anne-Robert-Jacques Turgot - **QUIMPER**
✆ 02 98 98 75 31
www.codep29ffct.fr
Permanences lundi, mercredi et vendredi de 9h à 13h.

Le comité départemental de cyclotourisme du Finistère organise des sorties à vélo, des rencontres... Retrouvez toutes les informations sur son site officiel. Vous pourrez ainsi choisir parmi un grand nombre de balades à vélo testées et proposées par les bénévoles des clubs finistériens (entre 1h et 3h pour la plupart, avec dénivelé, difficulté et tracé). Par ailleurs, vous trouverez un lien vers le site Internet «véloenfinistere.fr», une vraie mine d'information pour les cyclistes.

CYCL'ÉVASION

Centre Bourg de Lampaul - Port du Stiff
OUESSANT
✆ 06 80 60 51 20
www.cyclevasion.fr
Ouvert tous les jours du 1er avril au 15 novembre. Dès 14 € la journée pour un VTC.

Pour se déplacer sur l'île d'Ouessant, la bicyclette constitue évidemment un choix pratique et rationnel. Les dimensions et le relief de l'île se prêtent merveilleusement à une visite en vélo, vous pourrez gagner les différentes pointes de l'île, d'où les points de vue sont exceptionnels sur phares, îlots, récif et grand large. Si vous n'êtes pas un grand marcheur et assez loin, c'est également le seul moyen d'aller faire vos courses au bourg. L'équipe de Cycl'Evasion vous accueille au bourg de Lampaul et au débarcadère, à votre arrivée au port du Stiff.

CYCLES GUEDARD

13, boulevard Beaumont - **RENNES**
✆ 02 99 30 43 78
www.cycles-guedard.com
Ouvert lundi 14h-19h ; mardi à jeudi 9h-12h30/14h-19h ; vendredi 10h-19h ; samedi 9h-18h30.

Le vélo est un objet de précision, d'autant plus dans ce genre de boutique qui propose des marques réputées : Cannondale, Giant et Specialized... On trouve aussi des produits de facture irréprochable à des prix variés pour la compétition et les loisirs. En effet, les plus chevronnés trouveront de quoi rêver et dépenser niveau VTT et triathlon, tandis que les autres pourront se fier à cette qualité et au conseil des vendeurs. Vous trouverez tout le nécessaire pour affronter au mieux le déplacement urbain et optimiser la sécurité, ou vous préparer au tout chemin.

CYCLES LOISIRS

32, rue Victor-Golvan
QUIBERON
✆ 02 97 50 31 73
www.cyclesloisirs.com
Ouvert tous les jours de 9h30 à 12h30 et de 14h à 19h.

Idéal si vous souhaitez aller vous promener le temps d'une belle journée ensoleillée, visiter Quiberon et ses environs, le magasin Cycles Loisirs vous propose de la location de vélos en tous genres (VTT, VTC, vélos électriques, vélos enfants, remorques, tandems). N'hésitez pas à aller leur demander conseil. Le magasin propose également un service de réparation si votre vélo vous pose des soucis (retrouver la liste complète des prestations sur leur site Internet, hors pièces), ainsi que de la vente (les vélos partent néanmoins comme des petits pains).

CYCLES REVERSADE

14, rue de l'Eglise
LE PALAIS
✆ 02 97 31 84 19
Ouvert tous les jours. VTC : 9 €/jour ; 45 €/semaine. VTT : 10 €/jour ; 49 €/semaine. VAE : 23 €/jour ; 115 €/semaine.

Ce centre de location vous accueille toute l'année à Belle-Ile-en-Mer, à deux pas de l'église. Ici, tout est organisé pour les amoureux de grands espaces : tandems, VTC, VTT, vélos suiveurs, carrioles pour enfants et pour les moins aficionados de sport : vélo à assistance électrique, cyclomoteurs et scooters. Futé : les sièges enfants sont gratuits (selon la disponibilité). Cette agence, agréée par le Syndicat National des Loueurs de Cycles et Motorisés, peut vous dépanner en pièces détachées ou vous proposer vélos et motorisés à la vente, neufs et occasion.

LES ROC'H DES MONTS D'ARÉE

QUIMPER
✆ 02 98 52 00 81
www.lesroch.org
En septembre

Envie de « rider » sur les Monts d'Arrée ? C'est ce que propose les Roc'h des Monts d'Arrée, événement annuel et national à ne manquer sous aucun prétexte pour les fans de la randonnée VTT. Cette manifestation pour vététistes a été labellisée « Verte Tout Terrain » par la Fédération Française de Cyclotourisme. Elle vous fera passer à travers les paysages fabuleux de la région. Cet événement festif et sportif réunit chaque année plus de 6 000 vététistes et 400 marcheurs durant 2 jours.

ROUE LIBRE

5, quai Jacques-Leblanc
LE PALAIS
✆ 02 97 31 49 81
www.velobelleile.fr
Ouvert d'avril à novembre. Livraison possible (livraison possible sur le lieu de séjour).

Avec plus de 20 ans d'expérience, cette compagnie de location de vélos, VTT, tandem, vélo enfants, vélo électrique vous fait bénéficier d'un service à la carte. Réservation Internet, livraison sur votre lieu de résidence, service après-vente, dépose-bagages, accessoires (remorques enfants, siège bébé, panier et même remorque pour chien !)... Le matériel est récent et le bureau de location est sur le port à l'arrivée des bateaux. Beau choix de vélos à propulsion électrique. Que demander de plus pour votre déplacement sur Belle-Ile ?

TOUR DE RANCE VINTAGE

23, rue de la Mittrie
DINAN
www.tourderancevintage.com
2 jours en mai ou en juin chaque année.

Imaginez une course cycliste conviviale, où les coureurs sont déguisés en tenue d'époque et pédalent sur des vélos anciens... C'est ce que propose la Tour de Rance Vintage, tous les ans au mois de mai ou de juin (selon les possibilités d'organisation) à Dinan. Tenues et vélos vintage seront de rigueur pour cet événement qui ne laissera personne indifférent ! Pendant deux jours, anciennes gloires de la grande boucle et amateurs passionnés se retrouvent à Dinan, dans une ambiance festive et bon enfant. Plus d'information sur le site Internet de l'événement.

TOURISME HAUTE BRETAGNE €€

✆ 02 99 78 47 47
www.bretagne35.com

Loisirs Accueil Haute-Bretagne Ille-et-Vilaine vous ouvre les portes de ses mondes imaginaires, de ses rêves, de sa farandole d'idées insolites, de ses bulles d'énergies pour le plus grand plaisir de toute la famille. Parce qu'un week-end mérite d'être pleinement vécu, leurs formules allient proximité des sites et qualité des hébergements : une proposition originale et authentique. Il y a de nombreuses propositions de circuits à vélo. Vous pouvez retrouver la centrale de réservation en ligne si vous souhaitez préparer votre séjour.

AU VEL'O VERT

Port-Tudy - **GROIX**
✆ 06 77 32 85 57
www.locationvelogroix.fr
Ouvert tous les jours de 9h à 12h30 et de 14h à 18h. Location de vélos : 11-25 € la journée à 49-140 € la semaine.

Régis vous accueille au Vél'O Vert, situé en face de l'embarcadère. Vous y trouverez à la location des VTC, des VTT, des vélos électriques, des suiveurs et remorques. Les accessoires obligatoires comme l'antivol, les tendeurs, les casques et les sièges pour enfants sont compris dans le prix. Tous les vélos proposés sont en alu et de fabrication française. Actuellement les vélos électriques sont à la mode parce que légers, maniables et silencieux et les VTT jusqu'à 27 vitesses sont très prisés. Avec les conseils avisés de Régis en prime !

VELOC'OUEST ÎLE-D'ARZ

Port de Béluré
ILE-D'ARZ
✆ 06 73 58 72 33
www.velocouest.fr
Ouvert du 1er avril au 30 octobre. Réservation en ligne sur www.velocouest.fr. 10 € la demi-journée, tarifs dégressifs.

Arz Location, antenne de Veloc'Ouest, propose des deux-roues, mais pas seulement. Vous trouverez à coup sûr votre véhicule pour des déplacements doux ou sportifs : vélo adulte ou enfant, vélo électrique, rosalie, tandem, tricycle adulte ou enfant, avec leurs accessoires : casque, siège bébé et remorque. Arz Location dispose aussi de kayaks pour découvrir l'île depuis l'eau. La réservation se fait sur internet. Profitez d'un service de qualité en quelques clics seulement !

VELOC'OUEST VANNES

Quai Tabarly
VANNES
www.velocouest.fr
Boutique ouverte juillet-août. Réservation en ligne toute l'année, livraison sur toute la Bretagne, y compris les îles.

Avis aux amateurs de cyclotourisme, Vannes location – antenne de Véloc'Ouest, présent sur tout le Golfe et dans les îles – vous propose de louer ou de vous livrer vélo adulte et enfant et vélo électrique (sans oublier remorque, siège enfant, sacoches et casque) tout au long de l'année. Pour une demi-journée, une journée ou plus, venez découvrir la cité, sillonner le Golfe du Morbihan à votre rythme, accéder aux plages et contempler des panoramas imprenables. Une longue piste cyclable vous permettra même de rejoindre les presqu'îles de Rhuys et de Conleau.

CENTRE-VAL DE LOIRE

ARGENTON-SUR-CREUSE VAL DE CREUSE (INDRE)

- **Itinéraire :** Argenton-sur-Creuse, Val de Creuse
- **Total :** 43,3 km
- **Durée :** de 2 heures 15 à 4 heures 15 – entre 20 et 10 km/h.
- **Difficulté :** facile à moyen. Routes départementales longeant la Creuse.
- **Dénivelé positif** : 380 m

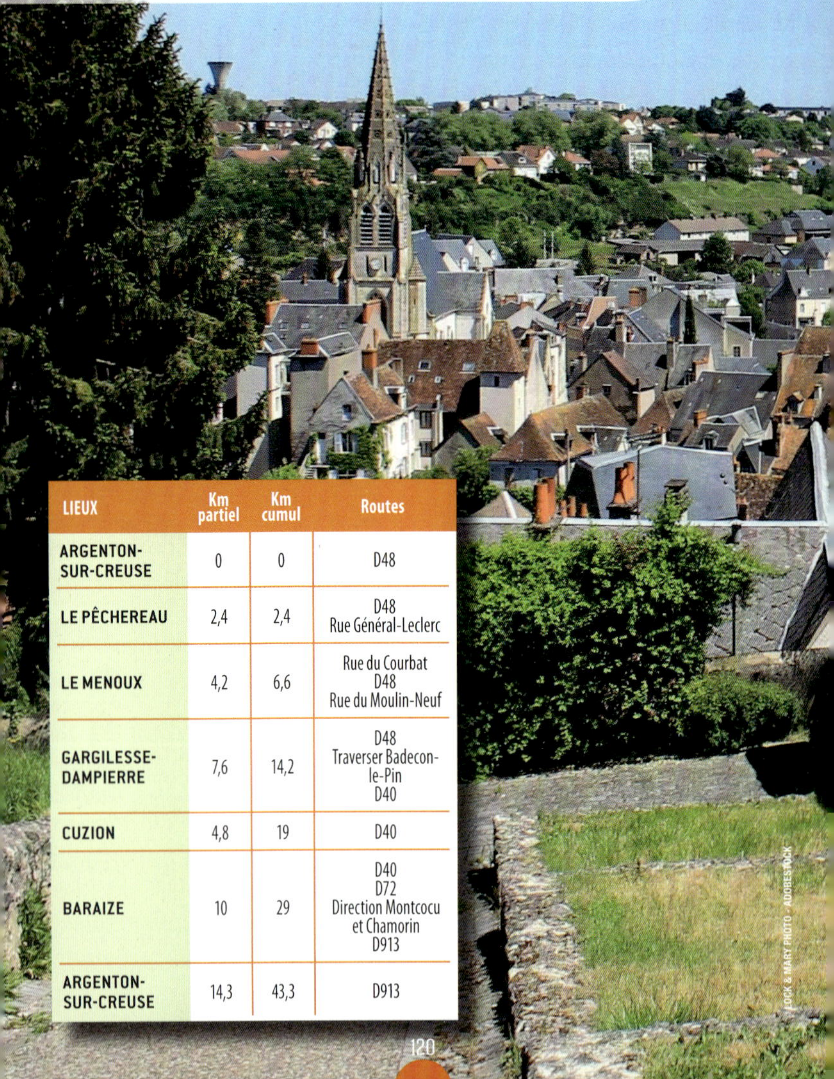

LIEUX	Km partiel	Km cumul	Routes
ARGENTON-SUR-CREUSE	0	0	D48
LE PÊCHEREAU	2,4	2,4	D48 Rue Général-Leclerc
LE MENOUX	4,2	6,6	Rue du Courbat D48 Rue du Moulin-Neuf
GARGILESSE-DAMPIERRE	7,6	14,2	D48 Traverser Badecon-le-Pin D40
CUZION	4,8	19	D40
BARAIZE	10	29	D40 D72 Direction Montcocu et Chamorin D913
ARGENTON-SUR-CREUSE	14,3	43,3	D913

TAPEZ PETITFUTE.APP DANS LE NAVIGATEUR DE VOTRE SMARTPHONE. PRENEZ UNE PHOTO DE LA PAGE ET OBTENEZ
LE TRACÉ GPX DE LA CARTE
PARCOURS GPX
LE BLANC
BOURGES
la Bouzanne
Château de la Rocherolle
le Creuse
D 951
A 20
Saint-Marcel
D 927
ARGENTON-SUR-CREUSE
Le Pêchereau
D 48
Château du Courbas
le Vivier
D 920
D 55
LE BLANC
Bonnilly
Malicornay
Chavin
D 913
Le Menoux
Villarmoux
Badecon-le-Pin
la Creuse
D 1
A 20
D 48
Ceaulmont
Pommiers
Château de la Prune au Pat
Celon
Gargilesse-Dampierre
Dampierre
Vigoux
D 913
D 40
Bazaiges
Baraize
les Chérons
Cuzion
D 72
D 920
Montcocu
Château de Chateaubrun
D 72
la Ligne
le Fay
l'Abloux
Éguzonnet
Lac d'Éguzon
Argentières
D 36
Éguzon-Chantôme
D 36
le Pouzat
le Quéru
Autoroute
Route principale
Route secondaire
Circuit vélo
Départ
N
O
E
S
0
2,5 km
LA SOUTERRAINE

AU PAYS D'AMBOISE ET DE MONTLOUIS

(INDRE-ET-LOIRE)

- **Itinéraire :** Au pays d'Amboise et de Montlouis.
- **Total :** 82,5 km
- **Durée :** entre 4 heures 30 et 8 heures – entre 20 et 10 km/h.
- **Difficulté :** facile à difficile avec des dénivelés prononcés. Caractéristique : 2 boucles à faire ou au choix : celle de 40,5 km – Chenonceaux – et l'autre de 42 km – Montlouis.
- **Dénivelé positif** boucle 1 (Chenonceaux) : 170 m
- **Dénivelé positif** boucle 2 (Montlouis) : 170 m

LIEUX	Km partiel	Km cumul	Routes
AMBOISE	0	0	D61
SOUVIGNY-DE-TOURAINE	9,5	9,5	D23
CHISSEAUX	10	19,5	D80
CHENONCEAUX	2	21,5	D40
CIVRAY-DE-TOURAINE	1	22,5	D40
BLÉRÉ	5,5	28	D31
LA CROIX-EN-TOURAINE	1,5	29,5	D31
AMBOISE	11	40,5	D81
SAINT-MARTIN-LE-BEAU	10,5	51	D83
ATHÉE-SUR-CHER	4,5	55,5	D83
SAINT-JEAN-DU-GRAIS	4,5	60	Lieu-dit Le Tuyau
AZAY-SUR-CHER	2	62	D82
MONTLOUIS-SUR-LOIRE	10,5	72,5	D82 D140
LUSSAULT-SUR-LOIRE	5	77,5	Husseau
AMBOISE	5	82,5	Ormeau-Vigneau Chandon D31

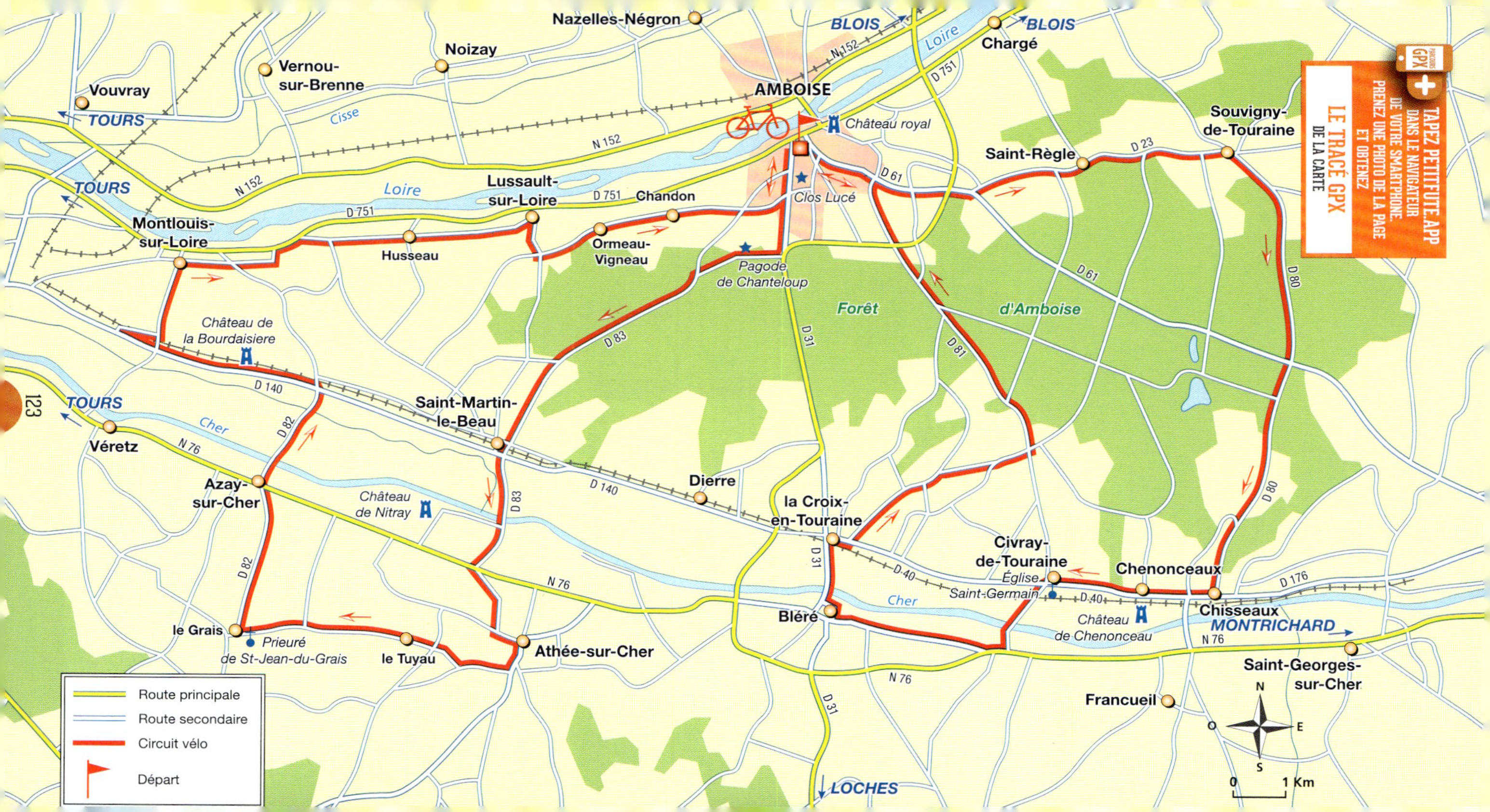

TAPEZ PETITFUTE.APP DANS LE NAVIGATEUR DE VOTRE SMARTPHONE. PRENEZ UNE PHOTO DE LA PAGE ET OBTENEZ
LE TRACÉ GPX DE LA CARTE
AMBOISE
Château royal
Clos Lucé
Pagode de Chanteloup
Forêt d'Amboise
Nazelles-Négron
Noizay
Vernou-sur-Brenne
Vouvray
Chargé
Souvigny-de-Touraine
Saint-Règle
Lussault-sur-Loire
Chandon
Ormeau-Vigneau
Husseau
Montlouis-sur-Loire
Château de la Bourdaisiere
Saint-Martin-le-Beau
Dierre
la Croix-en-Touraine
Civray-de-Touraine
Église Saint-Germain
Chenonceaux
Chisseaux
Château de Chenonceau
Bléré
Véretz
Azay-sur-Cher
Château de Nitray
Athée-sur-Cher
le Grais
Prieuré de St-Jean-du-Grais
le Tuyau
Francueil
Saint-Georges-sur-Cher
BLOIS
TOURS
LOCHES
MONTRICHARD
Loire
Cher
Cisse
N 152
D 751
D 61
D 23
D 80
D 81
D 31
D 83
D 140
D 82
N 76
D 40
D 176
N
S
E
O
0
1 Km
Route principale
Route secondaire
Circuit vélo
Départ

AU PAYS D'AZAY-LE-RIDEAU
(INDRE-ET-LOIRE)

- **Itinéraire :** Au pays d'Azay-le-Rideau.
- **Total :** 48,5 km
- **Durée :** entre 2 heures 30 et 5 heures – entre 20 et 10 km/h.
- **Difficulté :** facile à moyen avec des dénivelés relativement raisonnables.
- **Dénivelé positif** : 150 m

LIEUX	Km partiel	Km cumul	Routes
AZAY-LE-RIDEAU	0	0	D752
BRÉHÉMONT	9,5	9,5	D17 D7
VILLANDRY	13	22,5	D16
SAVONNIÈRES	3	25,5	D7
DRUYE	5	30,5	Lieu-dit Les Métairies
SACHÉ	7	37,5	Lieux-dits Bois-Tireau et La Sablonnière
VILLAINES-LES-ROCHERS	6	43,5	D57
AZAY-LE-RIDEAU	5	48,5	D57 D17

TOURS
Berthenay
Loire
Cher
D 7
Cinq-Mars-la-Pile
les Essards
Savonnières
Villandry
Grottes pétrifiantes
Château
les Métairies
Joué-lès-Tours
Ballan-Miré
TOURS, PARIS
A 85
Langeais
N 152
D 57
la Chapelle-aux-Naux
D 16
Vallères
Druye
Saint-Michel-sur-Loire
ANGERS
Loire
D 7
Lignières-de-Touraine
Bréhémont
Saint-Patrice
N 152
Bois Tireau
D 751
D 86
Forêt de Villandry
MONTBAZON
Artannes-sur-Indre
D 17
Monts
Rivarennes
SAUMUR
Indre
D 7
D 17
D 57
AZAY-LE-RIDEAU
Cheillé
D 84
la Sablonnière
Pont-de-Ruan
Indre
Rigny-Ussé
SAUMUR
Château
D 17
Saché
Château
Forêt domaniale de Chinon
D 57
D 751
D 757
Villaines-les-Rochers
L'ÎLE BOUCHARD
Autoroute
Route principale
Route secondaire
Circuit vélo
Départ
TAPEZ PETITFUTE.APP DANS LE NAVIGATEUR DE VOTRE SMARTPHONE. PRENEZ UNE PHOTO DE LA PAGE ET OBTENEZ
LE TRACÉ GPX DE LA CARTE
N
O
E
S
0
1 Km

CHÂTEAUNEUF-SUR-LOIRE, VAL DE LOIRE ORLÉANAIS

(LOIRET)

- **Itinéraire :** Châteauneuf-sur-Loire, Val-de-Loire orléanais
- **Total :** 51 km
- **Durée :** entre 2 heures 30 et 5 heures – entre 20 et 10 km/h.
- **Difficultés :** facile avec très peu de dénivelé.
- **Dénivelé positif** : 90 m

© ATERRÆM - ADOBESTOCK

LIEUX	Km partiel	Km cumul	Routes
CHÂTEAUNEUF-SUR-LOIRE	0	0	D60
GERMIGNY-DES-PRÉS	4,5	4,5	D60
SAINT-BENOÎT-SUR-LOIRE	5,5	10	D60
SULLY-SUR-LOIRE	8	18	D60 Pont de Sully
GUILLY	9,5	27,5	D951 D107
SIGLOY	5,5	33	Bords de Loire (quitter la D107)
JARGEAU	10	43	Bords de Loire Les Vallées
SAINT-DENIS-DE-L'HÔTEL	1	44	D921
CHÂTEAUNEUF-SUR-LOIRE	7	51	D960

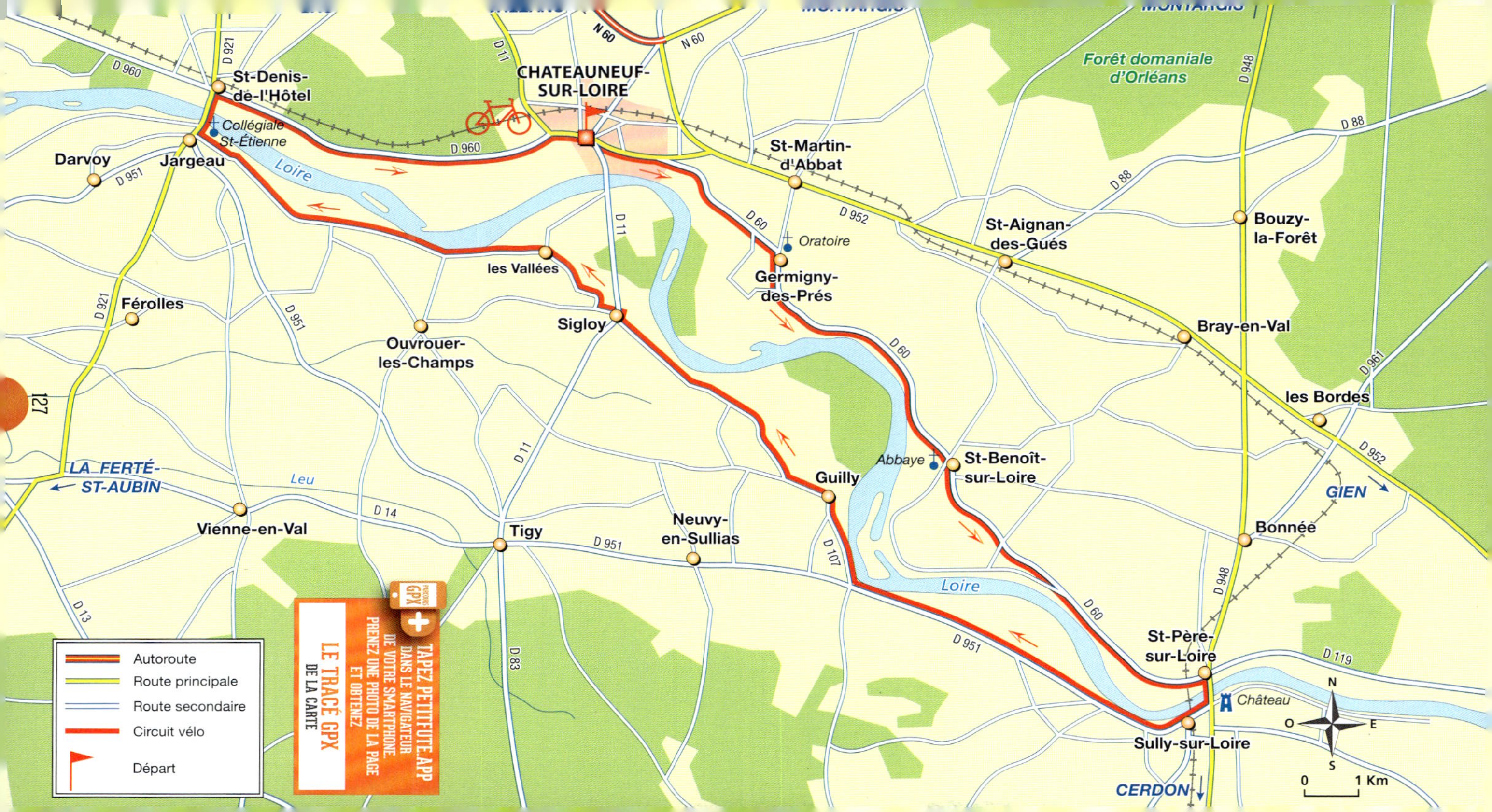
CHATEAUNEUF-SUR-LOIRE
St-Denis-de-l'Hôtel
Collégiale St-Étienne
Jargeau
Darvoy
Férolles
Loire
les Vallées
Sigloy
Ouvrouer-les-Champs
St-Martin-d'Abbat
Oratoire
Germigny-des-Prés
St-Aignan-des-Gués
Forêt domaniale d'Orléans
Bouzy-la-Forêt
Bray-en-Val
les Bordes
GIEN
Abbaye
St-Benoît-sur-Loire
Guilly
Neuvy-en-Sullias
Tigy
Vienne-en-Val
LA FERTÉ-ST-AUBIN
Leu
Bonnée
St-Père-sur-Loire
Château
Sully-sur-Loire
CERDON
N 60
D 960
D 921
D 11
D 951
D 60
D 952
D 88
D 948
D 961
D 14
D 107
D 83
D 13
D 119
N
E
S
O
0
1 Km
TAPEZ PETITFUTE.APP DANS LE NAVIGATEUR DE VOTRE SMARTPHONE. PRENEZ UNE PHOTO DE LA PAGE ET OBTENEZ
LE TRACÉ GPX
DE LA CARTE
GPX
Autoroute
Route principale
Route secondaire
Circuit vélo
Départ

MÉNETOU-SALON, LES VIGNOBLES AU COEUR DU BERRY (CHER)

- **Itinéraire :** Ménétou-Salon, les vignobles au cœur du Berry
- **Total :** 56,3 km
- **Durée :** de 2 heures 45 à 5 heures 30 – entre 20 et 10 km/h.
- **Difficulté :** très facile. Balade entre les vignobles.
- **Dénivelé positif :** 250 m

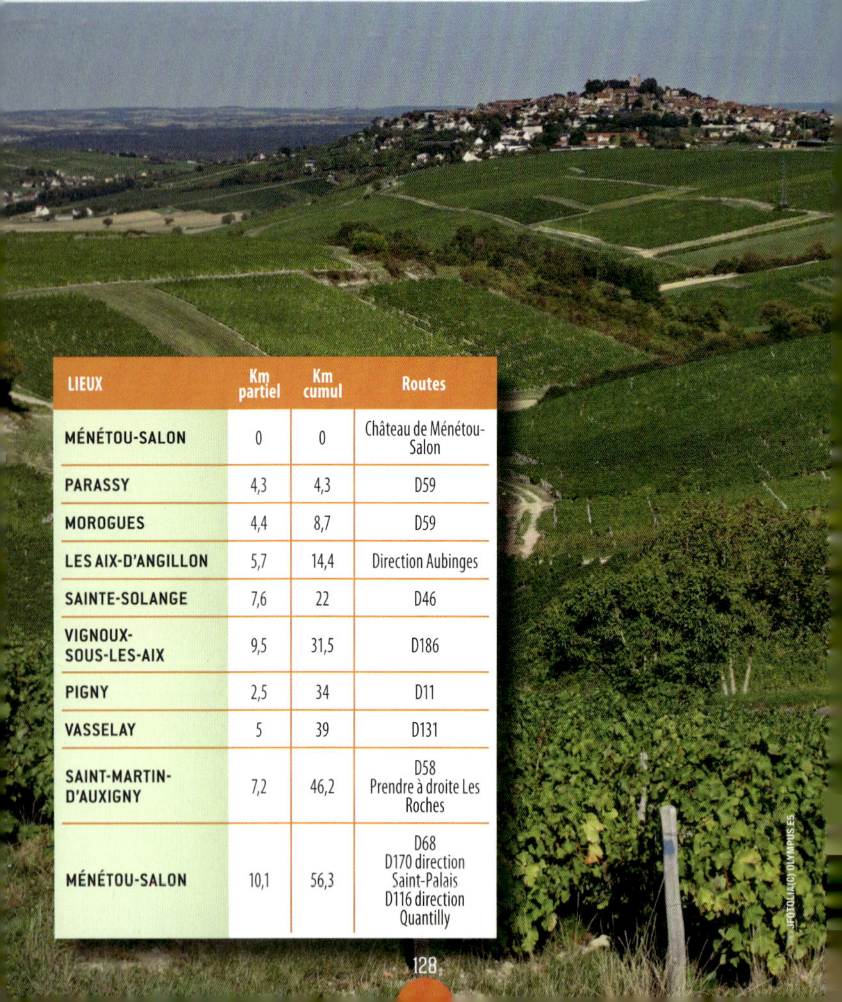

LIEUX	Km partiel	Km cumul	Routes
MÉNÉTOU-SALON	0	0	Château de Ménétou-Salon
PARASSY	4,3	4,3	D59
MOROGUES	4,4	8,7	D59
LES AIX-D'ANGILLON	5,7	14,4	Direction Aubinges
SAINTE-SOLANGE	7,6	22	D46
VIGNOUX-SOUS-LES-AIX	9,5	31,5	D186
PIGNY	2,5	34	D11
VASSELAY	5	39	D131
SAINT-MARTIN-D'AUXIGNY	7,2	46,2	D58 Prendre à droite Les Roches
MÉNÉTOU-SALON	10,1	56,3	D68 D170 direction Saint-Palais D116 direction Quantilly

JFOTOLIA (C) OLYMPUS E5

TAPEZ PETITFUTE.APP DANS LE NAVIGATEUR DE VOTRE SMARTPHONE. PRENEZ UNE PHOTO DE LA PAGE ET OBTENEZ
LE TRACÉ GPX
DE LA CARTE
PARCOURS GPX
Morogues
Château de Maupas
SANCERRE
Saint-Céols
Parassy
Aubinges
les Aix-d'Anguillon
MENETOU-SALON
la Rongère
Dionet
Soulangis
Rians
les Poirioux
l'Ouatier
Guilly
Sainte-Solange
Champfort
Saint-Michel-de-Volangis
Vignoux-sous-les-Aix
Pigny
Lizy
Fussy
la Breuille
Vasselay
Saint-Eloy-de-Gy
les Clous
les Roches
Saint-Martin-d'Auxigny
Saint-Georges-sur-Moulon
le Moulon
Quantilly
Saint-Palais
les Crots de Vaux
SUR-NÈRE
les Roussaux
Forêt domaniale d'Allogny
SALBRIS
BOURGES
BOURGES
D 59
D 12
D 955
D 46
D 186
D 11
D 131
D 940
D 58
D 68
D 170
D 116
D 20
D 944
N
O
E
S
0
2 km
Autoroute
Route principale
Route secondaire
Circuit vélo
Départ

MONTRICHARD – VAL DE CHER (LOIR-ET-CHER)

- **Itinéraire :** Montrichard, val de Cher.
- **Total :** 64,5 km
- **Durée :** entre 3 et 6 heures – entre 20 et 10 km/h.
- **Difficultés :** facile à moyen avec des côtes à forts et faibles dénivelés.
- **Dénivelé positif** : 180 m

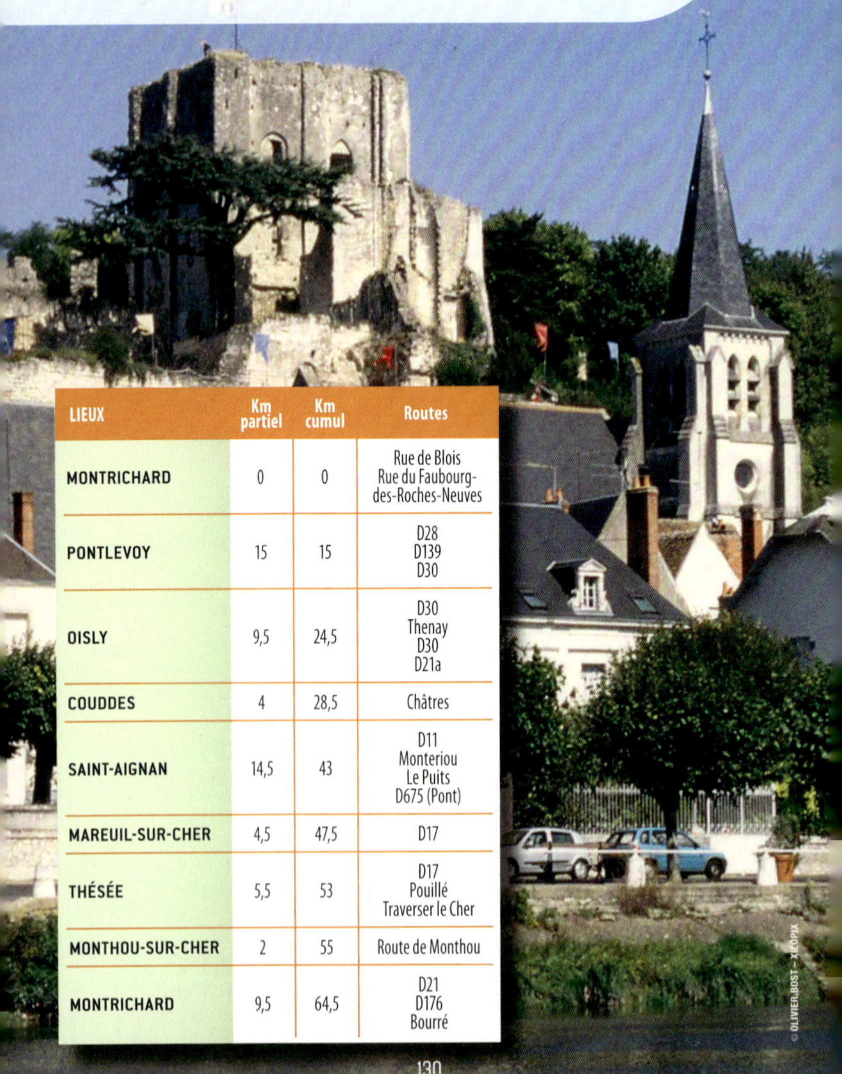

LIEUX	Km partiel	Km cumul	Routes
MONTRICHARD	0	0	Rue de Blois Rue du Faubourg-des-Roches-Neuves
PONTLEVOY	15	15	D28 D139 D30
OISLY	9,5	24,5	D30 Thenay D30 D21a
COUDDES	4	28,5	Châtres
SAINT-AIGNAN	14,5	43	D11 Monteriou Le Puits D675 (Pont)
MAREUIL-SUR-CHER	4,5	47,5	D17
THÉSÉE	5,5	53	D17 Pouillé Traverser le Cher
MONTHOU-SUR-CHER	2	55	Route de Monthou
MONTRICHARD	9,5	64,5	D21 D176 Bourré

© OLIVIER.BOST – XILOPIX

BLOIS
BLOIS
Pontlevoy
Thenay
Oisly
Sassay
Abbaye
D 139
D 30
D 30
D 30
D 21a
D 675
D 28
D 62
D 764
D 115
Châtres
Choussy
Couddes
Forêt
de Montrichard
MONTRICHARD
Bourré
Monthou-
sur-Cher
Château
de Gué Péan
Forêt
de Choussy
D 11
D 675
Étang
de Morthèze
Chissay-
en-Touraine
D 40
D 76
Cher
D 21
N 76
D 17
Angé
TOURS
N 76
St-Julien-
de-Chédon
Thésée
St-Georges-
sur-Cher
Faverolles-
sur-Cher
ROMORANTIN-LANTHENAY
St-Romain-
sur-Cher
Pouillé
D 17
A 85
D 764
Forêt
de Gros-Bois
Cher
Étang
des Barons
D 675
N 76
Mareuil-
sur-Cher
Noyers-
sur-Cher
D 17
N 76
Château
CHÂTILLON-SUR-INDRE
Saint-Aignan
0
1 Km
N
O
E
S
Autoroute
Route principale
Route secondaire
Circuit vélo
Départ
GPX
TAPEZ PETITFUTE.APP
DANS LE NAVIGATEUR
DE VOTRE SMARTPHONE.
PRENEZ UNE PHOTO DE LA PAGE
ET OBTENEZ
LE TRACÉ GPX
DE LA CARTE

ORLÉANS ET SES ENVIRONS (LOIRET)

- **Itinéraire :** Orléans et ses environs.
- **Total :** 75,5 km
- **Durée :** entre 3 heures 30 et 7 heures – entre 20 et 10 km/h.
- **Difficulté :** facile à moyen avec de faibles dénivelés – attention route à forte circulation.
- **Dénivelé positif** : 100 m

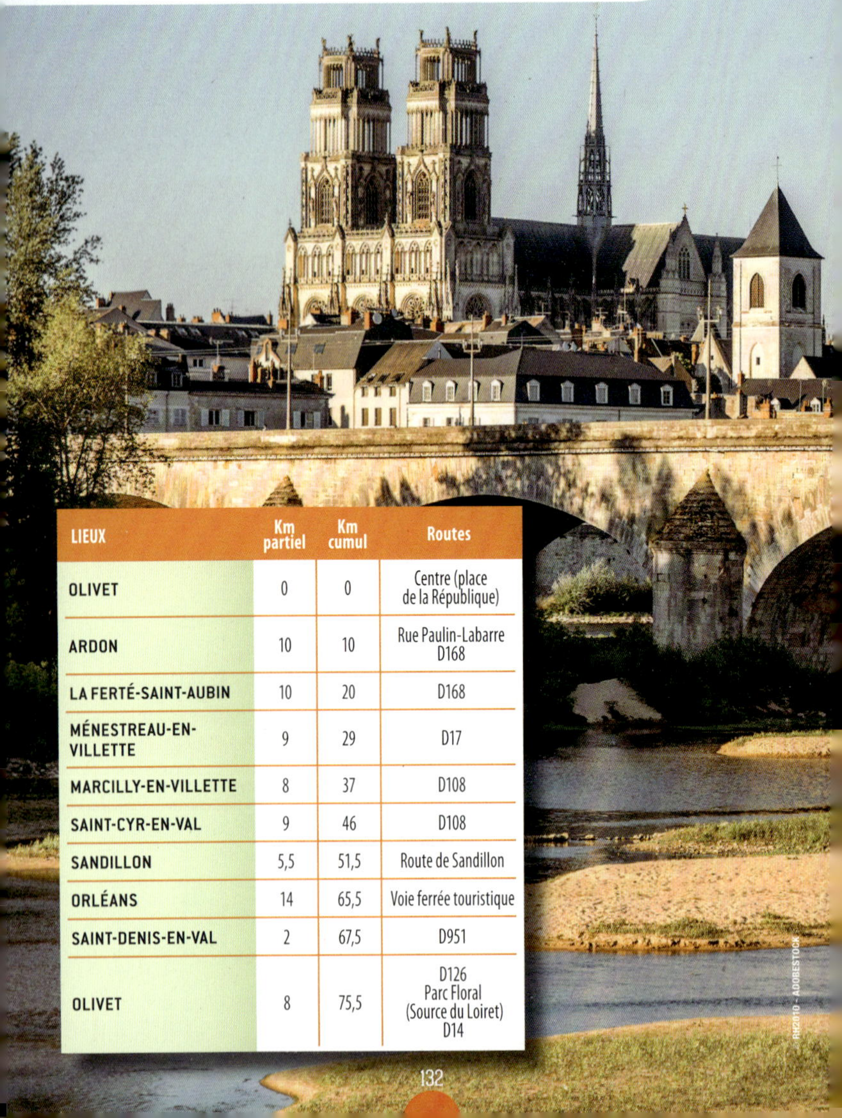

LIEUX	Km partiel	Km cumul	Routes
OLIVET	0	0	Centre (place de la République)
ARDON	10	10	Rue Paulin-Labarre D168
LA FERTÉ-SAINT-AUBIN	10	20	D168
MÉNESTREAU-EN-VILLETTE	9	29	D17
MARCILLY-EN-VILLETTE	8	37	D108
SAINT-CYR-EN-VAL	9	46	D108
SANDILLON	5,5	51,5	Route de Sandillon
ORLÉANS	14	65,5	Voie ferrée touristique
SAINT-DENIS-EN-VAL	2	67,5	D951
OLIVET	8	75,5	D126 Parc Floral (Source du Loiret) D14

Semoy
N 60
N 152
PITHIVIERS
Boigny-sur-Bionne
St-Jean-de-la-Ruelle
St-Jean-de-Braye
Orléans
Donnery
N 60
MONTARGIS
BLOIS
Cathédrale Sainte-Croix
D 960
Combleux
Loire
Chécy
D 709
Mardié
St-Pryvé-St-Mesmin
St-Jean-le-Blanc
St-Denis-en-Val
D 960
BLOIS
Loiret
Voie ferrée touristique
Bou
OLIVET
Château
D 951
Loire
Darvoy
A 71
Parc floral de la Source
D 951
Sandillon
JARGEAU
St-Cyr-en-Val
D 168
N 20
Dhuy
D 13
D 14
D 108
D 921
D 108
D 921
D 13
Ardon
D 7
D 7
TOURS
Marcilly-en-Villette
N 20
D 168
A 71
D 108
D 64
D 921
D 18
Cosson
Château
la Ferté-Saint-Aubin
D 61
D 17
D 64
Ménestreau-en-Villette
D 129
Autoroute
Route principale
Route secondaire
Circuit vélo
Départ
PARCOURS GPX
TAPEZ PETITFUTE.APP DANS LE NAVIGATEUR DE VOTRE SMARTPHONE. PRENEZ UNE PHOTO DE LA PAGE ET OBTENEZ
LE TRACÉ GPX DE LA CARTE
N
O
E
S
0
1 Km
VIERZON
SALBRIS

SENONCHES, ENTRE LES PLAINES DE LA BEAUCE ET DU THYMERAIS

(INDRE-ET-LOIRE)

- **Itinéraire :** Senonches, entre les plaines de la Beauce et du Thymerais
- **Total :** 41,4 km
- **Durée :** de 2 à 4 heures – entre 20 et 10 km/h.
- **Difficulté :** facile. Petites routes départementales et forestières.
- **Dénivelé positif** : 100 m

© KATEAFTER - ADOBESTOCK

LIEUX	Km partiel	Km cumul	Routes
SENONCHES	0	0	D20
LA FRAMBOISIÈRES	4	4	D25
LA-FERTÉ-VIDAME	10,7	14,7	D155 et direction La Puisaye D941
LA-LANDE-SUR-EURE	7,8	22,5	D4 D15.1
NEUILLY-SUR-EURE	3,5	26	D243 D8
TARDAIS	12	38	D8 D20 A gauche Chemin Hérisse D941
SENONCHES	3,4	41,4	Rue de la Guilletière D20

la Ferté-Vidame
le Puisaye
le Morillon
la Framboisière
les Ressuintes
Marchainville
Forêt de la Ferté-Vidame
Forêt de la Ferté-Vidame
Tardais
Laudigerie
SENONCHES
CHARTRES
la Lande-sur-Eure
l'Écottay
Neuilly-sur-Eure
le Long des Bois
Forêt domaniale de Senonches
la Rangée
LA LOUPE
l'Eure
l'Eure
D 24
D 4
D 941
D 15.1
D 155
D 25
D 243
D 8
D 20
D 36
D 941
N
O
E
S
0
2 km
TAPEZ PETITFUTE.APP DANS LE NAVIGATEUR DE VOTRE SMARTPHONE. PRENEZ UNE PHOTO DE LA PAGE ET OBTENEZ
LE TRACÉ GPX DE LA CARTE
Autoroute
Route principale
Route secondaire
Circuit vélo
Départ

UNE TRAVERSÉE PERCHERONNE (EURE-ET-LOIR)

- **Itinéraire** : Une traversée percheronne
- **Total** : 52,7 km
- **Durée** : de 2 heures 40 à 5 heures 15, entre 20 et 10 km/h.
- **Difficulté** : facile avec une petite côte et routes légèrement vallonnées.
- **Dénivelé positif** : 380 m

LIEUX	Km partiel	Km cumul	Routes
NOGENT-LE-ROTROU	0	0	D922
THIRON-GARDAIS	14,1	14,1	D922
COMBRES	5,7	19,8	D30.2
CHAMPROND-EN-GÂTINE	9,1	28,9	D15D
LE GRAND BOIS LANDRY	3	31,9	D923 A gauche
LE VIEUX LANDON	4	35,9	D351.3
FRÉTIGNY	3,1	39	D351
NOGENT-LE-ROTROU	13,7	52,7	D351 D103 D922

TAPEZ PETITFUTE.APP DANS LE NAVIGATEUR DE VOTRE SMARTPHONE. PRENEZ UNE PHOTO DE LA PAGE ET OBTENEZ

LE TRACÉ GPX DE LA CARTE

VINEUIL, ROUTE ROYALE DES CHÂTEAUX (LOIR-ET-CHER)

- **Itinéraire :** Vineuil, route royale des châteaux
- **Total :** 63 km
- **Durée :** entre 3 et 6 heures – entre 20 et 10 km/h.
- **Difficulté :** facile à moyen avec des dénivelés faibles.
- **Dénivelé positif** : 190 m

LIEUX	Km partiel	Km cumul	Routes
VINEUIL	0	0	Rue de la République Avenue des Tailles
SAINT-CLAUDE-DE-DIRAY	4,5	4,5	D72 D98
MONTLIVAULT	4	8,5	D98
SAINT-DYÉ-SUR-LOIRE	4	12,5	Écuelle
CHAMBORD	9	21,5	Piste cyclable
BRACIEUX	8	29,5	D112
FONTAINES-EN-SOLOGNE	5	34,5	D120
CHEVERNY	9	43,5	D78
TOUR-EN-SOLOGNE	5	48,5	D102
MONT-PRÈS-CHAMBORD	4,5	52,5	Piste cyclable
HUISSEAU-SUR-COSSON	3,5	56	D72
VINEUIL	7	63	D33 Nanteuil Chemin des Roches Vineuil centre

TAPEZ PETITFUTE.APP
DANS LE NAVIGATEUR
DE VOTRE SMARTPHONE.
PRENEZ UNE PHOTO DE LA PAGE
ET OBTENEZ
LE TRACÉ GPX
DE LA CARTE
PARCOURS GPX
ORLÉANS, PARIS
MER
BLOIS, TOURS
BLOIS
ROMORANTIN-LANTHENAY
A 10
N 152
D 951
D 112a
D 112
D 84
D 33
D 98
D 72
D 923
D 765
D 102
D 120
D 956
D 78
D 52
D 119
Villerbon
Suèvres
Cour-sur-Loire
Loire
St-Dyé-
sur-Loire
Menars
Château
Montlivault
Maslives
St-Denis-
sur-Loire
Parc
de Chambord
St-Claude-
de-Diray
la Chaussée-
St-Victor
Chambord
Cosson
Huisseau-
sur-Cosson
Forêt
Domaniale
de
Boulogne
VINEUIL
Nanteuil
St-Gervais-
la-Forêt
Mont-près-
Chambord
Forêt Domaniale
de Russy
Château
de Villesavin
Bracieux
Beuvron
Tour-
en-Sologne
Cellettes
Conon
Cour-Cheverny
Fontaines-
en-Sologne
Château
de Cheverny
Cheverny
Chitenay
Château
de Troussay
Cormeray
Étang de
la Rousselière
Forêt
de Cheverny
Étang Neuf
Autoroute
Route principale
Route secondaire
Circuit vélo
Piste cyclable
Départ
N
O
E
S
0
1 Km

APRIL MOTO

14, Quai Marmoutier
TOURS
✆ 02 42 07 02 82
www.april-moto.com

Que vous soyez motard, cycliste, adepte de la trottinette électrique ou encore du quad, il est plus futé d'être assuré ! Pour cela, l'assurance APRIL Moto vous accompagne et vous protège, à l'aide de ses 100 collaborateurs basés à Tours qui conçoivent, distribuent et gèrent des solutions d'assurance adaptées pour les deux-roues. Vous pouvez retrouver toutes les informations sur les contrats d'assurance sur leur site Internet ou auprès de leur réseau de 6 500 courtiers indépendants partenaires. Donc n'hésitez plus et roulez couvert !

COMITE DEPARTEMENTAL DU CYCLOTOURISME LOIR ET CHER

1, avenue de Châteaudun - **BLOIS**
✆ 06 13 89 22 24 - https://loiretcher.ffvelo.fr/

Concours, BPF/BRM, balades, randonnées, séjours, etc. Plus d'informations sur le site.

De multiples parcours balisés, et recommandés aux initiés, vous sont proposés. Les clubs (que vous retrouverez sur le site Internet) et le comité proposent également des «cyclotourismes», randonnées avec accompagnateur, et des itinéraires de distances variables. Des randonnées permanentes pourront aussi vous faire découvrir les merveilles du département, c'est le cas de la randonnée des châteaux en Sologne, labellisée auprès de la fédération française de cyclotourisme.

BIKE PARADISE

250, boulevard Charles-de-Gaulle
SAINT-CYR-SUR-LOIRE
✆ 02 47 51 20 00
www.bikeparadise.fr

Ouvert du mardi au samedi de 9h30 à 19h. Atelier de réparation.

La caverne d'Ali Baba pour les passionnés de deux-roues : vous trouverez ici tout ce qu'il faut, aussi bien pour l'amateur que pour le professionnel ! En effet, tous les accessoires concernant le vélo et le VTT sont en vente. Vous y trouverez toutes les grandes marques. L'équipe se fera un plaisir de vous apporter des conseils précieux et de vous diriger vers votre achat en respectant votre budget et l'utilisation que vous souhaitez. Vous trouverez tout votre équipement, et également des vêtements adaptés pour arpenter les routes de Touraine et d'ailleurs.

CYCLABLE

20, rue Gambetta
TOURS
✆ 02 47 61 18 93
www.tours.cyclable.com

Ouvert du mardi au samedi de 9h30 à 13h et de 14h à 18h30.

Le matériel chez Cyclable (Tours) s'adresse plutôt aux citadins, aux familles et aux cyclotouristes qu'aux déjantés du VTT, du vélo de course ou de piste. Si un modèle vous intéresse, n'hésitez pas à demander à le tester. On trouve à la boutique des vélos pliables, des biporteurs, des triporteurs ou des vélos à assistance électrique, de marques hollandaises ou allemandes. Tous les accessoires sont également vendus, du casque aux lumières en passant par les sacoches ou remorques. En cas de pépin le magasin dispose d'un atelier de réparation.

COMITE DEPARTEMENTAL DE CYCLOTOURISME DE L'INDRE

89/11, allée des Platanes - **CHÂTEAUROUX**
✆ 02 54 35 55 52
www.ffct37.org

Circuits routes, VTT, BCN/BPF. Des évènements organisés (gratuits et payants) voir site : « Où et quand pratiquer ? ».

Le comité départemental de cyclotourisme de l'Indre (FFCT) est constitué de clubs qui organisent des randonnées. Ils se trouvent à Châteauroux, Argenton-sur-Creuse, Le Blanc, Chabris, Chatillon-sur-Indre, La Châtre-en-Berry, Pouligny-Saint-Pierre, Vatan, Levroux. Des circuits à VTT vous sont proposés sur le site du comité : 5 difficiles, notamment : « Sur les pas de George Sand de la châtre à Nohant », 2 faciles et 2 très faciles. De quoi séduire les petits et grands sportifs !

DÉTOURS DE LOIRE

37, rue Charles-Gille - **TOURS**
✆ 02 47 61 22 23
detoursdeloire.com

Haute saison : lundi-samedi 9h-12h30, 14h-19h (17h30-19h dimanche et fériés). Location vélo et réparation. Circuits.

A deux pas de la gare, la boutique Détours de Loire vous propose des vélos pour toute la famille en location à la demi-journée, à la journée ou plus. Elle dispose d'une large gamme d'engins et d'équipements et vous permet de laisser le vélo au point d'arrivée du circuit, dans l'une des 7 agences situées entre Orléans et Nantes. A Tours, vous trouverez un atelier-réparation et un espace de vente. L'agence vous propose également des circuits sur mesure dans la vallée de la Loire, avec location de matériel, hébergement, demi-pension et transfert des bagages.

DÉTOURS DE LOIRE

39, avenue Jean-Laigret - **BLOIS**
✆ 02 54 56 07 73
detoursdeloire.com
Du 8 avril au 30 septembre : du lundi au samedi 9h-12h30/14h–19h. Dimanche et jours fériés : 9h30–12h30/17h30-19h.

Pour la location de VTC, VTT, vélos enfant, tandems, vélos électriques, etc., c'est ici. La livraison des vélos est possible en n'importe quel point de la région. Le réseau de points de location s'étend entre Nevers et Saint-Nazaire.Tout est fait pour faciliter la vie du cycliste qui peut prendre possession de son vélo dans une des agences et le déposer dans une autre. Le service de transfert des bagages simplifie l'organisation du voyage. Parmi les possibilités : organisation de circuits, accompagnateur bilingue anglais sur demande.

LOCACYCLE

2 bis, rue Jean-Jacques-Rousseau - **AMBOISE**
✆ 06 10 51 52 91
www.locacycle-amboise.fr/
De Pâques à la Toussaint : 9h-19h lun au dim. Randonnée. Location VTC, VTT, électrique, tandem… Accessoires gratuits.

Quoi de plus sain et ressourçant qu'une balade à vélo dans le val d'Amboise ? Surtout que le dernier tronçon de la Loire à Vélo a été inauguré récemment sur le territoire d'Amboise. Louez un vélo à Locacycle et partez à la découverte des bords du fleuve. Vous pouvez même rouler jusqu'à Nantes ! Mais vous pouvez aussi profiter du Val de Loire et déguster ses vins. Eh oui, Locacycle fait aussi caviste ! Un hommage à Jacques Anquetil en quelque sorte… En tout cas, la boutique est très sympa et cela fait plus de vingt ans que ça dure !

NARCY VÉLO

Rue de la Garenne
SAINT-DOULCHARD
✆ 02 48 70 15 84
Ouvert du mardi au vendredi de 9h à 12h et de 14h à 19h ; le samedi de 9h à 12h et de 14h à 18h.

Du vélo classique de ville au vélo de compétition en passant par le VTC, le vélo enfant et le vélo électrique, toutes les catégories de vélo sont présentes. Les marques distribuées sont parmi les meilleures : Gitane, Lapierre, Specialized, Cannondale… Un service après-vente est proposé par le magasin qui dispose d'un atelier pour l'entretien et la réparation. Le personnel est compétent et toujours de bon conseil. Vous pourrez aussi vous équiper de toutes sortes d'accessoires, ainsi qu'en pièces détachées. Sachez que des VTC et VTT sont disponibles à la location.

VAL DE LOIRE TOURISME

75, avenue de la République
CHAMBRAY-LÈS-TOURS
✆ 02 47 27 56 10
www.valdeloire-tourisme.fr

Venez découvrir les nombreuses richesses de la Touraine ! Vous pourrez adapter votre séjour selon vos envies, pour un week-end, un court séjour ou des vacances dans cette région si unique. Des séjours «clés en main» sont aussi proposés, avec différentes thématiques allant de la découverte des châteaux de la Loire aux dégustations de vins, en passant par des séjours plus sportifs, avec vélo ou canoë, et la détente avec les séjours spa. Ce portail vous propose des hébergements de qualité. Soyez attentif, profitez des offres spéciales et évadez-vous !

VÉLO +

2, rue de l'Aqueduc - **ORLÉANS**
✆ 08 00 00 83 56
https://portail.cykleo.fr
Ouvert lundi-vendredi, 9h-12h/14h-17h. 15 € à l'année si vous n'êtes pas abonné TAO, 5 € pour les abonnés.

L'agglomération orléanaise a mis en place un service de vélos en libre service : Vélo'+ pour les locations de courte durée et Vélo'Tao pour celles de longue durée. 360 vélos sont disponibles sur 35 stations situées à Orléans, Fleury-les-Aubrais et Saint-Jean-le-Blanc. La première demi-heure est gratuite. Les frais d'entrée à la journée ou à la semaine sont modiques et peuvent se régler par Internet ou sur l'une des 10 bornes équipées d'un lecteur de carte bancaire. Une caution par empreinte bancaire est demandée mais non encaissée.

WHEEL FREE

44, rue du Général-de-Gaulle
SAINT-JEAN-LE-BLANC ✆ 02 38 44 26 85
https://wheelfree-bike.fr/
BS : mardi-samedi, 9h-12h30/14h-18h30.
HS : tous les jours, 9h-13h/13h45-19h. Location à partir de 17,85 € la journée.

Les vacances en bord de Loire sont synonymes de promenades en vélo le long du fleuve grâce à l'itinéraire de La Loire à Vélo. La location permet donc de prendre la route sans les contraintes du transport des vélos. En plus des vélos standards, Wheel Free propose des vélos à assistance électrique ainsi que des vélos pliables, électriques ou non. L'agence peut prendre en charge le retour des vélos si vous ne faites pas une boucle. A la vente, vous trouverez des vélos à assistance électrique et des vélos traditionnels, bien sûr.

LE CŒUR VAL DE LOIRE À VÉLO

BLOIS

www.loireavelo.fr

La Loire à Vélo, c'est un parcours sécurisé, aménagé le long du fleuve sauvage. Il permet de parcourir, en famille, 800 km du Cher à l'Atlantique. En se promenant sur les 113 km d'itinéraires déjà balisés et sécurisés en Loir-et-Cher, on découvre tour à tour, points de vue panoramiques sur la Loire, villages typiques, mais aussi châteaux… Au cœur du périmètre inscrit au patrimoine mondial de l'UNESCO. Chenonceau et Chambord sont à votre portée grâce aux itinéraires des châteaux à vélo. Vous pouvez parcourir le domaine national de Chambord où 12 km de sentiers vous permettent de faire le tour du château (ou de rejoindre d'autres châteaux à travers le domaine). A Chambord vous pourrez également opter pour une randonnée pédestre balisée de 20 km. La toute jeune Sologne à vélo se dessine au cœur du pays de Grande Sologne. 5 boucles permettent de découvrir les plus beaux étangs en empruntant les petites routes et les chemins ruraux. Le pays de Vendôme propose 11 circuits vélo en boucles de 23 à 45 km, et 6 circuits VTT de 18 à 53 km. Il est ainsi possible de suivre le chemin de Compostelle sur 80 km le long de la vallée du Loir. Le site Internet cœur-val-de-Loire est plutôt bien fait et vous permet de choisir la thématique de votre circuit à vélo, voire à pied (rubrique info pratiques) : les étangs de Sologne, la vallée des rois, route des vins de la vallée du Loir, des églises à fresques, etc. Bref, un grand choix selon vos centres d'intérêt.

LA LOIRE À VÉLO - ITINÉRAIRE RIGNY-USSÉ-LE NEIMAN

30, rue de la Préfecture

TOURS

✆ 02 47 31 47 48

www.loireavelo.fr

Parents, voici une promenade à vélo qui pourrait bien convaincre vos enfants de se mettre à l'exercice ! En effet, si la facilité de ce parcours de 9 kilomètres, les paysages agricoles et la Loire à vos côtés sont des atouts de taille, c'est peut-être bien ce qui vous attend au bout qui charmera les plus jeunes : le château d'Ussé. C'est celui qui servit de cadre au conte de la Belle au Bois dormant... Après près d'une heure d'effort, s'y reposer est plutôt plaisant.

LA LOIRE À VÉLO - LIAISON BLOIS-CHAMBORD

BLOIS

www.loireavelo.fr

Dans son périple de plusieurs milliers de kilomètres entre Tulcea en Roumanie et Saint-Nazaire en France, l'Eurovélo Route N°6 fait escale à la Touraine, nous offrant quelques douces opportunités de balades. L'itinéraire comporte pas moins de 120 kilomètres de pistes et de routes entre remparts, châteaux, vignobles et villages pittoresques. La liaison Blois-Chambord (13 kilomètres, environ 1h15) est particulièrement intéressante pour allier plaisirs sportifs et culturels.

LA LOIRE À VÉLO - DE BRIARE À GIEN

1, place Charles De Gaulle - **BRIARE**

✆ 02 38 31 24 51

www.terresdeloireetcanaux.com

Office de tourisme ouvert du mardi au samedi de 9h45 à 12h15 et de 13h45 à 17h15.

Cet itinéraire facile en bordure de la Loire vous permet de parcourir les 14 km séparant Briare de Gien en 1h. Vous commencerez par franchir la Loire et le canal latéral grâce au pont-canal de Briare. Vous traverserez ensuite les villages de Saint-Firmin-sur-Loire et de Saint-Brisson-sur-Loire, où vous pourrez vous arrêter pour visiter son château construit au XIIe siècle. Il ne vous restera plus qu'à traverser Saint-Martin-sur-Ocre avant d'arriver à Gien et son château médiéval.

LOIRE VÉLO NATURE

3, avenue du 11 novembre - **BRÉHÉMONT**

✆ 06 03 89 23 14

www.lav.loirevelonature.com

7j/7 de Pâques à la Toussaint : 9h-19h. De 9 à 55 € la location de vélos. Animations possibles sur réservation.

En plus de louer un VTT pour découvrir la Touraine, vous avez aussi la possibilité d'accompagner votre randonnée avec un âne bâté, qui saura rompre la monotonie de votre marche, ou bien d'opter pour une descente en canoë-kayak. Vous pourrez également faire une grande chasse au trésor de 20 km, guidé par un GPS. Depuis 2014, les séjours nature et séjours cyclo, circuits canoës kayaks en Indre-et-Loire et Maine-et-Loire ont la cote. Vos bicyclettes sont livrées où et quand vous le souhaitez sur tout votre itinéraire de la Loire à Vélo.

CORSE

CALVI – ILE ROUSSE
(HAUTE-CORSE)

- **Itinéraire :** Calvi – L'Ile Rousse.
- **Total :** 50,2 km.
- **Durée :** entre 3 et 5 heures, entre 20 et 10 km/h.
- **Dénivelé :** positif 1 227 m, négatif 1 250 m
- **Difficulté :** moyen à difficile avec le passage de 2 cols.

XAVIER BONNIN

LIEUX	Km partiel	Km cumul	Routes
CALVI	0	0	N197
HAMEAU DE MONTEMAGGIORE, MONTEGROSSO	14,1	14,1	D151 D451
MURO	11	25,1	D71 D663
SPELONCATO	11	36,1	D663 D71 D63
MONTICELLO	10	46,1	D63
L'ÎLE ROUSSE	4,1	50,2	D63

TAPEZ PETITFUTE.APP DANS LE NAVIGATEUR DE VOTRE SMARTPHONE. PRENEZ UNE PHOTO DE LA PAGE ET OBTENEZ

LE TRACÉ GPX DE LA CARTE

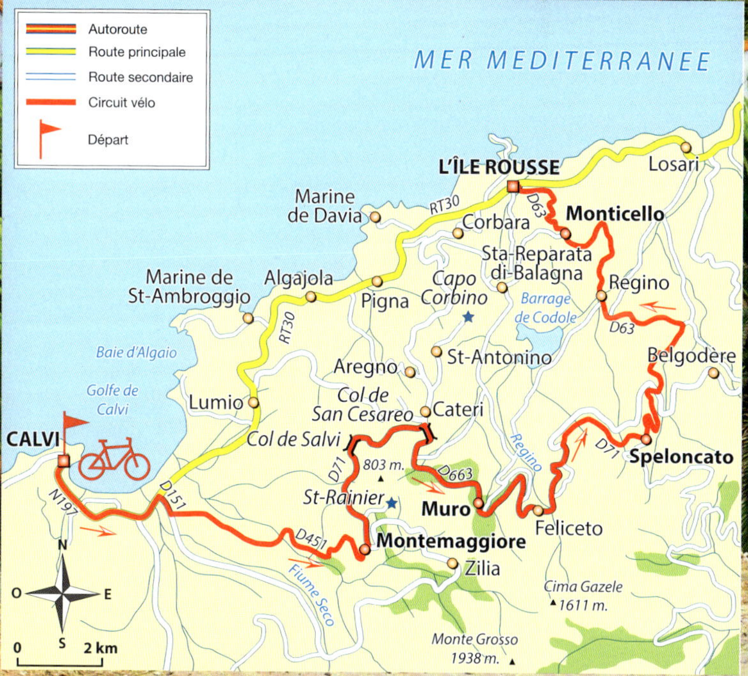

D'AJACCIO À PORTO – GOLFE DE SAGONE

(CORSE DU SUD)

- **Itinéraire :** D'Ajaccio à Porto – Golfe de Sagone
- **Total :** 81,8 km
- **Durée :** de 4 à 8 heures, entre 20 et 10 km/h
- **Difficulté :** assez difficile. Conseillé sur 2 jours.
- **Dénivelé :** positif 1 368 m, négatif 1 317 m.

LIEUX	Km partiel	Km cumul	Routes
AJACCIO	0	0	Cours de Napoléon
MEZZAVIA	6,4	6,4	N193 N194
COL DE LISTINCONE, APPIETTO	6,6	13	D81
TIUCCIA, CASAGLIONE	15,9	28,9	D81
SAGONE (OPTION D'ÉTAPE)	8	36,9	D81
CARGÈSE	13,3	50,2	D81
PIANA	18,6	68,8	D81
MARINE DE PORTO	13	81,8	D81

GOLFE DE PORTO
Marine de Porto
Porto
Ota
Évisa
CORTE
les Calanches
D 84
Tavulella
Gorges de Spelunca
Piana
D 81
PARC NATUREL REGIONAL DE CORSE
Renno
Chimiglia
D 70
St-Marti
Revinda
Balogna
Vico
Murzo
Sagone
Appriciani
D 70
Marchese
Arbori
Parapoghiu
Cargèse
D 81
Coggia Maio
Punta di Cargèse
Grotte de Molendinu
Vedolaccia
Sagone
Arro
TAPEZ PETITFUTE.APP DANS LE NAVIGATEUR DE VOTRE SMARTPHONE. PRENEZ UNE PHOTO DE LA PAGE ET OBTENEZ
LE TRACÉ GPX DE LA CARTE
PARCOURS GPX
D 81
Casaglione
Sari-d'Orcino
Tiuccia
Cannelle
GOLFE DE SAGONE
Sant Andréa-d'Orcino
Valle-di-Mezzana
Autoroute
Route principale
Route secondaire
Circuit vélo
Départ
Calcatoggio
Appietto
Piscia Rossa
D 81
Lava
Tour Pelusella
Urcheja
Alata
N 193
Golfe de Lava
D 31
Villanova
Cap de Feno
Château de la Punta
Pagliaggioli
Mezzavia
la Gravona
N 194
Castelluccio
AJACCIO
Bastelicaccia
N
O
E
S
Capigliolo
Scudo
BONIFACIO
0
2,5 km

ALGAJOLA SPORT ET NATURE

Plage d'Algajola-Aregno - **ALGAJOLA**
✆ 06 30 60 08 64
www.algajola-sportetnature.com
Ouvert d'avril à octobre. Location vélo de 15 à 343 € selon le vélo et la durée. Sorties encadrées entre 35 et 80 €.

En plein cœur de la Balagne, région de Haute-Corse au pied du massif de Monte Cinco, Algajola Sport et Nature loue des VTT à la demi-journée, journée ou semaine avec des circuits établis pour passer de jolis moments sportifs. Accessoires et itinéraires vous seront fournis ! Vous pourrez également opter pour des sorties encadrées pour une sortie en famille idéale. Vous pourrez ainsi découvrir sportivement le magnifique littoral et ses sentiers et traverser de jolis villages pittoresques. Un panorama à couper le souffle se dévoilera à vous lors des expéditions.

TEX RACING DIFFUSION

7, rue de la marine
PROPRIANO
✆ 06 03 53 55 62
https://locationvelocorse.com/
Haute saison : tous les jours et les jours fériés de 8h30 à 13h et de 16h à 19h. Ouvert à l'année.

C'est le spécialiste de la location de vélos et vélos à assistance électrique avec plus de 20 modèles à la location : VTT, VTC, route et tandem. Rayon vente de tout le matériel et des marques Lapierre, Flyer, Neomouv et Sunn. En prime : établissement référent à l'aide à l'achat des VAE pour les résidents Corses. Vous est aussi proposé un point de recharge électrique pour tous les VAE ! En 2020 a été ajouté un atelier certifié Shimano. Fourniture de trace GPS, points d'intérêt sur les cartes, c'est un bon conseilleur que ce passionné !

CORSICA BIKE FESTIVAL

Place Paoli
L'ILE-ROUSSE
✆ 04 95 60 80 14
www.enduroseries.fr
Fin octobre.

C'est en Balagne et plus précisément à l'île Rousse, située en son cœur, qu'aura lieu le festival du vélo et du VTT avec en point d'orgue la dernière manche de la coupe de France d'Enduro VTT. Cette course, qui réunit 400 pilotes, est le fruit d'un partenariat entre l'Office Intercommunal du Tourisme de l'Isula et le club Muntagna Bikes Balagne créé en 2019. Ce sont déjà plus de 200 kilomètres de parcours qui ont été tracés dans les magnifiques paysages de la Balagne. Une étape à ne pas manquer qu'on peut même faire en famille !

VISIT CORSICA

17, boulevard du Roi-Jérôme
AJACCIO
✆ 04 95 51 00 00
www.visit-corsica.com
Toutes les informations sur le site internet.

Découvrez le portail officiel du tourisme corse ! Un site idéal pour préparer vos vacances en Corse avec le guide sur la Corse à retrouver en ligne : conseils pratiques, hébergement, transport, cartes interactives, loisirs... Partez à la découverte d'un territoire original et authentique : la Corse dans toute sa splendeur. Dans un cadre naturel et magnifiquement préservé, le littoral alterne criques et longues plages de sable doré, alors que les villages, idéalement situés à mi-montagne, offrent un visage intime de la Corse.

CYCLING CORSICA

✆ 06 30 74 30 17
www.cycling-corsica.fr

Une agence du grand Ajaccio spécialisée dans l'organisation de voyages à vélo en Corse, animée par une équipe de professionnels qui ont participé à la naissance de la GT20. La structure propose un large choix de circuits notamment « Le grand tour de Corse » en 8 ou 7 étapes ou encore « Boucle sud de la Corse en vélo électrique » et des séjours sur mesure. Séjours clés en main pour individuels et groupes de 8 à 40 personnes au maximum en formule avec assistance ou en autonomie avec location de vélo, transport aérien ou maritime si nécessaire.

GRAND EST

AUTOUR D'ÉPINAL
(VOSGES)

- **Itinéraire :** Autour d'Épinal
- **Total :** 41 km
- **Durée :** entre 4 heures 30 et 2 heures 30, entre 20 et 10 km/h
- **Difficulté :** promenade agréable et facile sur la voie verte le long du canal des Vosges et retour par l'arrière-pays de la ville d'Épinal.
- **Dénivelé positif :** 320 m

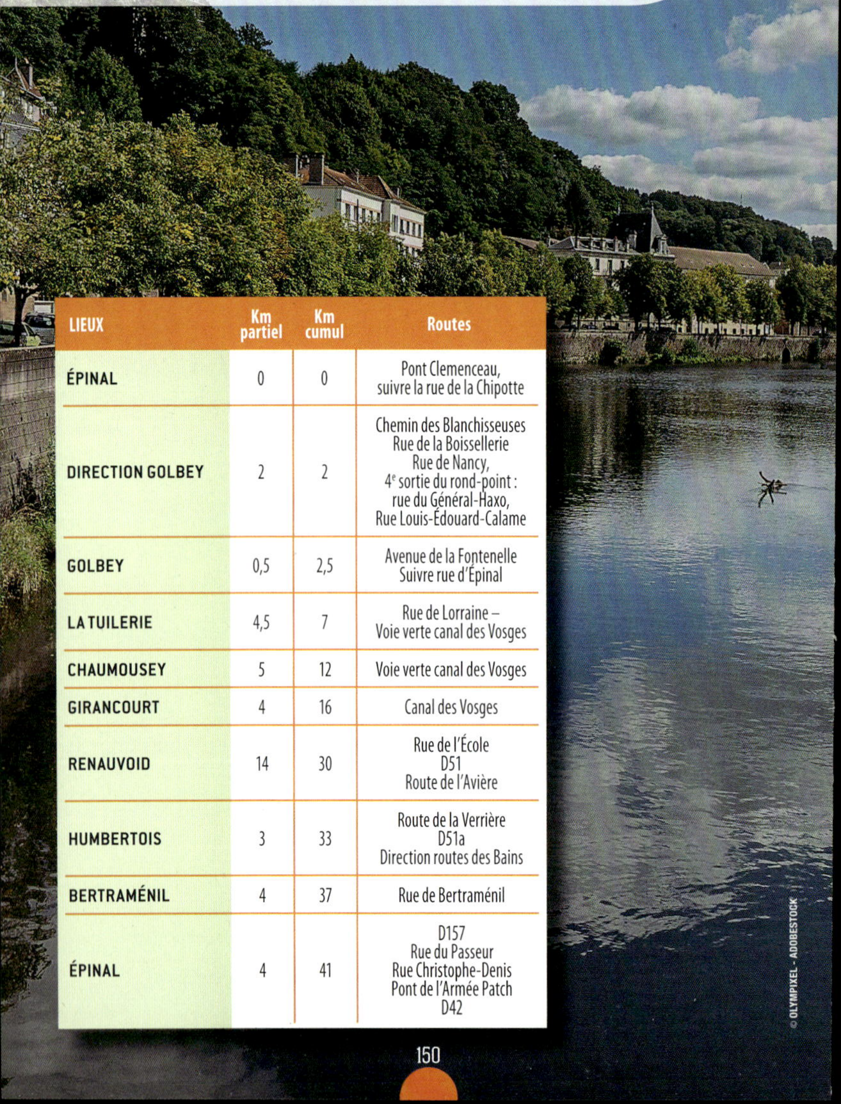

LIEUX	Km partiel	Km cumul	Routes
ÉPINAL	0	0	Pont Clemenceau, suivre la rue de la Chipotte
DIRECTION GOLBEY	2	2	Chemin des Blanchisseuses Rue de la Boissellerie Rue de Nancy, 4e sortie du rond-point : rue du Général-Haxo, Rue Louis-Édouard-Calame
GOLBEY	0,5	2,5	Avenue de la Fontenelle Suivre rue d'Épinal
LA TUILERIE	4,5	7	Rue de Lorraine – Voie verte canal des Vosges
CHAUMOUSEY	5	12	Voie verte canal des Vosges
GIRANCOURT	4	16	Canal des Vosges
RENAUVOID	14	30	Rue de l'École D51 Route de l'Avière
HUMBERTOIS	3	33	Route de la Verrière D51a Direction routes des Bains
BERTRAMÉNIL	4	37	Rue de Bertraménil
ÉPINAL	4	41	D157 Rue du Passeur Rue Christophe-Denis Pont de l'Armée Patch D42

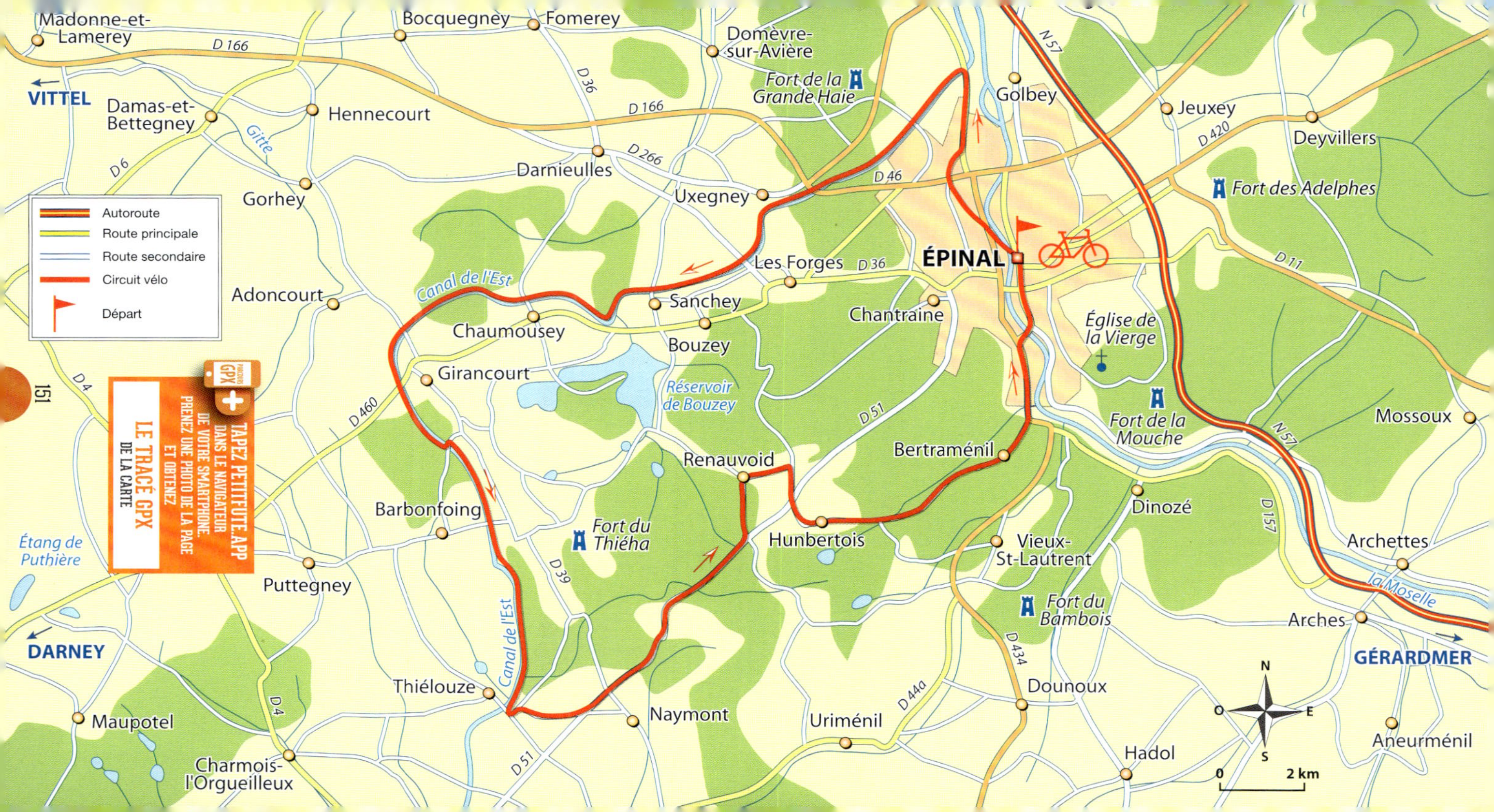
ÉPINAL
Madonne-et-Lamerey
Bocquegney
Fomerey
Domèvre-sur-Avière
Fort de la Grande Haie
Golbey
Jeuxey
Deyvillers
VITTEL
Damas-et-Bettegney
Hennecourt
Gitte
D 166
D 36
D 6
D 266
D 46
D 420
D 11
D 4
D 460
D 51
D 39
D 434
D 44a
D 157
N 57
Darnieulles
Gorhey
Uxegney
Fort des Adelphes
Les Forges
Adoncourt
Canal de l'Est
Sanchey
Chantraine
Chaumousey
Bouzey
Église de la Vierge
Girancourt
Réservoir de Bouzey
Mossoux
Fort de la Mouche
Bertraménil
Renauvoid
Barbonfoing
Fort du Thiéha
Hunbertois
Dinozé
Vieux-St-Laurent
Archettes
Étang de Puthière
Puttegney
Fort du Bambois
la Moselle
Arches
DARNEY
GÉRARDMER
Thiélouze
Naymont
Dounoux
Maupotel
Uriménil
Hadol
Aneurménil
Charmois-l'Orgueilleux
N
O
E
S
0
2 km
Autoroute
Route principale
Route secondaire
Circuit vélo
Départ
PARCOURS GPX
TAPEZ PETITFUTE.APP DANS LE NAVIGATEUR DE VOTRE SMARTPHONE. PRENEZ UNE PHOTO DE LA PAGE ET OBTENEZ
LE TRACÉ GPX DE LA CARTE

BAR-LE-DUC, LE LONG DE LA SAULX ET L'ORNAIN (MEUSE)

- **Itinéraire :** Bar-le-Duc, le long de la Saulx et l'Ornain
- **Total :** 58,8 km
- **Durée :** entre 3 et 6 heures, entre 20 et 10 km/h
- **Difficulté :** facile à moyen. Peu vallonné.
- **Dénivelé positif** : 430 m

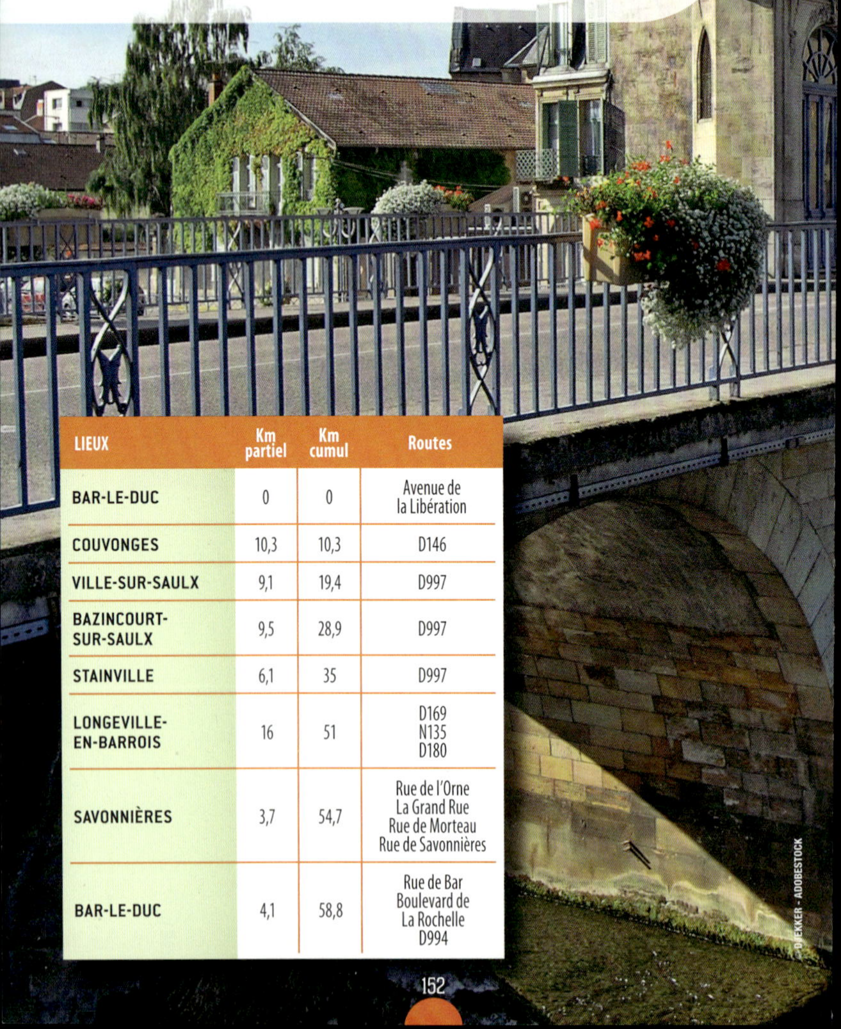

DJEKKER - ADOBESTOCK

LIEUX	Km partiel	Km cumul	Routes
BAR-LE-DUC	0	0	Avenue de la Libération
COUVONGES	10,3	10,3	D146
VILLE-SUR-SAULX	9,1	19,4	D997
BAZINCOURT-SUR-SAULX	9,5	28,9	D997
STAINVILLE	6,1	35	D997
LONGEVILLE-EN-BARROIS	16	51	D169 N135 D180
SAVONNIÈRES	3,7	54,7	Rue de l'Orne La Grand Rue Rue de Morteau Rue de Savonnières
BAR-LE-DUC	4,1	58,8	Rue de Bar Boulevard de La Rochelle D994

VITRY-LE-FRANÇOIS
SUR-ORNAIN
SAINT-MICHEL
LIGNY-EN-BARROIS
SAINT-DIZIER
Mognéville
Couvonges
Forêt Domaniale de Masongé
Véel
D 146
BAR-LE-DUC
D 1916
Resson
Loisey-Culey
Culey
Savonnières
D 180
Longeville-en-Barrois
Silmont
Guerpont
N 135
l'Ornain
Tronville-en-Barrois
D 997
Trémont-sur-Saulx
D 3
Combles-en-Barrois
Forêt Domaniale des trois Fontaines
Forêt Domaniale du Haut Hure
D 152
le Chêne
D 635
Ville-sur-Saulx
Trémont-sur-Saulx
D 169
Montplonne
Château de la Varenne
la Saulx
Bazincourt-sur-Saulx
Nant-le-Grand
Forêt Domaniale de Ligny-en-Barrois
Baudonvilliers
Sommelonne
D 4
Rupt-aux-Nonains
Maulan
N 4
Stainville
Château de Choiseul
Nant-le-Petit
N
O
E
S
0
2,5 km
Autoroute
Route principale
Route secondaire
Circuit vélo
Départ
PARCOURS GPX
TAPEZ PETITFUTE.APP DANS LE NAVIGATEUR DE VOTRE SMARTPHONE. PRENEZ UNE PHOTO DE LA PAGE ET OBTENEZ
LE TRACÉ GPX DE LA CARTE

CIRCUIT DES BATAILLES RÉMOISES (MARNE)

- **Itinéraire :** Circuit des batailles de la région de Reims
- **Total :** 75,5 km
- **Durée :** de 3 heures 45 à 7 heures 30, entre 20 et 10 km/h
- **Difficulté :** quatre côtes prononcées, assez vallonné.
- **Dénivelé positif** : 700 m

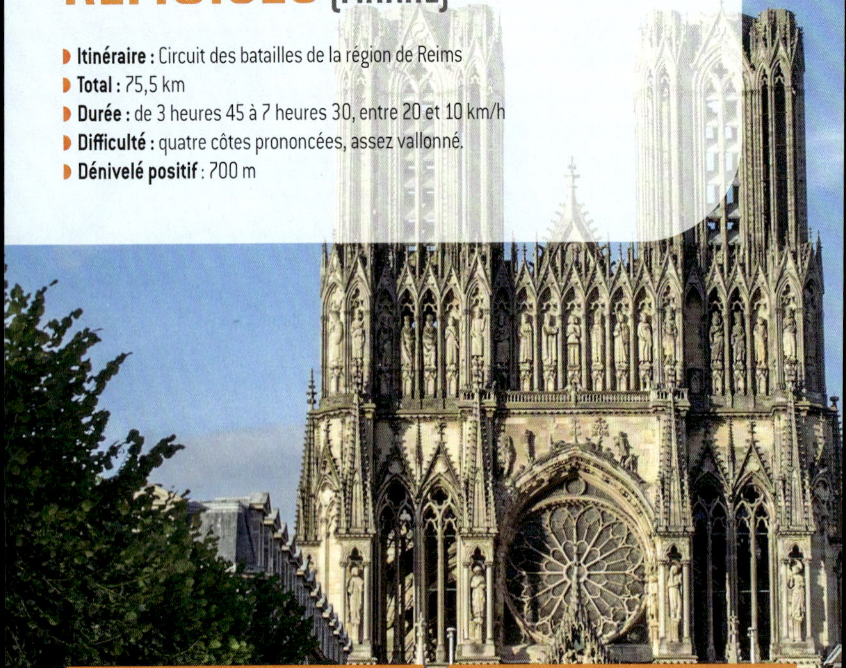

LIEUX	Km partiel	Km cumul	Routes
REIMS	0	0	D966
LA NEUVILLETTE	3	3	D966
BRIMONT	6	9	D966, D26
BERMERICOURT	3	12	D26 , D30
ORAINVILLE	3,5	15,5	D430, D52
MERLET	2,5	18	D62
AGUILCOURT	2	20	D62
CONDÉ-SUR-SUIPPE	2	22	D62
GUIGNICOURT	2	24	D62
JUVINCOURT-ET-DAMARY	5	29	D62
CORBENY	5	34	D62
CRAONNE	4	38	D18
CRAONNELLE	2,5	40,5	D18
BEAURIEUX	5	45,5	D892
MAIZY	1,5	47	D102
MUSCOURT	2	49	D22 D223
ROMAIN	4	53	D223
LES VANTAUX	3	56	D30, D428
JONCHERY-SUR-VESLE	4	60	D75
BRANSCOURT	2	62	D228
COURCELLES-SAPICOURT	2	64	D228
ROSNAY	1,5	65,5	D228
GUEUX	3	68,5	D27
THILLOIS	3	71,5	D27
TINQUEUX	2	73,5	N31
REIMS	2	75,5	N31

CALAIS
VERVINS
la Malmaison
St-Erme-Outre
A 26
N 44
Aubigny
Aizelles
Berrieux
Arnifontaine
D 966
D 18
Bouconville-Vauclair
Prouvais
Corbeny
Juvincourt-et-Damary
Évergnicourt
D 62
N 44
Craonne
Guignicourt
D 62
Craonnelle
Condé-sur-Suippe
D 925
Aisne
Canal des Ardennes
D 18
Pontavert
D 62
Berry-au-Bac
Aguilcourt
D 925
Canal de l'Aisne à la Marne
SOISSONS
Merlet
D 966
Beaurieux
Chaudardes
D 62
Aisne
D 52
Orainville
A 26
D 223
Roucy
Cormicy
D 430
Muscourt
Guyencourt
Berméricourt
D 30
Ventelay
Loivre
Brimont
D 26
Hermonville
Bouvancourt
la Verrerie
Romain
Courcy
Montigny-sur-Vesle
Pouillon
SOISSONS
Aéroport Reims-Champagne
les Ventaux
N 44
D 966
Trigny
Prouilly
St-Thierry
N 31
Unchair
Châlons-sur-Vesle
la Neuvillette
Jonchery-sur-Vesle
Vesle
A 26
Saint-Brice-Courcelles
Muizon
Branscourt
D 228
N 31
A 4
REIMS
Courcelles-Sapicourt
Thillois
D 386
D 27
Crugny
Rosnay
Gueux
Tinqueux
Ormes
Faverolles-et-Coëmy
CHÂLONS-EN-CHAMPAGNE
Vrigny
D 980
A 4
Cormontreuil
Saint-Euphraise-et-Clairizet
Jouy-lès-Reims
Autoroute
Type autoroutier
Route principale
Route secondaire
Circuit vélo
Départ
Sarcy
D 386
D 980
PARCOURS GPX
TAPEZ PETITFUTE.APP DANS LE NAVIGATEUR DE VOTRE SMARTPHONE. PRENEZ UNE PHOTO DE LA PAGE ET OBTENEZ
LE TRACÉ GPX DE LA CARTE
N
O
E
S
0 1 Km

LA BOUCLE DE LA MOSELLE
(MEURTHE-ET-MOSELLE)

- **Itinéraire :** La boucle de la Moselle
- **Total :** 85 km
- **Durée :** de 4 heures à 8 heures, entre 20 et 10 km/h
- **Difficulté :** facile (adapté pour les enfants dès 10 ans).
- **Dénivelé positif :** 241 m

LIEUX	Km partiel	Km cumul	Routes
TOUL	0	0	D191
VILLEY-SAINT-ETIENNE	10,3	10,3	D191
LIVERDUN	9,7	20	D191
POMPEY	5,2	25,2	Route de Pompey
NANCY	18,8	44	D40E, D400
NEUVES-MAISONS	20	64	D400, D71, D115
VILLEY-LE-SEC	14	78	D59
TOUL	7	85	D59

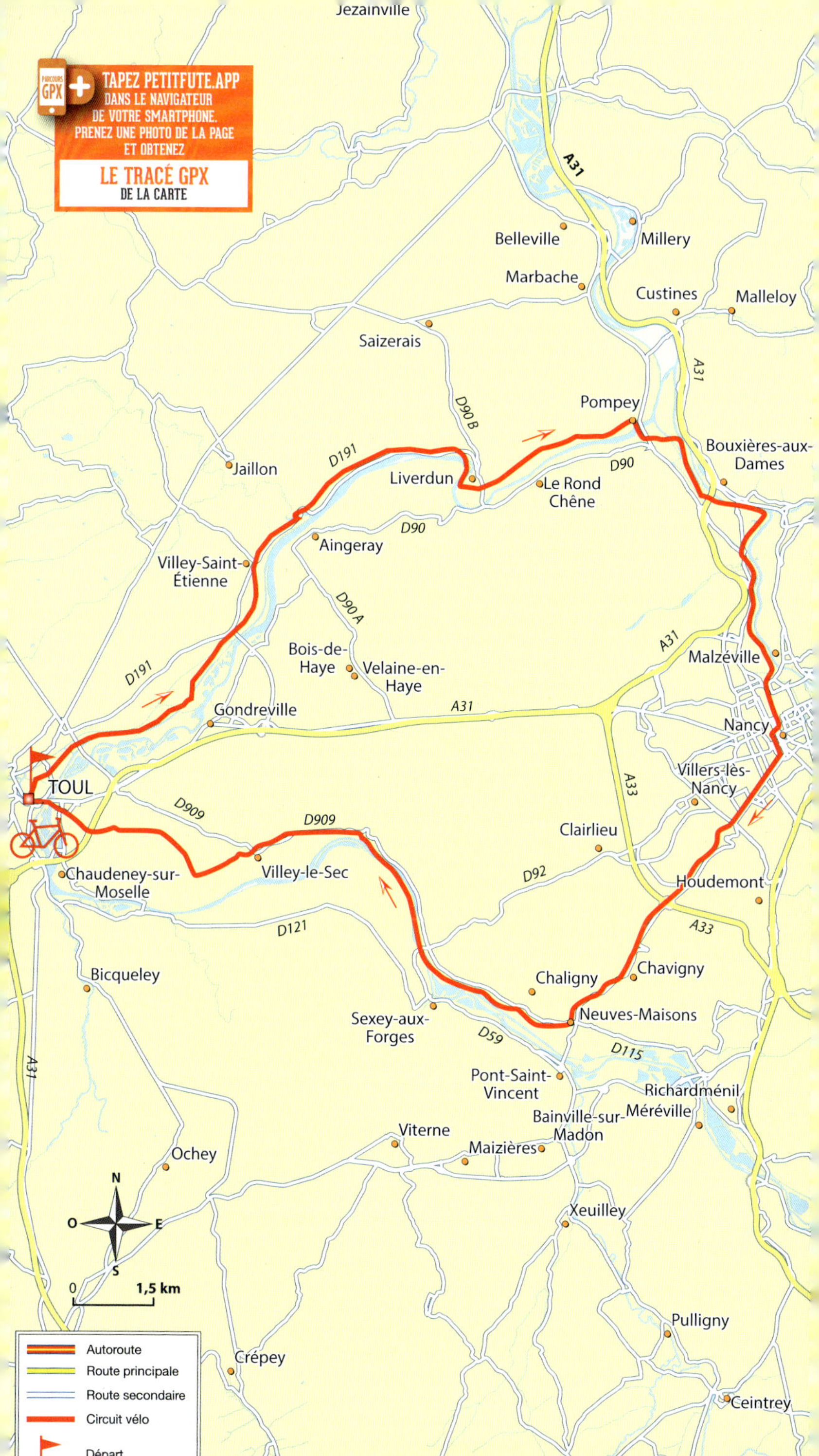
PARCOURS GPX
TAPEZ PETITFUTE.APP DANS LE NAVIGATEUR DE VOTRE SMARTPHONE. PRENEZ UNE PHOTO DE LA PAGE ET OBTENEZ
LE TRACÉ GPX
DE LA CARTE
Jezainville
A31
Belleville
Millery
Marbache
Custines
Malleloy
Saizerais
A31
D90 B
Pompey
Bouxières-aux-Dames
D191
Jaillon
Liverdun
Le Rond Chêne
D90
D90
Aingeray
Villey-Saint-Étienne
D90 A
Bois-de-Haye
Velaine-en-Haye
A31
Malzéville
D191
Gondreville
A31
Nancy
TOUL
Villers-lès-Nancy
A33
D909
D909
Clairlieu
Villey-le-Sec
Chaudeney-sur-Moselle
D92
Houdemont
D121
A33
Bicqueley
Chaligny
Chavigny
Neuves-Maisons
Sexey-aux-Forges
D59
D115
A31
Pont-Saint-Vincent
Richardménil
Méréville
Bainville-sur-Madon
Viterne
Maizières
Ochey
N
O
E
S
Xeuilley
0
1,5 km
Pulligny
Autoroute
Route principale
Route secondaire
Circuit vélo
Départ
Crépey
Ceintrey

LA MEUSE ENTRE CHARLEVILLE ET REVIN

(ARDENNES)

- **Itinéraire :** La Meuse entre Charleville et Revin
- **Total :** 60 km
- **Durée :** de 3 à 6 heures, entre 20 et 10 km/h
- **Difficulté :** vallonné.
- **Dénivelé positif :** 650 m

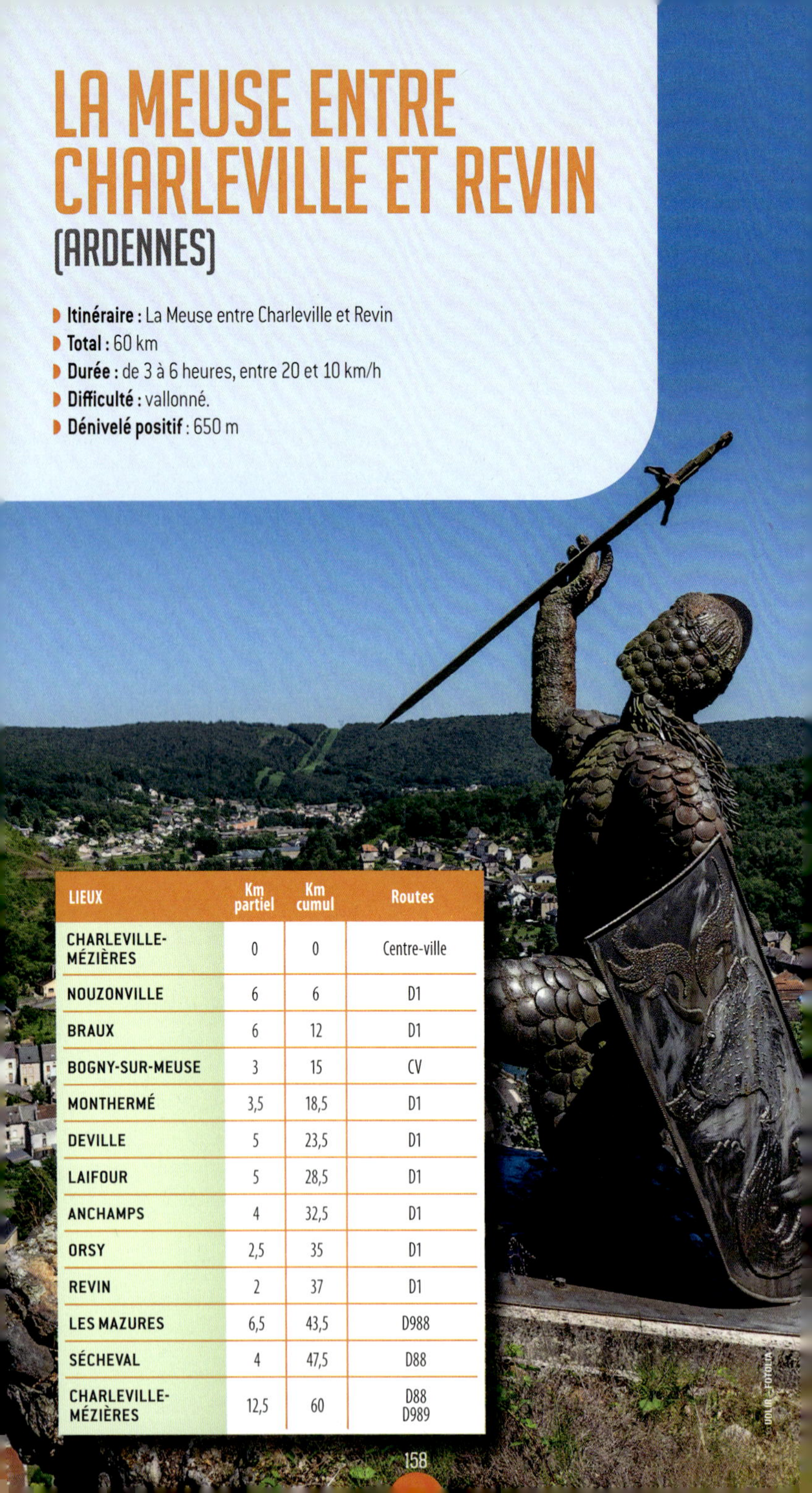

LIEUX	Km partiel	Km cumul	Routes
CHARLEVILLE-MÉZIÈRES	0	0	Centre-ville
NOUZONVILLE	6	6	D1
BRAUX	6	12	D1
BOGNY-SUR-MEUSE	3	15	CV
MONTHERMÉ	3,5	18,5	D1
DEVILLE	5	23,5	D1
LAIFOUR	5	28,5	D1
ANCHAMPS	4	32,5	D1
ORSY	2,5	35	D1
REVIN	2	37	D1
LES MAZURES	6,5	43,5	D988
SÉCHEVAL	4	47,5	D88
CHARLEVILLE-MÉZIÈRES	12,5	60	D88 D989

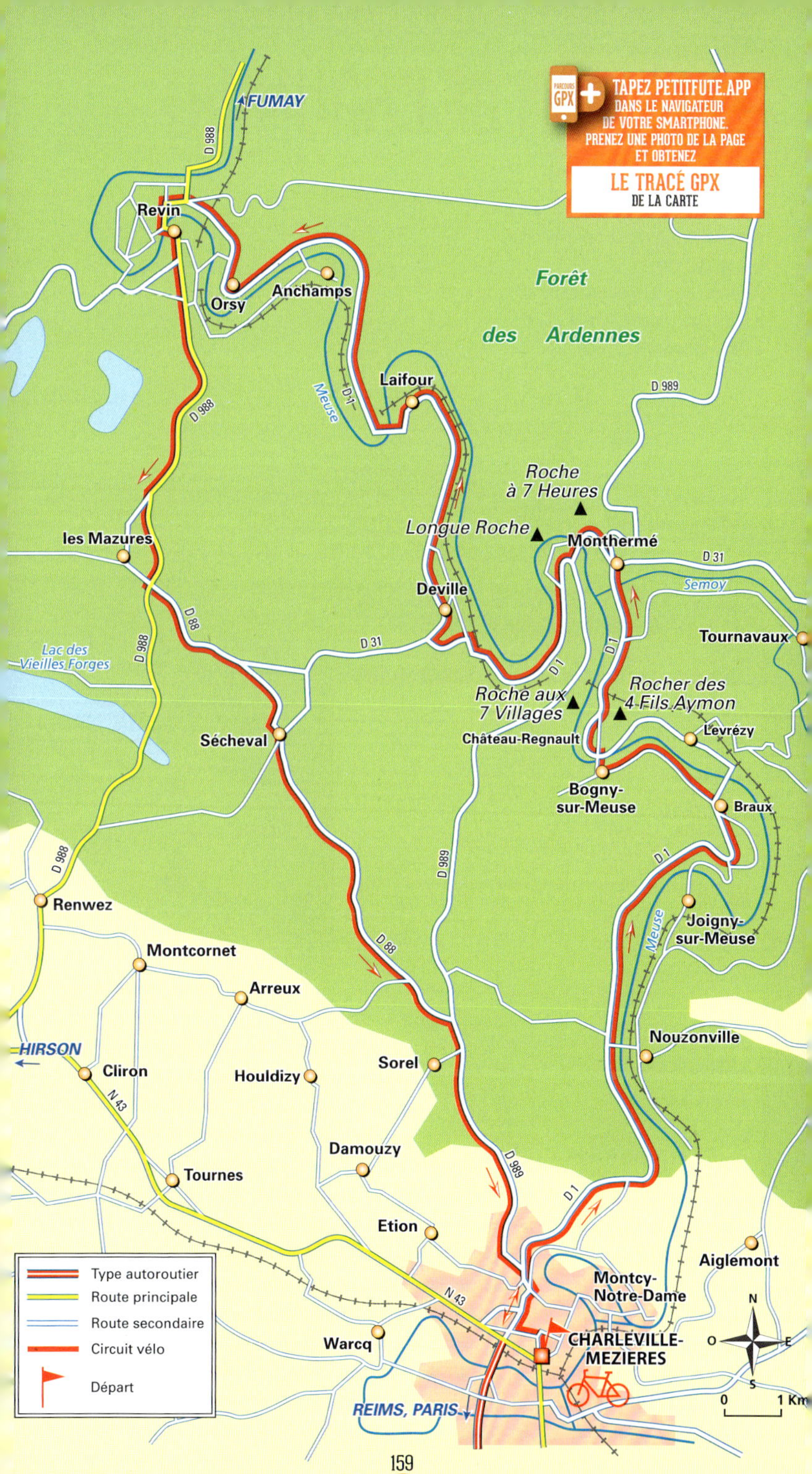
TAPEZ PETITFUTE.APP DANS LE NAVIGATEUR DE VOTRE SMARTPHONE. PRENEZ UNE PHOTO DE LA PAGE ET OBTENEZ
LE TRACÉ GPX DE LA CARTE
FUMAY
Revin
Orsy
Anchamps
Forêt des Ardennes
Laifour
Meuse
D 988
D 1
D 989
Roche à 7 Heures
Longue Roche
Monthermé
les Mazures
Deville
D 31
Semoy
Tournavaux
D 88
Lac des Vieilles Forges
Roche aux 7 Villages
Rocher des 4 Fils Aymon
Sécheval
Château-Regnault
Levrézy
Bogny-sur-Meuse
Braux
Renwez
Joigny-sur-Meuse
Montcornet
Arreux
HIRSON
Cliron
Houldizy
Sorel
Nouzonville
N 43
Damouzy
Tournes
Etion
Aiglemont
Montcy-Notre-Dame
Warcq
CHARLEVILLE-MEZIERES
REIMS, PARIS
Type autoroutier
Route principale
Route secondaire
Circuit vélo
Départ
N
O
E
S
0
1 Km

LA RÉGION DE CHAUMONT
(HAUTE-MARNE)

- **Itinéraire :** La région de Chaumont
- **Total :** 62 km
- **Durée :** de 3 à 6 heures, entre 20 et 10 km/h.
- **Difficulté** : moyennement vallonné.
- **Dénivelé positif** : 390 m

© GROBARD – FOTOLIA

LIEUX	Km partiel	Km cumul	Routes
CHAUMONT	0	0	N19
BROTTES	3	3	D162
LE CORGEBIN	1	4	D162
SEMOUTIERS-MONTSAON	5,5	9,5	RF
BLESSONVILLE	3,5	13	D162
BRICON	3	16	D102
BRAUX-LE-CHÂTEL	3	19	D102
VAUDRÉMONT	5	24	D102
SAINT MARTIN-SUR-LA RENNE	4	28	D201
JUZENNECOURT	5	33	D133
SEXFONTAINES	5	38	D44
MEURES	3	41	D44
ANNEVILLE-LA-PRAIRIE	2	43	D44
MARAULT	2	45	D44
BOLOGNE	4	49	D44
RIAUCOURT	2	51	D161
TREIX	5	56	D161
RECLANCOURT	4	60	D161
CHAUMONT	2	62	D161

SAINT-DIZIER
Sexfontaines
SAINT-DIZIER
Bologne
Lachapelle-en-Blaisy
D44
Annéville-la Prairie
Meures
Marault
N 67
Juzennecourt
Riaucourt
NEUFCHÂTEAU
Darmannes
Blaisy
D 133
D 161
N 74
Lavilleneuve-le-Roi
Brethenay
N 19
Gillancourt
Treix
Condes
Saint Martin-sur-la Renne
Jonchery
D 201
D 161
N 19
Euffigneix
D 119
Reclancourt
MONTIGNY-LE-ROI
Vaudrémont
CHÂTILLON-SUR-SEINE
Renne
Autreville-sur-la-Renne
D 417
Cirfontaines-en-Azois
Buxières-lès-Villiers
Villiers-le-Sec
CHAUMONT
Chamarandes-Choignes
Aizanville
Broze
D 102
Valdelancourt
Laville-aux-Bois
Braux-le-Châtel
D 65
D 162
Canal de la Saône à la Marne
D 10
Orges
Brottes
Verbiesles
Bricon
le Corgebin
Suize
N 19
D 65
D 102
Semoutiers-Montsaon
RF
Blessonville
LANGRES
Neuilly
Luzy-sur-Marne
A 5
LANGRES, DIJON
D 162
N
O
E
S
0
1 Km
Autoroute
Route principale
Route secondaire
Circuit vélo
Départ
PARCOURS GPX
TAPEZ PETITFUTE.APP
DANS LE NAVIGATEUR
DE VOTRE SMARTPHONE.
PRENEZ UNE PHOTO DE LA PAGE
ET OBTENEZ
LE TRACÉ GPX
DE LA CARTE

LE VIGNOBLE DE LA VALLÉE DE L'ARMANCE

(HAUTE-MARNE)

- **Itinéraire :** Le vignoble de la vallée de l'Armance
- **Total :** 36 km
- **Durée :** de 1 heure 45 à 3 heures 40, entre 20 et 10 km/h
- **Difficulté :** deux légères côtes, moyennement vallonné.
- **Dénivelé positif** : 250 m

LIEUX	Km partiel	Km cumul	Routes
BOURBONNE-LES-BAINS	0	0	D26 D158
COIFFY-LE-BAS	5,5	5,5	D130
LES GRANGES-HUGUET	1	6,5	D130
COIFFY-LE-HAUT	3,5	10	D130
MONTCHARVOT	3,5	13,5	D130
VOISEY	5	18,5	D460 D123
MELAY	2,5	21	D124B
FRESNES-SUR APANCE	7	28	D124 D5A
SENAIDE	4	32	D5A D1
BOURBONNE-LES-BAINS	4	36	CV

Beauxharmoy
Source de la Meuse
Apance
CHAUMON
D 417
Damrémont
Bois des Epinaies
BOURBONNE-LES-BAINS
D 460
CV
Senaide
D 1
Lironcourt
Saône
Châtillon-sur-Saône
D 417
LUXEUIL-LES-BAINS
Fresnes-sur-Apance
D 417
Apance
Parc animalier de la Bannie
D 26
D 5a
Enfonvelle
Laneuvelle
D 158
Coiffy-le-Bas
D 130
Coiffy-le-Haut
D 130
D 130
les Granges-Huguet
les Granges-du Val
Montcharvot
D 460
D 123
D 124
D 124b
Voisey
Melay
D 5a
Bois de Cheeaux
Forêt de Voisey
D 460
Blondefontaine
TAPEZ PETITFUTE.APP DANS LE NAVIGATEUR DE VOTRE SMARTPHONE. PRENEZ UNE PHOTO DE LA PAGE ET OBTENEZ
LE TRACÉ GPX
DE LA CARTE
N
O
E
S
0
1 Km
Route principale
Route secondaire
Circuit vélo
Départ

LES QUATRE FILS AYMON ET LA ROCHE À 7 HEURES (ARDENNES)

- **Itinéraire :** Les Quatre Fils Aymon et La Roche à 7 Heures
- **Total :** 36 km
- **Durée :** de 2 heures 45 à 3 heures 35, entre 20 et 10 km/h
- **Difficulté :** côtes, assez vallonné.
- **Dénivelé positif :** 420 m

LIEUX	Km partiel	Km cumul	Routes
BOGNY-SUR-MEUSE	0	0	D1
MONTHERMÉ	3,5	3,5	D1
LA ROCHE À 7 HEURES	4	7,5	D989 RF
MONTHERMÉ	4	11,5	RF D989
DEVILLE	4,5	16	D1
SÉCHEVAL	4,5	20,5	D31 D140
NOUZONVILLE	9,5	30	D88 D989 D22
BOGNY-SUR-MEUSE	6	36	D1

TAPEZ PETITFUTE.APP DANS LE NAVIGATEUR DE VOTRE SMARTPHONE. PRENEZ UNE PHOTO DE LA PAGE ET OBTENEZ
LE TRACÉ GPX DE LA CARTE
La Roche à 7 heures
Forêt Domaniale de Château-Regnault
Forêt des Ardennes
les Mazures
Monthermé
Longue Roche
Deville
Thilay
Tournavaux
Haulmé
Rocher aux Sept Villages
Rocher des Quatre Fils Aymon
Levrézy
Château Regnault
BOGNY-SUR-MEUSE
Braux
Sécheval
Lac des Vieilles Forges
Meuse
RENWEZ
Rocher des Grands Ducs
Joigny-sur-Meuse
Meillier-Fontaine
Montcornet
Arreux
Nouzonville
Neufmanil
CHARLEVILLE-MÉZIÈRES
D 1
D 31
D 88
D 988
D 989
D 140
D 22
Route principale
Route secondaire
Circuit vélo
Départ
N
O
E
S
0
1 km

LES QUATRE VALLÉES DE LA CHAMPAGNE TROYENNE (AUBE)

- **Itinéraire :** Les Quatre Vallées de la Champagne troyenne
- **Total :** 83,5 km
- **Durée :** de 4 heures 10 à 8 heures 20, entre 20 et 10 km/h
- **Difficulté :** assez plat, sans difficulté.
- **Dénivelé positif** : 230 m

LIEUX	Km partiel	Km cumul	Routes
TROYES	0	0	Centre-ville N71
PONT-SAINTE MARIE	2,5	2,5	D960
CERNAY-PRÈS-TROYES	2,5	5	D5
LUYÈRES	8	13	D5
FONTAINE-LUYÈRES	5,5	18,5	D8
CHARMONT-SOUS-BARBUISSE	1	19,5	D8
MONTSUZAIN	4,5	24	D8
MONTARDOISE	5	29	D9
MESNIL-LA-COMTESSE	4	33	D9
SAINT-NABORD-SUR-AUBE	3,5	36,5	D9
VINETS	2	38,5	D9
ISLE-AUBIGNY	0,5	39	D56
RAMERUPT	2	41	D56
ROMAINES	1,5	42,5	D56
DOMMARTIN-LE-COQ	3	45,5	D56
SAINTE-THUISE	3	48,5	D133
COCLOIS	2	50,5	D133
AVANT-LÈS-RAMERUPT	4,5	55	D5
LONGSOLS	1,5	56,5	D48
ONJON	3,5	60	D48
BOUY-LUXEMBOURG	3	63	D48
ASSENCIÈRES	5	68	D100
LUYÈRES	2,5	70,5	D8
CERNAY-PRÈS-TROYES	8	78,5	D5
PONT-SAINTE MARIE	2,5	81	D5
TROYES	2,5	83,5	D960

PARCOURS GPX
TAPEZ PETITFUTE.APP DANS LE NAVIGATEUR DE VOTRE SMARTPHONE. PRENEZ UNE PHOTO DE LA PAGE ET OBTENEZ
LE TRACÉ GPX
DE LA CARTE
CHÂLON-EN-CHAMPAGNE
Lhuître
N
O
E
S
0 1 Km
Dampierre
D 10
Ormes
le Chêne
Aube
D 56
NOGENT-SUR-SEINE
D 441
Torcy-le-Grand
Torcy-le-Petit
St-Nabord-sur-Aube
Vinets
Isle-Aubigny
D 56
D 48
Vaucogne
Villette-sur-Aube
Arcis-sur-Aube
Ramerupt
Ortillon
Vaupoisson
Dommartin-le-Coq
Nozay
D 31
A 26
N 77
D 9
Aube
D 56
D 56
St-Étienne-sous-Barbuise
Chaudrey
D 441
Morembert
Mesnil la-Comtesse
D-8
Nogent-sur-Aube
D 75
St-Remy-sous-Barbuise
Brillecourt
Coclois
Voué
Mesnil-Lettre
D 5
la Harmande
Magnicourt
D 9
Avant-lès-Ramerupt
Pougy
Montsuzain
D 148
Longsols
D 8
Aubeterre
Charmont-sous-Barbuise
D 48
Val-d'Auzon
Berbuise
BRIENNE-LE-CHÂTEAU
Feuges
Onjon
D 960
Auzon
D 8
Luyères
Brantigny
A 26
Bouy-Luxembourg
Vailly
D 8
D 100
Piney
D 11
Villiers-le-Brûlé
Assencières
N 77
D 5
D 960
Rouilly-Sacey
LA CHAPELLE-ST-LUC
D 1
Mesnil-Sellières
Lavau
Creney-près-Troyes
Rosson
Dosches
Pont-Sainte-Marie
Villechétif
Bouranton
Géraudot
D 43
Saint-Parres-aux-Tertres
Laubressel
Seine
TROYES
Thennelières
Autoroute
Route principale
Route secondaire
Circuit vélo
Départ
Ruvigny
N 19
Courteranges
Rouilly-Saint Loup
Lusigny-sur-Barse
A5, PARIS, DIJON

LES TROIS LACS ET LA FORÊT D'ORIENT (AUBE)

- **Itinéraire :** Les trois lacs et la forêt d'Orient
- **Total :** 60 km
- **Durée :** de 3 à 6 heures, entre 20 et 10 km/h
- **Difficulté :** sans difficulté.
- **Dénivelé positif** : 180 m

LIEUX	Km partiel	Km cumul	Routes
DIENVILLE	0	0	D443
RADONVILLIERS	2	2	D443 D11
CHANTEMERLE	0,5	2,5	D11
LA LOGE-AUX-CHÈVRES	12	14,5	CV RF
GÉRAUDOT	6	20,5	D79 D43
LUSIGNY-SUR-BARSE	9	29,5	D1G
LARIVOUR	3	32,5	D1
GÉRAUDOT	7	39,5	D1
BRÉVONNES	10	49,5	D43 D50
L'ÉTAPE	5	54,5	D11
CHANTEMERLE	3	57,5	D11
RADONVILLIERS	0,5	58	D11
DIENVILLE	2	60	D11 D443

TAPEZ PETITFUTE.APP
DANS LE NAVIGATEUR
DE VOTRE SMARTPHONE.
PRENEZ UNE PHOTO DE LA PAGE
ET OBTENEZ
LE TRACÉ GPX
DE LA CARTE
PARCOURS GPX
Route principale
Route secondaire
Circuit vélo
Départ
N
E
S
O
0
1 Km
Dienville
Unienville
Radonvilliers
Chantemerle
Mathaux
l'Etape
Brévonnes
Villiers-le-Brûlé
Brantigny
Piney
Géraudot
Rouilly
Rosson
Dosches
Larivour
Lusigny-sur-Barse
Vauchonvilliers
la Loge-aux-Chèvres
Aube
Lac Amance
Lac du Temple
Lac d'Orient
Forêt d'Orient
Forêt de Larivour
Canal de Morge
ROUEN
BRIENNE-LE-CHÂTEAU
TROYES
TROYES
VENDEUVRE-SUR-BARSE
D 11
D 11
D 11
D 11
D 443
D 4
RF
RF
D 79
D 79
D 50
D 43
D 1
D 1
D 1g
D 960

SAINT-DIÉ-DES-VOSGES – COL DE MANDRAY

(VOSGES)

- **Itinéraire :** Saint-Dié-des-Vosges – Col de Mandray
- **Total :** 43 km
- **Durée :** de 3 heures à 5 heures 30, entre 20 et 10 km/h
- **Difficulté :** facile avec le passage d'un col. Circuit empruntant des pistes cyclables.
- **Dénivelé positif** : 430 m

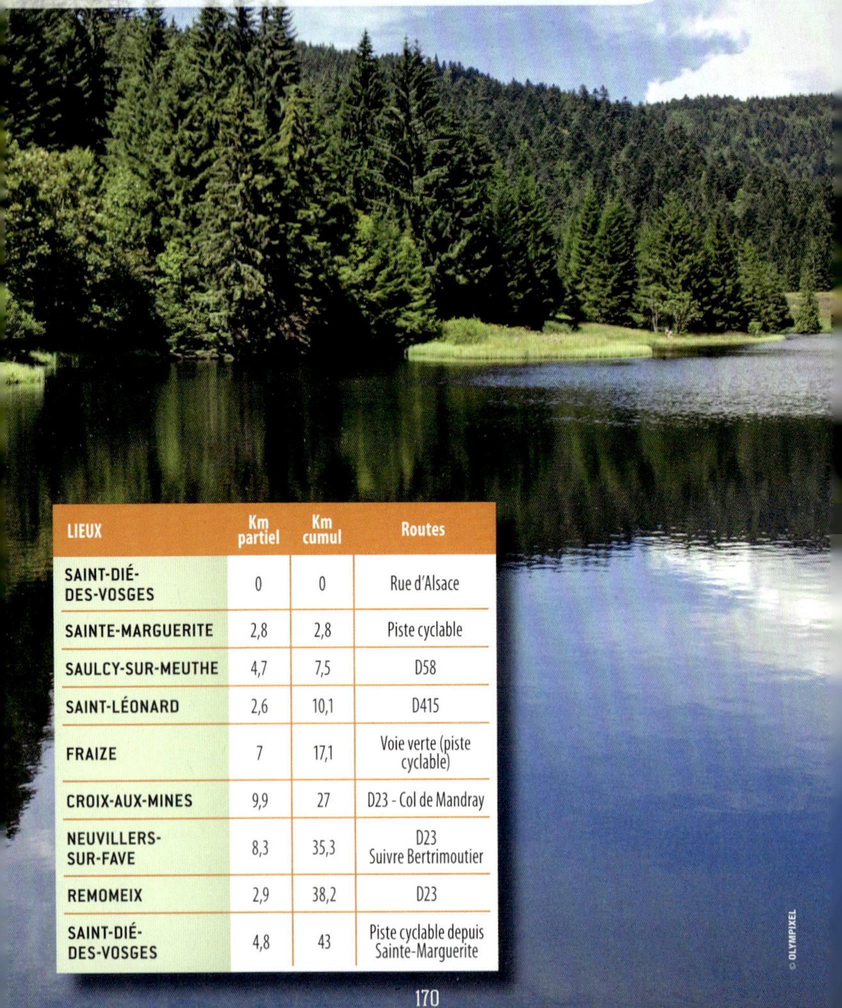

LIEUX	Km partiel	Km cumul	Routes
SAINT-DIÉ-DES-VOSGES	0	0	Rue d'Alsace
SAINTE-MARGUERITE	2,8	2,8	Piste cyclable
SAULCY-SUR-MEUTHE	4,7	7,5	D58
SAINT-LÉONARD	2,6	10,1	D415
FRAIZE	7	17,1	Voie verte (piste cyclable)
CROIX-AUX-MINES	9,9	27	D23 - Col de Mandray
NEUVILLERS-SUR-FAVE	8,3	35,3	D23 Suivre Bertrimoutier
REMOMEIX	2,9	38,2	D23
SAINT-DIÉ-DES-VOSGES	4,8	43	Piste cyclable depuis Sainte-Marguerite

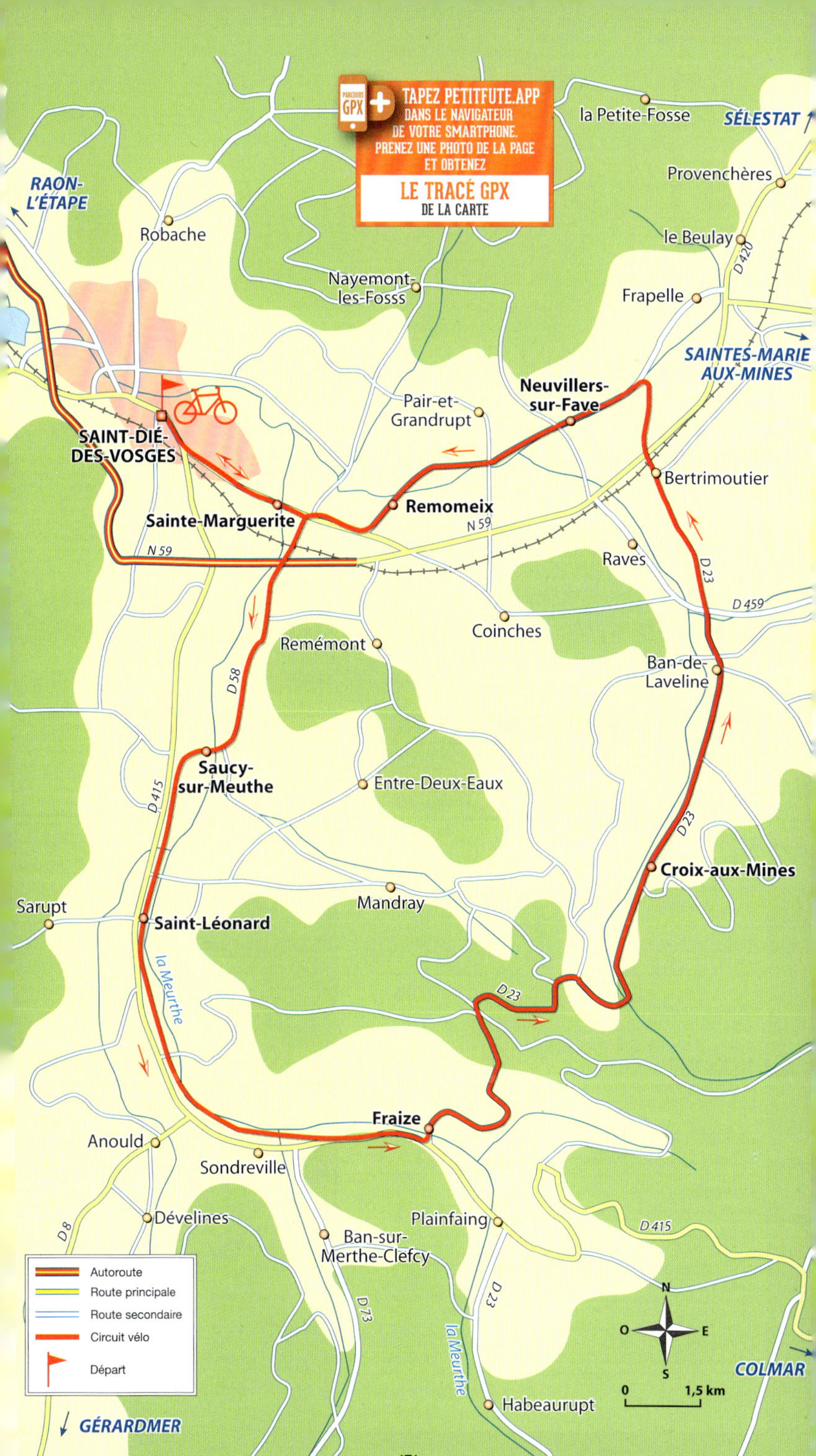
TAPEZ PETITFUTE.APP
DANS LE NAVIGATEUR
DE VOTRE SMARTPHONE.
PRENEZ UNE PHOTO DE LA PAGE
ET OBTENEZ
LE TRACÉ GPX
DE LA CARTE
GPX
RAON-L'ÉTAPE
Robache
Nayemont-les-Fosss
la Petite-Fosse
SÉLESTAT
Provenchères
le Beulay
D 420
Frapelle
SAINTES-MARIE AUX-MINES
Neuvillers-sur-Fave
Pair-et-Grandrupt
SAINT-DIÉ-DES-VOSGES
Bertrimoutier
Remomeix
Sainte-Marguerite
N 59
N 59
Raves
D 23
D 459
Coinches
Remémont
Ban-de-Laveline
D 58
Saucy-sur-Meuthe
Entre-Deux-Eaux
D 415
D 23
Croix-aux-Mines
Sarupt
Mandray
Saint-Léonard
la Meurthe
D 23
Fraize
Anould
Sondreville
Plainfaing
Dévelines
D 8
Ban-sur-Merthe-Clefcy
D 415
D 73
D 23
la Meurthe
Autoroute
Route principale
Route secondaire
Circuit vélo
Départ
N
O
E
S
0
1,5 km
COLMAR
Habeaurupt
GÉRARDMER

SARREBOURG, AU FIL DES ÉTANGS (MOSELLE)

- **Itinéraire :** Sarrebourg, au fil des étangs
- **Total :** 75 km
- **Durée :** de 3 heures 45 à 7 heures, entre 20 et 10 km/h
- **Difficulté :** facile à moyen. Petites routes vallonnées. Possibilité de raccourcir le circuit via la voie verte Étang du Stock.
- **Dénivelé positif :** 442 m

LIEUX	Km partiel	Km cumul	Routes
SARREBOURG	0	0	Musée des Pays de Sarrebourg
HAUT-CLOCHER	4,6	4,6	D27
DIANE-CAPELLE	8	12,6	D27 Langatte Kerprich-aux-Bois
GONDREXANGE	5,6	18,2	D955 Direction étang de Gondrexange
RÉCHICOURT-LE-CHATEAU	7,8	26	D89
RHODES	13,8	39,8	D91 D955 D95C
FRIBOURG	3,2	43	D95
GUERMANGE	5,8	48,8	D91 Traverser Desseling
BELLES-FORÊTS	6,5	55,3	D93
GOSSELMING (OU OPTION : RETOUR PAR LA VOIE VERTE)	9,7	65	D93 Direction Saint-Jean-de-Bassel
SARREBOURG	10	75	D95A via Dolving D27 via Haut-Clocher

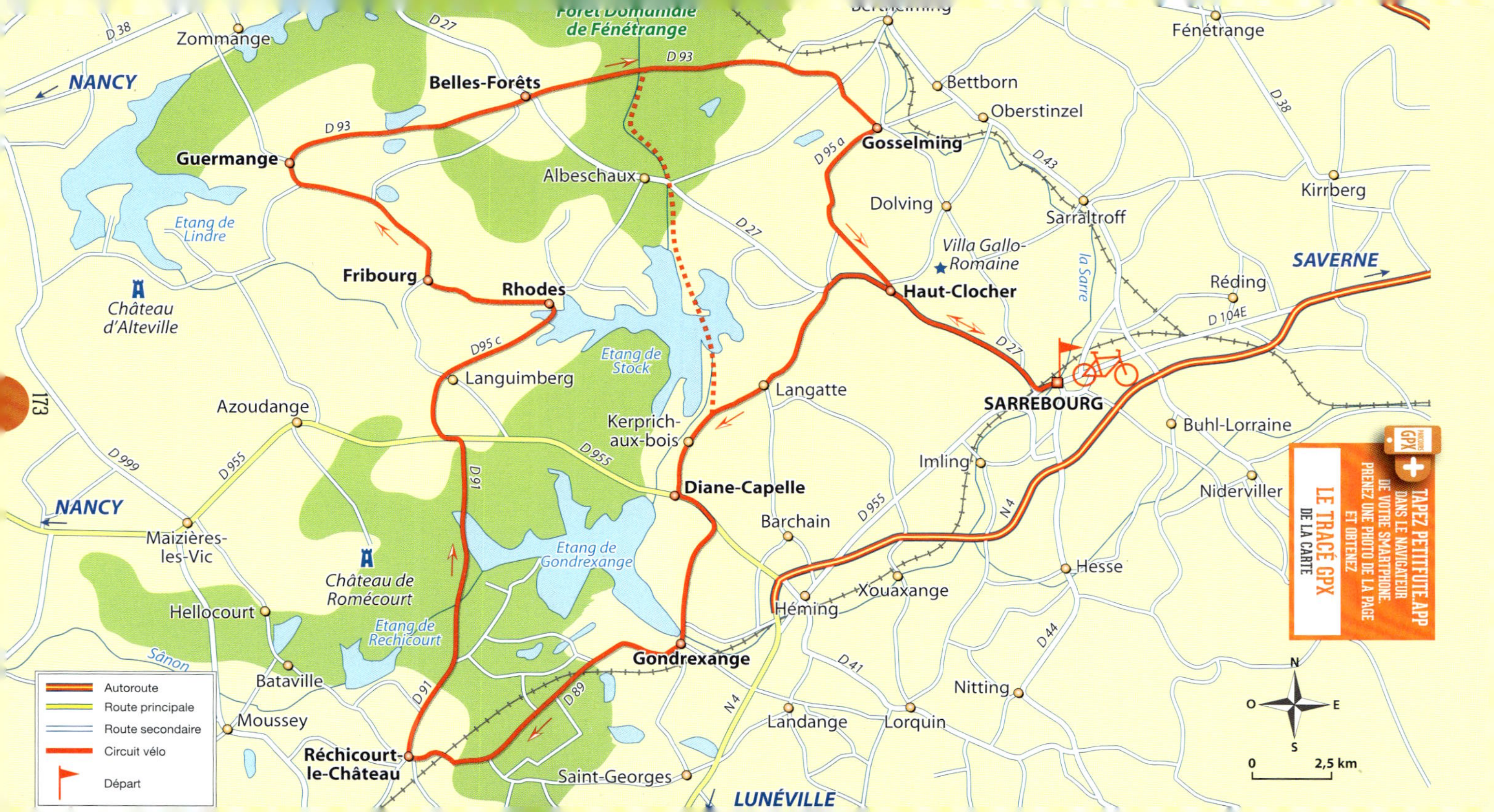
TAPEZ PETITFUTE.APP
DANS LE NAVIGATEUR DE VOTRE SMARTPHONE. PRENEZ UNE PHOTO DE LA PAGE ET OBTENEZ
LE TRACÉ GPX
DE LA CARTE
PARCOURS GPX
Forêt Domaniale de Fénétrange
Zommange
NANCY
Belles-Forêts
Guermange
Albeschaux
Etang de Lindre
Fribourg
Rhodes
Château d'Alteville
Etang de Stock
Languimberg
Azoudange
Kerprich-aux-bois
Diane-Capelle
Maizières-les-Vic
Château de Romécourt
Etang de Gondrexange
Hellocourt
Etang de Réchicourt
Sânon
Gondrexange
Bataville
Moussey
Réchicourt-le-Château
Saint-Georges
LUNÉVILLE
Gosselming
Bettborn
Oberstinzel
Dolving
Sarraltroff
Villa Gallo-Romaine
la Sarre
Haut-Clocher
SARREBOURG
Langatte
Imling
Barchain
Héming
Xouaxange
Landange
Lorquin
Nitting
Hesse
Buhl-Lorraine
Niderviller
Réding
SAVERNE
Kirrberg
Fénétrange
D 38
D 27
D 93
D 95 a
D 43
D 104E
D 95 c
D 955
D 999
D 91
D 89
D 41
D 44
N 4
N
O
E
S
0
2,5 km
Autoroute
Route principale
Route secondaire
Circuit vélo
Départ

TOUL – LES CÔTES DU TOULOIS
(MEURTHE-ET-MOSELLE)

- **Itinéraire :** Toul – Les côtes du Toulois
- **Total :** 74,3 km
- **Durée :** de 3 heures 30 à 7 heures 30, entre 20 et 10 km/h
- **Difficulté :** facile à moyen avec quelques dénivelés.
- **Dénivelé positif** : 420 m

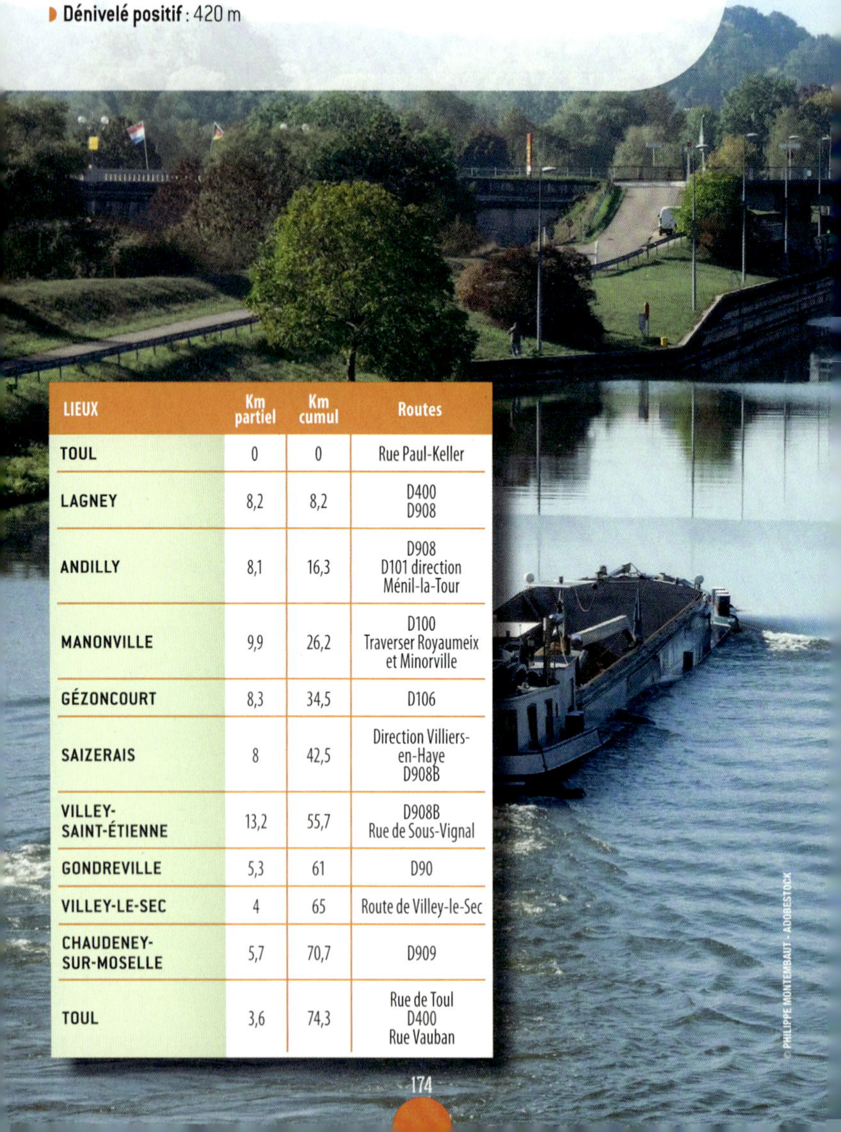

LIEUX	Km partiel	Km cumul	Routes
TOUL	0	0	Rue Paul-Keller
LAGNEY	8,2	8,2	D400 D908
ANDILLY	8,1	16,3	D908 D101 direction Ménil-la-Tour
MANONVILLE	9,9	26,2	D100 Traverser Royaumeix et Minorville
GÉZONCOURT	8,3	34,5	D106
SAIZERAIS	8	42,5	Direction Villiers-en-Haye D908B
VILLEY-SAINT-ÉTIENNE	13,2	55,7	D908B Rue de Sous-Vignal
GONDREVILLE	5,3	61	D90
VILLEY-LE-SEC	4	65	Route de Villey-le-Sec
CHAUDENEY-SUR-MOSELLE	5,7	70,7	D909
TOUL	3,6	74,3	Rue de Toul D400 Rue Vauban

PONT-A-MOUSSON
Limey-Remenauville
D 958
Mamey
Jezainville
D 657
Flirey
COMMERCY
Noviant-aux-Prés
D 907
Bernécourt
Gézoncourt
Dieulouard
D 106
D 100
Manonville
D 10
D 611
Ansauville
D 907
D 100
Tremblecourt
Rosières-en-Haye
D 904
D 907
Saizerai
Forêt Domaniale de la Reine
D 10
Mononcourt-en-Woëvre
D 908B
Andilly
Sanzey
Jaillon
la Moselle
D 90
Liverdun
D 101
D 10A
Bouvron
Francheville
Villey-Saint-Etienne
Lagney
D 904
Sexey-les-Bois
Lucey
D 611
Velaine-en-Haye
aneuville-errière-Foug
Bruley
D 908
Gondreville
A 31
NANCY
D 636
Écrouves
Forêt Domaniale de Haye
TOUL
D 909
AINT-IZIER
N 4
Villey-le-Sec
la Moselle
Chaudeney-sur-Moselle
D 121
omgermain
Pierre-la-Treiche
D 11
A 31
Sexey-aux-Forges
D 904
Autoroute
Route principale
Route secondaire
Circuit vélo
Départ
PARCOURS GPX
TAPEZ PETITFUTE.APP DANS LE NAVIGATEUR DE VOTRE SMARTPHONE. PRENEZ UNE PHOTO DE LA PAGE ET OBTENEZ
LE TRACÉ GPX DE LA CARTE
N
O
E
S
0
2 km

VITTEL, ROUTE THERMALE (VOSGES)

- **Itinéraire :** Vittel, route thermale
- **Total :** 68 km
- **Durée :** de 3 heures 30 à 7 heures, entre 20 et 10 km/h
- **Difficulté :** facile à moyen. Petites routes vallonnées.
- **Dénivelé positif** : 350 m

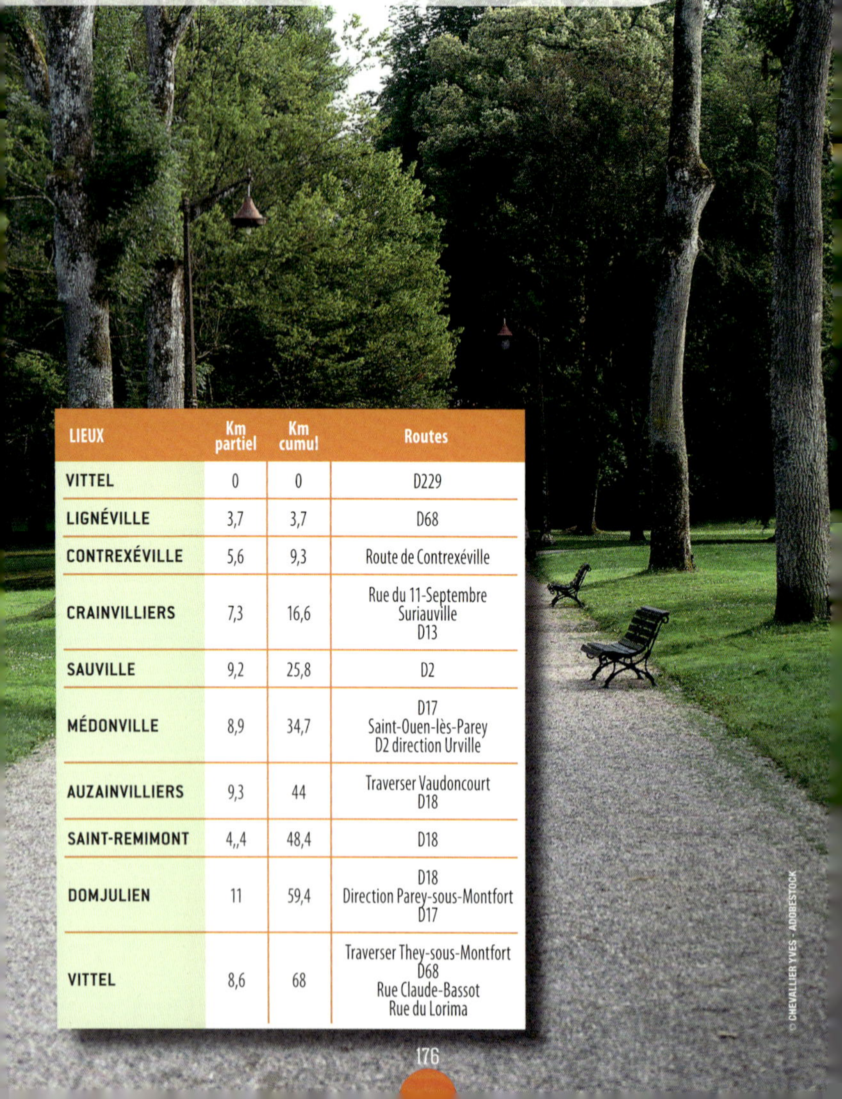

LIEUX	Km partiel	Km cumul	Routes
VITTEL	0	0	D229
LIGNÉVILLE	3,7	3,7	D68
CONTREXÉVILLE	5,6	9,3	Route de Contrexéville
CRAINVILLIERS	7,3	16,6	Rue du 11-Septembre Suriauville D13
SAUVILLE	9,2	25,8	D2
MÉDONVILLE	8,9	34,7	D17 Saint-Ouen-lès-Parey D2 direction Urville
AUZAINVILLIERS	9,3	44	Traverser Vaudoncourt D18
SAINT-REMIMONT	4,,4	48,4	D18
DOMJULIEN	11	59,4	D18 Direction Parey-sous-Montfort D17
VITTEL	8,6	68	Traverser They-sous-Montfort D68 Rue Claude-Bassot Rue du Lorima

NEUFCHÂTEAU
ÉPINAL
LANGRES
VAL-DE-MEUSE
Domjulien
Estrennes
Saint-Remimont
Dombrot-sur-Vair
Belmont-sur-Vair
Ollainville
Sandaucourt
Lemmecourt
Château
Beaufremont
Hagnéville-et-Roncourt
Auzainvilliers
Morville
They-sous-Montfort
la Neuveville-sous-Montfort
Mandres-sur-Vair
Norroy
Sainte-Anne
VITTEL
Outrennecourt
Médonville
Malaincourt
Bulgnéville
Lac de la Folie
Outrancourt
Saulxures-les-Bulgnéville
Urville
Saint-Ouen-les-Parey
Contrexéville
Lignéville
Valleroy-le-Sec
Monthureux-le-Sec
Suriauville
Sauville
la Vacheresse-et-la-Rouillie
Crainvilliers
Dombrot-le-Sec
Saint-Baslemont
Relanges
l'Anger
le Vair
D 2
D 3
D 13
D 17
D 18
D 68
D 164
D 165
D 429
A 31
Autoroute
Route principale
Route secondaire
Circuit vélo
Départ
N
O
E
S
0
2 km
GPX
TAPEZ PETITFUTE.APP
DANS LE NAVIGATEUR
DE VOTRE SMARTPHONE.
PRENEZ UNE PHOTO DE LA PAGE
ET OBTENEZ
LE TRACÉ GPX
DE LA CARTE

WISSENBOURG – BARBEROUSSE (BAS-RHIN)

- **Itinéraire :** Wissembourg – Barberousse
- **Total :** 67,2 km
- **Durée :** de 4 heures à 6 heures 30, entre 20 et 10 km/h
- **Difficulté :** facile à moyen. L'itinéraire emprunte pistes cyclables et petites routes.
- **Dénivelé positif :** 487 m

LIEUX	Km partiel	Km cumul	Routes
WISSEMBOURG	0	0	Avenue de la Gare (D3)
RIEDSELTZ	4,7	4,7	D264
SEEBACH	5	9,7	D34 ou piste cyclable
RITTERSHOFFEN	10,6	20,3	D245 D52
BETSCHDORF	4,2	24,5	D243 ou piste cyclable
SOULTZ-SOUS-FORÊTS	6,5	31	D243 Rue du Lin, direction Reimerswiller
WOERTH	11,4	42,4	D28
LEMBACH	8,4	50,8	D27 ou piste cyclable
DRACHENBRONN	7,3	58,1	D65
WISSEMBOURG	9,1	67,2	Route des Vosges D77

© PACKSHOT - ADOBESTOCK

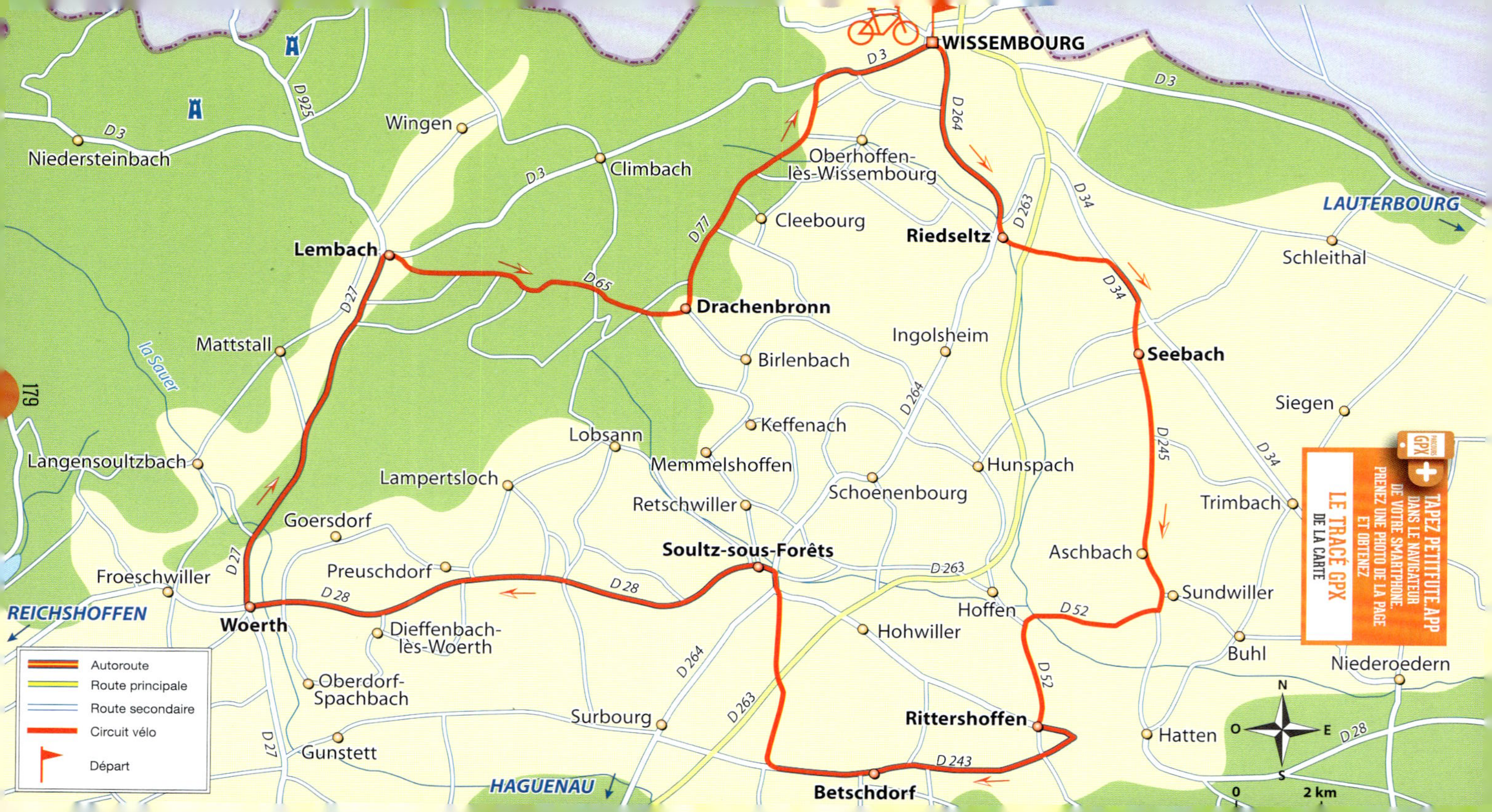
TAPEZ PETITFUTE.APP
DANS LE NAVIGATEUR
DE VOTRE SMARTPHONE.
PRENEZ UNE PHOTO DE LA PAGE
ET OBTENEZ
LE TRACÉ GPX
DE LA CARTE
PARCOURS GPX
WISSEMBOURG
LAUTERBOURG
REICHSHOFFEN
HAGUENAU
Niedersteinbach
Wingen
Climbach
Lembach
Mattstall
la Sauer
Langensoultzbach
Froeschwiller
Woerth
Goersdorf
Lampertsloch
Lobsann
Preuschdorf
Dieffenbach-lès-Woerth
Oberdorf-Spachbach
Gunstett
Surbourg
Oberhoffen-lès-Wissembourg
Cleebourg
Drachenbronn
Birlenbach
Keffenach
Memmelshoffen
Retschwiller
Soultz-sous-Forêts
Hohwiller
Betschdorf
Rittershoffen
Hoffen
Schoenenbourg
Hunspach
Ingolsheim
Riedseltz
Seebach
Aschbach
Sundwiller
Buhl
Hatten
Niederoedern
Trimbach
Siegen
Schleithal
D 3
D 925
D 27
D 65
D 77
D 264
D 263
D 34
D 245
D 52
D 243
D 28
N
O
E
S
0
2 km
Autoroute
Route principale
Route secondaire
Circuit vélo
Départ

ALSACE DESTINATION TOURISME

1, place du Qur Blanc
STRASBOURG
www.alsace-destination-tourisme.com

Alsace Destination Tourisme offre une multitude d'informations et de bons plans pour préparer son séjour le temps d'un week-end, voire plus, entre amis ou en famille. N'hésitez pas jeter un œil sur le site Internet dans la rubrique « Alsace à vélo », vous y trouverez de nombreux circuits à vélo et à VTT pour tous les niveaux, avec des fiches détaillées à télécharger. Le département offre plus de 650 km de pistes cyclables et de routes pour la randonnée cyclotouristique.

CHAMPAGNE À VÉLO

Parc des Loisirs Roger-Menu
EPERNAY
www.pays-champagne-velo.fr

Partez à la découverte du Pays de Champagne à vélo : son vignoble, son art de vivre, ses villages de caractère. Le long des itinéraires balisés ou dans vos excursions en toute liberté, vous recevez un accueil privilégié par des professionnels s'engageant à répondre à vos besoins. L'association du Pays de Champagne à vélo vous offre une multitude de services tels que la location de vélo (VTT, VTC ou route), des hébergements, un accompagnateur, des visites insolites ou culturelles... Vous pourrez opter pour la formule Cap-Aventures, « Au cœur des vignes », etc.

ASSOCIATION BALLAST

14, chemin des Perce-Neige - **CORNIMONT**
✆ 06 37 76 56 47
http://association.ballast.free.fr/

Trêve hivernale. Réouverture au printemps. Atelier vélo ouvert à cette période tous les samedis de 14h à 18h ou sur RV.

L'association Ballast anime la Voie Verte des Hautes Vosges, le premier week-end de juin en organisant un festival culturel, sans voiture, au rythme des vélos, et qui connaît un succès grandissant. Ballast organise également des sorties découvertes. C'est l'occasion d'admirer le patrimoine, les paysage ou encore la flore en vélo et en calèche, des balades en vélo-taxi sont également possibles pour les personnes âgées ou handicapées. Si vous avez l'occasion d'être en vacances à la même époque que le festival, n'hésitez pas à découvrir cette fête du vélo insolite !

CLUB VTT DU TOULOIS

33, rue de Chanzy
BRULEY
✆ 07 83 91 35 95

Créé par des passionnées de cyclisme en 1998 le club vtt du Toulois a pour but de partager l'amour du vélo, mais aussi celui de la nature, avec une découverte des forêts du Toulois ou le gravissement des côtes de Toul pour les purs et durs. Mais la pratique du vtt, et du cyclisme sur route, se veut également familiale, avec des sorties pour enfants et adultes, ou la découverte du trial. Le club organise aussi La Gaillarde, une sortie pour les randonneurs (15 km), les vététistes (15, 30 et 40 km) et pour les cyclistes sur route (50 km) tous les ans.

CADRES

12, Au-Werb - **COLMAR**
✆ 06 72 81 83 02
www.cadrescolmar.org

Membre de la Fédération Française des Usagers de la Bicyclette. Adhésion : 3 € + don de 15 à 30 € ou plus.

Cette association des cyclistes, défend les droits des usagers et œuvre pour l'amélioration des pistes cyclables actuelles et la création de nouvelles voies dédiées aux deux-roues et de parkings sécurisés et couverts. Le CADRes (Cyclistes Associés pour le Droit de Rouler en sécurité) organise de nombreuses activités sur Colmar et ses environs. Bon à savoir : une vélo-école destinée aux adultes est mise en place, à raison d'une séance hebdomadaire (les vélos sont fournis). Pour plus d'informations, n'hésitez pas à consultez le site Internet !

COMITÉ DÉPARTEMENTAL CYCLOTOURISME ARDENNES

18, rue de la Gare
AUVILLERS-LES-FORGES
✆ 03 24 37 02 14

Le portail du Comité départemental de cyclotourisme des Ardennes délivre toutes les informations utiles pour partir à la découverte des Ardennes au travers de sa culture, son patrimoine, sa nature et ses activités de loisirs. N'hésitez pas à consulter la liste des randonnées et manifestations à vélo dans la région. Une charte de qualité appelée « Ardennes à vélo » a été lancée en 2009. Ce label garantit des services adaptés aux besoins du cyclotouriste.

COMITÉ DÉPARTEMENTAL DE CYCLOTOURISME MOSELLE

1, impasse des Myosotis - **SEINGBOUSE**
www.ffct-moselle.org
Événements toute l'année.

Retrouvez les circuits cyclotourisme sur le site Internet : www.mosl-tourisme.fr et au dos de la carte Moselle touristique disponible sur demande (03 87 37 57 80). Voici quelques circuits que nous avons testés. Ils sont de difficultés adaptées à tous. Le Circuit des Jardins, difficulté facile à moyenne. Les plus sportifs opteront pour le circuit dans l'arrière-pays de Pange. On a également apprécié le Circuit de la Sarre, les Circuits de Sarreguemines et celui du Chêne des Moines.

COMITÉ DÉPARTEMENTAL HAUT RHIN CYCLOTOURISME

✆ 03 89 57 77 14
www.cd-68-ffc.fr

Le Comité Départemental de Cyclotourisme du Haut-Rhin est une association qui fédère tous les clubs de cyclotourisme FFCT. Le Haut-Rhin rassemble une vingtaine d'associations, représentant près de 1 200 adhérents. C'est dire si l'activité est présente en Alsace, avec une cinquantaine de manifestations à date fixe, et une quinzaine de randonnées permanentes, aussi bien pour les touristes que les amateurs de VTT. Retrouvez toutes les dates à ne pas manquer sur leur site.

COMITÉ DÉPARTEMENTAL TOURISME MEUSE

28, rue des Romains
BAR-LE-DUC
✆ 03 29 45 78 40
www.tourisme-meuse.com
Ouvert du lundi au vendredi de 9h à 12h et de 14h à 17h.

Le Comité départemental de tourisme de la Meuse dédie un espace à la pratique du vélo où vous retrouverez des idées de circuits vélo, des renseignements utiles, des manifestations... Vous trouverez une quinzaine de circuits vélo accessibles à tous. C'est un maillage de petites routes alternant forêts, cultures et pâtures ainsi que des circuits de tous niveaux, les plus ardus cumulant plus de 1 000 mètres de dénivelés, d'autres parcourant plaines et vallée.

CONSEIL DÉPARTEMENTAL DES VOSGES

8, rue de la Préfecture - **EPINAL** ✆ 03 29 82 02 14
www.tourisme.vosges.fr
Du 01/07 au 31/08 : du lundi au samedi 9h-19h, dimanche 10h30-15h30. Du 01/09 au 30/06 : 9h-12h30 et 13h30-18h.

Si vous souhaitez « Voir la Vie en Vosges » et quelle que soit la saison, alors... Bienvenue dans les Vosges ! Que votre séjour soit consacré au ski, à la randonnée, au bien-être, au thermalisme, aux loisirs, à la culture ou au patrimoine, vous trouverez sur le territoire une multitude d'animations, d'idées « découverte » et un choix d'hébergements adaptés à votre attente. Préparer votre séjour sera un jeu d'enfant grâce au site Internet. Vous pourrez commander les catalogues en ligne.

MAISON DU VÉLO

3, avenue Leclerc de Hauteclocque - **METZ**
✆ 03 55 80 92 91
www.metzavelo.fr
Ouvert du mardi au vendredi de 14h à 18h ; le samedi de 9h à 12h30 et de 13h30 à 18h.

Leur objectif ? « Promouvoir l'usage du vélo dans l'agglomération messine ». Cette association promeut ainsi de nombreux évènements via leurs réseaux sociaux et leur site. Ils vous indiqueront également les pistes cyclables à emprunter et à éviter. De plus, la Maison du Vélo propose également des ateliers dont certains de ventes de vélos et prend également la forme d'une école de vélo pour enseigner ou rappeler comment pédaler. Enfin, les balades sont à ne pas manquer. Elles sont organisées en partenariat avec Chouettes Balades et ont lieu toute l'année.

OFFICE DE TOURISME D'ÉPINAL

6, place Saint-Goëry - **EPINAL**
✆ 03 29 82 53 32
www.tourisme-epinal.com
Du lundi au vendredi 9h-12h30/13h30-18h. Samedi 9h-12h30/14h-17h. Dimanche 10h30-14h. Saison haute en journée continue

C'est une équipe sympathique qui vous accueille toute l'année et vous informe sur le territoire d'Épinal et de son agglomération : documentation touristique, hébergement, itinéraires vélo et randonnée... En été, des visites guidées de la ville et du centre historique sont destinées aux particuliers. Les groupes peuvent solliciter ce service toute l'année. Il existe par ailleurs un service de réservation hôtelières et de restauration. Une étape obligatoire pour les visiteurs !

PRENONS LE GUIDON

3 bis, rue des Bateliers - **MONTIGNY-LÈS-METZ**
© 06 12 80 21 17
www.prenonsleguidon.fr
D'avril à octobre mercredi, vendredi et samedi 10h-18h ; de novembre à mars 13h-17h. Adhésion pour un an : 20 €.

Prenons le guidon met le vélo à l'honneur ! Une équipe de passionnés a créé l'association afin de recycler, réparer et promouvoir le vélo sous toutes ses formes. Outre le fait d'acheter des vélos de seconde main et des pièces à petits prix, elle apporte son savoir-faire afin de permettre aux adhérents d'apprendre les rouages en mécanique. Dans un cadre convivial, vous pourrez apprendre à régler les freins, poser des accessoires... L'atelier est libre d'accès pendant les heures d'ouverture à tous les membres. Possibilité de leur donner vos vieux vélos.

TOURISME ALSACE

1, rue Camille Schlumberger
COLMAR
© 03 89 20 10 68
www.visit.alsace
Ouvert du lundi au samedi de 9h à 17h.

Vous saurez tout sur l'Alsace ! Le site Internet du Comité Régional du Tourisme d'Alsace propose des informations riches, complètes et de qualité aux visiteurs, mettant à disposition toute l'offre touristique de la région. Vous y retrouverez un grand nombre de prestataires référencés, et triés par catégorie (hébergements, patrimoine et culture, gastronomie, agences de voyages, tour opérateurs, etc.). De plus, vous pourrez y découvrir l'Alsace en images grâce à de nombreux reportages video. La rubrique « Préparer » vous permettra aussi de prévoir votre séjour.

VELO CANAUX DODO

www.velocanauxdodo.fr

Découvrez le site vélo-canaux-dodo où toutes les informations pratiques pour organiser une randonnée à vélo le long des voies d'eau, voies vertes et véloroutes en France. Vous y trouverez tout ce qu'il y a à savoir sur les itinéraires, variantes, transports (en train par exemple), patrimoine, gites et couverts... Ce site est simplement destiné à faire partager expériences avec d'autres « vélo canaux randodonneurs ». Il n'est cependant plus très actif dans son ajout d'articles mais vous apportera de bons conseils malgré tout...

VÉLO VISAVIS

SARREGUEMINES
© 03 87 98 80 81
www.velovisavis.eu
Accès libre.

Ce réseau cyclo-touristique entre la France et l'Allemagne comprend plus de 330 km d'itinéraires cyclables. Il permet de relier plusieurs sites touristiques de Moselle Est et de la Sarre, tel que le musée La Mine au Carreau Wendel, le parc archéologique Bliesbruck-Reinheim, le circuit de la Faïence à Sarreguemines, le centre ville historique de Sarrebruck ou encore les aciéries de Völklingen. Du côté français, les maisons touristiques de Sarreguemines, Forbach ou Sarralbe peuvent fournir aux *aficionados* du tourisme à deux roues toutes informations nécessaires.

2 RIVES 3 PONTS

HUNINGUE

www.2rives3ponts.eu

Piste cyclable accessible à tous.

À partir du coude du Rhin à Bâle, de nombreuses pistes cyclables sont offertes aux amateurs de vélos, telles que la Piste du Rhin (Véloroute Rhin), celle de la Vallée du Rhin, celle des Trois Frontières, celle de la Route verte à laquelle est reliée la piste Freiburg-Mulhouse ou l'EuroVelo6 Atlantique-mer Noire. Une belle variété de trajets au fil du Rhin, passant d'un pays à l'autre grâce à 3 ponts. Qu'il s'agisse de sportifs à vélo ou de familles, tous trouveront des itinéraires à leur convenance. Il y a même une piste de 10 km dédiée aux rollers !

CANAL ENTRE CHAMPAGNE ET BOURGOGNE

Découvrez la voie verte entre Champagne et Bourgogne. 224 kilomètres pour relier la Marne à la Saône, la Champagne à la Bourgogne. La voie verte emprunte le chemin de halage du canal de la Marne à la Saône, « canal entre Champagne et Bourgogne », de Vitry-le François à Langres, jusqu'à la limite de la Bourgogne. Chaque tronçon propose une liste d'adresses utiles. C'est un itinéraire idéal pour une découverte en famille. Ce sera l'occasion d'admirer un superbe patrimoine riche et varié.

BALADES 54

48, esplanade Jacques-Baudot - **NANCY**

✆ 03 83 94 58 54

www.meurthe-et-moselle.fr

Consulter le site pour les itinéraires de randonnées.

Élaboré par le Conseil départemental de Meurthe-et-Moselle, Balades 54 nous fait parcourir 326 itinéraires de randonnée pédestre et de VTT. Les idées ne manquent pas : lac de Pierre-Percée, les vignobles des côtes de Toul, les boucles de la Moselle pour arriver jusqu'aux remparts de Longwy signés Vauban. Et Nancy n'est pas en reste. L'appli Balades54 offre d'ailleurs aux adeptes de la marche et du vélo de quoi satisfaire leurs envies. Elle propose également des circuits à thème pour découvrir l'histoire et le patrimoine, les paysages, la faune et la flore. Top !

BASES VTT CAMPING LE FELSBERG

Rue en Verrerie

SAINT-AVOLD

✆ 03 87 92 75 05

saint-avold.fr

Ouvert toute l'année.

Au départ du Camping du Felsberg, six parcours de VTT permettent de découvrir le pays naborien par ses plus beaux chemins. Les circuits s'adressent à des cyclistes de tous niveaux et les deux premiers sont mêmes classés « très faciles ». Vous trouverez lors de ces balades tout ce qui fait l'originalité et l'attrait de la Moselle (forêt domaniale de Saint-Avold, vestiges de la ligne Maginot, traces du passé minier, lacs). Il est possible de louer des vélos et des casques à la base VTT.

CIRCUIT CYCLOTOURISTIQUE

90, rue Principale - **LORENTZEN**

✆ 03 88 00 40 39

www.tourisme.alsace-bossue.net

Horaires variables selon les saisons et formules : consulter le site Internet.

Ce circuit cyclotouristique est audio-vidéo-guidé par GPS. Une quarantaine de VTC enfants et adultes sont en location tout comme les PDA. Clipsé sur le guidon, le PDA est constitué d'un écran sur lequel on se localise et d'un haut-parleur qui vous fournit des indications de direction, des informations touristiques, naturalistes, historiques. Le guidage est accessible sur l'application « Alsace Bossue Tour » gratuitement, un module « itinéraires » référence l'ensemble des circuits et d'autres catégories existent comme « Où manger », « Où dormir », « Que faire ? ».

CIRCUITS VTT

DABO

Dabo offre aux amateurs de VTT des heures de randonnées toniques. Sept circuits, couvrant 100 kilomètres de tracés à partir du bourg ou du rocher Saint-Léon vous permettront de découvrir la région à votre rythme de façon écologique. Mais attention, la plupart de ces circuits ne conviendront pas aux enfants car ils présentent un fort dénivelé. Vous retrouverez toutes les informations nécessaires auprès des offices de tourisme du coin. Vous pourrez d'ailleurs y trouver une carte de randonnée, indispensable pour vos aventures !

CIRCUITS VTT

REMIREMONT ✆ 03 29 62 23 70
www.tourisme-remiremont-plombieres.com
Office de tourisme ouvert du lundi au samedi de 9h à 12h et de 14h à 18h. Les dimanches du 15/7 au 15/8 de 10h à 13h.

Remiremont et ses alentours possèdent de nombreux circuits VTT en forêt ou sur route. Plus de 1 000 km de sentiers sont balisés, et il y en a pour tous les niveaux. Le plus célèbre d'entre eux est la voie verte. Aménagée sur une ancienne voie ferrée, dans un magnifique cadre de verdure, la piste multi-activités rassemble les amateurs de course à pied et de cyclisme. Vous pourrez aussi y aller pour marcher ou faire du roller ! Rendez-vous à l'office de tourisme pour obtenir les guides des parcours VTT et, éventuellement, demander une randonnée vélo accompagnée.

OHL VÉLO ET OXYGÈNE VTT ET CYCLOTOURISME

10, rue Saint-Nicolas
SAVERNE
✆ 03 88 91 17 13
www.cycles-ohl-jouets.fr/
Ouvert lundi après-midi et du mardi au samedi toute la journée.

Depuis 1923, ce magasin historique vous propose, à Saverne, la vente, location et réparation de vos vélos, qu'ils soient de course, vtt, vtc, ville, enfants, ebike, tandems, etc. ou de karting et autres scooter (50-125 cc). Pour être complet, vous y trouverez également tous les accessoires nécessaires pour vous protéger, vous éclairer, gonfler, etc. Enfin, le magasin vend aussi des jouets, de quoi divertir toute la famille à domicile ou en plein air !

LE FIL BLEU DE L'ORNE

CLOUANGE
Ouvert toute l'année. Tous les jours. Gratuit.

À pied ou en vélo, le parcours balisé (accessible à tous les niveaux) de 23 km suit au plus près le cours de la rivière Orne. Paysage bucolique et aménagement judicieux vous permettront de découvrir cette ancienne vallée sidérurgique. Des passerelles ont été rénovées et d'autres créées pour vous conduire d'une rive à l'autre. Profitez de la beauté des lieux pour un arrêt pique-nique ou un instant de contemplation. Pour les amateurs de football, vous passerez non loin du stade de Jœuf où Platini a inscrit ses premiers buts. Vous voilà paré pour une jolie balade.

PISTES CYCLABLES

LUTZELBOURG

56 km relient Lutzelbourg à Strasbourg, en passant par Saverne. Vous pouvez également pédaler le long du canal en partant du plan incliné pour arriver après quelques efforts à la cathédrale de Strasbourg : un beau parcours de 50 km. Renseignements au syndicat d'initiative. Quoi qu'il en soit, les innombrables jolies pistes cyclables de Lutzelbourg vous promettent d'agréables balades. Il y en a pour tous les goûts et tous les niveaux : faciles, en passant par intermédiaires mais aussi difficiles. Vous découvrirez différemment la nature autour de la ville.

MASSIF DES VOSGES

www.massif-des-vosges.com

Le Massif des Vosges invite à l'évasion : entre vallées et hautes chaumes, cirques glaciaires et plateaux, lacs d'altitude et forêts profondes... S'y ajoute en outre une incontournable dimension patrimoniale qu'illustrent châteaux, murs païens, anciens camps celtiques, monastères et chapelles, villages de charme et musées, voire hauts fers et moulins, mémoire active d'un quotidien pas si lointain. Le site Internet propose des informations touristiques sur cette région partagée entre l'Alsace, la Lorraine et la Franche-Comté ainsi qu'une photothèque.

SITE VTT LE BANNET

Le Bannet
SEDAN
✆ 03 24 27 73 73
www.charleville-sedan-tourisme.fr
Office de tourisme ouvert de 10h à 12h et de 14h à 17h du mardi au samedi.

Les Ardennes constituent un terrain privilégié pour la pratique du VTT, notamment à Sedan, jouissant d'un relief et de paysages valorisant cette pratique. Une multitude d'itinéraires balisés vous sont proposés ainsi que des espaces VTT. Vous trouvez des relais spécialisés dans l'accueil des vététistes, ainsi l'Espace VTT « Pays Sedanais - Le Bannet » qui vous recommande 16 circuits (8 bleus, 8 rouges) totalisant 200 km. Si l'expérience vous tente, rendez-vous au point d'accueil du site, à l'office de tourisme situé au 15 place d'Armes.

LA VELOVOIE DES LACS

www.tourisme-champagne-ardenne.com

La Vélovoie des lacs est une piste cyclable située entre les villes de Saint-Julien-les-Villas et Dienville.

Aménagée en site propre dans sa quasi totalité, cette véritable voie verte de 42 km (84 km aller-retour) part de St-Julien-les-Villas, via Lusigny-sur-Barse et Géraudot le long du Lac d'Orient, puis rejoint, via le Lac du Temple, Dienville situé au bord du lac Amance.

Sans difficulté particulière, la Vélovoie est un parcours de 42km empruntant également les digues surplombant les trois lacs du Parc naturel régional de la Forêt d'Orient.

LA VÉLOVOIE VERTE - VTT ET V.T.C.

Troyes-Dienville

LUSIGNY-SUR-BARSE

✆ 03 25 43 38 88

Accès libre toute l'année.

La Vélovoie de 42 km relie la commune de Saint-Julien-les-Villas à celle de Dienville, en passant par Lusigny-sur-Barse. La Vélovoie, dont l'usage est destiné principalement aux cyclistes et aux rollers, possède un revêtement en bitume d'excellente qualité ; parallèlement à cette voie, une allée en gravier est quant à elle vouée aux piétons et aux cavaliers. C'est un très bel aménagement dans une zone naturelle boisée, et donnant accès aux nombreuses activités autour des lacs.

LA VOIE VERTE DES HAUTES VOSGES

REMIREMONT

✆ 03 29 24 70 18

www.lavoieverte.com

Ouvert toute l'année. Accès libre.

La voie verte des Hautes-Vosges est un petit bijou en pleine nature. C'est une piste multi-activités qui s'étend sur les 53 kilomètres des anciennes voies ferrées des vallées Moselle-Moselotte. Elle permet la cohabitation des promeneurs, des cyclistes, des rollers et même des skieurs de fond à roulettes. La plate-forme de départ se situe sur le site du plan d'eau de Remiremont. De là, partent deux pistes : une vers Cornimont et l'autre vers Bussang.

VOIE VERTE DU CANAL DE LA BRUCHE

STRASBOURG

C'est une voie verte bitumée très empruntée, ouverte aux cyclistes et piétons, ainsi qu'aux adeptes du roller et du skate, qui relie Strasbourg à Molsheim. À l'abri des arbres, elle longe le Canal de la Bruche, un canal déclassé, qui frôle ou traverse plusieurs villages pittoresques, dont Achenheim et Dachstein. De nombreuses autres pistes cyclables relient cet itinéraire qui est bien entretenu et bien balisé pour que vous ne vous perdiez jamais sur cette agréable promenade.

VOIE VERTE DU LAC DU DER - PISTE CYCLABLE

SAINT-DIZIER

Accès libre et gratuit toute l'année.

La piste cyclable entre Saint-Dizier et le lac du Der, sur 12 km, est ouverte sur le chemin latéral du canal d'amenée des eaux de la Marne au lac. Ce parcours a l'avantage d'être entièrement bitumé, plat et doté d'une vue panoramique sur les paysages qui entourent le lac et les maisons à pans de bois. Pour les amoureux des grandes balades, vous pourrez poursuivre votre périple par la voie verte du lac du Der de 38 km. Des aires de repos ponctuent ce parcours accessible aux familles.

ARDEN'GYROPODE

75, rue de Madame de Cormont
HAYBES
✆ 06 82 22 76 59
www.arden-gyropode.fr
A partir de 45 €/pers. A partir de 12 ans.

À la pointe des sensations ! Le gyropode Segway est un engin mécanique sur lequel on se tient debout et qui vous mènera sur les petits chemins de campagne. On aime ce mode de déplacement insolite et accessible à tous. C'est un moyen idéal et original de découvrir le paysage ardennais en vous amusant. Arden'Gyropode organise des randonnées : vous serez initiés, accompagnés d'un guide qui vous coachera, le tout pour un tarif abordable. Les parcours ont lieu à l'arboretum et, en été, c'est vraiment un loisir à essayer ! Des circuits avec repas sont aussi disponibles.

BERGES DE MOSELLE

THIONVILLE
✆ 03 87 37 57 80
www.moselle-tourisme.com
Ouvert toute l'année. Tous les jours. Accès libre.

Nous sommes tous amateurs de flâneries ou de sport au bord de l'eau. Cela nous apporte un réel bien-être. Et c'est parti ! Amateurs de marche, sportif débutant ou confirmé, que l'on veuille se détendre, faire du sport, rouler en roller ou à vélo, ou simplement s'aérer la tête, cette voie verte permet de longer la Moselle en suivant ces agréables berges

Rive droite, départ depuis Thionville. On longe le canal jusqu'à Yutz puis on suit la rivière en épousant sa boucle. De Basse-Ham, on rejoint Koenigsmacker.

Rive gauche, départ de Manom. Mais on peut également rejoindre les berges à Thionville, en contrebas de la mairie. Cette route goudronnée relie, sur un peu plus de 50 km, Manom à Remich, au Luxembourg.

Rive et cœur de ville en fête. Un événement incontournable à vivre durant les mois d'été (juillet-août). Il est organisé par la ville de Thionville : ici, ambiance festive garantie ! Sur les berges, place aux festivités et à la détente. Sur les quais thionvillois, les petites maisonnettes installées regorgent de boissons, glaces et autres gourmandises. Les enfants pourront y découvrir des activités ludiques et sportives. Quant aux plus paresseux, ils pourront simplement s'installer avec un bouquin sur des transats installés pour l'occasion. Mais on vous aura prévenu ! Après, ça sera plus dur de remonter à bicyclette !

Penser futé : vous pouvez évaluer à tout moment l'effort que vous avez fourni, grâce à des bornes qui balisent la voie verte, et indiquent la distance restante jusqu'au prochain village. A vous l'évasion !

BICYCLETTE GO !

2, impasse du Tokay - **VOEGTLINSHOFFEN**
✆ 06 87 47 44 31
www.bicyclettego.com
Activités toute l'année. Circuits guidés à vélo et à pied. Tarifs selon l'itinéraire choisi et nombre de participants.

Glenn Ford est un vrai sportif qui pratique la marche, le running et le vélo. Fort de sa passion pour la petite reine, il organise des randonnées à bicyclette dans le vignoble et sur la Route du Vin. L'équipement fourni est nickel : vélos hybrides 21 vitesses ou e-bikes, casques, sacoches, eau minérale, barres énergétiques, véhicule de soutien… En bonus lors de votre périple cycliste, vous ferez d'agréables haltes pour pique-niquer en pleine nature, déjeuner dans un bon restaurant alsacien, mais aussi visiter des caves de viticulteurs réputés. Let's go !

LES MOLLETS VERTS

2, rue Poincaré
PHALSBOURG
lesmolletsverts.fr
Abonnement : 40 € (pour les adultes). Enfants (mineurs) et étudiants : 20 €.

Fan de deux-roues à pédales ? C'est votre sport par excellence ? Si oui, n'hésitez pas à rejoindre cette bande de copains ! Ils enfourchent leur vélo, les dimanches et jours fériés et certains grands week-ends, pour des randonnées en pleine nature autour de Phalsbourg. Avec des circuits de 20, 32, 42 et 62 km, certains d'entre eux proposent des dénivelés allant jusqu'à 750 mètres ! Mais pas de panique pour les débutants, le circuit de 20 km est à la portée de tous. Certaines des sorties réunissent près de 700 participants. Allez ! En selle !

PROMENADES À VELO

VITTEL
✆ 03 29 08 08 88
www.ville-vittel.fr

Si vous souhaitez vous évader et découvrir de manière originale la ville de Vittel et ses alentours, promenez-vous à vélo. Sur le site de l'office de tourisme de la ville retrouvez six principaux circuits vélo et VTT balisés allant de 5 à 27 km. Tous les circuits sont téléchargeables gratuitement. Lors de votre expédition en VTT vous pourrez donc admirer le patrimoine naturel et historique de ce territoire. Le circuit de randonnée « They-sous-Monfort : nature et village » vous amènera pas exemple à découvrir fontaines, église, chapelles, etc.

ARDENNES ROUES LIBRES

2, rue des Jardins - **CAUROY**
✆ 07 71 60 09 94
www.ardennesroueslibres.com
Location à la journée à partir de 17 € ; location 7 jours à partir de 56 € ; Balade touristique à partir de 30 €.

Ardennes roues libres vous propose un large choix de vélos pour adultes et pour enfants : VTT, VTC, tandem ou vélos électriques, des sièges et remorques. Chacun trouvera le modèle qui lui correspond. À la journée ou pour 10 jours, vous choisissez votre formule. Ardennes roues libre vous propose également des visites touristiques. La balade en Champagne qui part de Coulommes-la-Montagne vous emmènera arpenter les coteaux de la Montagnes de Reims et visiter la cave d'un vigneron avant de terminer en beauté par une dégustation de champagne.

COLMAR VÉLO - VÉLO DOCTEURS

9, place de la Gare - **COLMAR**
✆ 03 89 41 37 90
www.velodocteurs.com
Du mardi au samedi : 9h-12h, 14h-17h30. Location 1/2 journée : de 6 €/enfant à 22 €/E-Bike.

Toute l'année, Colmar Vélo loue des vélos de ville, des VTC, des VAE et des vélos pour enfant, à la demi-journée et plus si affinités. Votre fier deux-roues vous est fourni avec antivol, panier et casque sur demande, mais aussi, pourquoi pas, une remorque enfant. Vous pouvez également louer des vélos au mois, une formule idéale en été. Bien vu : un atelier associatif d'auto-réparation est à votre disposition (sur rendez-vous) si vous possédez votre propre vélo !

ATELIER CYCLE VERDUN

48, rue du Pré pommeré - **VERDUN**
✆ 09 81 99 99 29
www.ateliercycle.fr
Ouvert le lundi : 14h-18h30 ; mardi, mercredi et vendredi : 9h-12h/14h-19h ; jeudi : 9h-12h. Atelier sur rendez-vous.

Un binôme de choc est à votre service à l'Atelier cycle Verdun. David a toutes les « clés » en main pour refaire votre dérailleur, changer une roue ou simplement resserrer votre guidon, dans un délai limité et pour un tarif raisonnable. Véhiculé, il pourra venir jusqu'à votre chevet pour réparer votre vélo souffreteux. Côté boutique, Nicolas, entouré d'une large gamme de vélos et d'accessoires saura vous conseiller, que vous soyez professionnel, sportif ou amateur. Il est mieux de leur téléphoner ou de se rendre au magasin pour obtenir des renseignements.

CULTURE VÉLO

8, rue Timken - **COLMAR**
✆ 03 89 27 40 09
www.culturevelo.com
Ouvert du mardi au vendredi de 9h à 12h et de 14h à 19h ; le samedi de 9h à 12h et de 14h à 18h. Boutique en ligne.

Modèles citadins, VTT et VTC, BMX, vélos pliants, enfants, électriques, cruiser ou encore BMX et tandem : il y en a pour tous les goûts et tous les usages. Un showroom de 500 m² présente les meilleures marques du moment : Lapierre, Look, Cannondale, GT, Giant, Orbea, Proride... Cette enseigne dévoile également un grand choix d'accessoires tout à fait indispensables : antivol, casques, lunettes, vêtements cyclistes, etc. Allez faire un tour chez Culture Vélo ! Conseils et tests personnalisés vous permettront de choisir le deux-roues le plus adapté à vos besoins !

BIKE ENERGY

5, rue de la Brigole - **REIMS** ✆ 06 71 29 16 69
www.bikeenergy.com
Ouvert tous les jours de 9h à 17h. Location de vélos à partir de 30 € la journée, de 50 € pour un vélo électrique.

En solo ou en groupe, louez votre deux-roues pour la journée ou tout le week-end et partez à la découverte de la région. La boutique vous propose un large choix de VTC, VTT, vélos à assistance électrique, tandem, FatBike, draisiennes et d'autres équipements pour emmener toute la famille en randonnée. Optez pour l'option visite guidée et offrez-vous les services d'un guide expérimenté avec qui vous arpenterez les vignobles de la Montagne de Reims à Epernay jusqu' au lac du Der. Et pour les sportifs, Bike Energy propose aussi des ateliers techniques et des stages..

CYCLABLE GARE - CITIZEN BIKE

4, rue du Faubourg de Saverne - **STRASBOURG**
✆ 03 88 75 01 53 - www.cityzen-bike.com
Ouvert le lundi de 9h à 17h ; du mardi au vendredi de 9h à 12h30 et de 13h30 à 19h ; le samedi de 10h à 18h.

Professionnelle et passionnée, l'équipe vous conseillera, que vous soyez en quête d'une monture pliable, de course, électrique ou de ville. La boutique propose aussi des vélos où l'on pédale couché, ou des triporteurs pour transporter ses enfants tout en roulant ! Divers accessoires et pièces sont aussi en vente, casques, cadenas, dérailleurs, pneus, garde-boues, etc. On vous encourage à laisser votre engin motorisé pour mieux pédaler, c'est bon pour votre santé et la planète !

CYCLES DIEBOLT

21, rue de Bettendorf - **HIRSINGUE**
✆ 09 74 56 53 78
www.cycles-diebolt.com
Mardi 9h-12h et 14h-18h ; du mercredi au vendredi 9h-12h et 14h-18h30 ; samedi 9h-12h et 13h-16h.

Incontournable et fournisseur de tout le Sundgau, Philippe Diebolt vous conseille et vous oriente vers un choix adapté à vos besoins qu'il s'agisse d'achat ou de location. Spécialiste du cycle depuis de nombreuses années, vous y trouverez aussi de quoi vous équiper de pied en cap sans oublier le SAV, assuré avec sérieux et professionnalisme. Le plus ? En hiver la boutique fait office de magasin de ski : entretien, vente ou location, ici vous trouverez tout le matériel nécessaire à la pratique de la glisse ou de la raquette dans les meilleures conditions.

CYCLES ROTH

3, rue de Lucelle
FERRETTE
✆ 03 89 40 46 22
Ouvert du mardi au dimanche de 9h30 à 12h30 et de 14h30 à 19h.

Depuis plus de 30 ans la famille Roth est à votre écoute pour vous conseiller dans le choix ou la location d'un de leurs modèles. Pour la ville ou le tout-terrain, pour les trajets quotidiens ou pour les loisirs, vous aurez l'embarras du choix entre une moto, un scooter. Si vous êtes sportif, vous apprécierez le vélo dans ce pays de montagnes aux vallées escarpées. Le Sundgau vous livrera ses secrets si vous le découvrez en deux-roues. Le magasin offre aussi un large choix de vélos à la location (VTT, vélos routes, vélos de ville et vélos électriques).

CYCLES WAGNER

97, rue de la République - **INGERSHEIM**
✆ 03 89 27 38 33
Ouvert du mardi au jeudi : 10h-12h30 & 14h-19h30 ; vendredi : 10h-12h & 14h-19h30 ; samedi : 10h-12h30 & 14h-18h30.

Parmi les derniers indépendants de la profession figure Philippe Wagner, un professionnel de la vente et la réparation de cycles qui exerce depuis plus de 40 ans. Poussez la porte de ce magasin et vous bénéficierez de conseils avisés et précieux et d'une gamme étendue de bicyclettes. Les marques principalement représentées sont Giant et Trek. S'ajoutent les accessoires de protection et textiles de circonstance : tee-shirts, casques, coudières, pièces détachées. En matière d'entretien et de réparation, Cycles Wagner s'affaire pour vous remettre en selle !

DIDEROT CYCLES ET LOISIRS

8, rue de l'avenir
SAINTS-GEOSMES
✆ 03 25 87 06 98
www.cycles-diderot.com
Ouvert du mardi au vendredi : 9h-12h & 14h-18h30 ; le samedi : 9h-12h & 14h-18h. Tarifs de l'atelier sur site Internet.

Une bonne adresse pour trouver le vélos de vos rêves : VTT, VTC, vélos électriques, pour enfants... avec un grand nombre de marques de cycles disponibles. La boutique dispose également d'un atelier pour toutes vos réparations et entretien. Les prix sont abordables allant de 4 € pour un montage de pneus, à 12 € pour un dévoilage de roue. Comptez 10 € pour le forfait révision/contrôles/graissage vélo. Pour toutes autres prestations, le tarif main-d'œuvre s'élèvera à 38,50 € HT/heure.

DYNAMO, L'ATELIER DU VÉLO

35, Grande Rue - **NANCY**
✆ 03 83 37 32 71
www.atelierdynamo.fr
L'été, ouvert mardi et mercredi 14h-21h ; jeudi 18h-22h ; vendredi 10h-12h et 14h-17h et samedi 14h-17h.

Dynamo, c'est un atelier participatif et solidaire. Le concept : un atelier pour apprendre à réparer son vélo, des espaces de stockage et des vélos d'occasion à la vente. Plus de 1 000 vélos par an sont sauvés et 600 d'entre eux sont réparés et revendus. Les autres sont démontés, les pièces valables récupérées et les matériaux et métaux triés pour être valorisés. Dynamo, c'est aussi de l'échange autour du vélo, de nombreuses animations et des projets, un espace multi-activités.

LOCATION DE VÉLOS

5, rue Saint Epoing - **NOGENT-SUR-SEINE**
✆ 03 25 39 42 07
https://tourisme-nogentais.fr
Horaires du Bateau Lavoir : lundi-samedi : 10h-12h30/14h-17h30, jusqu'au dimanche en juillet-août. 1h : 5 €, 2 j : 15 €.

L'office de tourisme de Nogent-sur-Seine propose un système de location de vélos. C'est auprès d'eux qu'il faudra se tourner pour réserver votre vélo – classique ou à assistance électrique. Vous vous rendrez ensuite au Bateau Lavoir pour le récupérer. Les vélos sont disponibles à l'heure, à la demi-journée, à la journée, ou même pour deux journées de suite – idéal pour faire de belles escapades dans la région. En tout cas, c'est écologique et bien pratique ! Par ailleurs, un tarif spécial familles (2 adultes et 2 enfants) pourra être appliqué.

LOCATION DE VÉLOS - ARENAM

12, avenue de l'Industrie
CHARLEVILLE-MÉZIÈRES ✆ 03 10 43 42 75
www.arenam.fr
Ouvert du mardi au vendredi de 9h à 17h30 ; le samedi de 9h à 16h. Location 5 €/jour, 15 €/semaine, 30 €/mois.

ARENAM, c'est un garage solidaire participatif qui vous aide à réparer vous-même votre engin avec une assistance technique ! ARENAM propose également de mettre à disposition un « vélo de courtoisie », le temps des possibles réparations de votre véhicule, et de mettre en service un atelier « Mécanique - Vélo » pour assurer la maintenance des vélos loués. Pour vos voitures, pour avoir accès au garage et ses services, il suffit d'adhérer à l'association.

LA MAISON DU VÉLO D'ÉPINAL

Port d'Épinal - **EPINAL**
✆ 03 29 37 26 76
www.epinalvelo.fr
Ouvert toute l'année.

Quoi de mieux que de découvrir le territoire vosgien en vélo ? C'est d'ailleurs ici que s'entraîne Julien Absalon. Entre les 1 200 km de pistes VTT balisées et les 73 km de vélo-route le long du canal des Vosges, la petite reine est à la fête ! Située au port d'Épinal et donc au départ d'une balade le long du canal, elle fournit de précieuses informations sur les itinéraires, les 66 circuits labellisés FFC et loue des vélos, VTT et vélos à assistance électrique.

LA MAISON DU VÉLO DU GRAND NANCY

6, rue Claude-Charles - **NANCY**
✆ 03 83 48 88 20
https://maisonduvelo.grandnancy.eu
Ouvert le lundi de 14h à 18h15 et du mardi au samedi de 9h à 18h15 sans interruption.

Pour répondre aux besoins des cyclistes de plus en plus nombreux dans la métropole et convaincre les réfractaires, la Maison du Vélo propose désormais ses services dans un lieu adapté répondant lui-même à des normes environnementales strictes. Une flotte de 1 200 vélos, le choix est vaste : vélo classique, tandem, cargo, vélo à assistance électrique, BMX, mais aussi casques et accessoires. Des casiers à clef permettent aux usagers de déposer leurs affaires et de pédaler léger.

MAISONS DU VÉLO DU PAYS D'ÉPINAL, CŒUR DES VOSGES

233, chemin des Plages - **CHAUMOUSEY**
✆ 03 29 37 87 71 - www.epinalvelo.fr
Ouvert toute l'année. Sauf les week-ends de décembre à février. VTT/VTC adulte : 15 € la journée. VAE : 20 € la journée.

VTT, Fatbike et tandems vous attendent à la Maison du vélo, située au bord du lac de Bouzey. Les moins sportifs seront enchantés de savoir qu'il est possible de louer des vélos électriques pour des balades tout confort. Les grands et les petits peuvent ainsi emprunter la voie verte, faire le tour du lac, découvrir les environs... De bons moments en famille. On vous renseignera sur des itinéraires touristiques mais aussi sur les itinéraires VTT. Il y a aussi un point de lavage de vélos.

MOB D'EMPLOI - LOCATION DE VÉLOS

7, place du Général-de-Gaulle - **METZ**
✆ 03 87 74 50 43
www.mobemploi.com
Ouvert du lundi au vendredi de 8h30 à 18h30, le samedi de 10h à 18h30, le dimanche de 14h à 19h. Tarifs variables.

Désormais labellisée structure IAE (Insertion par l'Activité Économique), Mob d'emploi génère plusieurs emplois au sein d'un chantier d'insertion. Les vélos à louer dans les différentes agences se révèlent confortables et pratiques : VTC, carrioles enfants, vélos enfants, vélo pliable, tandem, VAE (vélos à assistance électrique) et sur demande un petit panier pour les courses ou encore un cadenas et casque. Ils sont munis d'antivols de quoi rouler en toute sécurité.

ROULE RAOUL

8, rue Gambetta - **METZ**
✆ 09 84 06 42 17
www.rouleraoul.net
Du mardi au vendredi de 10h à 13h et de 14h à 19h ; le samedi de 10h à 18h. Atelier de réparation.

Roule Raoul, est un magasin de vélos spécialisé dans le cyclisme de ville. C'est l'endroit idéal pour passer le pas et troquer sa voiture pour un bon vélo. Vous trouverez des vélos, classiques, enfants, électriques, avec des équipements dédiés à l'usage urbain journalier. La sélection pointue de bicyclettes haut de gamme conviendra à ceux qui recherchent de la qualité. Et c'est aussi à un technicien de qualité que vous pourrez vous adresser afin de profiter de précieux conseils, d'un service après-vente personnalisé ainsi que de forfaits réparation avantageux.

VÉLO & OXYGEN

29, boulevard André Magino - **METZ**
✆ 03 87 74 13 14
www.cycles-majchzak.fr/velo-metz/
Ouvert le lundi de 14h à 18h30 ; du mardi au samedi de 9h à 12h et de 14h à 18h30. Vente, réparation, location.

Créé en 1934, c'est l'un des plus anciens magasins de la ville ! Vélo & Oxygen vend des VTT, vélos de ville, vélos de route et des vélos électriques pour toute la famille. Selon votre préférence et votre morphologie, vous trouverez ce qu'il vous faut. Peugeot, Bianchi, Gitane, Définitive et d'autres : quelques marques bien choisies (les entreprises de fabrication sont pour la plupart françaises) ornent les murs du magasin. Aussi, de précieux conseils d'utilisation et d'entretien vous attendent à la boutique. Découvrez les joies du vélo !

VELO&OXYGEN - CYCLEUROPE

17, boulevard Antoine de Saint-Exupéry
MAIZIÈRES-LA-GRANDE-PAROISSE
✆ 09 64 46 14 60
www.cycleurope.fr
Ouvert du mardi au samedi de 10h à 12h et de 14h à 18h.

Ce magasin propose des modèles moyenne et haute gamme à des prix très concurrentiels. Le choix est restreint et les tailles pas toujours disponibles, mais vous avez la garantie de vous offrir un cycle de qualité pour le prix d'un moyen ailleurs. L'usine produit aussi des vélos électriques. Cycleurope propose aussi des ventes en usine, à 50%, sur des VTT, course, *outdoor*, VTC, électrique et enfants. Les dates ne sont pas largement diffusées, mais cela vaut le coup d'être futé et de les glaner, en sachant que les dernières ont lieu début décembre.

VÉLOPARC - ULBACH, ANNEXE DE LA MAISON DU VÉLO

25, rue Louis-Ulbach - **TROYES** ✆ 03 25 80 00 80
troyes-champagne-metropole.fr
Horaires de la Maison du Vélo sur le site. Location vélo : 6 €, tarif réduit : 3 €/journée. Vélo électrique : 7-15 €.

Le Véloparc met à disposition un service de location de vélos et d'hébergement-remisage avec système de badge. Une cinquantaine de vélos classiques sont mis en location ainsi que 25 à assistance électrique. Des remorques enfants peuvent être louées, ce qui est bien sympathique. Attention, le casque de sécurité sera facturé, venez donc équipés. Pour plus de renseignements, rendez-vous à la Maison du Vélo, située à la gare à Troyes (local à côté de la gare SNCF) ou sur le site Internet.

VITT'EL ROUL

129, avenue Bouloumié
VITTEL
✆ 03 29 08 38 29
www.vittel-roul.fr
Ouvert tous les jours de 9h30 à 12h et de 14h à 18h..

La boutique Vitt'el Roul et son local à l'entrée du parc thermal proposent à la location vélos, VTT, vélos à assistance électrique, gyropodes, rosalies et rosalies à assistance électrique, karts chopper, overboards... Autant de possibilités originales de découvrir Vittel et ses alentours ! La location est possible à l'heure, la demi-journée, la journée ou la semaine. Une caution vous est demandée avant toute location. Si vous le souhaitez, une animatrice sportive peut vous accompagner. La boutique vend et répare les différents moyens de locomotion.

HAUTS-DE-FRANCE

AUTOUR D'AMIENS

(SOMME)

- **Itinéraire :** Autour d'Amiens
- **Total :** 76,5 km
- **Durée :** De 3 heures 50 à 7 heures 40, entre 20 et 10 km/h
- **Difficulté :** facile à moyen, assez vallonné.
- **Dénivelé positif :** 400 m

LIEUX	Km partiel	Km cumul	Routes
CATHÉDRALE D'AMIENS	0	0	Rue André Rue Flatters Chaussée Saint-Pierre Rue de Doullens, D919 Rue du Docteur-Louis-Fafet D11, Chemin de la Carrière Rue Pasteur
POULAINVILLE	6,6	6,6	Rue de Coisy Rue des Peupliers
COISY	2	8,6	D11A
BERTANGLES	3	11,6	D97
VILLERS-BOCAGE	4	15,6	D113
FLESSELLES	5	20,6	D113
NAOURS	4	24,6	D117, Rue de Marais Rue Principale
WARGNIES	1,6	26,2	Rue Principale Rue de la Garenne
HAVERNAS	2	28,2	Rue de l'Église Rue de la Montagne Rue des Verts-Prés, D49
VIGNACOURT	4,5	32,7	D49
LA CHAUSSÉE-TIRANCOURT	8	40,7	D141
PICQUIGNY	1	41,7	D141, CV
SAISSEMONT	6	47,7	CV
SAISSEVAL	0,7	48,4	D221E, D95E
SEUX	2,5	50,9	D95E
PISSY	2	52,9	D97
REVELLES	2	54,9	D51, D162
CREUSE	3,5	58,4	D162 Allée de l'Ecce-Homo
PROUZEL	5,5	63,9	D8B, D162E
PLACHY	1,1	65	D8
BACOUEL-SUR-SELLE	1,7	66,7	D8
SALEUX	3,8	70,5	D8
UNIVERSITÉ	2	72,5	D8, D210, Rue de Paris Rue de Lattre-de-Tassigny Rue de Beauvais Rue Duméril, Place Gambetta Rue Dusevel
CATHÉDRALE D'AMIENS	4	76,5	Place Notre-Dame

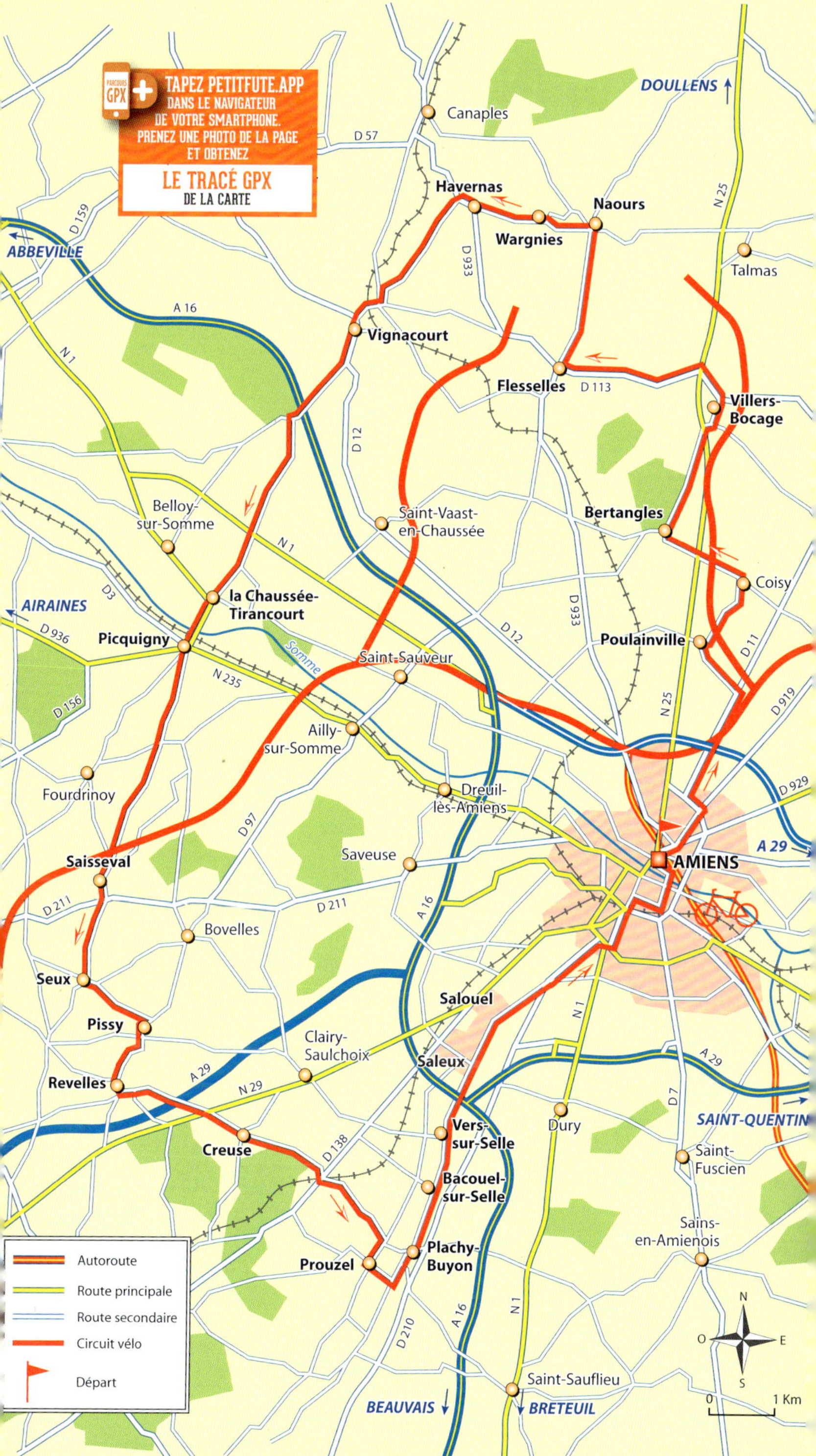

PARCOURS GPX
TAPEZ PETITFUTE.APP DANS LE NAVIGATEUR DE VOTRE SMARTPHONE. PRENEZ UNE PHOTO DE LA PAGE ET OBTENEZ
LE TRACÉ GPX
DE LA CARTE
DOULLENS
Canaples
D 57
Havernas
Naours
Wargnies
D 933
N 25
Talmas
D 159
ABBEVILLE
A 16
Vignacourt
N 1
Flesselles
D 113
Villers-Bocage
D 12
Belloy-sur-Somme
Saint-Vaast-en-Chaussée
Bertangles
N 1
Coisy
la Chaussée-Tirancourt
AIRAINES
D 3
D 936
Picquigny
Somme
D 12
D 933
Poulainville
D 11
Saint-Sauveur
N 235
D 156
D 919
N 25
Ailly-sur-Somme
Fourdrinoy
Dreuil-lès-Amiens
D 929
D 97
Saveuse
A 29
Saisseval
AMIENS
D 211
D 211
A 16
Bovelles
Seux
Salouel
N 1
Pissy
Clairy-Saulchoix
Saleux
A 29
Revelles
N 29
A 29
D 7
Vers-sur-Selle
Dury
SAINT-QUENTIN
Creuse
D 138
Saint-Fuscien
Bacouel-sur-Selle
Sains-en-Amienois
Plachy-Buyon
Prouzel
Autoroute
Route principale
Route secondaire
Circuit vélo
Départ
D 210
A 16
N 1
N
O
E
S
Saint-Sauflieu
BEAUVAIS
BRETEUIL
0
1 Km

AUTOUR DE SOISSONS
(AISNE)

- **Itinéraire :** Autour de Soissons
- **Total :** 64,8 km
- **Durée :** de 3 heures 15 à 6 heures 30, entre 20 et 10 km/h
- **Difficulté :** facile, moyennement vallonné.
- **Dénivelé positif :** 450 m.

LIEUX	Km partiel	Km cumul	Routes
CATHÉDRALE DE SOISSONS	0	0	Place Mantoue Rue de Panieu Rue Racine Avenue Thiers Avenue du Général-De-Gaulle
BELLEU	3	3	Rue de Belleu D6 Rue d'Orcamps Route de Septmonts
SEPTMONTS	4	7	D95
NOYANT-ET-ACONIN	1,8	8,8	D95 D177
BERZY-LE-SEC	3	11,8	D177 D173
COURMELLES	1,8	13,6	D1590 D944
SACONIN-ET-BREUIL	6,5	20,1	D94
DOMMIERS	6	26,1	D172
SAINT-PIERRE-AIGLE	3	29,1	D17
CŒUVRES-ET-VALSERY	4	33,1	D17
LAVERSINE	2	35,1	D17
AMBLENY	4,5	39,6	D17 D1160
RESSONS-LE-LONG	3,5	43,1	CV D2
LA VACHE NOIRE	4	47,1	CV D2
VIC-SUR-AISNE	1	48,1	D91
PORT-FONTENOY	4,5	52,6	D91
FONTENOY	1,2	53,8	D91
OSLY-COURTIL	3	56,8	D91
COURTIL	2	58,8	D91
POMMIERS	1,5	60,3	D91 Boulevard Édouard-Branly Avenue de Pasly Rue de Bordeaux Boulevard Pasteur Rue du Faubourg-Saint-Christophe Rue de la Buerie
CATHÉDRALE DE SOISSONS	4,5	64,8	Place Mantoue

CHAUNY
LAON
REIMS
COMPIEGNE
VILLERS-COTTERETS
CHATEAU-THIERRY
SOISSONS
Vic-sur-Aisne
Berny-Rivière
Fontenoy
Pommiers
Pasly
Cuffies
Crouy
Ressons-le-Long
Ambleny
Pernant
Mercin-et-Vaux
Saint-Bandry
Saconin-et-Breuil
Belleu
Laversine
Cutry
Courmelles
Cœuvres-et-Valsery
Ploisy
Berzy-le-Sec
Noyant-et-Aconin
Septmonts
Dommiers
Saint-Pierre-Aigle
Chaudun
Aisne
N 31
N 2
D 1
D 2
D 6
D 17
D 811
N
E
S
O
0
500 m
TAPEZ PETITFUTE.APP
DANS LE NAVIGATEUR
DE VOTRE SMARTPHONE.
PRENEZ UNE PHOTO DE LA PAGE
ET OBTENEZ
LE TRACÉ GPX
DE LA CARTE
Route principale
Route secondaire
Circuit vélo
Départ

LE BEAUVAISIS
(OISE)

- **Itinéraire :** Le Beauvaisis
- **Total :** 70,6 km
- **Durée :** De 3 heures 30 à 7 heures, entre 20 et 10 km/h
- **Difficulté :** facile à moyen, moyennement vallonné.
- **Dénivelé positif** : 375 m

LIEUX	Km partiel	Km cumul	Routes
CATHÉDRALE DE BEAUVAIS	0	0	Rue Saint-Pierre Rue du Général-Leclerc Rue de Saint-Just-des-Marais Rue de Savignies D1 D616
FOUQUENIES	5,5	5,5	D616
CHÂTEAU DE TROISSEREUX	2,5	8	D616, D133 Allée de la Tanche Rue Jacques-Topin Rue des Étangs D133
MILLY-SUR-THÉRAIN	5	13	D615
SAINT-OMER-EN-CHAUSSÉE	3,5	16,5	Rue de la Gare Rue du Moulin-des-Forges CV
ACHY	4,5	21	CV
BEAUPRÉ	2,5	23,5	D901
MARSEILLE-EN-BEAUVAISIS	1	24,5	D901 Rue de la Chapelle Rue du Thérinet Boissy Rue de l'Abreuvoir
ROY-BOISSY	3	27,5	Rue des Renardières Grand-Rue Rue du Moulin D119
THÉRINES	3	30,5	Rue de la Mairie CV
OMÉCOURT	3,5	34	CV
LOUEUSE	1,9	35,9	CV, D107
RIFFIN	4,5	40,3	D107
SONGEONS	2,5	42,8	D133, D95
GERBEROY	2	44,8	D95, D930
LA CHAPELLE-SOUS-GERBEROY	1,5	46,3	CV
MARTINCOURT	2,5	48,8	D22
CRILLON	2,5	51,3	D22, CV
HAUCOURT	2	53,5	CV
LHÉRAULE	4	57,3	D1
SAVIGNIES	4	61,3	D1 D626
SAINT-JUST-DES-MARAIS	6,8	68,1	D1 Rue de Savignies
CATHÉDRALE DE BEAUVAIS	2,5	70,6	Rue de Saint-Just-des-Marais Rue du Général-Leclerc Rue Saint-Pierre

TAPEZ PETITFUTE.APP DANS LE NAVIGATEUR DE VOTRE SMARTPHONE. PRENEZ UNE PHOTO DE LA PAGE ET OBTENEZ
LE TRACÉ GPX DE LA CARTE
PARCOURS GPX
AUMALE
POIX-EN-PICARDIE
Grandvilliers
D 151
D 901
Fouquières
D 7
Hétomesnil
BRETEUIL
Omécourt
Thérines
Loueuse
D 7
Crèvecœur-le-Grand
D 930
Roy-Boissy
Morvillers
Haute-Epine
Marseille-en-Beauvaisis
D 107
D 150
D 930
EUFCHATEL-EN-BRAY
Blicourt
Songeons
D 133
D 901
D 133
Villers-sur-Bonnières
D 150
Gerberoy
Saint-Omer-en-Chaussée
D 930
Crillon
OURNAY-EN-BRAY
Haucourt
D 133
Thérain
Hannaches
Milly-sur-Thérain
D 901
Senantes
Lhéraule
D 149
Troissereux
Savignies
BRETEUIL
D 1
N 1
Lachapelle-aux-Pots
N 31
OURNAY-EN-BRAY
Goincourt
BEAUVAIS
Saint-Aubin-en-Bray
N 31
D 129
Rainvillers
Autoroute
Route principale
Route secondaire
Circuit vélo
Départ
D 981
D 927
N
O
E
S
Auneuil
D 2
GISORS
0
1 Km

LE BÉTHUNOIS
(PAS-DE-CALAIS)

- **Itinéraire :** Le Béthunois
- **Total :** 66,1 km
- **Durée :** de 3 heures 18 à 6 heures 36, entre 20 et 10 km/h
- **Difficulté :** facile, moyennement vallonné.
- **Dénivelé positif** : 150 m

LIEUX	Km partiel	Km cumul	Routes
GRAND-PLACE DE BÉTHUNE	0	0	Avenue Jean-Jaurès Rue Haynaud Rue du Faubourg-d'Arras Rue de l'Horlogerie Rue de Verquin Rue Marcel Rue Virique D72
VERQUIN	3,5	3,5	D72
VAUDRICOURT	2	5,5	D72
HOUCHIN	1	6,5	D72 D171
BARLIN	2,7	9,2	D57 D57E
VERDREL	4,5	13,7	D57
FRESNICOURT-LE-DOLMEN	1,9	15,6	D57
OLHAIN	1,2	16,8	D57 D341
REBREUVE-RANCHICOURT	2,3	19,1	D341
HOUDAIN	2,5	21,6	D57 D86
HAILLICOURT	4,5	26,1	D188
BRUAY-LA-BUISSIÈRE	2,4	28,5	D188
MARLES-LES-MINES	4	32,5	D188
LOZINGHEM	2	34,5	D188
ALLOUAGNE	1	35,5	D188, D916
LILLERS	4	39,5	D188
HAM-EN-ARTOIS	3,5	43	D94 Rue Grands-Marais Rue du Petit-Carluy
GUARBECQUE	3,5	46,5	D187
BUSNES	3,5	50	D187
L'ECLÈME	2	52	D187
BUSNETTES	2	54	D182
GONNEHEM	5	59	D181, D182, D181
OBLIGHEM	2,5	61,5	D181E6 D180
VENDIN-LÈS-BÉTHUNE	2	63,5	Rue des Martyrs Avenue de la Morinie D937, Rue Carnot
GRAND-PLACE DE BÉTHUNE	2,6	66,1	Grand-Place

TAPEZ PETITFUTE.APP DANS LE NAVIGATEUR DE VOTRE SMARTPHONE. PRENEZ UNE PHOTO DE LA PAGE ET OBTENEZ
LE TRACÉ GPX DE LA CARTE
PARCOURS GPX
HAZEBROUCK
Saint-Venant
D 186
Isbergues
Guarbecque
D 916
D 937
Clarence
Robecq
Canal d'Aire
Ham-en-Artois
Busnes
D 188
l'Eclème
SAINT-OMER
D 916
N 43
ARMENTIERES
Hinges
Gonnehem
Lillers
Nave
Busnettes
Oblinghem
CALAIS
N 43
Chocques
Vendin-lès-Béthune
D 945
A 26
Burbure
Annezin
Alllouagne
BETHUNE
Lozinghem
Lapugnoy
Fouquereuil
Fouquières-lès-Béthune
Auchel
Marles-les-Mines
A 26
Cauchy-à-la-Tour
D 188
N 41
Verquin
D 188
LENS
Drouvin-le-Marais
D 488
Calonne-Ricquart
D 86E
D 70
Houchin
Haillicourt
Camblain-Châtelain
Divion
Bruay-la-Buissière
Nœux-les-Mines
N 41
Ruitz
D 65
D 341
Ourton
Maisnil-lès-Ruitz
Houdain
Barlin
Hersin-Coupigny
D 301
Rebreuve-Ranchicourt
SAINT-POL-SUR-TERNOISE
LENS
Autoroute
Route principale
Route secondaire
Circuit vélo
Départ
Hermin
D 341
D 57
Fresnicourt-le-Dolmen
Gauchin-Légal
N
O
E
S
ARRAS
0
1 Km

LE BOULONNAIS (PAS-DE-CALAIS)

- **Itinéraire :** le Boulonnais
- **Total :** 75,9 km
- **Difficulté :** facile à moyen, de peu vallonné à vallonné.
- **Dénivelé positif :** 500 m

LIEUX	Km partiel	Km cumul	Routes
BEFFROI DE BOULOGNE-SUR-MER	0	0	Rue de l'Oratoire Rue d'Aumont Boulevard Eurvin Boulevard du Prince-Albert Rue des Pipots Rue Nationale Rue Victor-Hugo Rue Faidherbe
PONT MARQUET	1,4	1,4	D236E
LE PORTEL	2	3,4	D236, D119
EQUIHEN-PLAGE	3,5	6,9	D119
ÉCAULT	2,5	9,4	D119
LE CHOQUEL	2,5	11,9	CV, Rue des Lacs, D113E
HARDELOT-PLAGE	5	16,9	D113E, CV
ÉCAMES	7	23,9	CV, D240, D52
MOURLIGHEN	2,5	26,4	D52
CARLY	1,3	27,7	D52
SAMER	4	31,7	D52, D215
WIERRE-AU-BOIS	7,3	39	D215, D341
DESVRES	7	46	D127, RF, D254
CRÉMAREST	6	52	D254
LA CAPELLE-LÈS-BOULOGNE	7	59	D233E2
PERNES-LÈS-BOULOGNE	3,5	62,5	D233
PITTEFAUX	1,4	63,9	D233
WIMILLE	4,5	68,4	D233
WIMEREUX	2	70,4	D940, D233E Rue Regnault Route de la Poterie
LA POTERIE	2,5	72,9	Route du Chemin-Vert Colonne de la Grande Armée
COLONNE DE LA GRANDE ARMÉE	1	73,9	Rue Napoléon D96 Route de Paris Avenue Charles-de-Gaulle Rue de la Porte-Neuve Rue de Lille
BEFFROI DE BOULOGNE-SUR-MER	2	75,9	Place Godefroy-de-Bouillon

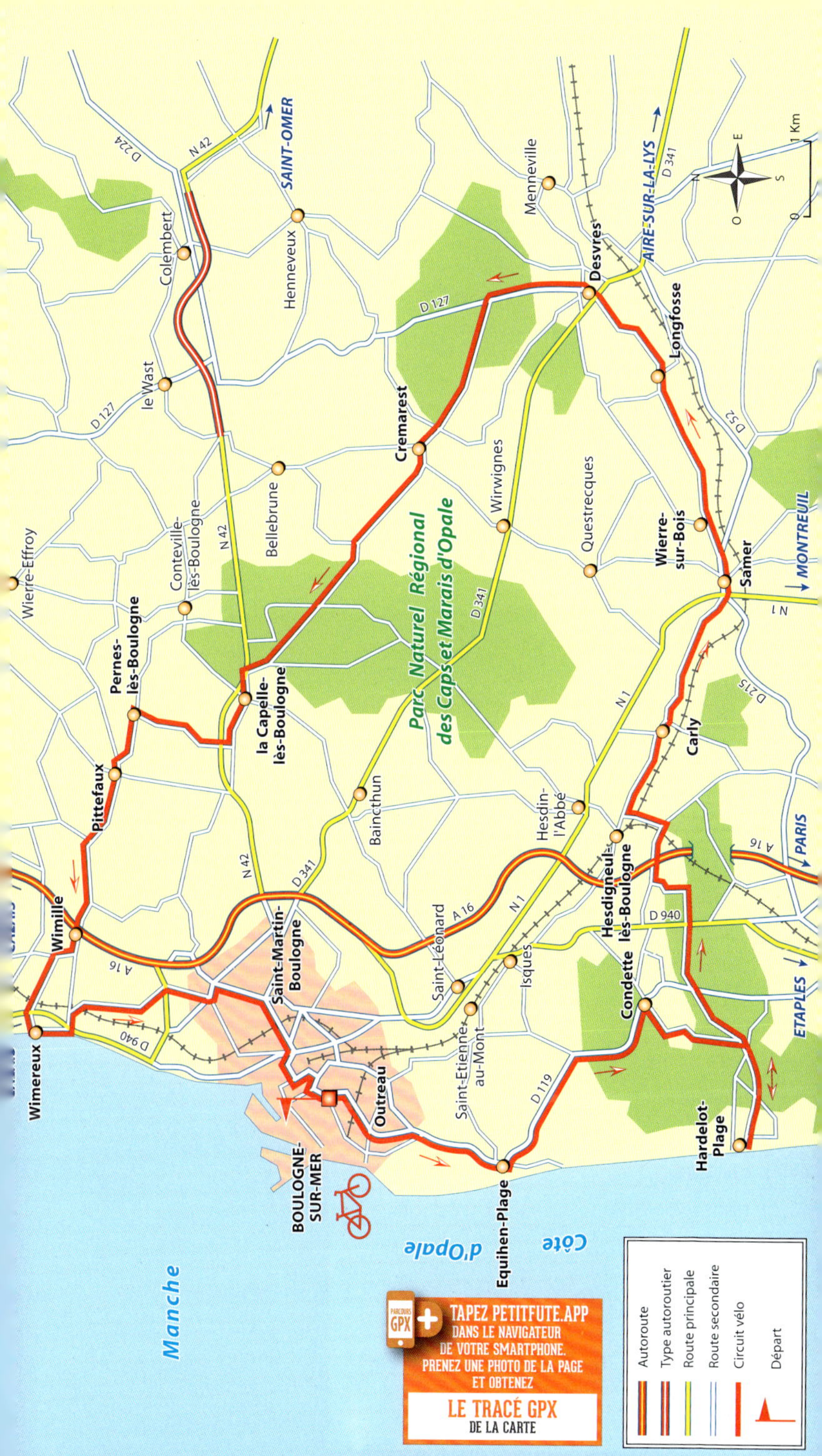
SAINT-OMER
N 42
D 224
Colembert
Henneveux
le Wast
D 127
Wierre-Effroy
Pernes-lès-Boulogne
Conteville-lès-Boulogne
Bellebrune
N 42
la Capelle-lès-Boulogne
Pittefaux
Wimille
Wimereux
A 16
D 940
Saint-Martin-Boulogne
BOULOGNE-SUR-MER
Outreau
Saint-Etienne-au-Mont
Saint-Léonard
Baincthun
D 341
N 42
A 16
N 1
Isques
Equihen-Plage
D 119
Cremarest
Parc Naturel Régional des Caps et Marais d'Opale
Wirwignes
D 341
Hesdin-l'Abbé
Hesdigneul-lès-Boulogne
Condette
Hardelot-Plage
D 127
Desvres
Menneville
AIRE-SUR-LA-LYS
D 341
Longfosse
Questrecques
Wierre-sur-Bois
Samer
MONTREUIL
N 1
D 52
D 215
Carly
N 1
A 16
PARIS
D 940
ETAPLES
Manche
Côte d'Opale
O
E
N
S
0
1 Km
Autoroute
Type autoroutier
Route principale
Route secondaire
Circuit vélo
Départ
PARCOURS GPX
TAPEZ PETITFUTE.APP DANS LE NAVIGATEUR DE VOTRE SMARTPHONE. PRENEZ UNE PHOTO DE LA PAGE ET OBTENEZ
LE TRACÉ GPX DE LA CARTE

LES MONTS DE FLANDRES

(NORD)

- **Itinéraire :** Les monts des Flandres
- **Total :** 62,5 km
- **Durée :** de 3 heures 08 à 6 heures 16, entre 20 et 10 km/h
- **Difficulté :** facile à moyen, assez vallonné.
- **Dénivelé positif** : 200 m

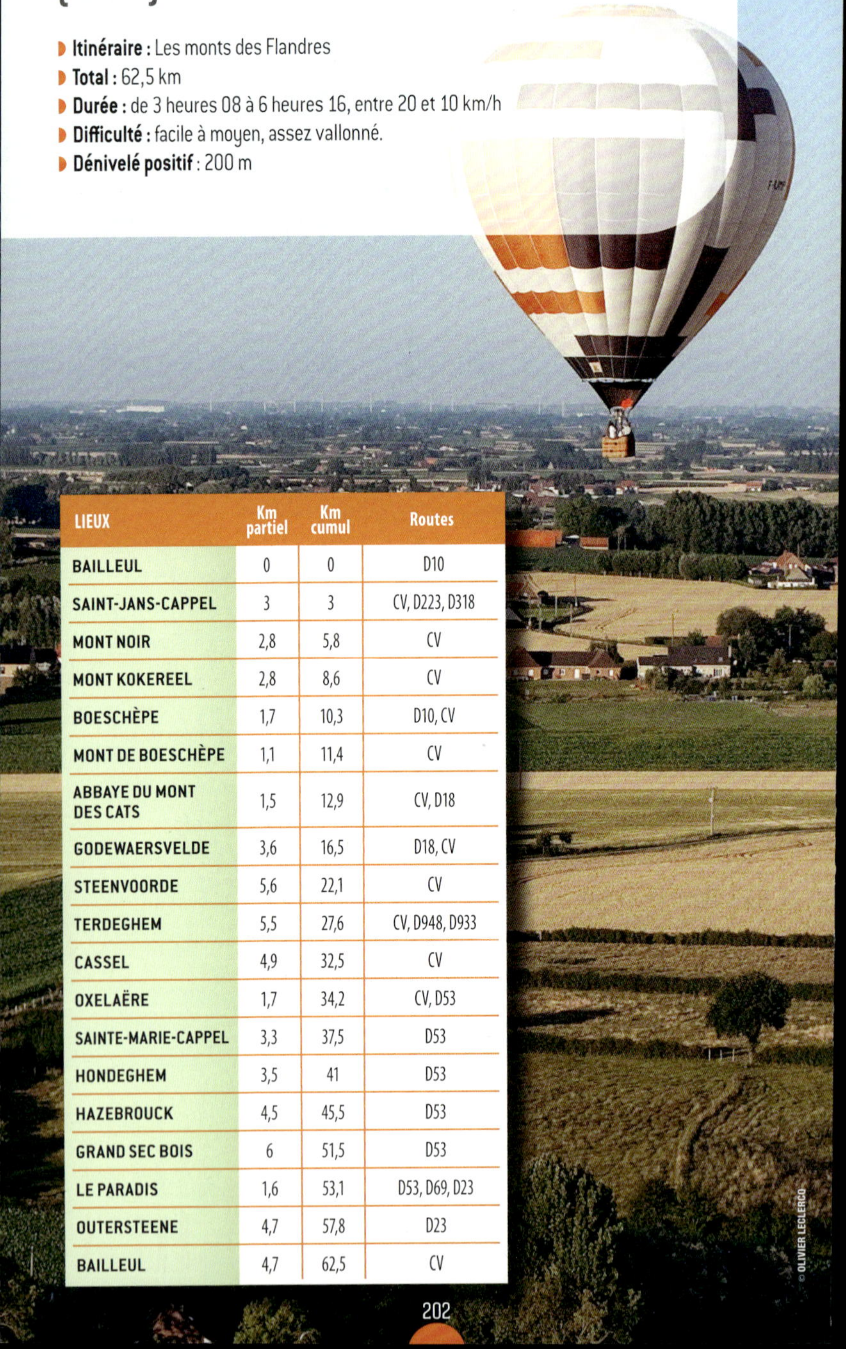

© OLIVIER LECLERCQ

LIEUX	Km partiel	Km cumul	Routes
BAILLEUL	0	0	D10
SAINT-JANS-CAPPEL	3	3	CV, D223, D318
MONT NOIR	2,8	5,8	CV
MONT KOKEREEL	2,8	8,6	CV
BOESCHÈPE	1,7	10,3	D10, CV
MONT DE BOESCHÈPE	1,1	11,4	CV
ABBAYE DU MONT DES CATS	1,5	12,9	CV, D18
GODEWAERSVELDE	3,6	16,5	D18, CV
STEENVOORDE	5,6	22,1	CV
TERDEGHEM	5,5	27,6	CV, D948, D933
CASSEL	4,9	32,5	CV
OXELAËRE	1,7	34,2	CV, D53
SAINTE-MARIE-CAPPEL	3,3	37,5	D53
HONDEGHEM	3,5	41	D53
HAZEBROUCK	4,5	45,5	D53
GRAND SEC BOIS	6	51,5	D53
LE PARADIS	1,6	53,1	D53, D69, D23
OUTERSTEENE	4,7	57,8	D23
BAILLEUL	4,7	62,5	CV

DUNKERQUE
DUNKERQUE
POPERINGE
Steenvoorde
Mont Cassel
Cassel
D 11
D 916
D 948
A 25
Boeschepe
BELGIQUE
Terdeghem
Godewaersvelde
Mont des Cats
Mont Rouge
D 947
D 37
Berthen
Mont Noir
Oxelaëre
Sainte-Marie-Cappel
Eecke
D 933
SAINT-OMER
Saint-Sylvestre-Cappel
Saint-Jans-Cappel
D 23
Caëstre
Hondeghem
D 161
Flêtre
Méteren
BAILLEUL
N 42
Hazebrouck
Strazeele
Merris
Sec-Bois
D 10
LILLE
D 253
BETHUNE
ESTAIRES
Vieux-Berquin
n-Cappel
TAPEZ PETITFUTE.APP DANS LE NAVIGATEUR DE VOTRE SMARTPHONE. PRENEZ UNE PHOTO DE LA PAGE ET OBTENEZ
LE TRACÉ GPX DE LA CARTE
PARCOURS GPX
Autoroute
Route principale
Route secondaire
Circuit vélo
Départ
N
O
E
S
0
500 m

AISNE A VELO

26, avenue Charles-De-Gaulle
LAON
✆ 03 23 27 76 76
www.randonner.fr

L'Aisne à vélo, c'est tout simplement votre passion de la pratique du cyclotourisme dans le département qui prend forme sur Internet ! Retrouvez les dernières actualités et nouveautés à ne pas rater, des circuits de toute difficultés à découvrir ainsi que les différents clubs axonais mis à l'honneur. Le site propose des circuits vélo adaptés à votre pratique du deux-roues : voies vertes et pistes cyclables pour des balades avec les enfants, chemins et petites routes peu fréquentées pour des randos plus sportives en club ou entre amis.

COMITÉ RÉGIONAL DU TOURISME DES HAUTS-DE-FRANCE

3, rue Vincent Auriol
AMIENS
✆ 03 22 22 33 66

Bienvenue dans les Hauts-de-France ! Ce portail, créé par le Comité régional du tourisme et des Congrès des Hauts-de-France, vous donnera toutes les informations nécessaires à votre séjour sur place : manifestations, musées, loisirs, ainsi que l'ensemble de l'offre touristique et hôtelière (hébergement, restauration et rencontres authentiques) de la région. De nombreuses idées de séjours à thème sont également proposées telles que week-end insolite ou encore week-end en famille.

ASSOCIATION DROIT AU VÉLO (ADAV)

5, rue Jules de Vicq - **LILLE**
✆ 03 20 86 17 25
www.droitauvelo.org

Dates et horaires des ateliers vélo à consulter sur le site internet.

L'Association Droit Au Vélo est entièrement dédiée au développement et à la promotion du vélo en milieu urbain. Elle propose des ateliers où il vous sera possible de réparer et d'entretenir votre vélo avec l'aide des bénévoles. L'ADAV défend également un large panel de services à vélo dans la région : coursiers, vélos-taxis, vente de café mobile... Si l'adhésion n'est pas obligatoire, elle est toutefois conseillée. Retrouvez sur le site Internet le local le plus proche de chez vous.

COMITÉ HAUTS-DE-FRANCE DE CYCLISME

59, rue Alexandre Fléming
ROUBAIX
✆ 03 20 65 31 67
www.hdfcyclisme.com

Pour celles et ceux qui souhaitent ne rien manquer de l'actualité des courses et différents championnats régionaux, le site officiel du Comité Hauts-de-France de Cyclisme de la Fédération française de cyclisme est incontournable. Mis à jour régulièrement, vous trouverez en ligne toutes les informations pratiques et formations existantes pour la pratique du cyclisme ainsi que le calendrier des prochaines manifestations des différents départements.

ECHO DU VÉLO

www.echoduvelo.com

Retrouvez toute l'actualité régionale du vélo et du cyclisme en Nord-Pas-De-Calais grâce au site Internet de Echo du vélo, créé et tenu par une équipe de collaborateurs tous passionnés de cyclisme. Retrouvez en ligne le calendrier des manifestations et résultats, des conseils et informations pratiques (réparation, tests inédits de matériels, annuaires de magasins de location...) ainsi que des idées de destination ou de randonnée à faire en VTT comme en BMX. Leur objectif étant de devenir sur le long terme le média numéro 1 du vélo en France.

BAIE CYCLETTE

SAINT-VALÉRY-SUR-SOMME

www.baiecyclette.com

La Baie de Somme à vélo. Plusieurs itinéraires possibles, selon l'envie et la distance, de 1 à 160 km.

La baie de Somme compte 49 km de pistes cyclables et neuf itinéraires, dont trois balisés au départ de Saint-Valéry. Chaque parcours de 8 à 28 km est symbolisé par une couleur et un oiseau de la baie. Avec l'arrivée récente de la Vélomaritime, c'est aussi l'opportunité de rejoindre une Eurovéloroute qui s'offre à vous, pour un voyage infiniment plus long, maritime et rempli de découverte ! En attendant de pouvoir pédaler le nez au vent, n'hésitez pas à préparer votre futur voyage sur le site Internet, remarquablement fourni et détaillé.

CIRCUIT DU MARAIS DES VACHES. IGN 2605 O

MARCHIENNES

Longueur 7 km, durée 2h20.

Circuit sans difficulté qui part de la mairie de Tilloy-lez-Marchiennes à la découverte de milieux caractéristiques de la Scarpe : forêts, prairies humides et fossés de drainage. Chevreuils, écureuils, chouettes et hiboux pourront aussi vous saluer. Au printemps, vous sentirez les odeurs fortes de l'ail des ours. Et ne partez pas sans vos jumelles : en plus des paysages, vous pourrez apprécier et observer la diversité des espèces d'oiseaux de la région.

CIRCUIT DE LA CANARDERIE. IGN 2605 E

CONDÉ-SUR-L'ESCAUT

10 km. 2h30 à pied.

En empruntant une passerelle, on longe le canal pour arriver à l'étang Chaboud-Latour. N'oubliez pas vos jumelles pour observer les nombreux oiseaux. Le chemin continue vers les remparts avant de retourner dans la ville. L'église Saint-Wasnon, classée monument historique, mérite qu'on s'y arrête pour la visiter. Vous pourrez observer le château de Bailllеul ainsi que le beffroi et un ancien moulin à eau un peu plus loin. Une randonnée tout à la fois sportive et culturelle !

CIRCUIT DU MONT DES RECOLLETS. IGN 2303-2403

TERDEGHEM

Durée environ 1h15.

Trois circuits en un, le plus long entourant le mont Cassel et le mont des Récollets. Départ de Cassel par la D933 qui descend vers Bailleul, puis prendre le chemin de la Perche. Descendre le Trou du Diable, puis suivre Temple Straete, tourner à la chapelle et arriver dans le hameau de Ryveld. On peut rejoindre Oudezeele en y suivant l'allée des Chênes. Pour retourner à Cassel, se rendre à Terdeghem : la route entre les deux est parsemée de côtes… la plus dure de la région !

CIRCUIT DU MARAIS DES ONZE VILLES. IGN 2605 O

MARCHIENNES

www.pnr-scarpe-escaut.fr

7 km. 2h20 à pied.

Voici un circuit très diversifié ! Le sentier part de Rieulay pour vous emmener dans les prairies, peupleraies et les marais environnants. Privilégiez d'ailleurs la période d'avril à octobre afin d'éviter la saison la plus humide. Des étangs et de jolis boisements animeront votre randonnée. Remarquez également la diversité de la haie : saules, charmes, chênes, hêtres, noisetiers, aulnes et de la faune, ravie de profiter à la fois des zones humides et des arbres.

DÉCOUVERTE DU PATRIMOINE D'AMIENS À VÉLO

23, place Notre-Dame - **AMIENS**

✆ 03 22 71 60 50

www.amiens-tourisme.com

Distance 15 km. Durée environ 1h30. Circuit facile, sans balisage.

En quelques coups de pédales, cet itinéraire vous mène aux lieux et monuments phares d'Amiens. Depuis l'hôtel de ville, dirigez-vous vers le beffroi, classé au patrimoine mondial de l'UNESCO. Poursuivez par la place Aristide-Briand et rendez-vous à la tour Perret via le quartier Saint-Leu. Direction ensuite la place Gambetta pour une pause en terrasse et repartez vers la cathédrale, le palais de justice, l'hôtel Bouctot-Vagniez, la maison Jules Verne, et enfin le musée de Picardie.

EUROVÉLOROUTE 4 - LA VELOMARITIME

3, place des Fusillés
BRAY-DUNES
https://www.lavelomaritime.fr/
Route intégrée à l'eurovélo N° 4 et à la vélomaritime (de Dunkerque à Roscoff).

L'agglomération dunkerquoise est traversée par 53 km de l'Eurovéloroute n° 4. Sur ce tronçon, on peut faire plusieurs belles promenades à Grand-Fort-Philippe ou encore relier le Parc Galamé de Loon-Plage au lac du Puythouck. Le tronçon le plus long concerne celui qui part de la mairie de Bray-Dunes et qui arrive à Rosendaël. Sur cette belle piste agréable à rouler et sécurisée, vous longerez la côte de Bray-Dunes à Leffrinckoucke et ses paysages maritimes.

STAB VÉLODROME

59, rue Alexandre Fleming - **ROUBAIX**
✆ 03 20 65 31 60
www.stabvelodromeroubaix.fr
Horaires et calendriers des activités sur le site. Baptême de piste dès 20 €. Badminton, musculation, fitness.

Envie de vivre une expérience unique et faire le plein d'adrénaline ? Offrez-vous un baptême sur la piste du Stab, inclinée à 44,3°, dans le vélodrome couvert de Roubaix. Pas besoin de venir avec du matériel, il est fourni sur place (vélo, chaussures, casques et gants). Des séances de découverte du cyclisme sur piste ouvertes y sont également organisées pour tous, même les petits. On y trouve aussi des terrains de badminton, des salles de musculation, des cours de fitness et même une piste de BMX gérée par le Vélo Club de Roubaix.

PARIS-ROUBAIX

ROUBAIX
www.paris-roubaix.fr
En avril (le deuxième dimanche du mois). Entrée gratuite sur le vélodrome.

Des routes étroites où l'on évolue difficilement, des kilomètres de pavés qui chaque année provoquent chutes et crevaisons en série, la pluie et la boue qui souvent ajoutent à la difficulté… On comprend aisément d'où cette course cycliste tire son surnom de « l'enfer du Nord ». Mais préférons-lui plutôt celui de « reine des classiques ». En effet, le Paris-Roubaix existe depuis 1896. Une course de légende qui attire chaque année des milliers de spectateurs venus profiter du spectacle sportif autant que de l'ambiance qui règne dans le Nord, alors en fête.

LE TOUR DU CHAMP DE BATAILLE. IGN 2303

TERDEGHEM

Départ à Noordpeene devant l'église, puis prendre la route de Zuytpeene. Suivre la RD26 et bifurquer au cimetière jusqu'à une ferme. Rendez-vous à Zuytpeene, puis on suit la course rue de Mutse, puis chemin de Bambrugge. Au-dessus d'une ferme, prendre un chemin de campagne, l'Abdis Weg qui mène à Watten si l'on n'y prend garde… Mais avant, tourner à la rue de la Lanterne puis le RD209 et ensuite la route de Bourbourg et retour vers Nordpeene par le chemin du Couvent.

PEPS TRIKE

62, rue Abel Gance
COUDEKERQUE-BRANCHE
✆ 06 01 23 92 05
peps-trike.fr
Ouvert toute l'année. Sur rendez-vous. 59 €/adulte pour une sortie de 3h encadrée.

Découvrez le trike, ce vélo à trois roues qui se pilote couché. Le rendez-vous se fait au parc du Fort-Louis à Coudekerque-Branche. Là, vous êtes aux portes de trois heures d'une balade nature. Vous pourrez rejoindre Bergues à travers le bois des Forts. 300 mètres de macadam seulement, après ce sont des petits chemins. Une dizaine de minutes vous seront nécessaires pour prendre en main votre trike après une petite séquence ludique et pédagogique. Ensuite à vous la liberté ! Activité de loisirs douce, le trike revêt aussi un volet social et sport santé.

VOIE VERTE ENTRE WAILLY ET SAULTY

Voie verte départementale Dainville-Saulty
RIVIÈRE
www.af3v.org
Distance 12 km.

Vous empruntez la toute première voie verte en asphalte de la région Nord-Pas-de-Calais. Aménagée sur le tracé d'une ancienne voie ferrée, elle relie Wailly à Saulty via Beaumetz-lès-Loges, Basseux, Bailleulval, Bailleulmont, Bavincourt et La Herlière ; si vous habitez ces communes, vous venez de trouver votre terrain de jeu ! Sachez également que vous évoluez sur une portion de la Véloroute de la Mémoire, qui relie les champs de bataille de la Grande Guerre.

B'TWIN VILLAGE

4, rue du Professeur-Langevin
LILLE
03 20 19 80 80
Du lundi au samedi de 10h à 19h30.

Amis cyclistes et passionnés de vélos, le B'twin Village et ses 3 000 m² répartis en magasin et en atelier vont vous plaire ! Cette enseigne regroupe dans son espace des modèles urbains, des BMX, des VTT, des VTC... À cela s'ajoutent également tout le matériel de maintenance, les accessoires et des pièces détachées pour d'éventuelles réparations et un atelier de customisation et d'entretien. A l'intérieur, deux espaces gratuits, réservés aux enfants à partir de 5 ans pour tester les vélos. Et à l'extérieur, trois pistes tout-terrain, en libre accès.

BIKE 4 YOU

33, boulevard Daloz - LE TOUQUET-PARIS-PLAGE
03 21 06 45 43
www.bike4you.fr
Ouvert du vendredi au lundi de 10h à 18h. Vélo : 6 €/l'heure. 18 €/jour. Rosalie de 2 à 6 places : de 12 à 24 €/heure.

Vélo ou rosalie, voilà deux moyens de transport sympathiques pour découvrir la station. Bike 4 You vous propose à la location des vélos assemblés ou fabriqués en France. Ils sont équipés gratuitement, à votre demande, de panier, antivol ou porte-bébé. Quant aux rosalies, elles permettent de se balader entre amis ou en famille. Elles sont disponibles de 2 à 6 places. une façon originale de visiter la ville. Par ailleurs, Bike 4 You organise des visites guidées en rosalies ou encore des rallyes charade. Les deux boutiques permettent aussi d'acheter ces mêmes vélos.

BEAUVÉLO

78, avenue de la République - BEAUVAIS
03 60 29 55 35
www.beauvelo.org
Ouvert du lundi au vendredi. Les horaires peuvent être modifiés durant les vacances scolaires. 1 €/h, 2 €/2h, 3 €/3h...

Cette association propose dans sa vélostation de très bons plans, notamment pour les habitants ou ceux qui séjournent quelque temps à Beauvais. Vous y trouverez toutes sortes de vélos, du plus classique au moins courant : triporteur, tandem, vélo de course léger monté avec un guidon de VTT pour plus de confort, bicyclette pour enfant avec petites roues. On y vend aussi des pièces d'occasion tout en vous aidant à redonner une seconde jeunesse à votre vieux biclou. Ils sont situés à côté de la gare, une adresse sympathique et très utile.

FALLET CYCLES

4 bis, avenue Robert Schuman
MONS-EN-BAROEUL
03 20 04 47 01
www.fallet-cycles.fr
Ouvert du mardi au samedi de 10h à 18h30.

Les amoureux du cyclisme ne jurent que par cette adresse. Il faut dire que cette entreprise familiale est tenue par des professionnels passionnés, à l'écoute et dignes de confiance. Ils n'hésiteront pas à vous conseiller, et ce de la manière la plus juste, sans jamais chercher à faire du profit à n'importe quel prix. En plus de la boutique, Fallet Cycles a aussi un atelier d'entretien et de réparation de vélo. Qu'il soit ancien ou récent, ils le chouchoutent de la même manière et veillent à ne pas dénaturer son charme. Des experts en la matière !

LES BELLES ÉCHAPPÉES

Chemin des Murs - CLAIRMARAIS 03 21 98 11 72
www.les-belles-echappees.com
Ouvert du mardi au samedi de 9h à 12h et de 14h à 18h. Location pour 2h : 26 € le Lil'Buddy et 24 € le tandem.

Ici, vous avez deux options pour découvrir la région de Saint-Omer : ou vous vous faites les mollets à vélo, tandem ou vélo beach cruiser (solex ou avec assistance électrique pour les tricheurs !) ou vous succombez au charme d'un véhicule rétro, au choix 2 CV, Combis ou Méhari. Équipé d'un road-book ou guidé par votre bon plaisir, vous allez aimer rouler ou pédaler entre forêts et marais, découvrir les caps Blanc-Nez et Gris-Nez et les sept vallées. Les paysages sont magnifiques et le plaisir est unique. Quelle que soit votre destination, l'échappée sera belle !

LES MAINS DANS LE GUIDON

166, rue Léon Gambetta - LILLE 03 62 52 94 87
www.lesmainsdansleguidon.fr
Du mardi au samedi de 10h à 19h. Fermé de 13h à 14h. Le mercredi jusqu'à 21h. Abonnement journée : 10 €. Cafétéria.

Dans cet atelier unique, les propriétaires d'un vélo en mauvais état peuvent rencontrer des professionnels pour obtenir les pièces qui leur manquent (écrous, chaînes, chambres à air...) afin de réparer leur monture ! Ici, on vous donne des conseils pour apprendre à réparer vous-même votre vélo, à l'aide de pièces neuves ou d'occasion. Il est même possible de faire un vélo personnalisé en s'abonnant pour bénéficier d'un endroit convivial où jouer le mécano, accompagné du soutien technique de professionnels. L'établissement propose également un coin bistrot.

OPALE VÉLO SERVICES

152, boulevard Gambetta
CALAIS
✆ 03 21 00 07 41
www.opaleveloservices.fr
Dès 14,50 € la journée.

Installé en plein centre-ville, ce magasin d'association vend et loue des bicyclettes d'occasion. Au total, la boutique dispose d'un parc d'une quarantaine de vélos de ville, de VTT et de remorques pour enfants. Comptez en moyenne 15 € la journée, mais le magasin propose des tarifs dégressifs suivant la durée de location. Autre avantage, elle livre les vélos où vous voulez, un service apprécié par les vacanciers se déplaçant en groupes. Les vélos sont d'occasion mails ils sont en bon état, bien rénovés par l'équipe travaillant dans l'atelier de réparation.

VELAM

AMIENS
✆ 08 20 20 02 99
www.velam.amiens.fr
Coût de l'inscription pour un abonnement d'un an 25 € ; pour une journée 1 € ; pour deux journées 4 €.

Dans Amiens sont disséminées plus d'une vingtaine de stations disponibles en libre-service 7j/7. Chaque vélo vert peut être rendu 24h/24 à n'importe quelle station. Proches des lieux de vie, les stations sont en moyenne distantes de 200 à 300 m les unes des autres. Vous pouvez télécharger le plan sur le site Internet. L'accès aux vélos se fait grâce à un système de bornes et vous pouvez opter pour des abonnements pour une journée comme pour une année. Le paiement et la souscription se fait en ligne pour une souscription longue durée.

PICARDIE FORÊTS VERTES

Carrefour Royal - **COMPIÈGNE**
✆ 06 07 54 99 26
www.picardieforetsvertes.com
Ouverture du 1er avril au 1er novembre en fonction de la météo. Réservation en semaine et hors saison par téléphone.

Placé près de l'hippodrome à l'entrée de la piste cyclable qui traverse la forêt (soit à un bon kilomètre du centre-ville) ce loueur de vélos (VTC, VTT, tandem et vélos à assistance électrique) vous attend du printemps à l'automne. On vous fournit gracieusement les plans des itinéraires et des casques et accessoires comme les bombes anti-crevaison, anti-vol... Le loueur peut mettre à disposition des cycles dans les hôtels, chambres d'hôtes ou au départ des gares. N'hésitez pas à l'appeler pour savoir si des locations en semaine ou hors saison sont possibles.

VÉLOTIC

Gare SNCF
COMPIÈGNE
✆ 07 78 07 28 08
www.agglo-compiegne.fr
Ouvert du lundi au vendredi de 7h30 à 10h et de 16h30 à 19h. Forfaits : 2 jours (2 €) ; 1 an (70 €).

Avec ce service proposé par la région de Compiègne, vous pourrez louer un de ces VéloTIC à la Gare SNCF de la ville et ce pour une courte, moyenne ou longue durée (de deux jours à un an). L'agence propose également des vélos à assistance électrique et fournit gratuitement des accessoires tels que des antivols ou gilets. N'oubliez pas de demander la carte des 146 km de voies cyclables de la région, disponible sur place, et qui vous sera d'une grande aide pour vous balader dans la forêt de Compiègne, le long de l'Oise ou encore dans la vallée de l'Automne.

V'LILLE

www.ilevia.fr/cms/vlille/
Libre-service 24h/24, 7j/7. 1re demi-heure gratuite, 1,75 € la journée, 7,50 € la semaine. À partir de 26,50 € par an.

Pour se déplacer rapidement dans Lille, on ne fait pas mieux ! Face à la demande croissante et aux disparités d'implantation des stations, la municipalité a décidé d'augmenter leur nombre, notamment à Roubaix et à Tourcoing. Côté aménagement : des centaines de kilomètres de pistes cyclables, des parkings et des abris à vélos. Côté pratique, il est possible de louer un V'Lille pour une journée, une semaine ou à l'année. Des tarifs avantageux sont proposés aux abonnés Ilévia. Pour connaître la disponibilité des vélos en temps réel, rendez-vous sur le site Internet.

VÉLOWOMON

1, rue Roure
LAMBERSART
www.velowomon.com
Location : 5€/heure, 15€/demi-journée, 20€/journée.

Vélowomon a été fondée en 2015 par une maman concernée par les questions d'écomobilité. Comment se déplacer à vélo dans la métropole lorsqu'on a des enfants ? Pour répondre à cette problématique, Sira, la présidente de l'association, décide de proposer des vélos triporteurs deux places à la location. L'association a aujourd'hui développé ses services dans toute la Métropole lilloise et participe à de nombreuses animations autour de l'écomobilité. Les vélos peuvent être loués à la journée, à la semaine, pour un week-end ou au mois, moyennant une adhésion annuelle.

ILE-DE-FRANCE

LA COULÉE VERTE (HAUTS-DE-SEINE)

- **Itinéraire :** La Coulée Verte
- **Total :** 33,5 km
- **Durée :** de 2 heures 10 à 4 heures 20, entre 20 et 10 km/h
- **Difficulté :** facile, terrain peu vallonné.
- **Dénivelé positif :** 100 m.

LIEUX	Km partiel	Km cumul	Routes
PLACE DE LA PORTE-DE-VANVES	0	0	Piste cyclable
MALAKOFF-ÉTIENNE DOLET	1,75	1,75	Piste cyclable
CHÂTILLON-MONTROUGE	0,45	2,2	Avenue de Paris Avenue Max-Dormoy Avenue de la République Rue Étienne-Desforges
ENTRÉE DE BAGNEUX	1,2	3,4	Voie des Suisses Chemin latéral Piste cyclable
PARC SAINTE-BARBE À FONTENAY-AUX-ROSES	1,2	4,6	Piste cyclable
ENTRÉE DE SCEAUX	1,2	5,8	Piste cyclable
ENTRÉE DE CHÂTENAY-MALABRY	1	6,8	Piste cyclable
ENTRÉE D'ANTONY	1,7	8,5	Piste cyclable
ENTRÉE DE VERRIÈRES-LE-BUISSON	1,2	9,7	Piste cyclable
ENTRÉE DE MASSY	1,2	10,9	Piste cyclable
DOMAINE DE VILGENIS	2,4	13,3	Piste cyclable, Rue de Vigenis, Avenue du Président-Allende, Piste cyclable
GARE DE MASSY-VERRIÈRES	3	16,3	Piste cyclable
ENTRÉE DE CHÂTENAY-MALABRY	3	19,3	Piste cyclable, Rue des Vignes, Rue Sainte-Catherine, Rue de l'Église Rue du Docteur-Savoureux Rue Roland-Gosselin Avenue Roger-Salengro Rue Eugène-Sinet Rue de Châteaubriand
DOMAINE DE CHÂTEAUBRIAND À CHÂTENAY-MALABRY	3,1	22,4	Rue de Châteaubriand Rue de l'Aulnay Rue de Malabry Rue de la République, allée du Parc
PARC HENRI-SELLIER AU PLESSIS-ROBINSON	1,1	23,5	Allée du Parc Rue de la République Avenue de Robinson Rue de Houdan
PARC DE SCEAUX	2,2	25,7	Piste cyclable
ENTRÉE DE FONTENAY-AUX-ROSES	2,8	28,5	Piste cyclable
ENTRÉE DE BAGNEUX	1,6	30,1	Piste cyclable
CHÂTILLON-MONTROUGE	1,2	31,3	Piste cyclable
MALAKOFF-ÉTIENNE DOLET	0,45	31,75	Piste cyclable
PLACE DE LA PORTE-DE-VANVES	1,75	33,5	Piste cyclable

NOCIDAR - ADOBESTOCK

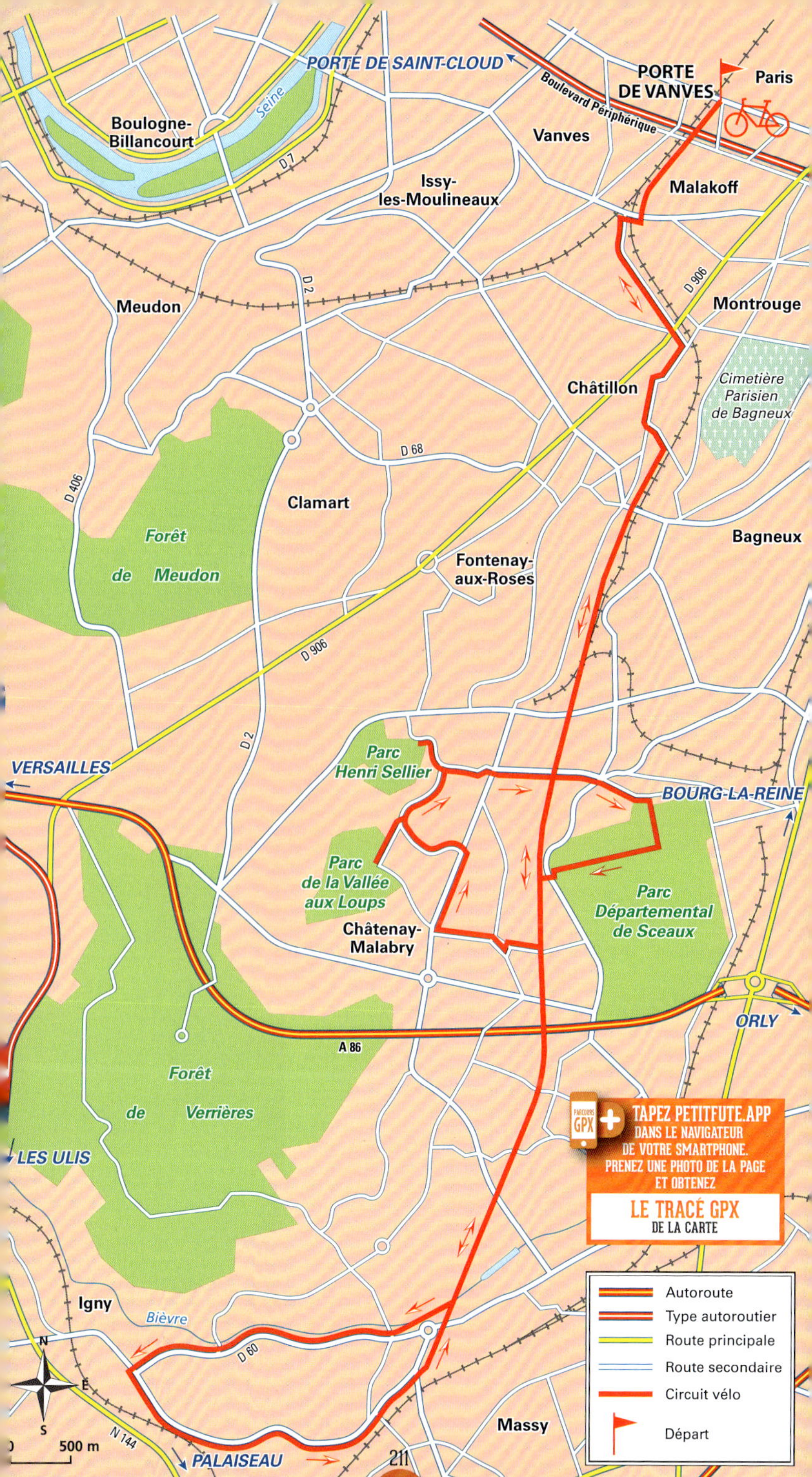
PORTE DE SAINT-CLOUD
PORTE DE VANVES
Paris
Boulevard Périphérique
Boulogne-Billancourt
Seine
D 7
Vanves
Issy-les-Moulineaux
Malakoff
D 2
D 906
Meudon
Montrouge
Châtillon
Cimetière Parisien de Bagneux
D 68
D 406
Clamart
Forêt de Meudon
Fontenay-aux-Roses
Bagneux
D 906
D 2
VERSAILLES
Parc Henri Sellier
BOURG-LA-REINE
Parc de la Vallée aux Loups
Parc Départemental de Sceaux
Châtenay-Malabry
ORLY
A 86
Forêt de Verrières
LES ULIS
TAPEZ PETITFUTE.APP
DANS LE NAVIGATEUR
DE VOTRE SMARTPHONE.
PRENEZ UNE PHOTO DE LA PAGE
ET OBTENEZ
LE TRACÉ GPX
DE LA CARTE
Autoroute
Type autoroutier
Route principale
Route secondaire
Circuit vélo
Départ
Igny
Bièvre
D 60
N
E
S
N 144
500 m
PALAISEAU
Massy

BOIS DE BOULOGNE
(PARIS)

- **Itinéraire :** Bois de Boulogne
- **Total :** 14,3 km
- **Durée :** de 42 minutes à 1 heure 20, entre 20 et 10 km/h
- **Difficulté :** pas de côte, assez plat.
- **Dénivelé positif :** 20 m

LIEUX	Km partiel	Km cumul	Routes
PORTE MAILLOT	0	0	Allée des Érables Piste Cyclable Allée Saint-Denis
LAC INFÉRIEUR	1,7	1,7	Chemin de ceinture du Lac inférieur
LAC SUPÉRIEUR	1,3	3	Avenue de l'Hippodrome Route du Point-du-Jour à Bagatelle Route de Boulogne à Passy
PORTE DE BOULOGNE	2	5	Piste Cyclable
HIPPODROME DE LONGCHAMP	1,3	6,3	Route de Sèvres à Neuilly Route de la Seine à la Butte-Mortemart Route des Tribunes Piste Cyclable
LA GRANDE CASCADE	4,2	10,5	Route de la Longue Queue
PARC DE BAGATELLE	0,8	11,3	Route de la Longue Queue Allée de Madrid à Neuilly
MARE SAINT-JAMES	1,1	12,4	Allée de Madrid à Neuilly
JARDIN D'ACCLIMATATION	0,4	12,8	Allée des Érables
PORTE MAILLOT	1,5	14,3	Pavillon de l'Orée du Bois

© MARCO SARACCO - ADOBESTOCK

TAPEZ PETITFUTE.APP
DANS LE NAVIGATEUR
DE VOTRE SMARTPHONE.
PRENEZ UNE PHOTO DE LA PAGE
ET OBTENEZ
LE TRACÉ GPX
DE LA CARTE
COURBEVOIE
Boulevard Circulaire
D 7
la Défense
N 13
Boulevard Circulaire
A 14
CLICHY
SAINT-GERMAIN-EN-LAYE
D 9
Puteaux
Île de Puteaux
PORTE MAILLOT
Jardin d'Acclimatation
Mare Saint-James
PORTE DE CHAMPERRE
Suresnes
Parc de Bagatelle
D 7
D 1
Seine
Porte Dauphine
Boulevard Périphérique
Etang de Longchamp
Racing Club de France
Pré Catelan
Lac Inférieur
Porte de la Muette
Etang des Réservoirs
Bois de Boulogne
Hippodrome de Longchamp
Porte de Passy
Lac Supérieur
Hippodrome d'Auteuil
PARIS 16e
Parc E. De Rotschild
A 13
A 13
ROUEN
Roland Garros
Porte d'Auteuil
D 103
Boulogne-Billancourt
Porte Molitor
Parc des Princes
D 102
Seine
PARIS 15e
D 907
Porte de Saint-Cloud
Quai d'Issy
N 10
D 101
Boulevard Périphérique
MEUDON
N
O
E
S
0
250 m
Autoroute
Route principale
Route secondaire
Circuit vélo
Départ

CANAL DE L'OURCQ (SEINE-SAINT-DENIS)

- **Itinéraire :** Canal de l'Ourcq
- **Total :** 50,3 km
- **Durée :** de 2 heures 30 à 5 heures, entre 20 et 10 km/h
- **Difficulté :** facile, assez plat.
- **Dénivelé positif :** 80 m

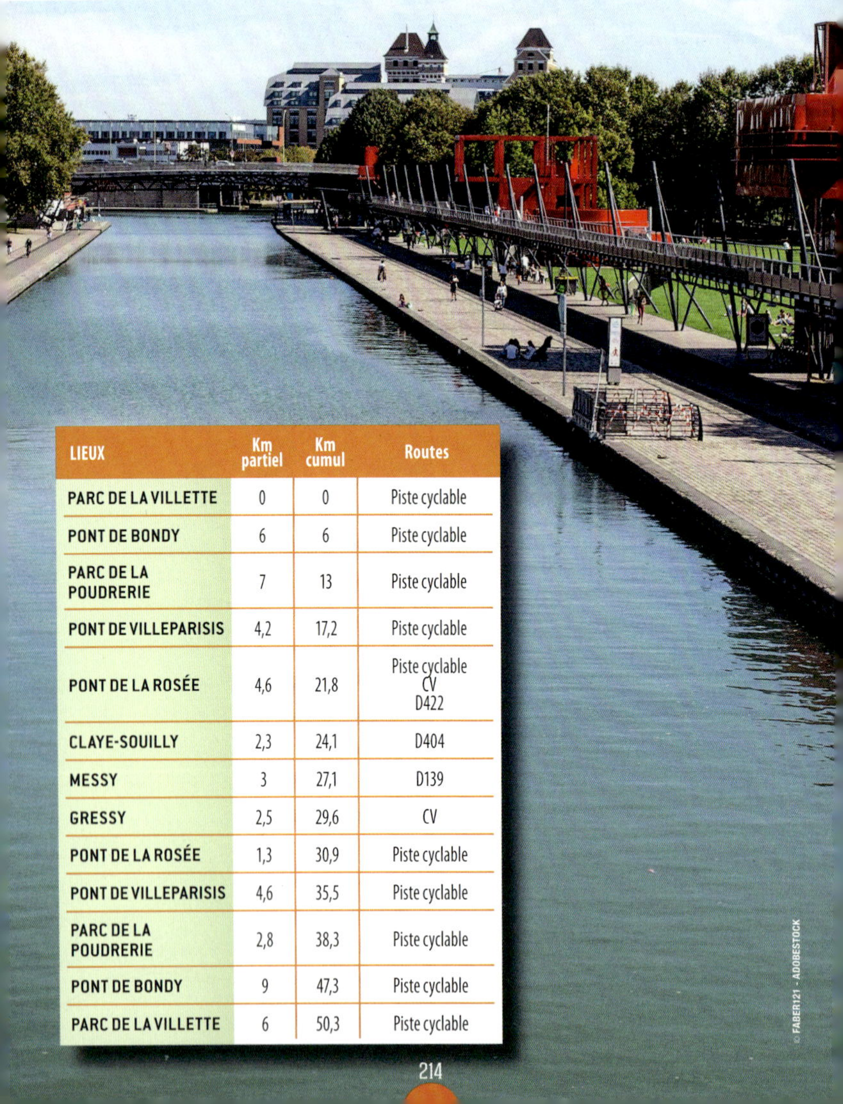

LIEUX	Km partiel	Km cumul	Routes
PARC DE LA VILLETTE	0	0	Piste cyclable
PONT DE BONDY	6	6	Piste cyclable
PARC DE LA POUDRERIE	7	13	Piste cyclable
PONT DE VILLEPARISIS	4,2	17,2	Piste cyclable
PONT DE LA ROSÉE	4,6	21,8	Piste cyclable CV D422
CLAYE-SOUILLY	2,3	24,1	D404
MESSY	3	27,1	D139
GRESSY	2,5	29,6	CV
PONT DE LA ROSÉE	1,3	30,9	Piste cyclable
PONT DE VILLEPARISIS	4,6	35,5	Piste cyclable
PARC DE LA POUDRERIE	2,8	38,3	Piste cyclable
PONT DE BONDY	9	47,3	Piste cyclable
PARC DE LA VILLETTE	6	50,3	Piste cyclable

Autoroute
Type autoroutier
Route principale
Route secondaire
Circuit vélo
Départ
TAPEZ PETITFUTE.APP DANS LE NAVIGATEUR DE VOTRE SMARTPHONE. PRENEZ UNE PHOTO DE LA PAGE ET OBTENEZ
LE TRACÉ GPX
DE LA CARTE
Sarcelles
Gonesse
LILLE
Aéroport de Roissy-Charles-De-Gaulle
SAINT-MARD
Arnouville-lès-Gonesse
Bonneuil-en-France
Tremblay-en-France
Mitry-Mory
Aéroport de Paris-le-Bourget
Garges-lès-Gonesse
Villepinte
Gressy
Messy
Stains
Dugny
Parc de la Courneuve
le Blanc-Mesnil
Aulnay-sous-Bois
Sevran
Villeparisis
Claye-Souilly
MEAUX
PARIS
le Bourget
Parc Forestier de Sevran
Canal de l'Ourcq
La Courneuve
Drancy
Livry-Gargan
SAINT-DENIS
Bobigny
Pont de Bondy
Coubron
Courtry
le Pin
Aubervilliers
Forêt de Bondy
Parc de la Bergère
les Pavillons-sous-Bois
Bondy
Montfermeil
Noisy-le-Sec
le Raincy
PARC DE LA VILLETTE
Gagny
Paris
Romainville
Villemonble
Chelles
Rosny-sous-Bois
Bagnolet
Neuilly-sur-Marne
Canal de Chelles
Marne
PORTE DOREE
NOGENT-SUR-MARNE
A 1
A 3
A 86
A 103
A 104
A 186
N 2
N 3
N 17
N 34
N 301
N 302
N 370
D 84
D 115
D 116
D 139
D 170
D 212
D 404
D 34
N
S
E
O
0
1 Km

DE VERSAILLES À THOIRY

(YVELINES)

- **Itinéraire :** De Versailles à Thoiry
- **Total :** 74,5 km
- **Durée :** de 3 heures 40 à 7 heures 20, entre 20 et 10 km/h
- **Difficulté :** intermédiaire, terrain assez vallonné.
- **Dénivelé positif :** 360 m.

LIEUX	Km partiel	Km cumul	Routes
CHÂTEAU DE VERSAILLES	0	0	Piste cyclable
SAINT-CYR-L'ÉCOLE	4	4	D10, D11
LE TROU MOREAU	4	8	D12, D161
VILLEPREUX	2	10	D97
CHAVENAY	3	13	D74
MORT MOULIN	2	15	D30, D119
FERME EXPÉRIMENTALE	2	17	D119
BEYNES	6	23	D119, D191
MARCQ	4,5	27,5	D119
LES VIGNETTES	1,5	29	D119
THOIRY	0,5	29,5	CV
AUTEUIL	3,5	33	CV, D76
LA BARDELLE	2,5	35,5	D76, D42
NEAUPHLE-LE-VIEUX	3,5	39	D34, D3, D23, CV
HOUJARRAY	6,5	45,5	CV
SAINT-RÉMY-L'HONORÉ	2	47,5	D34, D33
LES HAUTES BRUYÈRES	2,5	50	D33, Piste cyclable
COIGNIÈRES	3	53	Piste cyclable
MAUREPAS	2	55	Piste cyclable, Boulevard du Rhin Boulevard André-Malraux
ELANCOURT	3,5	58,5	Piste cyclable, R12, D912
BASE DE LOISIRS DE SAINT-QUENTIN-EN-YVELINES	3	61,5	Chemin du Tour de l'Étang Route des Vents d'Ouest
PORTE DE LA DIGUE	6	67,5	CV, Piste cyclable
SAINT-CYR-L'ÉCOLE	3	70,5	Piste cyclable
PIÈCE D'EAU DES SUISSES À VERSAILLES	4	74,5	Piste cyclable

ALCEL VISION - FOTOLIA

EPONE
MAULE
ROUEN
PARIS
CRETEIL
HOUDAN
RAMBOUILLET
Seine
A 13
A 12
N 12
N 10
N 186
N 286
D 45
D 191
D 307
D 30
D 119
D 74
D 97
D 98
D 76
D 42
D 11
D 7
D 186
D 10
D 13
D 91
D 36
Thoiry
Marcq
Beynes
Forêt de Beynes
Auteuil
Boissy-sans-Avoir
Vicq
Neauphle-le-Vieux
Neauphle-le-Château
Jouars-Pontchartrain
Mareil-le-Guyon
Bazoches-sur-Guyonne
le Tremblay-sur-Mauldre
Montfort-l'Amaury
les Mesnuls
Saint-Rémy-l'Honoré
Coignières
Maurepas
Élancourt
Trappes
la Verrière
le Mesnil-Saint-Denis
Saint-Quentin-en-Yvelines
Bois de Trappes
Montigny-le-Bretonneux
Voisins-le-Bretonneux
Guyancourt
Châteaufort
Étang de Saint-Quentin
Plaisir
Bois-d'Arcy
Forêt de Bois-d'Arcy
les Clayes-sous-Bois
Villepreux
Fontenay-le-Fleury
Saint-Cyr-l'Ecole
Chavenay
Saint-Nom-la-Bretèche
Noisy-le-Roi
Bailly
l'Etang-le Ville
Rocquencourt
le Chesnay
CHATEAU DE VERSAILLES
Versailles
Tous-le-N
Autoroute
Type autoroutier
Route principale
Route secondaire
Circuit vélo
Départ
N
S
E
O
0
1 Km
PARCOURS GPX
TAPEZ PETITFUTE.APP
DANS LE NAVIGATEUR
DE VOTRE SMARTPHONE.
PRENEZ UNE PHOTO DE LA PAGE
ET OBTENEZ
LE TRACÉ GPX
DE LA CARTE

FORÊT DE FONTAINEBLEAU NORD

(SEINE-ET-MARNE)

- **Itinéraire :** Forêt de Fontainebleau
- **Total :** 38,5 km
- **Durée :** de 1 heure 55 à 3 heures 50, entre 20 et 10 km/h
- **Difficulté :** deux côtes, terrain peu vallonné.
- **Dénivelé positif** : 80 m

LIEUX	Km partiel	Km cumul	Routes
CHÂTEAU DE FONTAINEBLEAU	0	0	Place Charles-de-Gaulle Boulevard Magenta
CARREFOUR DE L'OBÉLISQUE	0,75	0,75	D58 D148
CROIX DU GRAND MAÎTRE	4,15	4,9	Route Ronde D58
LES ÉTROITURES	3	7,9	D58 Route du Chêne-Pinguet Route Ronde
CARREFOUR DES RECLOSES	5,3	13,2	D63 Route de la Génisse
ACHÈRES-LA-FORÊT	7,8	21	D63 D64 Route de la Plaine de la Haute-Borne
LA MARE AUX CORNEILLES	7,7	28,7	Route Ronde D301
GORGES DE FRANCHARD	4,5	33,2	D301 Route du Cèdre Route du Château Rue Royale
CHÂTEAU DE FONTAINEBLEAU	5,3	38,5	Place Charles-de-Gaulle

AURORE KERVOERN - ISTOCKPHOTO.COM

TAPEZ PETITFUTE.APP
DANS LE NAVIGATEUR
DE VOTRE SMARTPHONE.
PRENEZ UNE PHOTO DE LA PAGE
ET OBTENEZ
LE TRACÉ GPX
DE LA CARTE
PARCOURS GPX
EVRY
MELUN
Chartrettes
BASE DE LOISIRS
Seine
Table du Roi
Mare aux Evées
Bois-le-Roi
Chailly-en-Bière
Samois-sur-Seine
Héricy
LA FERTE-ALAIS
Foêt
de
Fontainebleau
Barbizon
Gorges d'Apremont
Hippodrome de la Salle
Tour Dénécourt
Vulaines-sur-Seine
A 5, PROVINS
Samoreau
FONTAINEBLEAU
Thomery
D 142
N 6
D 64
N 7
N 37
D 138
D 116
D 39
D 227
D 210
D 409
0
1 Km
O
E
S
N
Route principale
Route secondaire
Circuit vélo
Départ

FORÊT DE NOTRE-DAME
(VAL-DE-MARNE)

- **Itinéraire :** Forêt de Notre-Dame
- **Total :** 30,7 km
- **Durée :** de 2 heures 05 à 4 heures 10, entre 20 et 10 km/h
- **Difficulté :** facile, terrain peu vallonné.
- **Dénivelé positif :** 90 m

© PHILIPPE GUERSAN

LIEUX	Km partiel	Km cumul	Routes
BOISSY-SAINT-LÉGER	0	0	Piste cyclable, D33
SUCY-EN-BRIE	5	5	D33, D60E, D29, D185
ORMESSON-SUR-MARNE	3,5	8,5	D185, D33
NOISEAU	2	10,5	Rue du Général-de-Gaulle Rue Alexandre-Milard Rue Léon-Bresset, D136
LA QUEUE-EN-BRIE	2,5	13	D136, Rue Jean-Jaurès, Rue Renard Chemin des Grands-Clots Chemin Saint-Nicolas, Allée Dauphine Route Royale, Chemin Noir
LES MARMOUSETS	3,9	16,9	Chemin Noir, Route Royale
PAVILLON DES FRICHES	2,2	19,1	Route des Friches
LÉSIGNY	2,6	21,7	Allée Dauphine Chemin du Vieux-Colombier Chemin du Parc-aux-Bœufs Allée de Villemenon
SANTENY	3,3	25	Route Rollet, Rue du Rocher Rue de la Fontaine, D33E
MANDRES-LES-ROSES	3,5	27,5	D33E, D33
VILLECRESNES	2,5	29	Rue du Général-Leclerc, Rue Foreau, Coulée Verte, Allée Royale
BOISSY-SAINT-LÉGER	1,7	30,7	Château

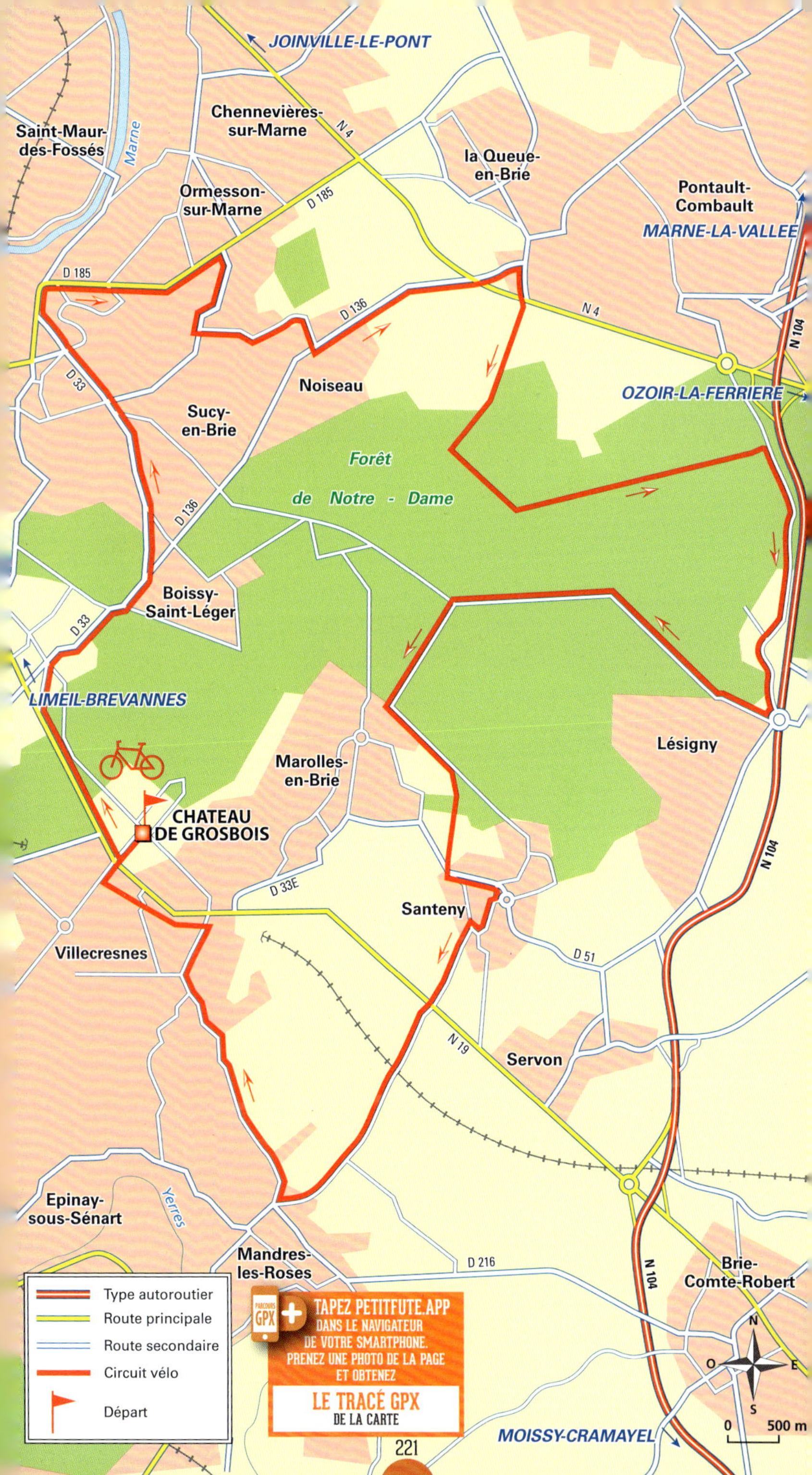
JOINVILLE-LE-PONT
Chennevières-sur-Marne
Saint-Maur-des-Fossés
Marne
N 4
la Queue-en-Brie
Pontault-Combault
MARNE-LA-VALLEE
Ormesson-sur-Marne
D 185
D 136
N 4
N 104
D 33
Noiseau
OZOIR-LA-FERRIERE
Sucy-en-Brie
Forêt de Notre - Dame
D 136
Boissy-Saint-Léger
D 33
LIMEIL-BREVANNES
Lésigny
Marolles-en-Brie
CHATEAU DE GROSBOIS
D 33E
Santeny
N 104
Villecresnes
D 51
N 19
Servon
Epinay-sous-Sénart
Yerres
Mandres-les-Roses
D 216
N 104
Brie-Comte-Robert
Type autoroutier
Route principale
Route secondaire
Circuit vélo
Départ
PARCOURS GPX
TAPEZ PETITFUTE.APP DANS LE NAVIGATEUR DE VOTRE SMARTPHONE. PRENEZ UNE PHOTO DE LA PAGE ET OBTENEZ
LE TRACÉ GPX DE LA CARTE
N
O
E
S
MOISSY-CRAMAYEL
0
500 m

PAYS DE FRANCE
(VAL D'OISE)

- **Itinéraire :** Pays de France
- **Total :** 60,5 km
- **Durée :** de 3 heures 05 à 6 heures 10, entre 20 et 10 km/h
- **Difficulté :** facile à intermédiaire, terrain moyennement vallonné.
- **Dénivelé positif :** 280 m

LIEUX	Km partiel	Km cumul	Routes
ÉCOUEN	0	0	Rue du Maréchal-Leclerc, CV, D10
BOUQUEVAL	4	4	D10
FONTENAY-EN-PARISIS	4	8	CV
CHÂTENAY-EN-FRANCE	1,5	9,5	D9
LE VILLAGE	2,5	12	CV
LOUVRES	4	16	D184, D165E
VILLERON	3,5	19,5	D9
VÉMARS	2,5	22	D9
VILLERON	2,5	24,5	D9, D184
MARLY-LA-VILLE	4,5	29	D184, D922E
FOSSES	3,5	32,5	D922E
BELLEFONTAINE	1,5	34	D922E
CARREFOUR D 922^{E}-CV	3,4	37,4	CV
CHÂTEAU D'HÉRIVAUX	3,4	40,8	CV, D922E
LUZARCHES	3,7	44,5	D922E, D47
LASSY	2,5	47	D47
JAGNY-SOUS-BOIS	2,3	49,3	D47
FONTENAY-EN-PARISIS	3,7	53	D10
BOUQUEVAL	3,5	56,5	D10
ÉCOUEN	4	60,5	D10, CV

TAPEZ PETITFUTE.APP
DANS LE NAVIGATEUR
DE VOTRE SMARTPHONE.
PRENEZ UNE PHOTO DE LA PAGE
ET OBTENEZ
LE TRACÉ GPX
DE LA CARTE
CHANTILLY
Forêt de Chantilly
CHANTILLY
SENLIS
Lamorlaye
Etangs de Commelles
Pontarmé
Coye-la-Forêt
BEAUMONT-SUR-OISE
Bois de Bonnet
N 16
D 118
D 924a
N 17
Ysieux
Forêt de Coye
SENLIS
Orry-la-Ville
D 118
la Chapelle-en-Serval
D 922
Seugy
D 922
Forêt d'Orry
Luzarches
Ancienne Abbaye d'Hérivaux
N 17
PARIS
D 922
Thimécourt
A1
Bellefontaine
Fosses
Surviliers
Lassy
D 922
le Plessis-Luzarches
Ysieux
Epinay-Champlâtreux
Jagny-sous-Bois
Marly-la-Ville
D 10
Villiers-le-Sec
N 16
Mareil-en-France
Châtenay-en-France
le Village
Vémars
PONTOISE
D 9
D 9
Puiseaux-en-France
D 47
Fontenay-en-Parisis
Louvres
D 104
Chennevières-lès-Louvres
le Plessis-Gassot
D 10
N 16
Goussainville
Epiais-lès-Louvres
D 47
Bouqueval
ECOUEN
N 17
le Thillay
Aéroport Roissy-Charles-De-Gaulle
Roissy-en-France
D 47
MITRY-MORY
D 902
Gonesse
D 88
A1
D 170
PARIS
Villepinte
0
1 Km
N
O
E
S
Autoroute
Type autoroutier
Route principale
Route secondaire
Circuit vélo
Départ

QUAIS DE SEINE
(PARIS)

- **Itinéraire :** Quais de Seine
- **Total :** 19,35 km
- **Durée :** de 55 minutes à 1 heure 50, entre 20 et 10 km/h
- **Difficulté :** pas de côte, assez plat.
- **Dénivelé positif** : 30 m

LIEUX	Km partiel	Km cumul	Routes
PARC DE BERCY	0	0	Pont de Tolbiac Quai François-Mauriac Quai de la Gare Quai d'Austerlitz
GARE D'AUSTERLITZ	1,9	1,9	Quai Saint-Bernard
INSTITUT DU MONDE ARABE	0,85	2,75	Quai de la Tournelle Quai de Montebello Quai Saint-Michel
PLACE SAINT-MICHEL	1,1	3,85	Quai des Grands-Augustins Quai de Conti
PONT DES ARTS	0,65	4,5	Quai Malaquais Quai Voltaire Quai Anatole-France
MUSÉE D'ORSAY	0,9	5,4	Quai Anatole-France
ASSEMBLÉE NATIONALE	0,5	5,9	Quai d'Orsay Quai Branly
TOUR EIFFEL	2	7,9	Quai Branly Quai de Grenelle Quai André-Citroën
PARC ANDRÉ CITROËN	2,2	10,1	Quai André-Citroën Quai de Grenelle Quai Branly Passerelle Debilly

LIEUX	Km partiel	Km cumul	Routes
PALAIS DE TOKYO	0,7	10,8	Quai de New-York Cours Albert-Ier Cours de la Reine
GRAND PALAIS	1,2	12	Cours de la Reine Place de la Concorde
TUILERIES	0,6	12,6	Quai des Tuileries
LOUVRE	1,7	14,3	Quai du Louvre Quai de la Mégisserie Quai de Gesvres
ÎLE SAINT-LOUIS	0,6	14,9	Pont Louis Philippe Quai D'orléans Quai de Béthune
BASTILLE	1,4	16,3	Pont de Sully Boulevard Henri-IV Boulevard de la Bastille
PORT DE L'ARSENAL	0,3	16,6	Boulevard de la Bastille Pont d'Austerlitz
GARE D'AUSTERLITZ	0,9	17,5	Quai d'Austerlitz
PONT CHARLES-DE-GAULLE	0,35	17,85	Quai de la Râpée Quai de Bercy
PARC DE BERCY	1,5	19,35	Terrasse

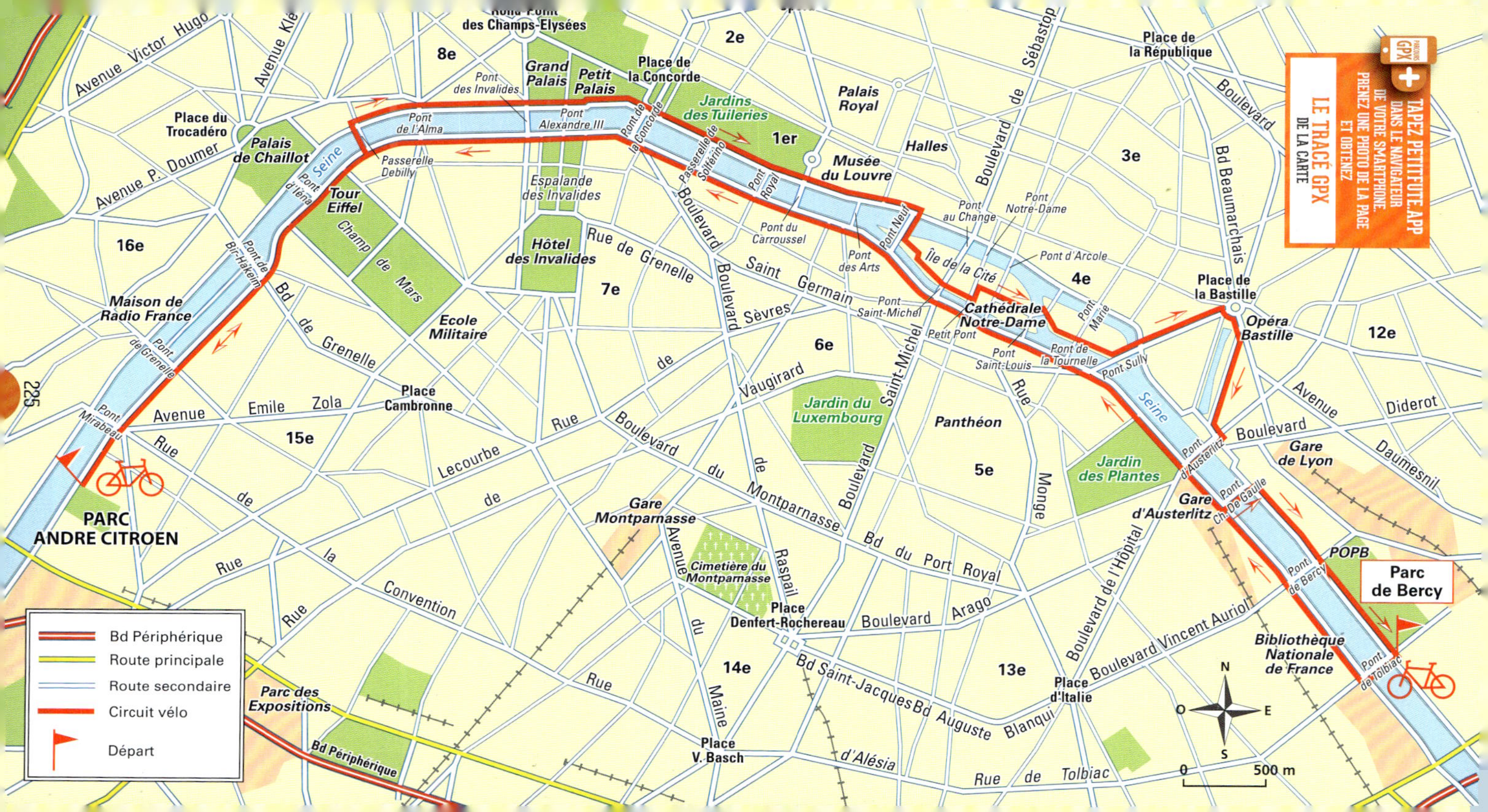

Rond-Point des Champs-Elysées
Place de la République
Avenue Victor Hugo
Avenue Kléber
Place du Trocadéro
Avenue P. Doumer
Palais de Chaillot
16e
8e
2e
3e
Boulevard
Bd Beaumarchais
Boulevard de Sébastopol
Pont des Invalides
Grand Palais
Petit Palais
Place de la Concorde
Jardins des Tuileries
1er
Palais Royal
Halles
Musée du Louvre
Pont de l'Alma
Pont Alexandre III
Pont de la Concorde
Passerelle de Solférino
Pont Royal
Pont du Carrousel
Pont des Arts
Pont Neuf
Pont au Change
Pont Notre-Dame
Pont d'Arcole
Île de la Cité
4e
Place de la Bastille
Opéra Bastille
12e
Avenue Diderot
Daumesnil
Boulevard
Gare de Lyon
Seine
Pont d'Iéna
Passerelle Debilly
Tour Eiffel
Champ de Mars
Espalande des Invalides
Hôtel des Invalides
Rue de Grenelle
7e
Boulevard Saint Germain
Pont Saint-Michel
Cathédrale Notre-Dame
Petit Pont
Pont Marie
Pont de la Tournelle
Pont Saint-Louis
Pont Sully
Pont de Bir-Hakeim
Maison de Radio France
Bd de Grenelle
Ecole Militaire
Sèvres
6e
Vaugirard
Boulevard Saint-Michel
Jardin du Luxembourg
Panthéon
Rue Monge
5e
Jardin des Plantes
Pont d'Austerlitz
Gare d'Austerlitz
Pont Ch. De Gaulle
Pont de Grenelle
Pont Mirabeau
Avenue Emile Zola
Place Cambronne
15e
Rue Lecourbe
Boulevard du Montparnasse
Gare Montparnasse
Avenue du Maine
Cimetière du Montparnasse
Raspail
Place Denfert-Rochereau
Boulevard Arago
Bd du Port Royal
Boulevard de l'Hôpital
Boulevard Vincent Auriol
POPB
Parc de Bercy
Pont de Bercy
Bibliothèque Nationale de France
Pont de Tolbiac
PARC ANDRE CITROEN
Rue de la Convention
Rue de Vaugirard
14e
Bd Saint-Jacques
Bd Auguste Blanqui
13e
Place d'Italie
Place V. Basch
Rue d'Alésia
Rue de Tolbiac
Parc des Expositions
Bd Périphérique
N
E
S
O
0
500 m
Bd Périphérique
Route principale
Route secondaire
Circuit vélo
Départ

VALLÉE DE CHEVREUSE
(YVELINES)

- **Itinéraire :** Vallée de Chevreuse
- **Total :** 58 km
- **Durée :** de 2 heures 55 à 5 heures 50, entre 20 et 10 km/h
- **Difficulté :** facile à intermédiaire, terrain moyennement vallonné.
- **Dénivelé positif :** 360 m

LIEUX	Km partiel	Km cumul	Routes
SAINT-RÉMY-LÈS-CHEVREUSE	0	0	D906 D51
RHODON	1,5	1,5	D51 D46
MILON-LA-CHAPELLE	2	3,5	D46
SAINT-LAMBERT	3	6,5	D46 D91
PORT-ROYAL	1,5	8	D91
DAMPIERRE	7	15	D58
MAINCOURT	2	17	D58
LÉVIS-SAINT-NOM	1,5	18,5	CV
LES ESSARTS-LE-ROI	5	23,5	D73
AUFFARGIS	3	26,5	D24
SABLIÈRE DU PONT DE GRANDVAL	2	28,5	D24
ABBAYE DES VAUX DE CERNAY	2,5	31	D91
GARNES	5	36	D149
SENLISSE	0,5	36,5	CV D91
DAMPIERRE	3	39,5	D58
LES SABLONS	2	41,5	CV
LA BRAQUERIE	1,5	43	CV D41
HERBOUVILLIERS	2	45	CV
CHÂTEAU DE BRETEUIL	2,5	47,5	CV
CHOISEL	5	52,5	CV D306
CHEVREUSE	3	55,5	Piste cyclable D938
SAINT-RÉMY-LÈS-CHEVREUSE	2,5	58	D938

A 86, VERSAILLES
Coignières
le Mesnil-Saint-Denis
Abbaye de Port-Royal des Champs
Saint-Lambert
Magny-les-Hameaux
Châteaufort
Milon-la-Chapelle
les Essarts-le-Roi
Lévis-Saint-Nom
RAMBOUILLET, CHARTRES
Maincourt
Auffargis
Dampierre-en-Yvelines
les Sablons
Chevreuse
SAINT-REMY-LES-CHEVREUSES
Beauséjour
Senlisse
Choisel
Breteuil
Bois des Vindrins
Cernay-la-Ville
Boullay-les-Troux
les Molières
N 10
D 34
D 58
D 73
D 24
D 91
D 46
D 195
D 36
D 906
D 41
D 938
D 40
0
1 Km
N
O
E
S
Route principale
Route secondaire
Circuit vélo
Départ
PARCOURS GPX
TAPEZ PETITFUTE.APP
DANS LE NAVIGATEUR
DE VOTRE SMARTPHONE.
PRENEZ UNE PHOTO DE LA PAGE
ET OBTENEZ
LE TRACÉ GPX
DE LA CARTE

VALLÉE DE LA BIÈVRE ET FORÊT DE VERRIÈRES

(ESSONNE)

- **Itinéraire :** Vallée de la Bièvre et forêt de Verrières
- **Total :** 31,1 km
- **Durée :** de 1 heure 35 à 3 heures 05, entre 20 et 10 km/h
- **Difficulté :** facile, terrain moyennement vallonné.
- **Dénivelé positif :** 90 m.

LIEUX	Km partiel	Km cumul	Routes
GARE DE BIÈVRES	0	0	Avenue de la Gare, Route de Verrières, Route de Bièvres
CHÂTEAU DE VERRIÈRES-LE-BUISSON	1,6	1,6	Route de Bièvres, Rue d'Estienne-d'Orves Boulevard du Maréchal-Foch Avenue Gabriel-Péri, Allée du Buisson
LAC DE VERRIÈRES-LE-BUISSON	3,1	4,7	Avenue Cambacérès, Avenue du Général-Leclerc Boulevard du Maréchal-Foch, Rue des Grands-Chênes Rue Henri-Grellou, Rue des Gâtines, Route de Verrières
BATTERIE DES GÂTINES	2,2	6,9	Route de Château-Landon, Route de Grande Ceinture Route du Grand-Maître, Route de Grande-Ceinture
CARREFOUR DU CHEVREUIL	3,4	10,3	Route de la Sygrie, Chemin de la Porte Jaune, Rue de Paris
MUSÉE DE LA PHOTOGRAPHIE	1,1	11,4	D553
BIÈVRES	1,3	12,7	D53, Rue Léon-Mignotte, Rue de la Martinière Rue du Vauboyen
MOULIN DE VAUBOYEN	1,9	14,6	Rue du Vauboyen, Chemin de Jouy-en-Josas, Rue de la Manufacture, Avenue Jean-Jaurès
JOUY-EN-JOSAS	2,3	16,9	D446
LE PETIT JOUY	2	18,9	Rue du Petit-Jouy, Voie de Vauptain, Route de Jouy
LES ARCADES DE BUC	1,5	20,4	D 9938, Avenue Huguier, Rue des Frères-Robin Rue Louis-Massotte, CV
BUC	0,8	21,2	CV, D938, D120, Rue de la Garenne
LES LOGES-EN-JOSAS	2,1	23,3	Rue de la Division-Leclerc, Allée du Château
CHÂTEAU DES CÔTES	0,9	24,2	Chemin de l'Orme-Rond, Rue de Midori, D120
JOUY-EN-JOSAS	2,9	27,1	D446, Rue Million, Rue Saint-Roch Chemin du Val-d'Enfer, Route de Bièvres, D117, Piste cyclable, D55
MAIRIE DE BIÈVRES	4	31,1	Rue du Petit-Bièvres

ELANCOURT
BOULOGNE-BILLANCOURT
Meudon
Vélizy-Villacoublay
N
O
E
S
0
500 m
A 86
D 57
D 446
D 906
D 60
D 2
D 75
N 118
Aérodrome
de Villacoublay
Châtenay-
Malabry
Buc
les Loges-
en-Josas
Jouy-
en-Josas
Bois de
l'Homme Mort
D 120
D 53
Bièvre
N 186
D 63
Carrefour
des Abbés
Rue
de
Paris
A 6, ORLY
Saclay
(le Val d'Albian)
D 117
Carrefour
du Maître
Forêt de Verrières
N 446
Bois du
Chat Noir
Bassin des
Damoiseaux
Verrières-
le-Buisson
BIEVRES
Route
de
Bièvres
Etang
Vieux
Etang
de Saclay
Vauhallan
D 60
lac de
Verrières
Igny
N 144
D 36
Saclay
A 10, ORSAY
Vauhallan
LONGJUMEAU
D 120
Massy
PARCOURS GPX
TAPEZ PETITFUTE.APP
DANS LE NAVIGATEUR
DE VOTRE SMARTPHONE.
PRENEZ UNE PHOTO DE LA PAGE
ET OBTENEZ
LE TRACÉ GPX
DE LA CARTE
Type autoroutier
Route principale
Route secondaire
Circuit vélo
Départ

VALLÉES DU LOING, DU LUNAIN ET DE L'ORVANNE (SEINE-ET-MARNE)

- **Itinéraire :** Vallées du Loing, du Lunain et de l'Orvanne
- **Total :** 61,5 km
- **Durée :** de 3 à 6 heures, entre 20 et 10 km/h
- **Difficulté :** facile à intermédiaire, peu vallonné.
- **Dénivelé positif :** 240 m

LIEUX	Km partiel	Km cumul	Routes
MORET-SUR-LOING	0	0	D104
MONTIGNY-SUR-LOING	7,5	7,5	D58
CHÂTEAU DE BOURRON-MARLOTTE	3	10,5	CV, D104
GREZ-SUR-LOING	3	13,5	D40D
MONTCOURT	1,5	15	D40
LA GENEVRAYE	3	18	D40
EPISY	3	21	D148
LE LUAT	4	25	D148, D58
NONVILLE	2,5	27,5	D58
TREUZY	1	28,5	D58, D69
NANTEAU-SUR-LUNAIN	2	30,5	D69
LORREZ-LE-BOCAGE	7	37,5	D219, D219E
CHEVRY-EN-SEREINE	3,5	41	CV, D219
VOULX	3,5	44,5	D22
THOURY-FÉROTTES	2,5	47	D22
FLAGY	2,5	49,5	D22
DORMELLES	1,5	51	D22
VILLECERF	4,5	55,5	CV, D218, CV
MORET-SUR-LOING	6	61,5	CV

MORET-SUR-LOING
Seine
Yonne
A5
N6
Varennes-sur-Seine
Cannes-Ecluse
Forêt de Fontainebleau
D 301
Ecuelles
Bourron-Marlotte
Montigny-sur-Loing
Loing
D 104
D 218
Montarlot
Ville-Saint-Jacques
D 403
Noisy-Rudighon
Recloses
N7
Villiers-sur-Grez
Episy
D 40
Genevraye
Lunain
Villeron
Cugny
Canal du Loing
Grez-sous-Loing
PARIS
A6
D 58
Montcourt-Fromonville
Fromonville
Villemer
Dormelles
Flagy
Montmachoux
D 219
Thoury-Férottes
Voulx
Nonville
Treuzy
Darvault
D 16
Nemours
Bois de Darvault
Treuzy-Levelay
Villemaréchal
Saint-Ange-le-Vieil
D 225
Nanteau-sur-Lunain
Paley
Lorrez-le-Bocage
Chevry-en-Sereine
Ormesson
AUFFERVILLE
Faÿ-les-Nemours
MONTARGIS
LYON
CHEROY
N
O
E
S
0
1 Km
Autoroute
Route principale
Route secondaire
Circuit vélo
Départ
PARCOURS GPX
TAPEZ PETITFUTE.APP DANS LE NAVIGATEUR DE VOTRE SMARTPHONE. PRENEZ UNE PHOTO DE LA PAGE ET OBTENEZ
LE TRACÉ GPX DE LA CARTE

VEXIN DES PEINTRES
(VAL D'OISE)

- **Itinéraire :** Vexin des peintres
- **Total :** 51,5 km
- **Durée :** de 2 heures 05 à 5 heures 10, entre 20 et 10 km/h
- **Difficulté :** facile à intermédiaire, terrain assez vallonné.
- **Dénivelé positif :** 265 m

LIEUX	Km partiel	Km cumul	Routes
AUVERS-SUR-OISE	0	0	Piste cyclable
VALMONDOIS	3,5	3,5	D151
NESLES-LA-VALLÉE	6	9,5	D151
LABBEVILLE	3	12,5	D64
VALLANGOUJARD	2,5	15	D64, CV
RHUS	2,5	17,5	CV
ÉPIAIS-RHUS	2,5	20	D64
GRISY-LES-PLÂTRES	1,5	21,5	CV
CORMEILLES-EN-VEXIN	3	24,5	CV
MONTGEROULT	4,5	29	CV, D92
BOISSY-L'AILLERIE	2	31	D22, CV, D79
GÉNICOURT	3	34	D79
LIVILLIERS	2,5	36,5	D79, CV
ENNERY	6	42,5	CV
CHAPONVAL	6	48,5	CV
AUVERS-SUR-OISE	3	51,5	CV

Type autoroutier
Route principale
Route secondaire
Circuit vélo
Départ
TAPEZ PETITFUTE.APP DANS LE NAVIGATEUR DE VOTRE SMARTPHONE. PRENEZ UNE PHOTO DE LA PAGE ET OBTENEZ
LE TRACÉ GPX DE LA CARTE
BEAUVAIS
Bréançon
Rhus
Vallangoujard
Labbeville
Nesles-la-Vallée
Grisy-les-Plâtres
Epiais-Rhus
Frémécourt
Cormeilles-en-Vexin
l'Isle-Adam
Parmain
Hérouville
Livilliers
Génicourt
Valmondois
Butry-sur-Oise
Mériel
L'ISLE-ADAM
AUVERS-SUR-OISE
Montgeroult
Boissy-l'Aillerie
Ennery
Courcelles-sur-Viosne
Viosne
Oise
Pontoise
ROUEN
CERGY-PONTOISE
POISSY
POISSY
D 22
D 64
D 927
D 915
D 79
D 27
D 928
D 922
N 184
N
E
S
O
0
1 Km

LES BORDS DE SEINE À VÉLO ENTRE CHATOU ET BOUGIVAL

Pont de Chatou
RUEIL-MALMAISON
www.rueil-tourisme.com
Durée 2h à 2h30.

Au départ du pont de Chatou, dans les Yvelines, l'itinéraire offre un cadre plaisant. A l'aller, longez d'abord l'île des Impressionnistes puis l'île de la Chaussée. Lorsque vous arriverez au pont de Bougival, franchissez le fleuve en direction de Croissy, et remontez jusqu'à votre point de départ via la rive droite. Une seconde option consiste à passer par le chemin de halage via la rive gauche, mais il vous faudra pour cela pédaler une centaine de mètres sur la N13, moins agréable.

L'OISE DES BÂTISSEURS À VÉLO

Avenue verte London-Paris
ASNIÈRES-SUR-OISE
✆ 03 64 60 60 60
www.avenuevertelondonparis.com

Si vous ne le saviez pas, l'itinéraire tracé « Avenue Verte » reliant Paris à Londres passe près de chez vous. Baptisé « L'Oise des bâtisseurs », ce tronçon, est divisé en cinq étapes sur 91 km, chacune alliant sport, détente et culture. Traversez l'Oise à la découverte d'un patrimoine historique des plus riches : trois abbayes dont celle de Royaumont, château de Chantilly, cathédrale de Beauvais, cité royale de Senlis… Vos pauses seront culturelles !

CIRCUIT DU POMMERET

LE MESNIL-SAINT-DENIS
Circuit cycliste de 12,5 km ; 2h environ.

Ce circuit de 12,5 km ravira les cyclistes puisqu'il offre l'occasion d'une plaisante balade dans la Vallée de Chevreuse, de deux heures environ à vélo. Le départ du circuit se situe en face de l'entrée de l'étang des Noës. Depuis les sources du Rhodon, il faut pédaler à travers de vastes horizons depuis le plateau cultivé jusqu'à la forêt au sud qui annonce le vallon du Pommeret, un site classé au paysage unique. Il est possible ensuite de rejoindre Dampierre puis Chevreuse par le GR11, en passant devant le lavoir de Maincourt.

PARIS RANDO VÉLO

Hôtel de Ville
PARIS (4e)
www.parisrandovelo.fr
Randonnées organisées toute l'année, consulter le site Internet. Gratuit.

Tous les vendredis soir, si la météo le permet, rendez-vous à 22h sur l'esplanade de l'Hôtel de Ville avec votre vélo pour une randonnée de 2h15 à travers Paris ! Vous pédalerez avec plusieurs centaines de cyclistes sur 20 à 25 km à travers les rues de la capitale. Ambiance sympathique et bon enfant ! Pour ceux qui ne sont pas disponibles, séance de rattrapage chaque troisième dimanche du mois avec un rendez-vous fixé au même endroit à 11h. Le parcours est annoncé la veille, jetez un œil sur le site Internet pour avoir plus d'infos.

KIWILL

27, rue du Grand Prieuré - **PARIS** (11e)
✆ 01 47 00 04 19
www.kiwill.fr
Horaires d'ouverture selon les séances : se renseigner sur le site. 25 € la session sans abonnement.

Certains disent *indoor-cycling*, d'autres disent *spinning* : c'est en fait souvent la même chose. Le principe, chez Kiwill, reste immuable. On choisit son moment, son coach et on vient se dépenser. On travaille pendant une séance de 45 minutes le haut et le bas de son corps tout en pédalant : attention, l'entraînement promet d'être intense ! Le concept est efficace, et les équipes sont très professionnelles. Différentes formules tarifaires sont proposées ainsi que de nombreuses sessions thématiques (pour varier les plaisirs !). Résultats à la clé assurés !

SORTIE À VÉLO LE LONG DU CANAL SAINT-DENIS

PANTIN
www.tourisme93.com

Tous à vos guidons ! De la Villette jusqu'au Stade de France, profitez de la brise en arpentant la piste cyclable le long de la rive droite du canal Saint-Denis, soit un peu plus de 8 km pour pédaler en toute sécurité dans la capitale. Pour les plus motivés et les passionnés d'histoire, décidez d'allier sport et culture en prolongeant la balade par le parcours historique qui relie le Stade de France et sa célèbre basilique de la ville de Saint-Denis.

LA VIE PREND
UN SENS
RADIO
NOTRE
DAME
FM100.7 - RADIONOTREDAME.COM
FM 100.7 - RADIONOTREDAME.COM
www.egga.fr - crédit photo : gettyimages

18 VÉLO VINTAGE

PARIS (18e)
✆ +33 6 03 89 61 21
www.velo-vintage.com
Ouvert du mardi au samedi de 12h à 18h.

Voilà toute la différence entre de vieux vélos et des vélos vintage : ici tous les modèles sont d'occasion, certes, mais ils ont du style et sont bien souvent uniques ! Sélectionnés, retapés, poncés, repeints, et en très bon état de marche, les vélos sont exposés dans la petite surface de la boutique. Si vous avez un doute, n'hésitez pas à repasser : le magasin reçoit de nouveaux arrivages chaque semaine. Selon le stock, vous y trouverez des modèles de course, de piste, de ville, électriques, et pliables, pour petits et grands, homme ou femme.

À LA PETITE REINE

14, rue de la Paroisse - **FONTAINEBLEAU**
✆ 01 60 74 57 57
www.alapetitereine.com
Ouvert du mardi au samedi de 9h à 19h30 ; le dimanche de 9h à 18h. Location à l'heure, journée, semaine ou au mois.

Depuis plus de quarante ans, Isabelle et Daniel Reine – ça ne s'invente pas – se consacrent au vélo. Daniel est un fou de vélo, sport qu'il pratiqua en haut-niveau dès l'âge de 14 ans. Un domaine qui n'a donc plus aucun secret pour ce passionné. Fort de ses connaissances et en compagnie de son épouse, Daniel loue, vend et répare des cycles en titane de marque Merlin ou en carbone de marques Scott, Colnago, Giant et Trek. Un rayon est consacré à l'équipement du cycliste. Un service de location de vélos de ville, VTT et VTC permet de découvrir la région.

CYCLABLE

50, quai de Jemmapes
PARIS (10e)
✆ 01 48 04 84 91
Ouvert du mardi au samedi de 10h à 14h et de 15h à 19h.

Cyclable vous propose une large gamme de vélos : électriques, *longtails* ou même vélos pliants. Que vous ayez besoin d'un fixie pour frimer, d'un vélo de ville pour arpenter les pavés de Paris ou d'un VTT pour les randonnées, vous devriez trouver votre bonheur dans l'échoppe. Avis aux technophiles urbains : la boutique propose des vélos électriques et des vélos pliants. Particulièrement attentifs aux besoins quotidiens des citadins en termes de transport, les vendeurs seront d'excellents conseils. La boutique a d'autres enseignes dans Paris ainsi qu'en banlieue.

CYCLES LE GREVÈS

70 bis, avenue Jean-Jaurès
SURESNES
✆ 01 45 06 22 93
www.cycleslegreves.fr
Ouvert du mardi au samedi de 9h à 12h30 et de 14h15 à 19h. Jusqu'à 18h le samedi.

Le Grevès est une histoire de famille. En 1937, les deux frères René et Louis Le Grevès, coureurs cyclistes renommés, ouvrent une boutique de cycles dans le 11e arrondissement. En 1965, Pierre, le fils de Louis, délocalise la boutique à Suresnes. Pierre a ensuite passé la main à Olivier Goedard, qui est aujourd'hui le gérant du magasin, toujours en expansion. Ce dernier saura vous conseiller au mieux dans l'achat de votre vélo, peu importe le modèle : course, VTT, VTC, loisirs, enfants... On y trouve aussi pièces détachées et accessoires.

FÉDÉRATION FRANÇAISE DE CYCLOTOURISME

12, rue Louis Bertrand - **IVRY-SUR-SEINE**
✆ 01 56 20 88 88
www.ffvelo.fr
Ouvert du lundi au vendredi de 9h à 12h et de 14h à 17h30. Jusqu'à 16h30 le vendredi.

La structure régionale de la Fédération française de Cyclotourisme de l'Ile-de-France, forte de plus de 13 000 licenciés, répartis dans plus 340 clubs gérés par plusieurs comités départementaux et régionaux vous propose, plus de 400 organisations route et VTT réparties sur l'ensemble de la saison ainsi qu'une quarantaine de randonnées permanentes et une vingtaine de marches en début et fin d'année. De nombreuses informations pratiques y sont également présentes.

GO SPORT RÉPUBLIQUE - BIKE +

117, boulevard Richard-Lenoir
PARIS (11e)
✆ 01 55 28 35 50
www.go-sport.com
Ouvert du lundi au samedi de 9h à 20h.

Il s'agit de l'espace du magasin Go Sport République dédié au cyclisme : pour acheter un nouveau vélo, inutile donc de vous rendre au Go Sport sur la place de la République, vous n'y trouverez rien en matière d'équipement cycliste. Ce magasin est situé plus loin, sur le boulevard Richard-Lenoir, et propose de nombreux modèles : vélos de ville, de course, VTT, VTC, pour homme, femme et enfant. Son plus : l'atelier de réparation avec des tarifs qui défient toute concurrence.

INSTITUT GÉOGRAPHIQUE NATIONAL

8, avenue Pasteur
SAINT-MANDÉ
✆ 01 43 98 80 00
www.ign.fr
Ouvert du mardi au vendredi de 13h30 à 17h30. Horaires d'accès à la photothèque. Gratuit.

Acteur du numérique au service des territoires, l'IGN a lancé l'Espace loisirs, le portail de référence pour toutes les activités nature. Ce nouveau portail regroupe des données de référence et des services en ligne pour s'adonner à des activités de plein air et partir à la découverte des territoires français. On peut y partager ses itinéraires et parcours et ainsi ouvrir la voie pour que chacun trace sa route ! Parfait pour découvrir de belles randonnées en vélo.

LOCA CYCLES

Maison forestière de la Porte Saint-Léger
RAMBOUILLET
✆ 06 07 64 15 87
www.rambouillet-location-velos.fr
Ouvert le week-end et les jours fériés de mars à octobre. Hors saison et en semaine, sur demande.

Quoi de mieux pour se mettre au vert qu'une promenade à vélo dans la forêt de Rambouillet, espace sauvage qui compte soixante kilomètres de pistes cyclables ! Installé depuis les années 1980 au départ de la piste cyclable, Loca Cycles loue des vélos (VTT, VTC, tandem, tricycle) pour les adultes et les enfants. L'équipement proposé comprend une carte détaillée de la région, une trousse de réparation, un casque, un cadenas, et toutes les protections utiles au sportif randonneur. Le siège bébé est fourni en supplément. Réservation obligatoire.

LOCATION DE VÉLOS - CYCLOU 78

Avenue des Loges - **SAINT-GERMAIN-EN-LAYE**
✆ 07 82 55 40 88 - www.cyclou.fr
Fermé du 1er novembre au 1er avril. Ouvert le week-end et les jours fériés à partir de 10h. Sur demande en semaine.

La remorque itinérante de Cyclou est une micro-agence de location de bicyclettes. Garée sur un parking situé en lisière de bois, le lieu s'avère idéal pour partir immédiatement en balade avec des VTT et VTC très bien entretenus. Il est également possible de louer des remorques ou des sièges vélo pour enfants, ainsi que des tandems (de 1 à 3h). A noter : il faut se munir d'une pièce d'identité pour effectuer une réservation. Contacter directement l'agence pour une location en semaine.

MIEUX SE DÉPLACER À BICYCLETTE

37, boulevard Bourdon - **PARIS** (4e)
✆ 01 43 20 26 02
www.mdb-idf.org
Ouvert le lundi, le mardi, le jeudi et le vendredi de 14h à 18h. Adhésion à l'association à partir de 10 €.

Cette association qui milite pour le développement et l'amélioration de la circulation à vélo propose des balades à ses membres – il faut adhérer pour y participer. Des sorties plus ou moins longues sont organisées dans une ambiance conviviale chaque dimanche ou presque, ainsi que certains samedis. Les destinations se situent à Paris, en Île-de-France, voire plus loin, dans les régions limitrophes. Des balades pendant plusieurs jours sont aussi proposées.

LES PISTES CYCLABLES DE L'ILE DE FRANCE

www.institutparisregion.fr

Via le site remarquable de l'IAURIF (Institut d'Aménagement et d'Urbanisme de la Région d'Ile-de-France), vous pourrez consulter les pistes et aménagements cyclables au 1/50 000e de la région. Sur une carte interactive, naviguez sur le grand centre d'Île-de-France : on y trouve Paris, les Hauts-de-Seine, la Seine-Saint-Denis et le Val-de-Marne. Elle permet aussi de localiser tous les parcs à vélos et les lieux où l'on peut en louer ou les faire réparer dans la région.

UPWAY

PARIS (1er)
https://upway.shop/

Cette plateforme en ligne est dédiée au rachat, au reconditionnement et à la revente de vélos électriques, sous garantie d'un an. Leur credo ? Rendre le vélo électrique accessible au grand public avec des offres pour tous les budgets et une livraison assurée à domicile ! Vous retrouverez des marques incontournables, telles que Cowboy, VanMoof ou encore Giant. En plus d'un aspect économique attrayant, la démarche d'Upway s'inscrit dans un cycle vertueux en prolongeant la durée de vie des vélos électriques plutôt que de créer du jetable.

PASSPORT

NORMANDIE

BELLÊME, PARC NATUREL RÉGIONAL DU PERCHE

(ORNE)

- **Itinéraire :** Bellême, parc naturel régional du Perche
- **Total :** 59 km
- **Durée :** de 2 heures 30 à 5 heures, entre 20 et 10 km/h.
- **Difficulté :** facile à intermédiaire.
- **Dénivelé positif :** 485 m

LIEUX	Km partiel	Km cumul	Routes
BELLÊME	0	0	D455
BELLAVILLIERS	5	8	D310
ÉPERRAIS	3	13	D7, D938, D283
SAINT-OUEN-DE-LA-COUR	3	16	D283
COLONARD-CORUBERT	5,5	21,5	D283, D920
NOCÉ	4	25,5	D9
SAINT-CYR-LA-ROSIÈRE	7,5	33	La Bretonnière, D626
SAINT-GERMAIN-DE-LA-COUDRE	9	42	D277, La Tuilerie, D7
IGÉ	9	51	D211, Blandé-Marcilly D276
BELLÊME	8	59	D938, D643, D274, D455

SÉBASTIEN BERTHELOT - ADOBESTOCK

PARCOURS GPX

TAPEZ PETITFUTE.APP DANS LE NAVIGATEUR DE VOTRE SMARTPHONE. PRENEZ UNE PHOTO DE LA PAGE ET OBTENEZ

LE TRACÉ GPX
DE LA CARTE

CABOURG ET LES MARAIS DE LA DIVES (CALVADOS)

- **Itinéraire :** Cabourg et les marais de la Dives
- **Total :** 52 km
- **Durée :** de 2 heures 35 à 5 heures, entre 20 et 10 km/h.

©SASVISUALS - ADOBESTOCK

LIEUX	Km partiel	Km cumul	Routes
CABOURG, CASINO	0	0	Avenue de la Paix, D513
VARAVILLE	7	7	D513
ROBEHOMME	4	11	D27, Chemin de l'Anguille
TROARN	10	21	D224, D95
SAINT-PIERRE-DU-JONQUET	5	26	D78
HOTOT-EN-AUGE	7	33	D78
BEUVRON-EN-AUGE	3,5	36,5	D78
PUTOT-EN-AUGE	5	41,5	D49
CABOURG, CASINO	10,5	52	D400 Avenue de l'Hippodrome

La Manche
N
O
E
S
0
2 km
CABOURG
Dives-sur-Mer
TAPEZ PETITFUTE.APP DANS LE NAVIGATEUR DE VOTRE SMARTPHONE. PRENEZ UNE PHOTO DE LA PAGE ET OBTENEZ
LE TRACÉ GPX DE LA CARTE
D514
Franceville-Plage
Le Hôme
D513
D400 A
D45
D49
La Dives
D27
Varaville
D400
D513
Petiville
Bavent
Robehomme
Dozulé
D675
Bricqueville
E46
A13
Putot-en-Auge
D95
Goustranville
La Dives
Bures-sur-Dives
D675
D37
D49
Beuvron-en-Auge
Troarn
Saint-Samson
D78
D78
Hotot-en-Auge
Saint-Pierre-du-Jonquet
D37
Saint-Ouen-du-Mesnil-Oger
Méry-Corbon
La Dives
Argences
Vimont
D613
D613
Croissanville
Moult
D40
D47
Airan
Autoroute
Route principale
Route secondaire
Circuit vélo
Départ

CAP DE LA HAGUE
(MANCHE)

- **Itinéraire :** Cap de la Hague
- **Total :** 59 km
- **Durée :** de 2 heures 30 à 5 heures, entre 20 et 10 km/h.
- **Difficulté :** facile à intermédiaire. Circuit casse-pattes, succession de montées et descentes.
- **Dénivelé positive :** 780 m

LIEUX	Km partiel	Km cumul	Routes
BEAUMONT-HAGUE	0	0	D318
VAUVILLE	4	4	D318
BIVILLE	3	7	D318
SAINTE-CROIX-HAGUE	5,5	12,5	D118
QUERQUEVILLE	7	19,5	D118
GRÉVILLE-HAGUE	8,5	28	D45
OMONVILLE-LA-ROGUE	7,5	35,5	D45, D402, D45
SAINT-GERMAIN-DES-VAUX	6,5	42	D45
JOBOURG	8,5	50,5	D45, D401, D202
HERQUEVILLE	3,5	54	D901, Direction Le Mesnil
BEAUMONT-HAGUE	5	59	D403, D901E

TAPEZ PETITFUTE.APP
DANS LE NAVIGATEUR
DE VOTRE SMARTPHONE.
PRENEZ UNE PHOTO DE LA PAGE
ET OBTENEZ
LE TRACÉ GPX
DE LA CARTE
GPX
MANCHE
de la Hague
Goury
Auderville
Saint-Germain-
des-Vaux
D 45
Anse
Saint-Martin
Pointe
Jardeheu
Omonville-
la-Petite
Omonville-
la-Rogue
Digulleville
Baie
d'Écalgrain
D 901
D 401
Jobourg
D 45
Éculleville
Pointe
de Nacqueville
Pointe
de Querqueville
Nez de
Jobourg
Herqueville
BEAUMONT-
HAGUE
D 901
Gréville-
Hague
D 45
Manoir de
Dur-Écu
Urville-
Nacqueville
D 45
Querqueville
Domaine de
Nacqueville
CHERBOURG-OCTEVILLE
Baie du Houguet
D 318
Branville-
Hague
D 22
Pierres Pouquelées
D 901
D 901
Vauville
D 37
Équeurdreville-
Hainneville
Tonneville
Sainte-Croix-
Hague
Anse de Vauville
D 318
Jardin botanique
D 118
D 22
Nouainville
N
O
E
S
D 118
Flottemanville-
Hague
Biville
Acqueville
0
2 km
Autoroute
Route principale
Route secondaire
Circuit vélo
Départ

L'AVENUE VERTE ENTRE DIEPPE ET FORGES-LES-EAUX (SEINE-MARITIME)

- **Itinéraire :** L'avenue Verte entre Dieppe et Forges-les-Eaux
- **Total :** 49 km
- **Durée :** de 2 heures 30 à 5 heures, entre 20 et 10 km/h.
- **Difficulté :** facile. L'itinéraire emprunte essentiellement la Voie Verte.
- **Dénivelé positif :** 110 m

LIEUX	Km partiel	Km cumul	Routes
FORGES-LES-EAUX	0	0	Place de la Gare thermale
NEUFCHÂTEL-EN-BRAY	14	14	Voie Verte
SAINT-VAAST-D'ÉQUIQUEVILLE	16	30	Voie Verte
ARQUES-LA-BATAILLE	11	41	Voie Verte
DIEPPE	8	49	D1

Manche
Dieppe
Bracquemont
Saint-Martin-en-Campagne
Sept-Meules
Oisemont
Sainte-Marguerite-sur-Mer
Varengeville-sur-Mer
Martin-Église
Envermeu
Fresnoy-Folny
Blangy-sur-Bresle
Ouville-la-Rivière
Offranville
Arques la Bataille
Saint-Nicolas-d'Aliermont
Foucarmont
Auppegard
Brachy
Londinières
Saint-Vaast-d'Equiqueville
Béthune
Bresle
AMIENS
Sainte-Foy
Bacqueville-en-Caux
Longueville-sur-Scie
Aumale
Auvilliers
Neufchâtel-en-Bray
Auffay
Val-de-Saâne
Bellencombre
Saint-Saire
Conteville
Tôtes
Saint-Saëns
Gaillefontaine
Formerie
Bosc-le-Hard
FORGES-LES-EAUX
Clères
Buchy
ROUEN
ROUEN, PARIS
D 936
D 29
D 25
D 1015
D 49
D 925
D 149
D 920
D 1314
D 1
D 915
D 12
D 928
D 1029
D 929
D 23
D 15
D 9
D 919
D 135
D 6
N 27
A 28 - E 402
A 29 - E 44
5
6
7
8
9
10
11
12
Autoroute
Route principale
Route secondaire
Circuit vélo
Piste cyclable
Départ
N
S
E
O
0
5 km
PARCOURS GPX
TAPEZ PETITFUTE.APP DANS LE NAVIGATEUR DE VOTRE SMARTPHONE. PRENEZ UNE PHOTO DE LA PAGE ET OBTENEZ
LE TRACÉ GPX DE LA CARTE

LE PAYS D'AUGE, CANTON DE LISIEUX

(CALVADOS)

- **Itinéraire :** Le Pays d'Auge, canton de Lisieux
- **Total :** 50 km
- **Durée :** de 2 heures 30 à 5 heures, entre 20 et 10 km/h.
- **Difficulté :** facile à intermédiaire. Routes départementales vallonnées.
- **Dénivelé positif :** 380 m

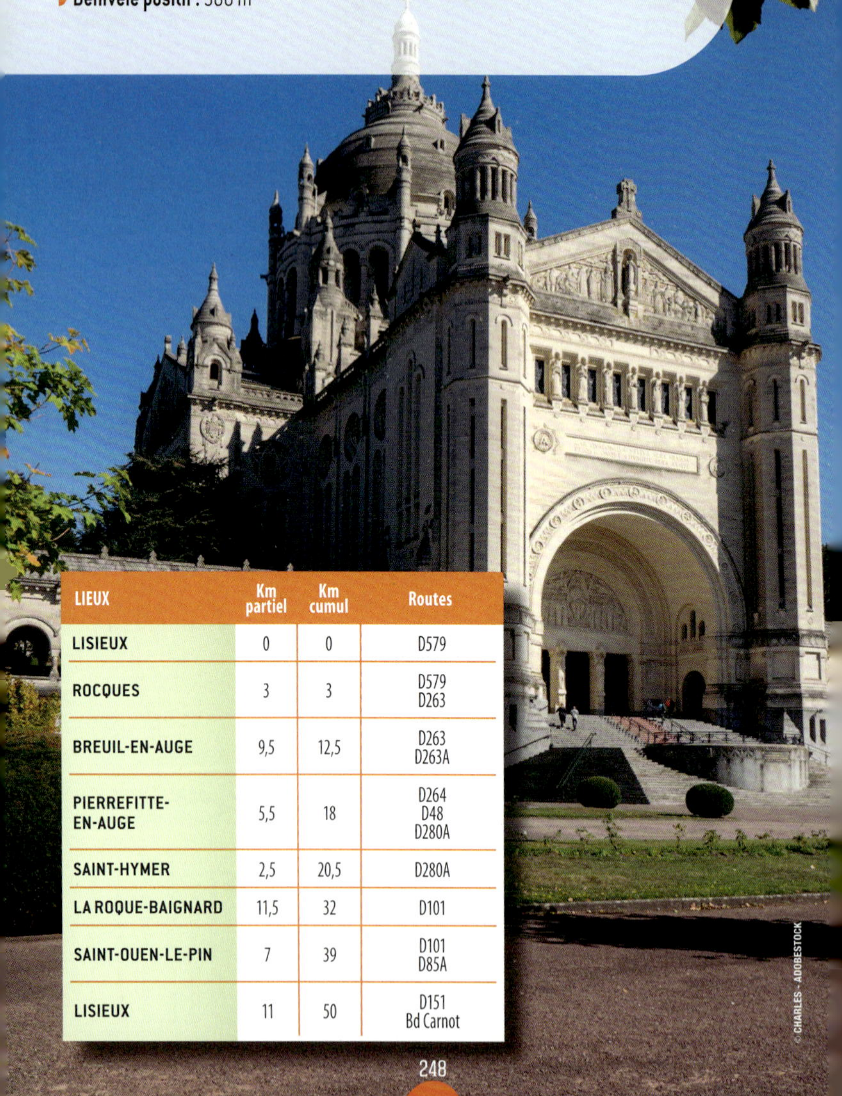

LIEUX	Km partiel	Km cumul	Routes
LISIEUX	0	0	D579
ROCQUES	3	3	D579 D263
BREUIL-EN-AUGE	9,5	12,5	D263 D263A
PIERREFITTE-EN-AUGE	5,5	18	D264 D48 D280A
SAINT-HYMER	2,5	20,5	D280A
LA ROQUE-BAIGNARD	11,5	32	D101
SAINT-OUEN-LE-PIN	7	39	D101 D85A
LISIEUX	11	50	D151 Bd Carnot

TAPEZ PETITFUTE.APP DANS LE NAVIGATEUR DE VOTRE SMARTPHONE. PRENEZ UNE PHOTO DE LA PAGE ET OBTENEZ
LE TRACÉ GPX DE LA CARTE
PARCOURS GPX
ROUEN, PARIS
PONT-L'ÉVÊQUE
CAEN
29a
A 13 - E 46
D 675
Annebault
Danestal (le Bourg)
Drubec
Clarbec
Cresseveuille
Valsemé
Pierrefitte-en-Auge
Saint-Hymer
D 280A
D 48
D 579
Manneville-la-Pipard
Le Mesnil-sur-Blangy
Blangy-le-Château
Fierville-les-Parcs
Le Breuil-en-Auge
Le Brévedent
D 45
D 16
D 101
D 264
Le Torquesne
Beaufour-Druval
Bonnebosq
Le Fournet
Auvillars
Formentin
Coquainvilliers
D 263A
Norolles
Saint-Philbert-des-Champs
D 510
Fauguernon
Parc Zoo Cerza
Rumesnil
Léaupartie
Manerbe
La Roque-Baignard
Ouilly-le-Vicomte
Montreuil-en-Auge
Rocques
Ouilly-du-Houley
Hermival-les-Vaux
D 263
D 85A
D 151
Le Pré-d'Auge
Firfol
D 50
Saint-Ouen-le-Pin
Saint-Désir
Lisieux
D 613
La Boissière
N
O
E
S
0
2 km
Autoroute
Route principale
Route secondaire
Circuit vélo
Départ

MARAIS DU COTENTIN – PLAGES DU DEBARQUEMENT (MANCHE)

- **Itinéraire :** Marais du Cotentin – Plages du débarquement (Manche)
- **Total :** 76,3 km
- **Durée :** de 3h50 à 7h50, entre 20 et 10 km/h
- **Difficulté :** facile. Une grande montée et des petites en milieu de parcours. Plat en bord de mer.
- **Dénivelé positif :** 210m.

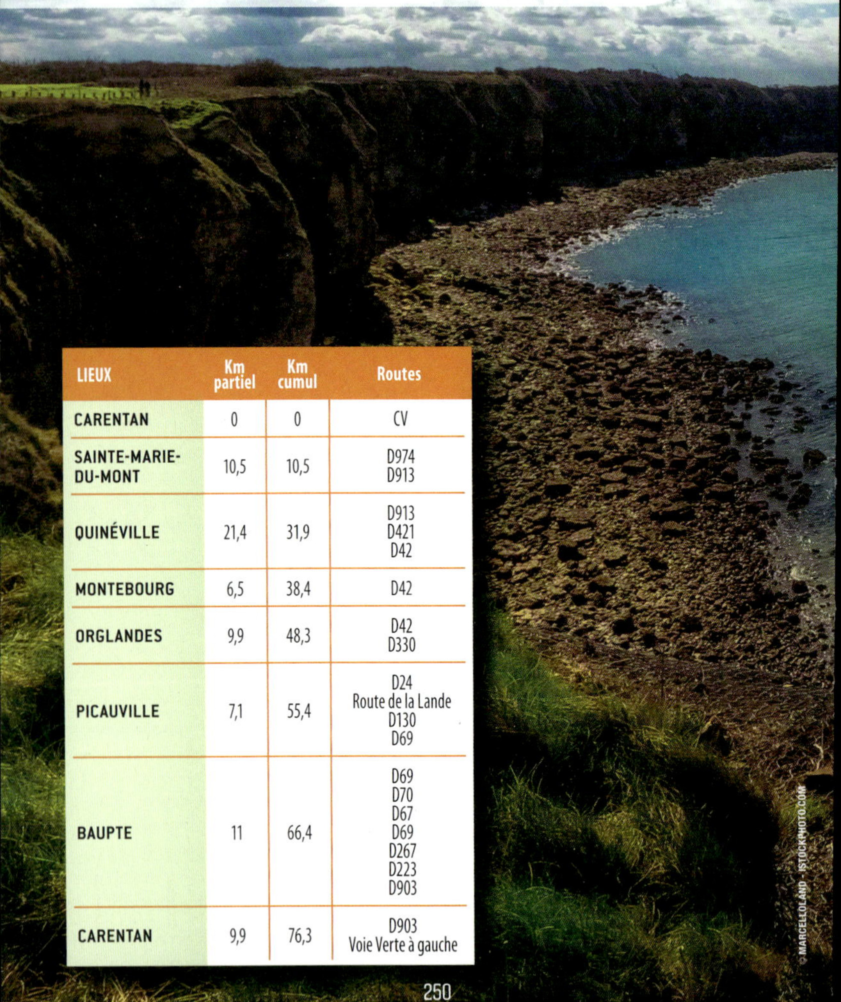

© MARCELLOLAND - ISTOCKPHOTO.COM

LIEUX	Km partiel	Km cumul	Routes
CARENTAN	0	0	CV
SAINTE-MARIE-DU-MONT	10,5	10,5	D974 D913
QUINÉVILLE	21,4	31,9	D913 D421 D42
MONTEBOURG	6,5	38,4	D42
ORGLANDES	9,9	48,3	D42 D330
PICAUVILLE	7,1	55,4	D24 Route de la Lande D130 D69
BAUPTE	11	66,4	D69 D70 D67 D69 D267 D223 D903
CARENTAN	9,9	76,3	D903 Voie Verte à gauche

PARCOURS GPX
TAPEZ PETITFUTE.APP DANS LE NAVIGATEUR DE VOTRE SMARTPHONE. PRENEZ UNE PHOTO DE LA PAGE ET OBTENEZ

LE TRACÉ GPX DE LA CARTE

© ELENA SKALOVSKAIA - ADOBESTOCK

PONT-AUDEMER, LA VENISE NORMANDE
(EURE)

- **Itinéraire :** Pont-Audemer, la Venise Normande
- **Total :** 87 km
- **Durée :** de 2 heures 30 à 5 heures, entre 20 et 10 km/h.
- **Difficulté :** facile à intermédiaire. Boucle en huit.
- **Dénivelé positif :** 380 m

LIEUX	Km partiel	Km cumul	Routes
PONT-AUDEMER	0	0	D39
MARAIS VERNIER	12	12	D39 D90 D103
SAINT-AUBIN-SUR-QUILLEBEUF	8	20	D103
PONT AUDEMER	22	42	Direction Vallée D90 D39
CAMPIGNY	9	51	D810 D675 Route de la Vièville
SAINT-ÉTIENNE-L'ALLIER	6	57	Direction Saint-Martin Saint-Firmin
SAINT-GEORGES-DU-VIÈVRE	4	61	D98 D29
FRENEUSE-SUR-RISLE	9	70	D137
SAINT-PHILBERT-SUR-RISLE	4	74	D39
PONT-AUDEMER	13	87	D39 Direction Centre via D675

Lillebonne
Saint-Nicolas-de-la-Taille
Villequier
Triquerville
Saint-Nicolas-de-Bliquetuit
Tancarville
LE HAVRE
N.-D.-de Gravenchon
Seine
Pont de Tancarville
Quillebeuf-sur-Seine
Norville
Saint-Aubin-sur-Quillebeuf
Parc Naturel Régional des Boucles de la Seine Normande
Marais Vernier
Vieux-Port
Saint-Opportune-la-Mare
Trouville-la-Haute
Bouquelon
Bourneville
Saint-Ouen-des-Champs
PARIS, ROUEN
Toutainville
Éturqueraye
PONT AUDEMER
Colletot
CAEN
Les Préaux
Appeville-Annebault
Campigny
Condé-sur-Risle
Saint-Philbert-sur-Risle
Montfort-sur-Risle
Saint-Martin-Saint-Firmin
Épaignes
Saint-Christophe-sur-Condé
Saint-Étienne-l'Allier
Freneuse-sur-Risle
Lieurey
Saint-Georges-du-Vièvre
Saint-Grégoire-du-Vièvre
Pont-Authou
Risle
A 131 - E 05
A 13 - E 05 - E 46
D 982
D 110
D 81
D 6178
D 103
D 810
D 89
D 131
D 90
D 39
D 675
D 130
D 91
D 139
D 27
D 124
D 47
D 29
D 137
D 38
D 438
Autoroute
Route principale
Route secondaire
Circuit vélo
Départ
PARCOURS GPX
TAPEZ PETITFUTE.APP DANS LE NAVIGATEUR DE VOTRE SMARTPHONE. PRENEZ UNE PHOTO DE LA PAGE ET OBTENEZ
LE TRACÉ GPX DE LA CARTE
N
O
E
S
0
2 km

ATTITUDE MANCHE - AGENCE D'ATTRACTIVITE

1283, avenue de Paris
SAINT-LÔ
✆ 02 33 05 98 70
www.manchetourisme.com

La Manche est riche d'une nature préservée aux visages multiples. Entre terre et mer, les sentiers cheminent au cœur de paysages d'exception : les côtes de granit et de sable, les marais du Cotentin, le bocage verdoyant du Pays de Coutances, les reliefs escarpés du Mortainais, et puis... la Baie du Mont Saint-Michel. Pour préparer votre découverte de l'ensemble des sentiers de randonnée du département de la Manche, Attitude Manche vous met à disposition les informations nécessaires.

OFFICE DE TOURISME MONT SAINT-MICHEL - ST-HILAIRE

21, Avenue du Mal Leclerc
SAINT-HILAIRE-DU-HARCOUËT
✆ 02 33 79 38 88
www.ot-montsaintmichel.com
Horaires variables selon la saison.

Saint-Hilaire-du-Harcouët est la ville idéale pour se reposer dans un cadre apaisant : une station verte ou il fait bon faire des balades en vélo sur les voies adaptées. La ville, très dynamique et commerçante, propose de nombreuses activités tout au long de l'année pour petits et grands. Et pour découvrir encore davantage la ville et ses environs, l'office de tourisme local est là pour vous aiguiller : des conseils avisés, un accueil au top, que demander de plus ?

BUREAU DU TOURISME

rue Pasteur
SAINT-AUBIN-SUR-MER
✆ 02 31 97 30 41
www.terresdenacre.com
Horaires en fonction des saisons, à consulter en ligne. En saison : visites guidées. Boutique.

L'office de tourisme de Saint-Aubin-sur-Mer est une antenne de l'office de tourisme «Terres de Nacre» situé à Courseulles-sur-Mer. Ses horaires varient en fonction des saisons. Même minutieusement vérifiés, ils sont donnés à titre indicatif. Aux horaires d'ouverture, par ailleurs disponibles sur le site de «Terres de Nacre» ou par téléphone, vous trouverez une oreille attentive et des conseillers qui sauront mettre à votre disposition toutes les informations nécessaires au bon déroulement de votre séjour. Et ici, surtout, des vélos en location !

RANDONNÉE NORMANDIE [ORNE]

ALENÇON
✆ 02 33 28 88 71
www.randonnee-normandie.com

Ce site est dédié à la randonnée à pied ou à vélo dans le département de l'Orne. Découvrez de grande et petite randonnées, randonnées thématiques à cheval, à vtt en forêts domaniales, avec plus de 5000 km de sentiers de randonnées, l'Orne est un paradis pour les randonneurs. De plus, vous pourrez les consulter directement sur votre téléphone portable grâce à sa nouvelle application ou bien simplement sur le site comportant les 41 circuits de 16,3 à 70 km et les 2 voies verte de l'Orne.

NORMANDIE CYCLOTOURISME

www.normandie-cyclotourisme.com

C'est là que vous trouverez toutes les informations qu'il vous faut pour partir l'esprit tranquille en vélo, en solo ou en groupe, sur les routes et les sentiers normands. Le Comité de cyclotourisme vous renseignera sur toutes les manifestations de la région et sur les randonnées possibles. Sur les bords de Seine, le long de la côte, à destination du Mont Saint-Michel ou des Plages du Débarquement, le choix est grand et pour tous les niveaux. Consultez le site Internet afin de vous laisser guider sur les nombreuses voies cyclables des environs de Rouen.

D'ALENÇON À LA FORÊT DE BOURSE SUR LA VÉLOSCÉNIE

Place de la Magdeleine - **ALENÇON**
✆ 02 33 80 66 33
www.paysdalencontourisme.com
Sur le tronçon Alençon/La-Mêle-sur-Sarthe de 23,9 km.

La Véloscénie, voie cyclable reliant Paris au Mont-Saint-Michel sur plus de 400 km passe par Alençon. Vous pouvez par exemple, l'emprunter pour rejoindre facilement la forêt de Bourse, en 13 km. Cette Voie verte sécurisée n'est accessible qu'aux piétons, rollers et cyclistes. Vous traverserez sans grande difficulté physique Semallé, Hauterive et Neuilly-le-Bisson en pédalant. Idéal pour découvrir les paysages de la campagne d'Alençon, mais aussi la faune et flore locales.

DE PONTORSON AU MONT-SAINT-MICHEL À VÉLO

Place de l'Hôtel-de-Ville
PONTORSON
✆ 02 33 60 20 65
www.mont-saint-michel-baie.com

À seulement 10 kilomètres du célèbre Mont-Saint-Michel, la ville de Pontorson est une bonne base pour visiter la Manche et la cité médiévale. Au départ de cette ville marquée par une histoire tantôt anglaise tantôt française, une piste cyclable rejoint les bords du Couesnon. Vous longerez ensuite l'eau jusqu'au Mont-Saint-Michel. La dernière partie se fait sur une voie partagée avec les piétons. Attention toutefois à la forte affluence de visiteurs pendant la période touristique.

DEPUIS DOMFRONT AVEC LA VÉLOSCÉNIE

12, place de la Roirie
DOMFRONT EN POIRAIE
✆ 02 33 38 53 97
www.ot-domfront.com

C'est l'une des étapes de la Véloscénie qui relie Paris au Mont-Saint-Michel : 9 km avec très peu de dénivelé, au départ de Domfront pour rejoindre Saint-Mars-d'Egrenne, en 1h. Et c'est un paysage champêtre qui s'offre à vous, entre vergers et bocage normand. A Saint-Mars-d'Égrenne vous pouvez faire demi-tour pour rejoindre Domfront ou continuer en direction de Mortain et rejoindre Romagny (19,3 km), étape suivante située à la limite ouest du Parc naturel régional de Normandie Maine.

DE RÉMALARD À CONDE-SUR-HUISNE SUR LA VÉLOSCÉNIE

RÉMALARD EN PERCHE
www.veloscenie.com
Comptez plus de 9 km pour faire Rémalard - Condé-sur-Huisne, soit environ 1h.

Au départ de Paris, une voie cyclable traverse 8 départements pour arriver jusqu'au Mont-Saint-Michel. Appelée la Véloscénie, elle peut être divisée à tout moment selon votre lieu de départ. Vous pouvez, par exemple, vous contenter des 9 kilomètres séparant Rémalard et Condé-sur-Huisne où une gare SNCF vous permettra de rejoindre votre lieu de départ ou l'étape suivante de votre voyage. La piste suit presque exclusivement les bords de l'Huisne, qui serpente entre vallées et collines.

ESPACE SPORT NATURE LANDE SAINT GABRIEL

CHERBOURG-EN-COTENTIN
✆ 02 33 88 15 07
www.cherbourg.fr
Ouvert d'avril à septembre. Un parcours d'orientation est prévu pour les personnes à mobilité réduite.

Voilà une étape incontournable pour les amateurs de nature et de grand air, à quelques kilomètres seulement de l'agglomération cherbourgeoise ! Au cœur de cet Espace Sport-Nature lande Saint-Gabriel, nombreuses sont les activités proposées ! Du VTT au tir à l'arc en passant par le golf, tous les atouts sont réunis pour plaire aux sportifs amateurs ou aguerris ! Unique dans la région : la course d'orientation sportive vous est également possible ici !

TOUR DE NORMANDIE CYCLISTE

www.tourdenormandiecycliste.fr
Chaque année, en mars.

Le Tour de Normandie est une course cycliste par étapes française disputée en Normandie. Créé en 1939, il n'a plus été organisé ensuite jusqu'aux années 1950 durant lesquelles il a connu quatre éditions. Il est organisé annuellement depuis 1981, en tant qu'épreuve amateur jusqu'en 1995 puis professionnelle depuis 1996. La course a lieu au mois de mars. Retrouvez toute les informations sur le site pour suivre le Tour de Normandie : classements, étapes, équipes, archives du tour...

VELORAIL D'ÉTRETAT

56, rue de la Gare - **LES LOGES**
✆ 02 35 29 49 61
http://velo-rails-etretat.fr/
Ouvert d'avril à octobre le lundi. Vélo-Rails à partir de 30 € (aller en vélo-rails, retour depuis Etretat en train).

Ce petit train touristique prend ses passagers en gare d'Étretat ou des Loges puis les emmène d'une ville à l'autre en faisant cinq allers-retours dans la journée sur l'ancienne ligne de chemin de fer reliant Les Ifs et Étretat. Il est également possible de louer un vélo-rail et d'admirer les paysages sur cet étrange moyen de transport. Le parcours de 5 kilomètres se fait en descente et dure environ une demi-heure. Il est donc accessible à tous. Il existe également un forfait pour faire l'aller en vélo-rail et le retour en train, histoire de varier les plaisirs.

VOIE VERTE CAEN À OUISTREHAM

CAEN
Au départ de Ouistreham et de la gare de ferries.

Trait d'union entre Caen et son port, Ouistreham, le canal latéral à l'Orne permet grâce à son chemin de halage de rejoindre la mer. Très connue des Caennais, cet itinéraire passe au pied du célèbre Pegasus Bridge dont vous pouvez visiter le musée. La baie de l'Orne offre par ailleurs sur sa rive Est (commune de Merville-Franceville-Plage) une intéressante réserve ornithologique. Cette voie verte est par ailleurs un départ idéal vers Porthmouth et le réseau cyclable anglais.

LES VELOROUTES ET VOIES VERTES DE L'EURE

www.voiesvertes.com

Délicieusement lovée entre Paris, Rouen, Honfleur et la côte normande, l'Eure est un secret de vitalité, une réserve d'énergie naturelle au coeur de la Normandie. Un beau réseau de véloroutes et voies vertes vous y attend, qui dessert vallées et cités charmantes : Pont-Audemer, Bernay, Broglie, le Neubourg, le Bec-Hellouin, Evreux, Gisors, Vernon ou Giverny. A tester sans attendre : la voie verte des Bois-Francs entre Verneuil-sur-Avre et Center Parcs. À seulement une heure de Paris.

VOIE VERTE DE BERNAY À BROGLIE

Boulevard Dubus
BERNAY
✆ 02 32 43 32 08
www.eure-voiesvertes.fr
Ouvert toute l'année. Accès libre.

La voie verte court du centre-ville de Bernay jusqu'à Broglie, en traversant de jolis paysages de campagne ponctués de moulins toujours en activité et de charmantes et authentiques demeures normandes. Au total, ce sont 13 kilomètres de voie qui permettent de découvrir la pittoresque vallée de la Charentonne. Dessus se côtoient les cyclistes, les passionnés de roller et les marcheurs, sur une petite route goudronnée et interdite aux véhicules motorisés et aux cavaliers.

VÉLOSCÉNIE : MORTAGNE-AU-PERCHE AU MÊLE-SUR-SARTHE

36, place du Général-De-Gaulle
MORTAGNE-AU-PERCHE ✆ 02 33 83 34 37
www.ot-mortagneauperche.fr
15 km (1h).

Traversant quatre régions, la Véloscénie peut être rattrapée et segmentée à tout moment. Vous pouvez l'emprunter pour rejoindre la base de loisirs du Mêle-sur-Sarthe à partir de Mortagne-au-Perche. En quittant la ville, vous traverserez prairies et peupleraies, croisant la Sarthe et la belle vallée du même nom. Une fois au Mêle-sur-Sarthe, vous pouvez profiter de son plan d'eau pour vous rafraîchir, ou continuer sur la Véloscénie en direction d'Alençon (21,5 km).

VOIE VERTE EVREUX-LE BEC HELLOUIN

Rue de la Cavée Boudin
EVREUX
www.voiesvertes.com
Ouvert toute l'année. Accès libre et gratuit. Accessible aux personnes handicapées.

Vous voulez partir à la découverte de l'Eure ? L'ancienne voie ferrée Évreux-Honfleur a été transformée en un itinéraire balisé et équipé qui permet la cohabitation des marcheurs – avec ou sans poussettes –, des cyclistes et des patineurs. La Voie verte permet de relier Saint-Georges-Motel à Bueil sur une vingtaine de kilomètres. Profitez des aires de pique-nique pour faire des pauses gourmandes, et avec vue ! Et ne manquez pas de visiter les villages traditionnels croisés en chemin.

CAEN BMX

15, Avenue du 19 mars 1962
CAEN
www.caenbmxindoor.fr

Avec plusieurs titres de champion de Normandie à son actif, ce club associatif connaît un réel essor depuis 1998. Dès l'inauguration de la piste en 2003, le club Caen a BMX bénéficié d'un terrain véritablement adapté à la pratique des différentes disciplines du bicross. Adeptes des sensations fortes ? Ne manquez pas le festival Caen BMX : 2 jours de compétitions internationales et d'animations urbaines, qui se déroule au Zénith (généralement en février) et réunissant plus de 6 000 personnes. N'hésitez pas à consulter le programme complet sur le site Internet.

GUIDOLINE

38, rue Molière - **ROUEN**
✆ 09 52 52 67 11
www.guidoline.com
Ouvert le mardi et du jeudi au samedi de 13h à 18h. Adhésion annuelle : 45 €.

Ce local dédié au vélo dispose d'un atelier de réparation avec des pièces de rechange et des conseils pour effectuer vous-même l'entretien de votre vélo. Vous aimerez son ambiance et son décor insolite : cadres, pièces détachées, outils, roues et autres accessoires sont accrochés aux murs, au plafond, tapissant le sol. Si vous souhaitez bénéficier des offres que propose cet atelier participatif unique à Rouen, il vous suffit de devenir adhérent de l'association. Guidoline organise régulièrement des balades à vélo et des animations pour partager votre passion.

CYCLABLE

32, place du 36ème Régiment d'Infanterie
CAEN
✆ 02 31 83 34 15
Ouvert du mardi au samedi de 10h à 12h30 et de 14h à 19h.

Réseau de magasins dédiés aux deux-roues, dont le but est de proposer le meilleur pour tous les usages et tous les âges. Frédéric accueille dans la boutique, cyclistes chevronnés ou occasionnels en quête d'un vélo digne de ce nom. Intarissable sur ses engins, quelles que soient leurs caractéristiques techniques, il vous propose des vélos pliants Brompton, Tern, des électriques, des VTT, des VTC, le vélo de trekking (marque US n° 1 !)... Ici, on répare même votre roue pour deux fois rien, en quelques minutes ! Un très bon plan pour rouler dans la région.

LOC VÉLO

Rue d'Audrieu - **BAYEUX**
✆ 06 46 34 37 21
www.locvelo.fr
A partir de 25 €, la journée, adultes et 15 €, enfants.

On vous a dégoté un concept génial pour visiter la région : Loc Vélo. Génial parce que François et Catherine, dynamiques et de bon conseil au passage, ne font pas que louer des vélos, ils vous les livrent aussi, à la gare, par exemple, ou chez les amis qui vous hébergent. Et ils les récupèrent où que vous soyez (pour peu que vous restiez quand même dans la Manche et le Calvados !). Le service s'adapte à tous vos besoins avec différents modèles de vélos proposés. Tout est prévu : même le GPS et la Go Pro. Ajoutez à cela 11 points relais dans la région et en selle !

LES GRANDES ROUES

Parking de L'ermitage - **DONVILLE-LES-BAINS**
✆ 06 66 15 65 80
www.lesgrandesroues.fr
Ouvert tous les jours. Location : à partir de 35 € pour une 1/2 journée.

Louer des vélos en vacances c'est bien, mais louer un vélo électrique, surtout si l'on veut ne pas limiter ses sorties à quelques kilomètres, c'est mieux ! C'est pourquoi Les Grandes Roues vous propose de louer de très baux *fast bikes*, qui vous aideront grandement dans l'accomplissement de votre parcours, et disposent d'une autonomie de 70 km ! Autre originalité de ces engins, leurs grandes roues, qui vous permettront d'arpenter plage, sentiers, forêts avec une chouette aisance. Différentes formules de location, pouvant aller jusqu'au mois, sont proposées.

LA PASSION DU DEUX ROUES

19, Route Pierre de Belleville
BRIX
✆ 02 33 22 26 39
www.lapassiondu2roues.fr
Du mardi au samedi de 9h à 13h et de 13h30 à 19h.

Ici, on appelle le magasin «P2R», preuve que la Passion du Deux Roues dispose d'une telle notoriété que sa réputation, et la qualité de ce qu'il propose, y est de qualité. L'enseigne, située dans la péninsule du Cotentin, est la Mecque des cyclistes locaux. Sur plus de 800 mètres carrés, de la vente, évidemment, avec plus 300 modèles d'exposition, mais pas seulement. En effet, ici vous pourrez également faire réparer et entretenir votre vélo dans l'atelier, obtenir des conseils avisés grâce au personnel, mais aussi louer des vélos.

RIVA LOISIRS

77, avenue du Maréchal Foch
OUISTREHAM
02 78 84 59 37
www.riva-loisirs-cycles.fr
Ouvert toute l'année du lundi au samedi. Consultez le site Internet pour les horaires.

Riva-Loisirs est de ces magasins où le service de proximité rime avec sourire et amabilité. Ici on en connaît un rayon : réparations, pose et vente d'accessoires, vente de vélos, neufs ou d'occasion. Vélo de ville, vélo pliant, à assistance électrique, VTT, tricycle... Parents et progéniture trouveront, chacun, pédales à leurs pieds. Vous êtes juste de passage ? Louer votre monture pour une journée ou une demi-journée. Hors de question vous séparer de votre moitié ? Essayer le tandem et partez en amoureux explorer la voie verte entre Ouistreham et Caen !

LES TROUVILLAISES

4, Place Foch - **TROUVILLE-SUR-MER**
02 31 98 54 11
www.lestrouvillaises.com
Ouvert toute l'année. Tous les jours de 10h à 18h30. Rosalie 4 places, 15 € la demi-heure. 25 € l'heure.

Vous trouverez sans nul doute votre bonheur chez Les Trouvillaises pour vous divertir dans la joie et la bonne humeur. La grande force de la boutique est de proposer un très large choix de cycles à la location : rosalies, vélos électriques, elliptiques (à 3 roues), tandem, engins divers, mais aussi des rollers et des patins. Vous pouvez également vous concocter un grand nombre d'activités organisées ou proposées par des partenaires : visites guidées de Trouville et Deauville, excursion dans une distillerie du Calvados avec dégustation...

VELO-RAIL DE PONT-ERAMBOURG

Gare de Pont-Erambourg
SAINT-DENIS-DE-MÉRÉ
02 31 69 39 30
www.rails-collinesnormandes.fr
Dates et horaires des balades à consulter sur le site Internet. Vélorail 4 places 23 €. Durée : 1h45.

L'amicale pour la mise en valeur de la voie ferrée Caen – Flers a installé un vélo-rail de 13 kilomètres, aller et retour, entre Pont-Erambourg et Berjou afin d'allier détente et découverte du Noireau et de la campagne. Le principe repose sur deux «vélos» accolés (sur lesquels monteront les moins paresseux) et au milieu une «banquette» où deux personnes peuvent prendre place, le tout posé sur les rails. Ouverture d'un food-truck à la gare dès le 1er avril 2022.

LA VILLERSOISE

Avenue Jean-Moulin
VILLERS-SUR-MER
02 31 81 91 11
www.la-villersoise.com
Dates et horaires d'ouverture en fonction des saisons/vacances, à consulter sur le site Internet.

Si vous souhaitez découvrir la région autrement qu'en voiture, la Villersoise met à disposition toutes sortes de vélos et de montures, correspondant à tous les âges et à toutes les envies. Du VTT au Cobi, ou *Conference bike* (unique en France), qui permet de se déplacer en pédalant à 7 et en face à face. Faut-il pédaler dans le même sens ? Ah ah ! Bonne question ! Il y a aussi des sulkies à pédales, des rosalies (électriques ou pas), des choppers (unique et duo), des locations de vélos électriques à l'année... Si, si, c'est vrai ! Il y a tout ça. On vous emmène ?

NOUVELLE-AQUITAINE

AMBAZAC – LES MONTS D'AMBAZAC (HAUTE-VIENNE)

- **Itinéraire :** Ambazac – Les Monts d'Ambazac
- **Total :** 42,8 km
- **Durée :** de 2 heures 15 à 4 heures 15, entre 20 et 10 km/h.
- **Difficulté :** facile à moyen. Petites routes assez vallonnées.
- **Dénivelé positif** : 700 m

© FLORENT RECLUS - AUTHOR'S IMAGE

LIEUX	Km partiel	Km cumul	Routes
AMBAZAC	0	0	Avenue du Général-de-Gaulle
SAINT-SYLVESTRE	5,2	5,2	D44
SAINT-LÉGER-LA-MONTAGNE	8,1	13,3	D44 D78
BERSAC-SUR-RIVALIER	8,1	21,4	D28A
SAINT-SULPICE-LAURIÈRE	5,3	26,7	D203 (suivre Saphoz-le-Bas)
LES COMBES	3,6	30,3	D78
LA JONCHÈRE-SAINT-MAURICE	5	35,3	Direction Mallety D50
AMBAZAC	7,5	42,8	D914

LA SOUTERRAINE
LA SOUTERRAINE
l'Ardour
A20
A 20
D 220
D 28
D 28
D 28A
D 28 A
D 19
D 914
D 914
D 914
D 914
D 50
D 50
D 44
D 5
D 5
D 19
Belzanes
Bersac-sur-Rivalier
la Chaize
Laurière
Baubiat
Maillaufargeix
Chanteloube
Charensannes
Bois des Echelles
Saint-Sulpice-Laurière
Jeanmeyrat
Saint-Léger-la-Montagne
les Combes
le Fraisse
Saint-Pierre-le-Montagne
les Adoux
Sauvagnac
Saint-Sylvestre
Ancienne Abbaye
La Jonchère-Saint-Maurice
Traspont
la Chaise
le Coussat
es Courrières
AMBAZAC
LIMOGES
Brugéras
BOURGANEUF
Bussin
Barrage de Saint-Marc
Autoroute
Route principale
Route secondaire
Circuit vélo
Départ
PARCOURS GPX
TAPEZ PETITFUTE.APP
DANS LE NAVIGATEUR
DE VOTRE SMARTPHONE.
PRENEZ UNE PHOTO DE LA PAGE
ET OBTENEZ
LE TRACÉ GPX
DE LA CARTE
N
O
E
S
0
1,5 km

AU PAYS DU COGNAC
(CHARENTE)

- **Itinéraire :** Au pays du Cognac
- **Total :** 85 km
- **Durée :** de 4 heures 20 à 8 heures, entre 20 et 10 km/h.
- **Difficulté :** peu vallonné. Conseillé sur deux jours pour les débutants.
- **Dénivelé positif** : 175 m

LIEUX	Km partiel	Km cumul	Routes
COGNAC	0	0	D48
JAVREZAC	3	3	D48
SAINT-ANDRÉ	6	9	D79
VIGNOLLES	9,5	18,5	D159, Les Chaudroles D731, D55
SAINT-SÉVÈRE	9,5	28	D55
SIGOGNE	7	35	D55
JARNAC	7,5	42,5	D736
GONDEVILLE	3,5	46	D254
SAINT-MÊME-LES-CARRIÈRES	3	49	D254
BOUTEVILLE	6,5	55,5	D90, D95
SÉGONZAC	8	63,5	D404, D1
JUILLAC-LE-COQ	5	68,5	D24
ROISSAC	5	73,5	D24
CHÂTEAUBERNARD	8,5	82	D24
COGNAC	3	85	D24, La Plante

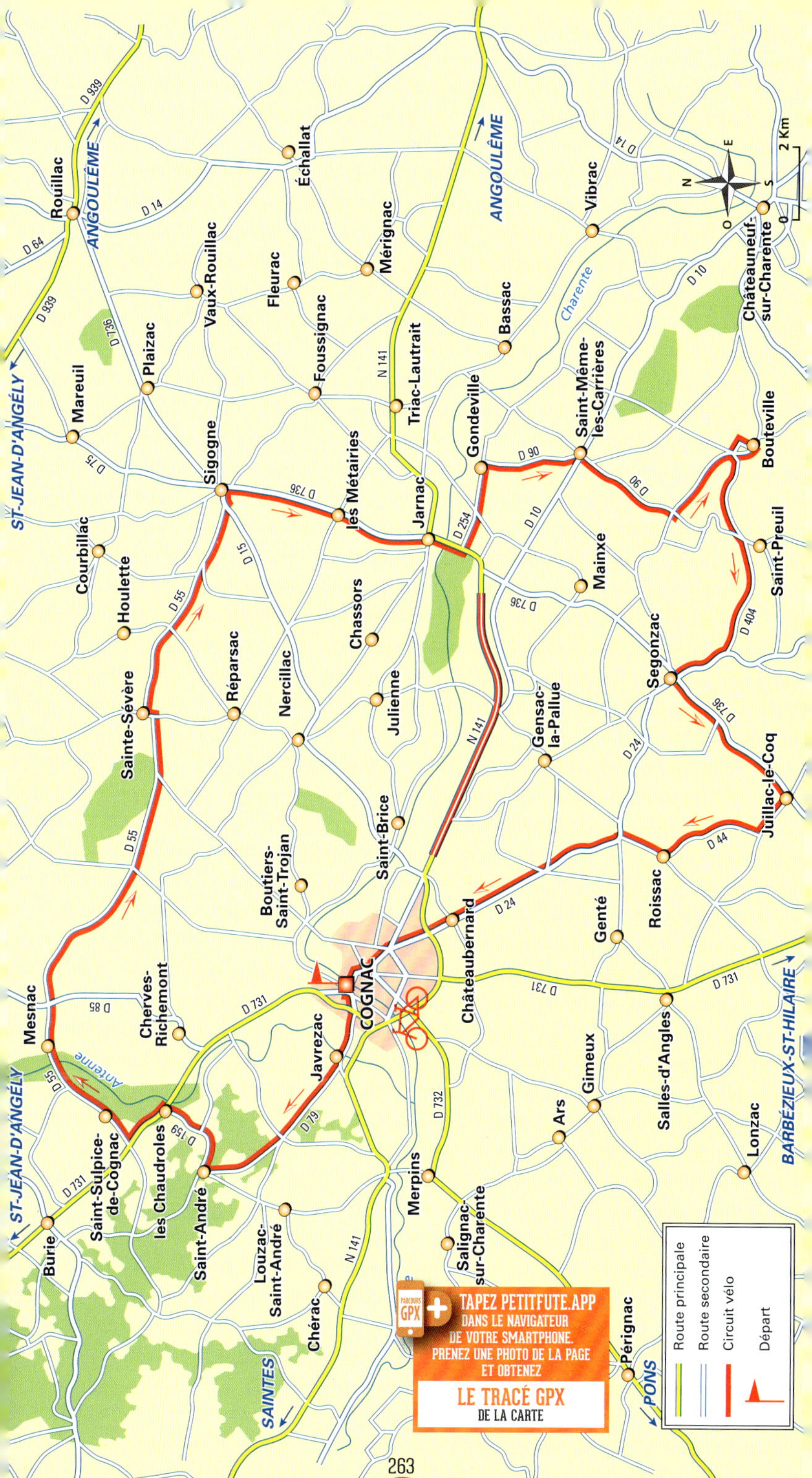
ANGOULÊME
ANGOULÊME
ST-JEAN-D'ANGÉLY
ST-JEAN-D'ANGÉLY
SAINTES
PONS
BARBÉZIEUX-ST-HILAIRE
COGNAC
Rouillac
Échallat
Vibrac
Mérignac
Vaux-Rouillac
Fleurac
Foussignac
Bassac
Châteauneuf-sur-Charente
Plaizac
Mareuil
Triac-Lautrait
Gondeville
Saint-Même-les-Carrières
Bouteville
Sigogne
les Métairies
Jarnac
Courbillac
Houlette
Mainxe
Saint-Preuil
Chassors
Réparsac
Sainte-Sévère
Nercillac
Julienne
Segonzac
Gensac-la-Pallue
Saint-Brice
Boutiers-Saint-Trojan
Juillac-le-Coq
Roissac
Châteaubernard
Genté
Mesnac
Cherves-Richemont
Javrezac
Salles-d'Angles
Gimeux
Ars
Saint-Sulpice-de-Cognac
les Chaudroles
Saint-André
Merpins
Lonzac
Burie
Louzac-Saint-André
Salignac-sur-Charente
Chérac
Pérignac
Charente
Antenne
D 939
D 14
D 64
D 736
D 75
D 15
D 55
D 90
D 10
D 254
D 404
D 24
D 44
D 731
D 85
D 159
D 79
D 732
N 141
N
E
S
O
0
2 Km
TAPEZ PETITFUTE.APP
DANS LE NAVIGATEUR
DE VOTRE SMARTPHONE.
PRENEZ UNE PHOTO DE LA PAGE
ET OBTENEZ
LE TRACÉ GPX
DE LA CARTE
PARCOURS GPX
Route principale
Route secondaire
Circuit vélo
Départ

CAP FERRET, LE TOUR DU BASSIN D'ARCACHON
(GIRONDE)

- **Itinéraire :** Cap Ferret, le tour du bassin d'Arcachon
- **Total :** 68 km
- **Durée :** de 3 à 6 heures 30, entre 20 et 10 km/h.
- **Difficulté :** facile à moyen, route panoramique sur le bassin d'Arcachon. Conseillé en 2 étapes.
- **Dénivelé positif** : 80 m

LIEUX	Km partiel	Km cumul	Routes
CAP FERRET	0	0	(La Pointe) D106
CLAOUEY	17,6	17,6	D106
LÈGE-CAP FERRET	7,1	24,7	D106 D3
ANDERNOS-LES-BAINS	6,3	31	D3
LANTON	7,6	38,6	D3
BIGANOS	8	46,6	D3
GUJAN-MESTRAS	10,8	57,4	D650
ARCACHON	10,6	68	D650
CAP FERRET	Retour à Cap Ferret en bateau depuis Arcachon		

© GOODLUZ – STOCK.ADOBE.COM

PARCOURS GPX

TAPEZ PETITFUTE.APP DANS LE NAVIGATEUR DE VOTRE SMARTPHONE. PRENEZ UNE PHOTO DE LA PAGE ET OBTENEZ

LE TRACÉ GPX
DE LA CARTE

FUMEL-AIGUILLON, VALLÉE DU LOT
(LOT-ET-GARONNE)

- **Itinéraire :** Fumel – Aiguillon, vallée du Lot
- **Total :** 75,3 km
- **Durée :** de 3 heures 45 à 7 heures 30, entre 20 et 10 km/h.
- **Difficulté :** facile. Balade linéaire longeant le Lot. Profil descendant.
- **Dénivelé positif** : 100 m

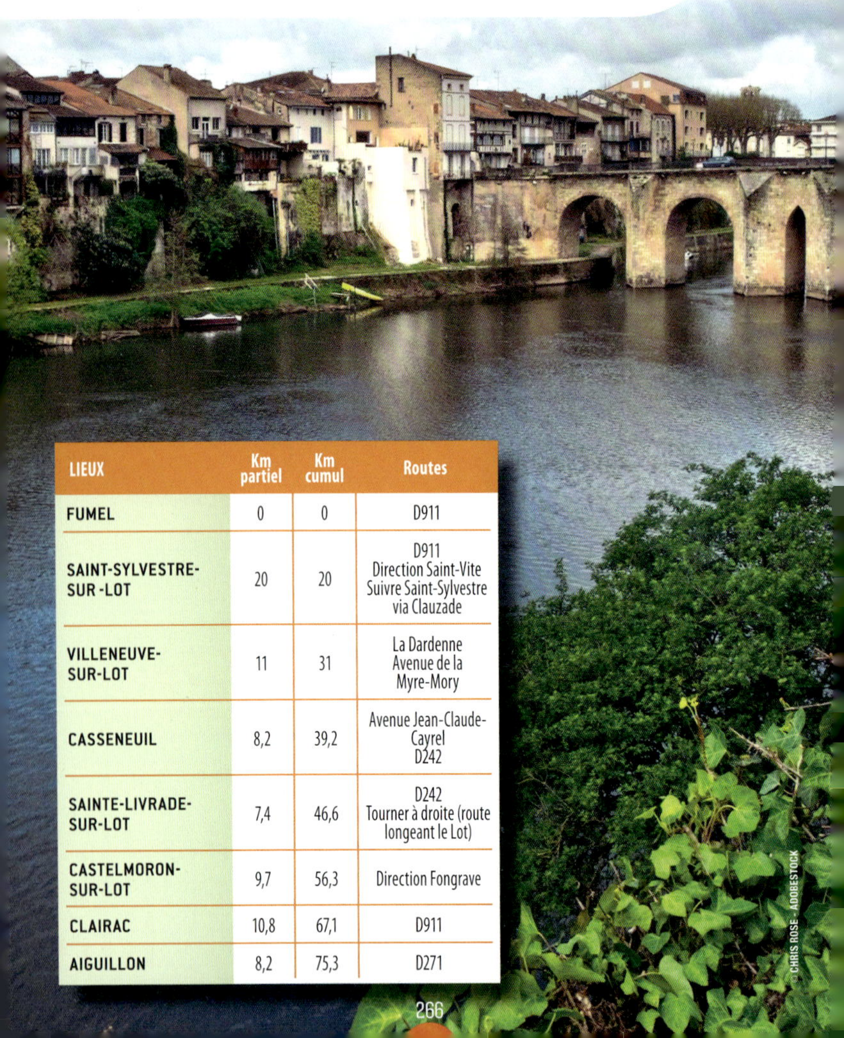

© CHRIS ROSE - ADOBESTOCK

LIEUX	Km partiel	Km cumul	Routes
FUMEL	0	0	D911
SAINT-SYLVESTRE-SUR-LOT	20	20	D911 Direction Saint-Vite Suivre Saint-Sylvestre via Clauzade
VILLENEUVE-SUR-LOT	11	31	La Dardenne Avenue de la Myre-Mory
CASSENEUIL	8,2	39,2	Avenue Jean-Claude-Cayrel D242
SAINTE-LIVRADE-SUR-LOT	7,4	46,6	D242 Tourner à droite (route longeant le Lot)
CASTELMORON-SUR-LOT	9,7	56,3	Direction Fongrave
CLAIRAC	10,8	67,1	D911
AIGUILLON	8,2	75,3	D271

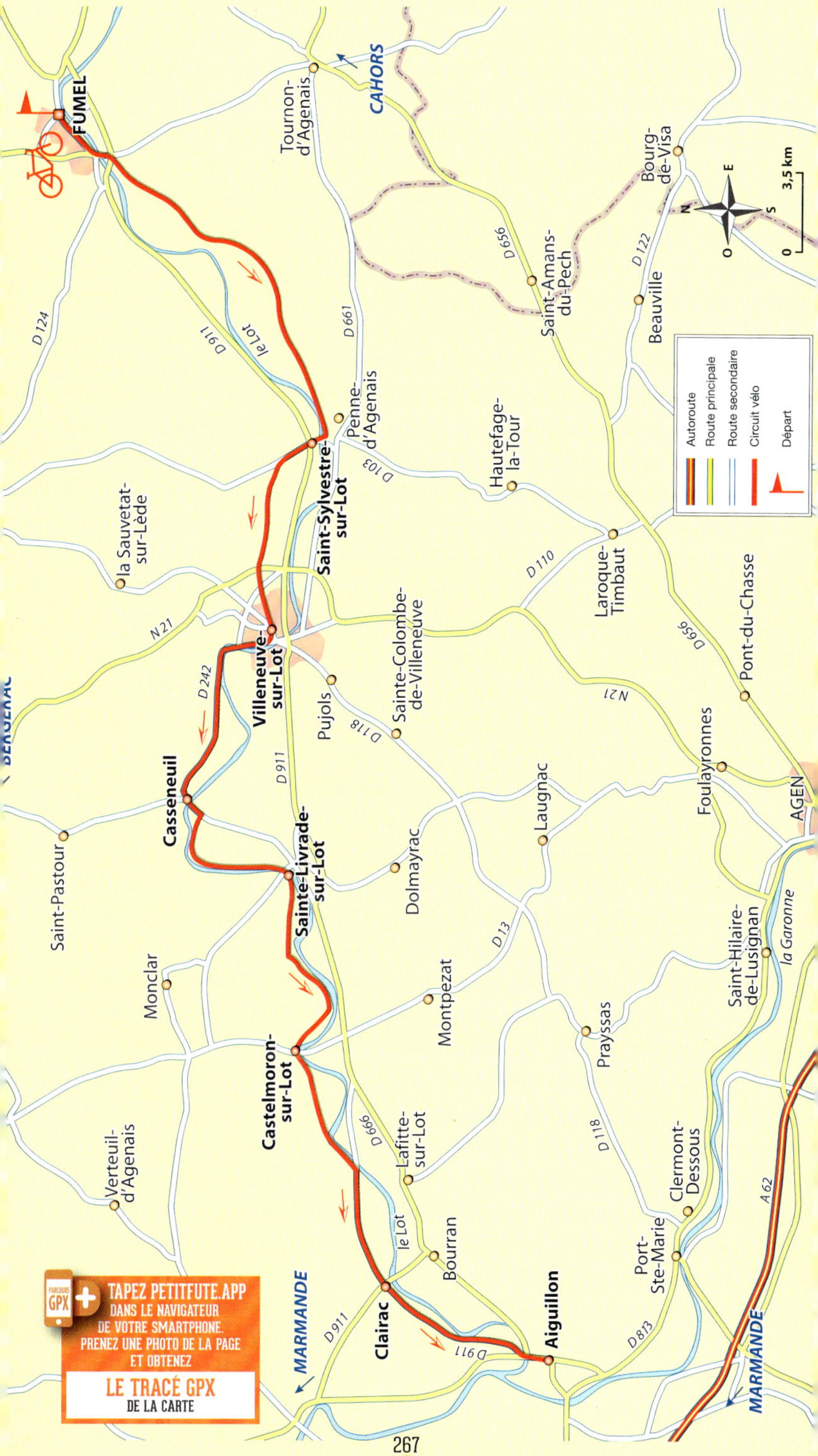

FUMEL
CAHORS
Tournon-d'Agenais
Bourg-de-Visa
D 124
D 911
le Lot
D 661
D 656
Saint-Amans-du-Pech
D 122
Beauville
0
3,5 km
N
E
S
O
Autoroute
Route principale
Route secondaire
Circuit vélo
Départ
Penne-d'Agenais
Saint-Sylvestre-sur-Lot
D 103
Hautefage-la-Tour
la Sauvetat-sur-Lède
N 21
D 110
Laroque-Timbaut
Villeneuve-sur-Lot
Sainte-Colombe-de-Villeneuve
Pont-du-Chasse
D 242
Pujols
D 118
N 21
D 656
Casseneuil
D 911
Laugnac
Foulayronnes
AGEN
Saint-Pastour
Sainte-Livrade-sur-Lot
Dolmayrac
D 13
Saint-Hilaire-de-Lusignan
la Garonne
Monclar
Montpezat
Prayssas
Castelmoron-sur-Lot
Verteuil-d'Agenais
D 666
Lafitte-sur-Lot
D 118
Clermont-Dessous
A 62
Bourran
le Lot
Port-Ste-Marie
MARMANDE
Clairac
Aiguillon
D 911
D 911
D 813
MARMANDE
PARCOURS GPX
TAPEZ PETITFUTE.APP
DANS LE NAVIGATEUR
DE VOTRE SMARTPHONE.
PRENEZ UNE PHOTO DE LA PAGE
ET OBTENEZ
LE TRACÉ GPX
DE LA CARTE

GUÉRET, MONTS ET VALLÉES CREUSOIS
(CREUSE)

- **Itinéraire :** Guéret – Monts et vallées creusois
- **Total :** 57,6 km
- **Durée :** de 2 heures 45 à 5 heures 45, entre 20 et 10 km/h
- **Difficulté :** facile à moyen. Petites routes et départementales vallonnées.
- **Dénivelé positif :** 700 m

LIEUX	Km partiel	Km cumul	Routes
GUÉRET	0	0	Route de la Courtille
SAINT-LÉGER-LE-GUÉRÉTOIS	5,4	5,4	Route touristique du Maupuy D76
SAINT-VICTOR-EN-MARCHE	4,6	10	D76A2
SAINT-CHRISTOPHE	4,6	14,6	Direction La Chapelle-Taillefert Suivre la vallée de la Gartempe
SAINT-YRIEIX-LES-BOIS	8,1	22,7	Direction Savennes et Reyrabout
SAINT-HILAIRE-LA-PLAINE	4,9	27,6	Suivre Villeregrenier
SAINT-LAURENT	5,6	33,2	Direction Mazeirat D4
AJAIN	6,5	39,7	D3
GLÉNIC	7,7	47,4	Direction Gourrechas
SAINT-FIEL	2,9	50,3	Direction Les Plats
GUÉRET	7,3	57,6	D33 Avenue René-Cassin

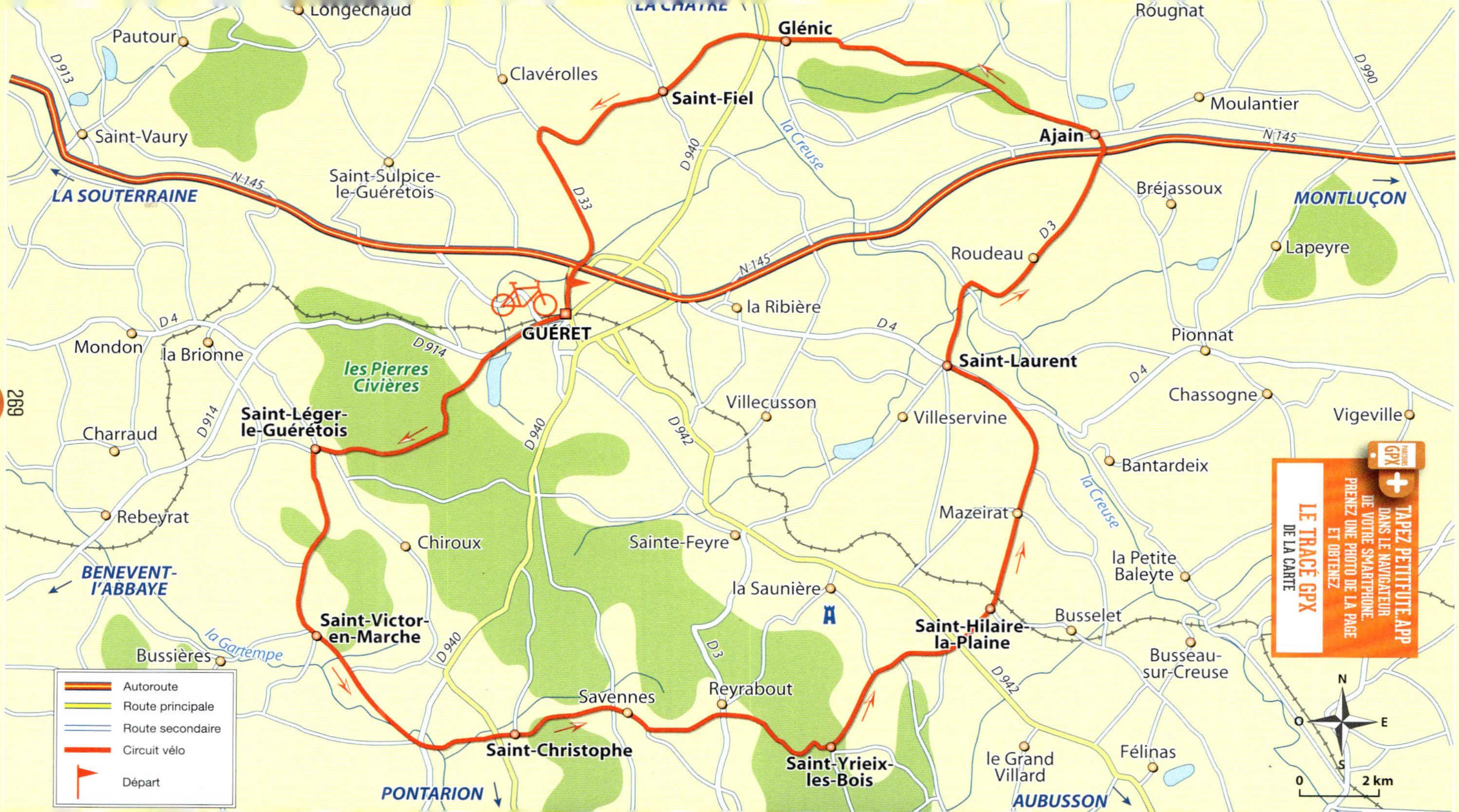
TAPEZ PETITFUTE.APP
DANS LE NAVIGATEUR DE VOTRE SMARTPHONE. PRENEZ UNE PHOTO DE LA PAGE ET OBTENEZ
LE TRACÉ GPX
DE LA CARTE
PARCOURS GPX
LA SOUTERRAINE
MONTLUÇON
LA CHATRE
BENEVENT-L'ABBAYE
PONTARION
AUBUSSON
GUÉRET
Glénic
Saint-Fiel
Ajain
Saint-Laurent
Saint-Hilaire-la-Plaine
Saint-Yrieix-les-Bois
Saint-Christophe
Saint-Victor-en-Marche
Saint-Léger-le-Guérétois
les Pierres Civières
Longechaud
Pautour
Saint-Vaury
Clavérolles
Saint-Sulpice-le-Guérétois
Rougnat
Moulantier
Bréjassoux
Lapeyre
Roudeau
la Ribière
Pionnat
Chassogne
Vigeville
Villecusson
Villeservine
Bantardeix
Mazeirat
la Petite Baleyte
Busselet
Busseau-sur-Creuse
Sainte-Feyre
la Saunière
Reyrabout
Savennes
Chiroux
Mondon
la Brionne
Charraud
Rebeyrat
Bussières
le Grand Villard
Félinas
la Creuse
la Gartempe
N 145
D 913
D 990
D 940
D 33
D 3
D 4
D 914
D 942
N
E
S
O
0
2 km
Autoroute
Route principale
Route secondaire
Circuit vélo
Départ

LA ROCHELLE – ILE DE RÉ
(CHARENTE-MARITIME)

- **Itinéraire :** La Rochelle, île de Ré
- **Total :** 105 km
- **Durée :** de 5 heures 50 à 11 heures, entre 20 et 10 km/h.
- **Difficulté :** très peu vallonné. Conseillé sur deux jours pour les débutants.
- **Dénivelé positif :** 100 m

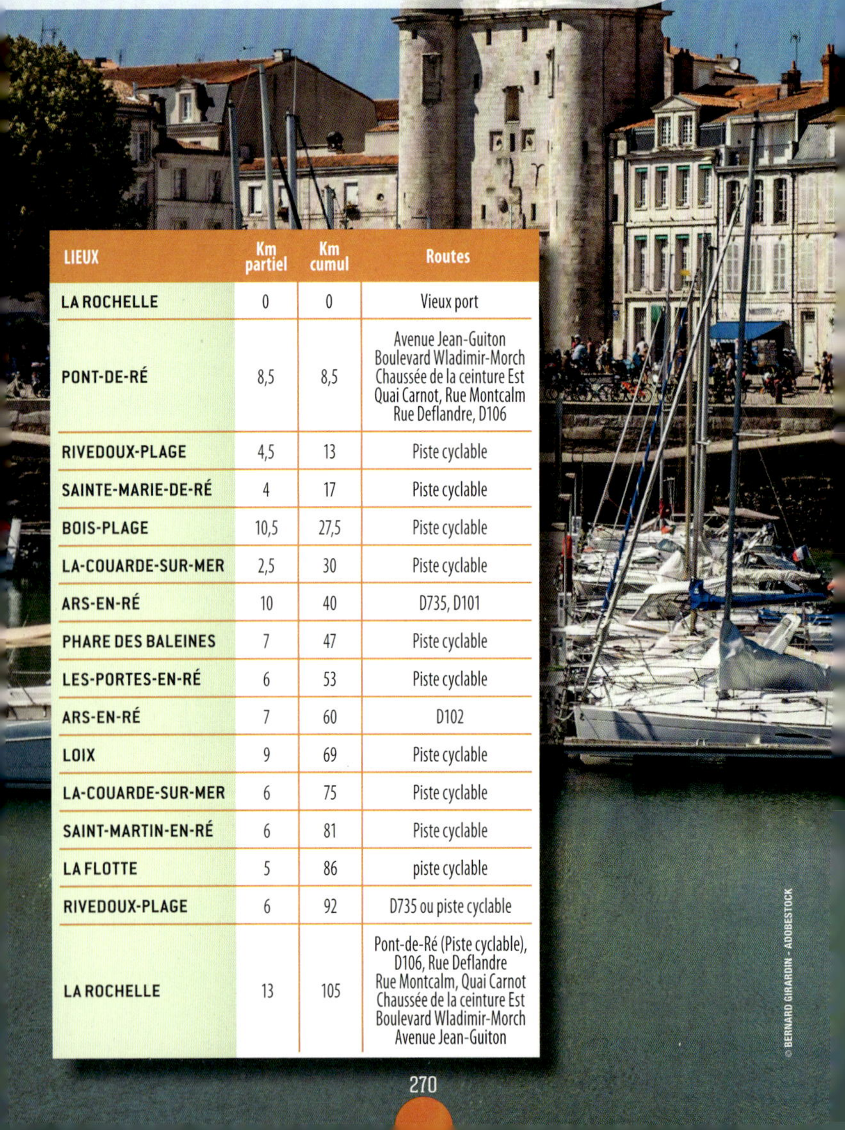

LIEUX	Km partiel	Km cumul	Routes
LA ROCHELLE	0	0	Vieux port
PONT-DE-RÉ	8,5	8,5	Avenue Jean-Guiton Boulevard Wladimir-Morch Chaussée de la ceinture Est Quai Carnot, Rue Montcalm Rue Deflandre, D106
RIVEDOUX-PLAGE	4,5	13	Piste cyclable
SAINTE-MARIE-DE-RÉ	4	17	Piste cyclable
BOIS-PLAGE	10,5	27,5	Piste cyclable
LA-COUARDE-SUR-MER	2,5	30	Piste cyclable
ARS-EN-RÉ	10	40	D735, D101
PHARE DES BALEINES	7	47	Piste cyclable
LES-PORTES-EN-RÉ	6	53	Piste cyclable
ARS-EN-RÉ	7	60	D102
LOIX	9	69	Piste cyclable
LA-COUARDE-SUR-MER	6	75	Piste cyclable
SAINT-MARTIN-EN-RÉ	6	81	Piste cyclable
LA FLOTTE	5	86	piste cyclable
RIVEDOUX-PLAGE	6	92	D735 ou piste cyclable
LA ROCHELLE	13	105	Pont-de-Ré (Piste cyclable), D106, Rue Deflandre Rue Montcalm, Quai Carnot Chaussée de la ceinture Est Boulevard Wladimir-Morch Avenue Jean-Guiton

Anse de l'Aiguillon
Pointe de l'Aiguillon
Pertuis Breton
Phare des Baleines
les Portes-en-Ré
D 101
St-Clément-des-Baleines
D 735
Ars-en-Ré
Loix
Île de Ré
la Couarde-sur-Mer
D 735
D 201
Bois-Plage
la Flotte
D 103
Rivedoux-Plage
D 201
Ste-Marie-de-Ré
D 735
Pont de Ré
Marsilly
Nieul-sur-Mer
D 103
l'Houmeau
Lagord
Puilboreau
N 237
NIORT
N 201.1
Vieux Port
LA ROCHELLE
Océan Atlantique
Pertuis d'Antioche
N
O
E
S
0
2 Km
Type autoroutier
Route principale
Route secondaire
Circuit vélo
Piste cyclable
Départ
PARCOURS GPX
TAPEZ PETITFUTE.APP DANS LE NAVIGATEUR DE VOTRE SMARTPHONE. PRENEZ UNE PHOTO DE LA PAGE ET OBTENEZ
LE TRACÉ GPX DE LA CARTE

LA TREMBLADE – PAYS ROYANNAIS
(CHARENTE-MARITIME)

- **Itinéraire :** Tremblade, Pays royannais
- **Total :** 60 km
- **Durée :** de 3 à 6 heures, entre 20 et 10 km/h.
- **Difficulté :** peu vallonné.
- **Dénivelé positif :** 110 m

© AQUAPHOTO - ADOBESTOCK

LIEUX	Km partiel	Km cumul	Routes
LA TREMBLADE	0	0	D25
RONCE-LES-BAINS	5	5	D14 : Port de la Grève Route de Ronce-les-Bains
LA PALMYRE	19	24	Piste cyclable
SAINT-PALAIS-SUR-MER	10,5	34,5	Piste cyclable
LE GRALLET-BREUILLET	7	41,5	Route de Courlay-sur-Mer D145 D242
LE MAGARIN	2,5	44	D242 D14
MORNAC-SUR-SEUDRE	2	46	D140E
CHAILLEVETTE	5	51	Les Marvoux
LA TREMBLADE	9	60	Piste cyclable

St-Trojan-les-Bains
Île d'Oléron
D 26
ROCHEFORT
D 123
Marennes
Mauzac
D 728
St-Just-Luzac
Luzac
Ronce-les-Bains
D 728
D 25
Parcs à huitres
SAINTES
Port de la Grève
D 14
D 25
Forêt de la Courbre
Seudre
LA TREMBLADE
Parcs à huitres
D 25
D 14
Arvert
Chaillevette
Étaules
les Marvoux
les Mathes
Mornac-sur-Seudre
D 140e
le Magarin
D 25
D 14
Phare de la Courbe
la Palmyre
Forêt de St-Augustin-les Mathes
le Grallet-Breuillet
Breuillet
SAINTES
D 242
St-Augustin
Pointe de la Courbe
D 145
D 25
Courlay-sur-Mer
D 25
Vaux-sur-Mer
Océan
St-Palais-sur-Mer
Nauzan
Atlantique
Royan
Route principale
Route secondaire
Circuit vélo
Piste cyclable
Départ
PARCOURS GPX
TAPEZ PETITFUTE.APP DANS LE NAVIGATEUR DE VOTRE SMARTPHONE. PRENEZ UNE PHOTO DE LA PAGE ET OBTENEZ
LE TRACÉ GPX DE LA CARTE
N
O
E
S
0
1 Km

LÉON, ENTRE PLAGES ET PINS (LANDES)

- **Itinéraire :** Léon, entre plages et pins
- **Total :** 64,6 km
- **Durée :** de 3 à 6 heures, entre 20 et 10 km/h.
- **Difficulté :** très facile. Balade ombragée dont une partie sur piste cyclable.
- **Dénivelé positif** : 200 m

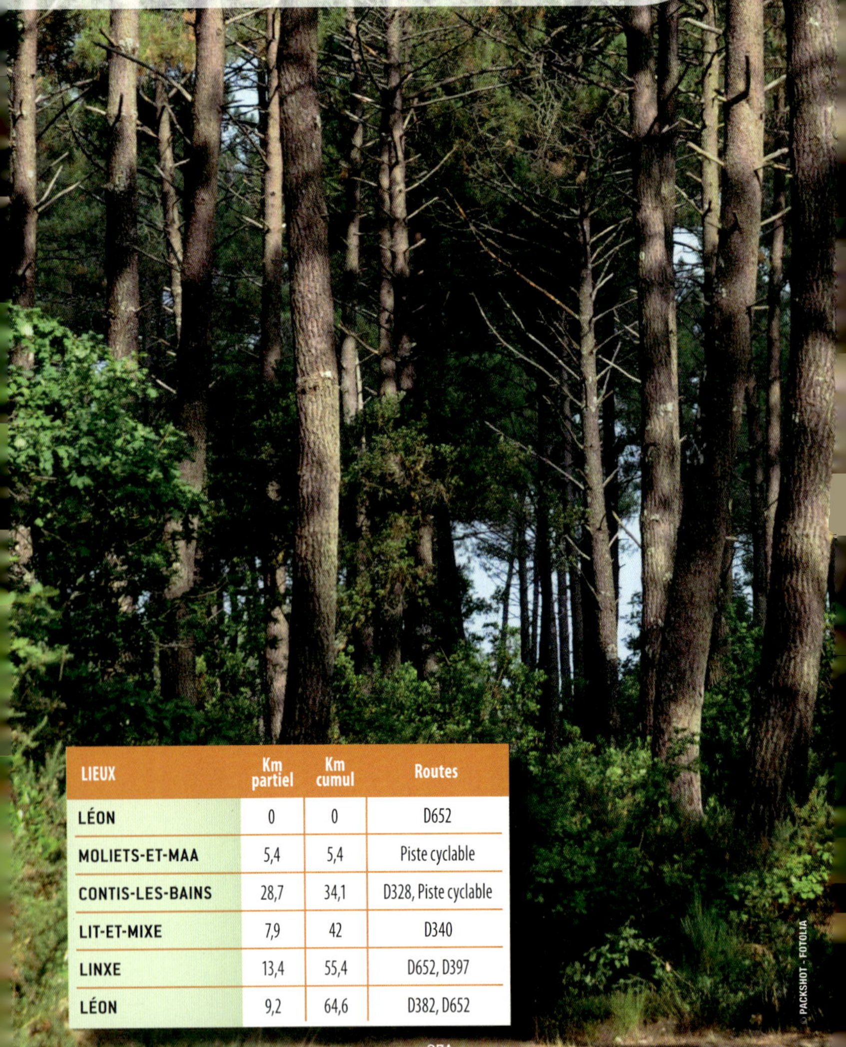

© PACKSHOT - FOTOLIA

LIEUX	Km partiel	Km cumul	Routes
LÉON	0	0	D652
MOLIETS-ET-MAA	5,4	5,4	Piste cyclable
CONTIS-LES-BAINS	28,7	34,1	D328, Piste cyclable
LIT-ET-MIXE	7,9	42	D340
LINXE	13,4	55,4	D652, D397
LÉON	9,2	64,6	D382, D652

TAPEZ PETITFUTE.APP
DANS LE NAVIGATEUR
DE VOTRE SMARTPHONE.
PRENEZ UNE PHOTO DE LA PAGE
ET OBTENEZ
LE TRACÉ GPX
DE LA CARTE
GPX
MIMIZAN
Forêt Domaniale de St-Julien-en-Born
Larden
Contis les Bains
D 652
D 41
D 167
Mézos
Saint-Julien-en-Born
Cap de l'Homy-Plage
Forêt Domaniale de Lit-et-Mixe
D 340
D 652
D 41
D 88
Lit-et-Mixe
Uza
OCÉAN ATLANTIQUE
D 652
D 5
Naboude
Mixe
Lugadets
D 652
Autoroute
Route principale
Route secondaire
Circuit vélo
Départ
Forêt Domaniale de Vielle-Saint-Girons
D 397
St-Girons-Plage
D 42
Vielle-St-Girons
D 5
Linxe
Courant d'Huchet
Étang de Léon
Saint-Michel-Escalus
D 42
D 328
D 142
Castets
LÉON
Saint-Michel
D 652
Moliets Plage
Moliets-et-Maa
N
O
E
S
D 16
D 652
N 10
0
2 km
CAPBRETON
Messanges
BAYONNE

MAUZÉ-SUR-LE-MIGNON – LE MARAIS POITEVIN

(DEUX-SÈVRES)

- **Itinéraire :** Mauzé-sur-le-Mignon, le Marais Poitevin.
- **Total :** 59,5 km.
- **Durée :** de 3 à 6 heures, entre 20 et 10 km/h.
- **Difficulté :** facile, plat et routes de campagne.
- **Dénivelé positif :** 95 m

LIEUX	Km partiel	Km cumul	Routes
MAUZÉ-SUR-LE-MIGNON	0	0	D101
SAINT-HILAIRE-LA-PALUD	9,5	9,5	D101
ARÇAIS	4,5	14	D101
SAINT-GEORGES-DE-REX	4	18	D11
LE VANNEAU-IRLEAU	2,5	20,5	D180
COULON	8,5	29	D123
MAGNÉ	3,5	32,5	D9
SANSAIS	6,5	39	Chapelle Sainte-Macrine D3
ÉPANNES	4	43	D1
LA ROCHENARD	3,5	46,5	D115
USSEAU	4	50,5	D115
MAUZÉ-SUR-LE-MIGNON	9	59,5	D101

PARCOURS GPX
TAPEZ PETITFUTE.APP DANS LE NAVIGATEUR DE VOTRE SMARTPHONE. PRENEZ UNE PHOTO DE LA PAGE ET OBTENEZ
LE TRACÉ GPX DE LA CARTE
le Mazeau
Marais de Benet
D 25
Marais
Sèvre Niortaise
Irleau
Coulon
D 9
Magné
D 123
Marais
Marais
Chapelle Ste-Macrine
D 1
D 102
le Vanneau-Irleau
Arçais
D 115
Marais
D 180
Saint-Georges-de-Rex
D 101
Sansais
D 3
D 3
Amuré
Saint-Hilaire-la-Palud
D 3
D 1
NIORT
Frontenay-Rohan-Rohan
D 101
N 11
le Pont
NIORT
N 248
Mazin
le Bourdet
Courance
Épannes
Canal du Mignon
D 1
Prin-Deyrançon
Chaban
Vallans
D 101
N 11
D 1
LA ROCHELLE
la Rochénard
N 11
D 115
MAUZE-SUR-LE-MIGNON
Olbreuse
D 101
D 101
D 911
Usseau
Mignon
D 115
N
O
E
S
0
1 Km
Route principale
Route secondaire
Circuit vélo
Départ

MEYMAC – PLATEAU DE MILLEVACHES (CORRÈZE)

- **Itinéraire :** Meymac – Plateau de Millevaches
- **Total :** 61,5 km
- **Durée :** de 3 à 6 heures, entre 20 et 10 km/h
- **Difficulté :** moyen à difficile. Petites routes de campagne vallonnées très tranquilles.
- **Dénivelé positif** : 1 200 m

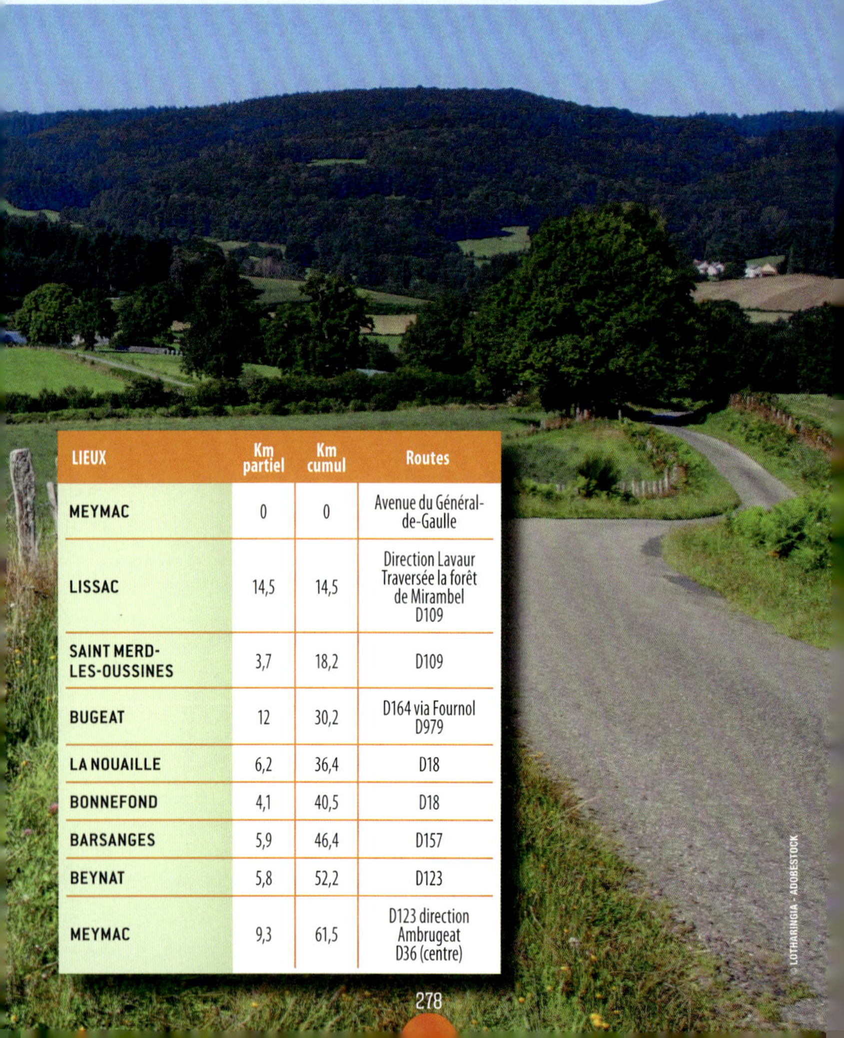

LIEUX	Km partiel	Km cumul	Routes
MEYMAC	0	0	Avenue du Général-de-Gaulle
LISSAC	14,5	14,5	Direction Lavaur Traversée la forêt de Mirambel D109
SAINT MERD-LES-OUSSINES	3,7	18,2	D109
BUGEAT	12	30,2	D164 via Fournol D979
LA NOUAILLE	6,2	36,4	D18
BONNEFOND	4,1	40,5	D18
BARSANGES	5,9	46,4	D157
BEYNAT	5,8	52,2	D123
MEYMAC	9,3	61,5	D123 direction Ambrugeat D36 (centre)

TAPEZ PETITFUTE.APP
DANS LE NAVIGATEUR
DE VOTRE SMARTPHONE.
PRENEZ UNE PHOTO DE LA PAGE
ET OBTENEZ
LE TRACÉ GPX
DE LA CARTE
AUBUSSON
TULLE
USSEL
Saint-Merd-les-Oussines
Grand-Billoux
Millevaches
Tafalechas
Château de Rochefort
le Mas Grimel
les Oussines
Chavanac
Saint-Sulpice-les-Bois
Fournol
Mouriéras
Ruines romaines des Cars
Lissac
Freyte
Cisternes
Bugeat
Coudert
les Maisons
Pérols-sur-Vézère
Celle
Lontrade
le Massoutre
PARC NATUREL DE MILLEVACHES EN LIMOUSIN
Ambiaud
Barsanges
le Mas Chevalier
le Bournel
La Noaille
Lavaur
Gourdon-Murat
Beynat
Bonnefond
MEYMAC
Beynette
Ambrugeat
Mazaleyrat
le Marouby
la Vézère
la Luzège
D 164
D 109
D 979
D 36
D 32
D 18
D 157
D 123
D 30
D 76
N
O
E
S
0
2 km
Autoroute
Route principale
Route secondaire
Circuit vélo
Départ

MONTMORILLON – VALLÉE DE LA GARTEMPE
(VIENNE)

- **Itinéraire :** Montmorillon, vallée de la Gartempe
- **Total :** 73 km.
- **Durée :** de 4 heures 05 à 7 heures 30, entre 20 et 10 km/h.
- **Difficulté :** facile à moyen. Assez vallonné avec côtes.
- **Dénivelé positif :** 400 m

LIEUX	Km partiel	Km cumul	Routes
MONTMORILLON	0	0	D5
JOUHET	8,5	8,5	D5
SAINT-GERMAIN	9	17,5	D5
NALLIERS	5	22,5	D5
ANGLES-SUR-L'ANGLIN	12	34,5	D5 D2
SAINT-PIERRE-DE-MAILLÉ	4,5	39	D2
LA BUSSIÈRE	6	45	D11
SAINT-SAVIN	10	55	D11
ANTIGNY	4	59	D11
PINDRAY	6	65	D11 Pindray
MONTMORILLON	8	73	La Roche-au-Baussan Concise Cité de l'Écrit

© PENNY - ADOBESTOCK

Lurais
Sainte-Croix
Angles-sur-l'Anglin
D 2
Creuse
Saint-Pierre-de-Maillé
Fontgombault
D 2
D 5
l'Anglin
D 9
D 2
les Petits-Marsillys
les Grands-Marsillys
la Puye
la Bussière
Mérigny
Gartempe
D 9
LE BLANC
N 151
le Château
les Alisons
Nalliers
Ingrandes
D 5
Paizay-le-Sec
POITIERS
N 151
N 151
Saint-Savin
Saint-Gemain
D 117
Fleix
Villemort
Béthines
D 9
Antigny
D 5
D 54
D 11
Gartempe
Mortioux
Leignes-sur-Fontaine
Haims
Jouhet
Pindray
D 5
Rillé
la Roche-au-Baussan
D 121
D 11
D 54
Prunier
Journet
la Rue
LA TRIMOUILLE
D 727
Route principale
Route secondaire
Circuit vélo
Départ
N
O
E
S
0
1 Km
MONTMORILLON
D 727
LUSSAC-LES-CHÂTEAUX

SAINT-JEAN-PIED-DE-PORT, LES PORTES DE LA NAVARRE (PYRÉNÉES-ATLANTIQUES)

- **Itinéraire :** Saint-Jean-Pied-de-Port, les portes de la Navarre
- **Total :** 72,3 km
- **Durée :** de 3 heures 35 à 7 heures 30, entre 20 et 10 km/h
- **Difficulté :** moyen à difficile, itinéraire vallonné.
- **Dénivelé positif :** 1 300 m

LIEUX	Km partiel	Km cumul	Routes
SAINT-JEAN-PIED-DE-PORT	0	0	D933 (Mairie)
JAXU	6,3	6,3	D933 D121 Harrubia
IRISSARRY	10	16,3	D22
OSSÈS	5,3	21,6	D8
SAINT-ÉTIENNE-DE-BAIGORRY	10,6	32,2	D948
BANCA	8	40,2	D948
ALDUDES	6,8	47	D948
IROULÈGUY	19,2	66,2	D948 D15
SAINT-JEAN-PIED-DE-PORT	6,1	72,3	D15 D918

TAPEZ PETITFUTE.APP
DANS LE NAVIGATEUR
DE VOTRE SMARTPHONE.
PRENEZ UNE PHOTO DE LA PAGE
ET OBTENEZ
LE TRACÉ GPX
DE LA CARTE
PARCOURS GPX
ESPAGNE
ESPAGNE
PAMPELUNE
AURITZ
ORTHEZ
Erratzu
Oustélégui
Urdos
Saint-Martin-d'Arrossa
Bidarray
Ossès
Irissarry
Suhescun
Lantabat
Jaxu
Lacarre
Château d'Harispe
Bustince-Iriberry
Bussunarits-Sarrasquette
Ahaxe-Alciette-Bascassan
Lecumberry
Caro
Aincille
Estérençuby
Lasse
SAINT-JAN-DE-PIED-DE-PORT
Irouléguy
Etchaux
Saint-Etienne-de-Baigoeey
Banca
Aldudes
Arnéguy
la Nive
nive des Aldudes
D 918
D 8
D 22
D 948
D 15
D 933
D 949
D 128
N
S
E
O
0
2,5 km
Autoroute
Route principale
Route secondaire
Circuit vélo
Départ

SARLAT, GROTTES ET CHÂTEAUX EN PÉRIGORD NOIR

(DORDOGNE)

- **Itinéraire :** Sarlat, grottes et châteaux en Périgord noir
- **Total :** 83 km
- **Durée :** de 4 heures 20 à 8 heures 30, entre 20 et 10 km/h.
- **Difficulté :** moyen à difficile. Route assez vallonnée longeant la Vézère.
- **Dénivelé positif :** 1 200 m

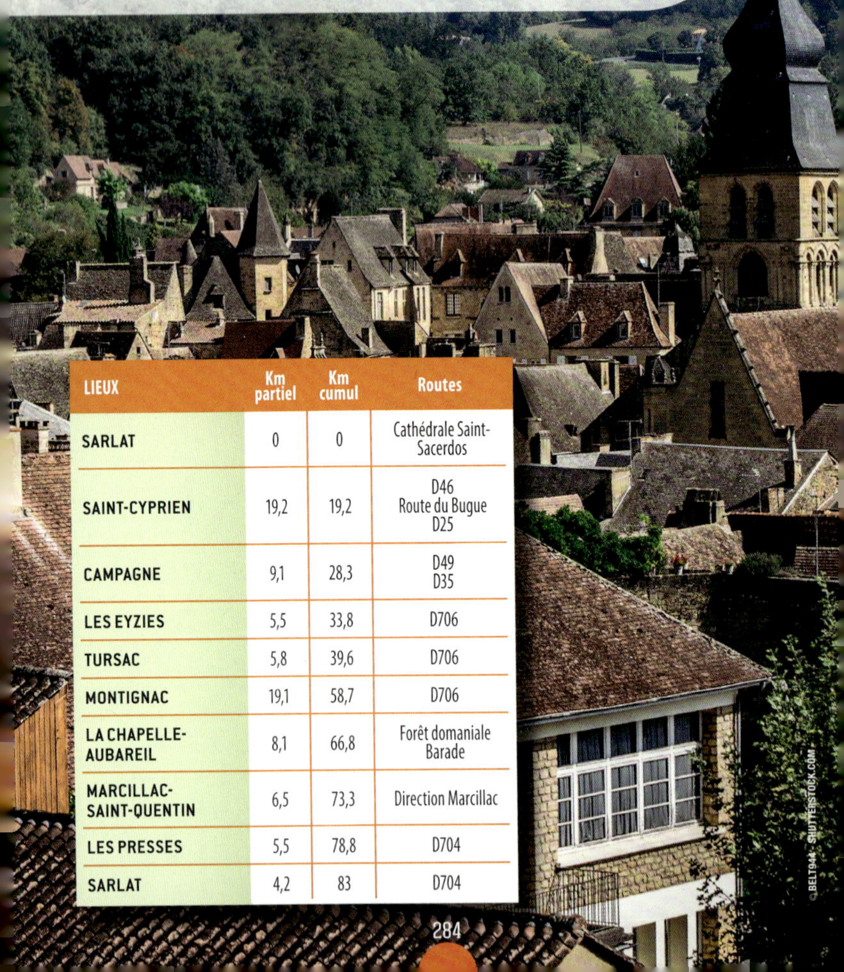

LIEUX	Km partiel	Km cumul	Routes
SARLAT	0	0	Cathédrale Saint-Sacerdos
SAINT-CYPRIEN	19,2	19,2	D46 Route du Bugue D25
CAMPAGNE	9,1	28,3	D49 D35
LES EYZIES	5,5	33,8	D706
TURSAC	5,8	39,6	D706
MONTIGNAC	19,1	58,7	D706
LA CHAPELLE-AUBAREIL	8,1	66,8	Forêt domaniale Barade
MARCILLAC-SAINT-QUENTIN	6,5	73,3	Direction Marcillac
LES PRESSES	5,5	78,8	D704
SARLAT	4,2	83	D704

PÉRIGUEUX
Rouffignac-St-Cernin-de-Reilhac
Château d'Auberoche
Montignac
TERRASSON-LAVILLEDIEU
Grotte de Lascaux
Saint-Amand-de-Coly
D 62
D 64
La Cassagne
Château de la Grande Filolie
D 706
Plazac
D 45
St-Félix-de-Reillac-et-Mortemart
D 32
Château de Losse
Château de Belcayre
Château de Chaban
Valojoulx
La Chapelle-Aubareil
D 704
Archignac
Paulin
Grotte de Rouffignac
Fleurac
Château de Clérans
Sergeac
Mauzens-et-Miremont
D 47
Peyzac-le-Moustier
Saint-Geniès
Château de Salignac-Fénelon
la Vézère
Roque St-Christophe et Pas du Miroir
D 60
Savignac-de-Miremont
Manaurie
Tursac
Tamniès
Salignac-Eyvigues
Carpe Diem
Saint-Crépin-et-Carlucet
D 48
Marcillac-St-Quentin
Grand Roc
Cro-Magnon
Château de Commarque
Marquay
les Eyzies
Saint-Cirq
Grotte de Bernifal
Proissans
Château du Roc
Les Presses
Château de Puymartin
Campagne
Meyrals
Sainte-Nathalène
D 35
Château de la Roque
Château de Fages
D 25
D 703
SARLAT
St-André-d'Allas
la Dordogn
FUMEL
Saint-Cyprien
GOURDON
D704A
Autoroute
Route principale
Route secondaire
Circuit vélo
Départ
N
O
E
S
0
2,5 km

CLUB CREUSE OXYGÈNE

5, rue Paul-Louis Grenier
GUÉRET
✆ 05 55 61 97 90
www.creuse-oxygene.com
Ouvert tous les jours de 11h à 19h.

Le club associatif Creuse Oxygène permet de découvrir le VTT en randonnée et en compétition. En plus de référencer les magasins de location de cycle, l'organisme apporte de nombreuses informations sur les meilleures sorties à faire en deux roues, sur route ou sur piste. Il est également compétent en matière de BMX, cyclo-cross et moto. Enfin, Creuse Oxygène organise ou participe à plusieurs grands rendez-vous sportifs tout au long de l'année : Forêt Follies, La Grande Traversée du Limousin, l'Enfer Vert et même l'Oxygène Cup.

CODEP LANDES

15, rue des Ecureuils - **MORCENX-LA-NOUVELLE**
✆ 06 75 24 69 37
landes.ffvelo.fr

Ce site vous propose la composition du bureau du CODEP 40, la liste des clubs du département, les sites BPF et les randonnées permanentes dans les Landes. Parmi ces dernières, citons :

- **Le Tour des Landes :** 523 km qui longent la côte des Landes avant de vous mener en forêt. Pour découvrir les multiples facettes du département.
- **L'Etoile dacquoise :** 6 circuits de 140 à 160 km à travers la région de Dax, vallonnée, diverse, unique. Attention, beaucoup de dénivelé.
- **Le circuit intérieur des Landes** : 334 km traversant Dax, longeant l'Adour, passant par Mont-de-Marsan.

CODEP PYRÉNÉES-ATLANTIQUES

12, rue du Profeseur-Garrigou-Lagrange
PAU
http://pyrenees-atlantiques.ffct.org/

Le site de la CODEP 64 vous fera découvrir les cols des Pyrénées. Il recense de nombreuses activités cyclistes organisées par les clubs du département. Ainsi, n'hésitez pas à contacter un des clubs des Pyrénées-Atlantiques. Le but du CODEP 64 est d'accueillir, aider, et accompagner chacun dans la pratique douce du vélo. Ici, pas de compétition mais des moments de partage. Consultez sans plus tarder le calendrier des événements sur le site Internet.

COMITÉ RÉGIONAL CYCLOTOURISME NOUVELLE-AQUITAINE

333, chemin de Fonbarade - **CASTELCULIER**
✆ 06 03 94 88 77
nouvelle-aquitaine.ffct.org

Le comité régional Nouvelle-Aquitaine regroupe les clubs cyclotouristes des 12 départements de cette grande région. Il compte ainsi plus de 13 600 licenciés répartis dans 356 clubs. Sur le site Internet, vous retrouverez les événements accessibles à tous, organisés par les différents clubs. A vous ensuite de monter sur votre vélo et suivre le groupe pour de beaux moments de partage réunissant des passionnés. Sans être licencié, vous pouvez participer à trois sorties avec le même club.

COMITÉ RÉGIONAL DU TOURISME LIMOUSIN

30, cours Gay-Lussac - **LIMOGES**
✆ 05 56 01 70 00
www.nouvelle-aquitaine-tourisme.com
Ouvert du lundi au jeudi de 8h30 à 12h30 et de 13h30 à 17h30 ; le vendredi de 8h30 à 12h30 et de 13h30 à 16h30.

La région est désormais rattachée à la Nouvelle-Aquitaine mais le Comité régional du tourisme a toujours pour mission de promouvoir le Limousin comme destination de villégiature. Il édite de nombreux documents dans plusieurs langues qui sont de belles brochures avec couverture rigide et papier glacé, conçues comme des carnets de voyage vous ouvrant les portes du Limousin vers ses nombreux trésors. Le CRT s'adresse aux particuliers comme aux professionnels du tourisme.

DETOURS EN LIMOUSIN

www.detours-en-limousin.com

Détours en Limousin est un magazine en ligne dédié aux promenades et aux lieux de curiosité du Limousin : rivières, forêts, monuments, villes, sites de mémoire... Les articles sont classés par thème et par secteur ce qui rend la navigation facile. Un site pour les passionnés de nature, de balade, de découverte, d'histoire et de culture, où vous trouverez de nombreuses idées pour découvrir le Limousin, région riche par la diversité de ses paysages naturels, de son patrimoine historique. En vous y souhaitant de bonnes promenades, et de belles découvertes !

DORDOGNE PÉRIGORD TOURISME

25, rue du Président-Wilson
PÉRIGUEUX
✆ 05 53 35 50 24
www.dordogne-perigord-tourisme.fr

Vous trouverez sur le site officiel du Comité Départemental du Tourisme de la Dordogne toutes les offres des prestataires touristiques de la Dordogne (hôteliers, propriétaires-particuliers, offices de tourisme, et autres fournisseurs d'hébergements ou d'activités touristiques) ainsi que les sites touristiques à visiter. De nombreuses idées de circuits thématiques sont proposées : balade à vélo, à la recherche de la truffe, au pays des 1001 châteaux, etc.

ECOTOURISME LANDES DE GASCOGNE

www.parc-landes-de-gascogne.fr

Né d'une coopération entre le Parc Naturel régional et le Pays des Landes de Gascogne. Ce territoire constitué de 128 communes, est situé au cœur du massif forestier des Landes, en région Aquitaine, à cheval sur deux départements : Les Landes et la Gironde. Profitez des séjours ECO CYCLO ! Formules 3 jours/2 nuits, ou itinérances sur 4 à 7 jours ! Des circuits organisés vous sont proposés clés en main, avec des agences qui ont sélectionné les hébergements engagés du territoire.

POITOU-CHARENTES VACANCES

8, rue Riffault
POITIERS
✆ 05 49 50 10 50
www.poitou-charentes-vacances.com

Le Poitou-Charentes, c'est le Marais Poitevin, La Rochelle, Royan, l'île de Ré, Oléron, Cognac, le Futuroscope, l'écotourisme, l'art de vivre, le bien-être... Entre le vert de la campagne et le bleu de l'océan, la région en fait voir de toutes les couleurs aux amoureux de la nature. Qu'ils soient amateurs de balades en barques ou randonneurs affûtés, les prochains « explorateurs » du Poitou-Charentes iront de surprise en surprise. Alors, n'attendez plus pour réserver vos vacances...

RANDONNÉE HAUTE VIENNE

www.randonnee-hautevienne.com

Découvrez le site officiel de la randonnée en Haute-Vienne et Limousin. Ce portail a pour objet de centraliser les informations concernant la randonnée en Haute-Vienne, que ce soit à pied, à vélo comme à cheval. Vous pouvez y trouver les hébergements randonnée, créer vos itinéraires, localiser les sentiers, les topoguides, les cartes IGN à télécharger, les conseils pratiques, les clubs et associations, les actualités, le calendrier des sorties et randonnées... Les cartes interactives sont également disponibles sur application.

VÉLO-CITÉ

16, rue Ausone
BORDEAUX
✆ 05 56 81 63 89
www.velo-cite.org
Ouvert du lundi au vendredi de 9h à 17h.

L'association Vélo-Cité a été créé en 1980 dans le but de promouvoir le vélo au sein de l'agglomération bordelaise. Ses bénévoles participent à de multiples manifestations en ville visant à sensibiliser les Bordelais aux attraits du vélo, comme la journée « En ville sans ma voiture ». Elle se bat aussi pour le respect des aménagements cyclables et, l'association est à l'initiative de balades originales à bicyclette à Bordeaux. Surtout, elle participe à la fête du Vélo annuelle, qui a lieu au début du mois de juin, et organise également des ventes de vélos.

BASE DE LOISIRS

Plan d'eau de la Roussille
CHÂTELUS-MALVALEIX
✆ 05 55 80 70 31
Fermé du 1er septembre au 30 juin. CB non acceptée. Baignade surveillée. 8 circuits de différents niveaux.

Cette base de loisirs propose des circuits à faire en famille, mais également des parcours pour les plus confirmés. On y loue les VTT. Un guide, à retirer à la mairie du village, indique l'ensemble des sentiers. Une piste de Pumptrack soit 180 m de bosses et de virage pour les vélos, draisiennes, trottinettes, skates a aussi été aménagée. Après l'effort, vous pourrez vous rafraîchir autour de l'étang de la Roussille. On peut pêcher au plan d'eau de la Prugne, juste à côté. A disposition également : jeux pour enfants, bar, camping et location de chalets.

BOUCLE DE VINDELLE À VÉLO

VINDELLE
www.grandangouleme.fr

Le petit bourg de Vindelle ne trompe pas : vous êtes bien en Charente ! Observez bien avant d'en partir l'architecture typique des maisons qui le composent. En partant depuis la baignade de Videlle, vous pédalerez environ deux heures dans un environnement calme et rural, accompagné de vignes et de champs de maïs : vous voilà en plein cœur du beau Pays angoumois. Les balises devraient vous guider sans problème parmi les 3 circuits existants, restez néanmoins alerte sur le trajet.

BOUCLE VÉLO LA VALLÉE DE L'AUTIZE

Place du Château
COULONGES-SUR-L'AUTIZE
✆ 05 49 25 64 11
www.valdegatine.fr
Toute l'année. 42 km (4h), fléchage marron.

Au départ de la place du château Renaissance de Coulonges-sur-l'Autize. Vous passez par nombre de villages et lieux-dits : Saint-Maixent-de-Beugné, plan d'eau du Puy-Hardy, fontaine Sainte-Anne, que les femmes venaient boire pour favoriser la lactation. Au centre du pigeonnier de Pouzay, aux 2 800 niches, vous admirez un chêne remarquable. Vous terminez par le pont ferroviaire de la Roche, érigé autour de 1867 et désaffecté 100 ans plus tard (ancienne ligne Niort-Anger).

DE CASTILLONNÈS À CAHUZAC À VÉLO

Place des Cornières
CASTILLONNÈS
✆ 05 53 36 87 44
www.castillonnestourisme.com

La commune de Castillonnès est le point de départ d'un itinéraire cycliste appelé Circuit des Pruniers d'Ente. Sur 52 km, on y découvre l'histoire et le patrimoine du pays de Dropt. Ce circuit peut être segmenté selon le temps disponible, et effectué dans les deux sens. Une idée : parcourir les 5 km qui séparent Castillonnès de Cahuzac. A l'arrivée, vous pourrez admirer le château de Cahuzac, avant de décider de faire demi-tour, ou de poursuivre le circuit en direction de Lalandusse.

CENTRE VTT

Allée des Marronniers - **MONTAGRIER**
✆ 05 53 90 13 25
http://vttmontagrier.e-monsite.com
Ouvert toute l'année. Location de VTT pour adulte à partir de 13 € la 1/2 journée, 10 € par enfant.

Haut perché dans le Ribéracois, Montagrier abrite le centre Sports Nature, point de départ de nombreux circuits accessibles et variés. Sa principale activité est le VTT avec des parcours pour débutants et confirmés. Environ 650 km de circuits balisés vous permettront de découvrir de magnifiques points de vue sur le Périgord. Ils sont classés par niveau de difficulté. L'ensemble des parcours est accessible dans un topo-guide, avec la possibilité de télécharger les traces GPX sur le site Montagrier VTT. Autres départs : Saint Astier, Ribérac, Paussac, Mensignac.

CHEMINS DU POITOU SECRET

NIORT
Ouvert toute l'année.

Voici un réseau de circuits de randonnées de plus de 110 kilomètres pour découvrir la région à son rythme. Au programme de nombreux monuments et sites parfois cachés, de magnifiques paysages mais surtout de jolis villages. Pour n'en citer que quelques-uns : Coulon, capitale du Marais Poitevin, les paysages gâtinais du Val de Flore à Soutiers, le Terrier du Fouilloux, point culminant des Deux-Sèvres ou encore le château de la Guyonnière, joyau médiéval. Rendez-vous dans les offices de tourisme de la région pour choisir vos parcours et vous procurer vos cartes !

FÉES DU SPORT

Rue des Remparts-Sainte-Foy - **AGEN**

✆ 05 53 68 78 60

www.fees-du-sport.com

Lun-ven 9h-12h/14h-18h. Samedi et dimanche sur rdv. Juil-sept. 7j/7 9h-19h. Adhésion 10 €. Location vélos 5 €/j.

Cette association promeut la pratique du vélo comme sport mais également comme moyen d'insertion sociale et professionnelle. Elle permet notamment aux femmes de (re) trouver un chemin vers l'autonomie et le travail. Fées du Sport propose son parc de vélos à la location (adultes, ados, enfants, remorques, tandems...) sous réserve d'adhésion à l'association. Chaque location comprend un kit réparation et de sécurité avec casque, gilet, antivol, pompe et panier de transport (sur demande). Vous pourrez ainsi partir sereinement à la découverte de la Voie Verte.

GROUPE CYCLO-ROCHELAIS

6, rue Pablo-Neruda - **LA ROCHELLE**

✆ 06 07 79 34 00

www.cyclorochelais.fr

Les circuits ont généralement lieu le mercredi, jeudi et dimanche. Se renseigner sur le site Internet pour les dates.

Plusieurs fois dans le mois, des dizaines de cyclistes s'élancent depuis la gare pour des promenades de 30 km à 100 km. Leur devise : on part ensemble, on rentre ensemble. Solidarité donc et convivialité, car le club offre les trois premières sorties – assurées sans licence – à tout nouvel arrivant. Peu importe le niveau, il faut juste venir avec son vélo (et le casque !), respecter le Code de la route et savoir pédaler. Un certificat médical est obligatoire. Toute l'actualité de l'association et les dates sont à retrouver sur leur site Internet.

DE HOSSEGOR À CAPBRETON SUR LA VÉLODYSSÉE

HOSSEGOR

www.lavelodyssee.com

Longue de 1 400 km, la piste cyclable Vélodyssée relie l'Angleterre au Portugal tout en longeant la façade atlantique française. Cette voie offre 162 km de pistes cyclables dans les Landes, aussi accessibles aux piétons et rollers. Il est possible de la segmenter selon le temps disponible et le point de départ. Exemple facile : faire les 5 km séparant Hossegor du port de pêche de Capbreton. Attention cependant à l'afflux de touristes pendant la période estivale...

LE LAC

CHÂTEAUNEUF-LA-FORÊT

Le lac de 12 hectares se trouve à proximité immédiate du bourg, en contrebas. On s'y baigne (sous surveillance) en juillet et en août. Vous pourrez y louer des bateaux à pédales, des canoës-kayaks mais surtout des VTT ! La base VTT du lac est le point de départ de cinq circuits. Le plus difficile est celui du mont Gargan (30 km), le plus facile celui de la Villetelle (5 km). Sur place également se trouvent des courts de tennis, terrain de volley, ping-pong et des jeux pour enfants. De nombreuses animations sont proposées durant l'été. Le cadre est agréable.

LAC DE VASSIVIÈRE ★★

PEYRAT-LE-CHÂTEAU

✆ 05 55 69 76 70

www.lelacdevassiviere.com

Baignade surveillée en juillet et en août. Bateaux navettes et petit train de l'île d'avril à novembre. Randonnées.

Aux confins de la Haute-Vienne et de la Creuse, et à proximité de la Corrèze, le lac de Vassivière est la plus vaste étendue d'eau du Limousin, une véritable mer intérieure. Mille hectares d'eau limpide et cinq sites aménagés pour la baignade, de quoi proposer une large gamme d'activités nautiques, entre bateaux à pédales ou à moteur, canoës, bouées tractées, ski nautique, voile, etc., et l'on peut même passer son permis bateau. Au départ d'Auphelle, on embarque pour une croisière commentée. Pour la pêche, ce sont les carnassiers en général, et les truites en particulier qui peuplent le lac. De nombreux circuits de randonnées sont aménagés autour du lac, dont un qui en fait le tour complet sur 30 km : le Sentier de rives avec des espaces de pique-nique aménagés. Des kilomètres de sentiers balisés à retrouver sur le site et l'application « rando-Millevaches ». Pratique, les bateaux-navettes assurent les liaisons entre divers points du lac, et aussi le petit train pour rejoindre l'île où se dresse le phare du Centre international d'Art contemporain et ses belles collections à découvrir. Vous ne manquerez pas non plus les œuvres en plein air, temporaires ou permanentes, du Bois de sculptures, ni la visite du Centre international d'art contemporain que vous pouvez aussi gagner par la passerelle piétonne depuis la presqu'île de Pierrefitte. Nombreuses animations tout au long de l'été et de jolis villages typiques à découvrir et différents parcours géocaching Tèrra Aventura pour une découverte insolite hors des sentiers battus.

LA LIGNE VERTE

37 km dans le Châtelleraudais, le Lencloîtrais et le Loudunais

LOUDUN

Ouvert toute l'année.

En voilà une bonne idée : reconvertir une ligne de chemin de fer désaffectée datant de 1886 en un charmant circuit de promenade que l'on peut emprunter à pied, en vélo ou à cheval ! Sur le trajet, des pancartes vous renseignent sur les richesses de la flore, du patrimoine et de l'histoire des lieux que vous traversez. Cette ligne verte vous mènera dans les bois de Châgnerettes en longeant la vallée de l'Envigne, dans la forêt de Boussevais et celle de Savigny puis dans celle de Scévolles, puis vous conduira jusqu'à Loudun. Des aires de pique-nique sont aménagées.

PÉNINSULE DE MÉDOCAINE SUR LA VÉLODYSSÉE

68, rue de la Plage

SOULAC-SUR-MER

✆ 05 56 09 86 61

www.soulac.com

1h. Facile.

La Vélodyssée (1 400 km) est un parcours cycliste qui relie l'Angleterre au Portugal en longeant la façade atlantique de la France. Elle peut bien sûr être segmentée en différentes étapes, dont celle de la péninsule médocaine. Au départ de Soulac-sur-Mer, une piste cyclable de 8,6 km remonte la péninsule jusqu'à Vernon. De là, vous pourrez faire demi-tour ou embarquer sur une navette pour visiter le phare de Cordouan, haut de 68 mètres, qui surveille l'embouchure de la Gironde.

LA LIMOUSINE CYCLO

www.lalimousinecyclo.com

Chaque année au mois de juin, 1800 concurrents s'affrontent sur les routes limousines dans le cadre de l'une des plus importantes cyclosportives francaises : la Limousine. La cyclosportive vous propose 3 circuits tracés dans le sud de la Haute-Vienne ; vous empruntez la célèbre route Richard-Coeur-de-Lion, puis traversez le parc régional Limousin-Périgord et découvrez la richesse des paysages limousins. Au-delà de l'hommage rendu au grand champion limousin André Dufraisse, les organisateurs ont souhaité faire de cette épreuve une compétition reconnue.

PÉRIGORD NOIR A VELO

www.perigordnoir.com/velo-et-vtt

En Dordogne, découvrez le Périgord Noir où vous pourrez profiter des multiples chemins ruraux pour les passionnées de vélo, cyclotouristes et cyclosportifs. Venez profiter des plus beaux circuits de la vallée de la Dordogne et de la Vézère, vous découvrirez une multitude de paysages et de reliefs dans une nature préservée. Egalement de multiples chemins ruraux sont à votre disposition pour vous adonner au VTT. Des prestataires vous permettent de louer du matériel ou vous proposeront des circuits guidés. Nombreuses informations sur le site Internet.

PARC NATUREL RÉGIONAL DES LANDES DE GASCOGNE

www.parc-landes-de-gascogne.fr

Ouvert toute l'année.

Situé à cheval sur les départements des Landes et de la Gironde, dans les Landes de Gascogne, ce parc naturel s'étend du bassin d'Arcachon, au sud de la Grande Lande. Il suit les vallées de la Grande et Petite Leyre. Son territoire de 315 000 hectares offre de nombreuses activités : VTT, la Leyre en canoë, kayak sur le bassin d'Arcachon, visite des ports ostréicoles ou encore des domaines de Certes et de Graveyron, sentiers pédestres, randonnées équestres...

PISTE CYCLABLE ROGER LAPÉBIE

CRÉON

Piste cyclable ouverte toute l'année.

Au départ de Bordeaux, cette superbe piste cyclable aménagée de 54 km vous amènera jusqu'à Créon tout en traversant les beaux paysages de l'Entre-deux-Mers. Les amoureux de nature verront défiler sous leurs yeux, les vignes, les vallons, les petites bastides et des monuments romans. Le relief étant très peu prononcé, cette jolie voie verte conviendra à toute la famille, même les sportifs du dimanche. Presque entièrement goudronnée, elle plaira également aux rollers et aux piétons.

PROMENADES A PIED OU VTT

SARE / SARAKOHERRIA

Pour les amateurs, plusieurs itinéraires pédestres et VTT sont possibles : circuit des palombières, de col en col, cross des contrebandiers, la venta noire, les redoutes de Sare... livrés avec explications, schémas et cartes à l'Office de tourisme. Un document facile à manipuler et particulièrement bien fait. Par ailleurs, l'on vous donnera avec plaisir d'autres informations pour que vos sorties VTT, douces ou plus sportives, se déroulent dans les meilleures conditions. Le but : que vous en redemandiez et continuiez à rouler sur l'asphalte ou tout terrain.

VÉLO SUR LA BOUCLE DE CAMELEBREY

51, route de Daugnague
PISSOS
✆ 05 58 04 41 40
www.pissos.fr

Au départ de Pissos, une boucle de 8,2 km, balisée, rejoint les hameaux de Pignada et Camelebrey. Cette route est une belle introduction aux traditions landaises par ses airials et maisons à colombages qui jalonnent le parcours. À Pissos, observez les souffleurs de verre à l'œuvre dans la Maison des Artisans. Une deuxième boucle de 17 km, au départ de la Maison du Parc, prolonge la balade jusqu'à Escourolles. Les deux chemins sont accessibles aux randonneurs.

RÉSEAU CYCLABLE DU MARAIS POITEVIN

2, rue Brisson
NIORT
✆ 05 49 24 18 79
www.niortmaraispoitevin.com

Etendu sur trois départements, le Marais poitevin offre aux promeneurs et aux sportifs de bien belles opportunités de sorties. Et pour cause : il concentre 500 kilomètres d'itinéraires cyclables jalonnés, dont plus de 50 kilomètres évoluent en site propre. Parmi eux, plus de 35 boucles courtes (de 15 à 50 km) raviront les moins entraînés, tandis que d'autres Véloroutes, atteignant parfois les 80 km, charmeront davantage les cyclistes aguerris. Lancez-vous à votre rythme.

VÉLORAIL

Avenue du Plan-d'Eau
BUSSIÈRE-GALANT
✆ 05 55 78 86 12
www.espace-hermeline.com
Horaires variables selon saison.

Une balade originale, à faire en famille ou entre copains, un minimum d'effort pour un maximum de plaisir ! Le vélo-rail est un petit engin léger 4 places maximum, dont 2 places conducteurs à l'avant, qui circule sur une ancienne voie ferrée. Sur une machine sortie d'un autre âge on avance à son rythme sur un circuit de 12 km aller-retour, à la découverte des paysages de ce territoire, et de sites jusque-là inaccessibles. C'est une balade idéale en famille avec des enfants pour découvrir, à son rythme, ce joli coin de nature.

VALLÉE DU THOUET

1, place du Docteur-Bouchet
SAINT-LOUP-LAMAIRÉ
✆ 05 49 64 85 98
www.valleeduthouet.fr

Cet itinéraire en vallée du Thouet vous permettra de découvrir en toute simplicité et à vélo une nature riche où se conjuguent petits havres de paix, patrimoine bâti et surprises d'une rive à l'autre. De Montreuil-Bellay à Secondigny (Le Beugnon), 120 km de cheminement s'offrent à vous, le circuit est jalonné par des bornes en pierre qui vous indiqueront la direction, et les distances de la ville la plus proche. Des aires de repos permettent de faire des haltes et de découvrir les lieux. Retrouvez toutes ces informations sur le site Internet de la vallée.

VÉLORAIL DU CHEMIN DE FER CHARENTE-LIMOUSINE

Gare de Confolens - **CONFOLENS** ✆ 05 45 71 16 64
www.cf-charentelimousine.fr
5 personnes maximum. La gare de Confolens est le siège de l'association, pas forcément la gare de départ.

Le vélo-rail offre à voir de superbes paysages grâce aux 3 parcours proposés par une association. Vous avez le choix entre celui de Confolens à Manot (18 km AR) ou de Roumazières-Loubert à Manot (15 km). Le premier voyage vous fera emprunter le vertigineux viaduc de Pontarand avant une belle montée (et donc une belle descente après !). Le deuxième, tout aussi dépaysant, vous fera traverser la Charente depuis le viaduc de Laplaud. Enfin, le circuit de Roumazières à Confolens (34 km AR).

LA VÉLOROUTE

MONFLANQUIN

Document à demander auprès du Comité départemental du tourisme.

Document recensant pour les amoureux de la petite reine les circuits vélos de la vallée du Lot. Ce sont au total sur le Lot-et-Garonne près de 90 km entre Aiguillon et Fumel et une trentaine de boucles. Bien sûr ce document se trouve dans tous les offices de tourisme du Pays du Lot. A découvrir : grande boucle monflanquinoise (Monflanquin-Saint-Aubin), circuit du Prince Noir (Monflanquin-Paulhiac), circuit Bernard Palissy (Lacapelle-Biron-Montagnac-sur-Lède). A demander auprès du Comité départemental du tourisme ou servicedocumentation@tourisme-lotetgaronne.com.

LA VOIE VERTE CANAL DE GARONNE

LE MAS-D'AGENAIS

Accès libre et gratuit toute l'année.

Cette voie verte à effectuer à pied, à vélo ou en rollers, suit le Canal de Garonne et ses berges depuis Toulouse jusqu'à Castets et Castillon en Gironde. Celle-ci emprunte, selon les tronçons, l'une ou l'autre des deux rives. Les écluses et leurs maisons typiques, tout comme le passage des bateaux, rendent ce parcours distrayant. Un itinéraire charmant et insolite sous sa voûte de platanes qui permet d'apprécier tout du long les petits villages et la gastronomie locale.

VÉLOROUTE, LA VOIE VERTE MAZÈRE - LESCAR

PAU

C'est notamment grâce à l'engagement de l'association «Pau à Vélo» que ce projet a pu voir le jour. Cette voie verte relie Mazère-Lezons à Lescar avec un itinéraire pour vélo et piétons de 14 km et constitue aujourd'hui un lieu de loisir et de promenade privilégié pour les habitants de l'agglomération paloise. Cette voie fait aussi partie d'un projet plus vaste qui relie dorénavant Perpignan à Bayonne à vélo. Une passerelle sur le Gave de Pau, entre Nay et Igon, a été ouverte.

VOIE VERTE DES HAUTS DE TARDOIRE

CHAMPSAC

✆ 06 26 18 99 23

www.voieverte-enlimousin.com

Location vélos et rollers d'avril à novembre du lundi au vendredi et ouvert 7j/7 en juillet et août.

Aménagée sur l'ancienne voie ferrée reliant Oradour-sur-Vayres à Châlus, cette voie verte de 13 km permet à chacun de cheminer en pleine nature : randonneurs, cyclistes, et personnes à mobilité réduite peuvent emprunter la voie avec plaisir. Le revêtement est excellent, et l'aménagement est très complet : des bancs et des tables pique-nique sont mis à disposition des promeneurs. Dépliant, site Internet, audioguide gratuit, locations de vélos et animations facilitent la visite.

VILLETORTE LOISIRS

30, rue du Pont-Neuf - **LE TEICH**

✆ 05 56 22 66 80

https://villetorteloisirs.com/

Fermeture annuelle en hiver. Canoë/kayak. Location de vélos. Balades à cheval (uniquement en juillet et août).

En dehors des balades en barque ou canoë proposées par la Maison de la Nature du Bassin d'Arcachon, située à l'entrée du Parc ornithologique, il existe un autre espace dédié aux loisirs de nature et à la famille. Cette base de loisirs a plus de 20 ans d'expérience dans l'accueil du public. Ici (presque) tout est possible : la location de kayak ou de canoë avec deux parcours au choix de 10 ou 20 km, la location de vélos pour partir à la découverte des sentiers du bassin ainsi que des promenades guidées à cheval en forêt et sur le bord de la rivière (compte 1h).

VTT-FFC DES MONTS DE GUÉRET

✆ 05 55 52 14 29

www.gueret-tourisme.fr

Location de VTT en ligne : 8 €/adulte pour la demi-journée, autres tarifs disponibles. Plan des circuits balisés.

Aux circuits des Monts de Guéret, il y a de quoi faire, qu'on soit seul ou en famille, et peu importe le niveau ! Les débutants comme les experts ont la possibilité de s'élancer sur près de 700 km de pistes, 27 circuits balisés de 8 à 140 km de long, 2 pistes de descente, un parcours de four cross (réservé aux sportifs avertis) et 4 zones de trial. Les débutants pourront goûter aux premières sensations et joies que procurent ces activités grâce à des pistes d'initiation.

BICY'COOL

111, avenue de Maubuisson - **CARCANS**
✆ 05 56 03 43 23
www.location-velo-carcans.com
Ouvert toute l'année. VTC et VTT : 10 € la demi-journée, enfant 8 €. Vélo électrique : 27 € la 1/2 journée,

Chez Bicy'Cool vous avez le choix parmi des centaines de vélos adaptés à tous : VTT, VTC, tandem, vélo électrique, fatbike, trottinette et vélo pour enfant. Tout a été pensé pour faciliter l'accès au vélo au plus grand nombre avec la location de remorque pour enfants et même... pour Médor ! Avec la location, il vous sera fourni une carte des pistes cyclables, un casque, un antivol et un siège bébé. Et pour découvrir le lac en toute liberté, Bicy'cool vous propose des paddles gonflables à la location ! Livraison possible des vélos sous conditions.

LA BICYCLETTE VERTE

36, route de Saint-Hilaire
ARÇAIS
✆ 05 49 35 42 56
www.bicyclette-verte.fr
Horaires et tarifs sur le site internet.

Située à Arçais, la Bicyclette verte vous propose de découvrir le Marais poitevin en sillonnant les chemins de traverse (domaine cyclable de plus de 300 km). La location peut être à l'heure ou à la semaine : autrement dit, vous gérez votre temps de rando cycliste comme vous voulez, puisque les tarifs varient selon la durée de la promenade. Les vélos sont des VTT, des VTC, des vélos à assistance électrique, tous en excellent état. Possibilité de mettre une remorque ou un siège enfant. Sachez qu'il existe aussi une formule qui cumule vélo, barque et auberge.

BIKE BUS

Voie Verte - **CASTELNAUD-LA-CHAPELLE**
✆ 05 53 31 10 61
www.bike-bus.com
De mai à sept. Location pour adulte dès 25 € la journée et 150 € la semaine, enfants de 20 € / jour à 80 € la semaine.

Basé en Périgord Noir, près de la vallée Dordogne à Castelnaud, ce spécialiste des vacances à vélo propose une découverte du Périgord par les sentiers insolites en VTC, VTT, Tandem-Enfant, Tabalong, Babycarrier. Selon votre besoin, la livraison s'effectue à l'endroit préféré autour de Castelnaud, ou Beynac, Vitrac, Carsac, Sarlat, Saint-Cyprien... Pour une journée, on vous fournit casques, kit de réparation, pompe, antivol, cartes d'itinéraire, et sacoches pour le déjeuner emballé, un bidon et un vélo ou deux. Réservation en ligne obligatoire.

LA BOITE À VÉLO

14, avenue Pasteur
GUÉRET
✆ 09 74 56 55 05
www.laboiteavelos.fr
Ouvert du mardi au samedi, horaires à consulter sur le site Internet.

Ce magasin, situé au cœur de Guéret, vous propose un large choix de vélos et d'accessoires ainsi qu'une sélection des plus grandes marques de vélos, VTT, BMX, Route, électrique. N'hésitez pas à vous laisser guider par des passionnés capables de vous conseiller sur toute leur gamme de vélos. Quel que soit votre style et votre niveau, il y a pour tous les goûts et portes-monnaies. Ils proposent également l'entretien et la réparation de vos vélos (hommes, femmes et enfants). Petit plus : il est possible de tester son vélo avant tout achat.

CAP SUR LE VÉLO

52, boulevard du Grand Cerf
POITIERS
✆ 05 49 52 36 36
Du lun au ven 8h30-12h et 13h15-17h30. Mar, jeu sur le campus : rue J.-Fort, Bât. B32. Tarifs : selon quotient familial.

Pour ceux qui n'ont que leurs jambes pour avancer, Grand Poitiers met à disposition des vélos classiques, à assistance électrique, pliants et cargos. Un bon plan particulièrement appréciable pour les courts trajets quotidiens, vers le travail, le campus, le marché... La location de ces deux-roues bénéficie de tarifs convaincants : à la journée, à la semaine ou au mois, en fonction de vos revenus. Pour en disposer, prévoyez une pièce d'identité, un RIB, un justificatif de domicile et les justificatifs de votre situation. N'ayez plus peur d'user les pistes cyclables !

CENTRAL GARAGE

23bis, avenue Plantey
LACANAU-OCÉAN
✆ 05 56 26 99 65
centralgarage-lacanau.fr
Ouvert tous les jours de 9h à 19h. Location de vélo ville à partir de 7,50 € la 1/2 journée.

Situé dans la rue principale de Lacanau, à deux pas de la plage, le Central Garage est l'une des plus anciennes adresses de la station balnéaire. L'établissement a ouvert en 1932 et il a su garder un esprit d'entreprise familiale. C'est le numéro 1 de la location de vélos sur la commune : vélo de ville, VTT, VTC, beach, vélo électrique, tandem, vélo enfant, remorque... Le Central Garage ne s'arrêta pas là, il loue également des scooters 50 cc et 125 cc, des motos 125 cc, et des voitures : Twingo avec ou sans clim, Smart Forfour et Fiat Multiplat.

COCCI'VÉLOS

47, avenue du Maréchal de Lattre-de-Tassigny - **GUJAN-MESTRAS**
✆ 05 56 54 17 36
www.coccivelos.bike
Ouvert d'avril à octobre, consulter les horaires sur le Site Internet. Location de vélos.

Du côté de la Hume, à deux pas de l'office de tourisme et de la gare, connecté au réseau des pistes cyclables, Cocci'Vélos est pour le moins bien placé. Plusieurs tarifs et formules existent. Location de VTC, VTT, vélos électriques, tandems, suiveurs et remorques enfants : vous pourrez emmener toute votre petite famille en escapade ! Pour plus de tranquillité et parce qu'après l'effort vous aurez bien mérité le réconfort, choisissez les forfaits vélo avec pique-nique, ou même dégustation d'huîtres. Cocci'Vélos propose également ses services de réparation.

COOL BIKE

77, quai des Chartrons - **BORDEAUX**
✆ 05 33 48 13 86
www.cool-bike.fr
Ouvert du mardi au dim. de 11h à 20h (été) ; de 10h à 19h (hiver). Location vélo à partir de 10 €/jour. Réparations.

Qualifiée comme l'une des villes les plus « vélo friendly » de France, Bordeaux offre de beaux parcours à bicyclette. Pour vos balades en famille, on vous conseille *Cool Bike*, qui propose un large choix de vélos : enfant, adulte, tandem, remorque, vélo suiveur… Magasin de réparation et de personnalisation, *Cool Bike* propose aussi la location de vélos (y compris électriques) pour une journée, un week-end ou une semaine, ainsi que la vente d'accessoires. Côté atelier, vous pourrez bénéficier d'un service express et de différentes prestations à prix correct.

CULTURE VELO

2, rue Léon-Serpollet
LIMOGES
✆ 05 55 06 20 70
www.culturevelo.com
Ouvert du mardi au vendredi de 9h30 à 13h et de 14h à 19h ; le samedi de 9h30 à 18h.

L'éventail des prix est large, du vélo de loisirs à 699 euros en entrée de gamme jusqu'à plusieurs milliers d'euros pour les vélos de passionnés. Lapierre, Scott, Giant, Cannondale figurent parmi les marques au catalogue. Les accessoires indispensables et aux meilleurs prix sont réunis dans une vitrine «Prix Etoiles». Culture Vélo commercialise aussi des modèles d'occasion qui sont révisés sur place par l'atelier. La boutique est très impliquée dans la vie sportive locale : elle parraine des courses cyclistes, ainsi que des clubs comme l'UV Limousine.

CYCLAIX LOCATION DE VELOS

Rue Marengo - **ILE-D'AIX**
✆ 09 66 85 58 23
www.cyclaix.com
Ouvert du 1er avril au 5 novembre. Basse saison : ouvert du mardi au dimanche. Haute saison : tous les jours.

Sur l'île d'Aix, pas question de circuler en voiture ! Pour visiter au mieux ce petit croissant de terre, une seule solution : le vélo. Vous pouvez embarquer le vôtre sur le bateau, mais aussi en louer un en vous rendant chez Cyclaix qui est installé au cœur du village. Toute la famille trouvera le vélo qui lui convient : hollandais, VTT, de plage, BMX, pour enfant, tandem… Si vous avez un enfant en bas âge, vous l'installerez dans une remorque ou dans un siège bébé.

CYCLES BROGNIEZ

262, avenue du 14 Juillet
BISCARROSSE
✆ 05 58 78 13 76
Tous les jours 9h-12h30 et 15h-19h (sauf dimanche après-midi). 15 € la demi-journée de location.

Située en plein centre-ville de Biscarosse, la boutique les Cycles Brogniez vous accueille toute l'année. Vous y trouverez un large choix de vélos à la vente comme à la location (urbain, VTT, VTC, à assistance électrique, enfant) ainsi que de nombreux accessoires. De nombreuses grandes marques sont présentes, en particulier celle de Giant dont la boutique est spécialiste ! La boutique abrite également un atelier pour vélo où vous pourrez amener votre deux-roues pour d'éventuelles réparations ou le montage de vos accessoires.

CYCLES DELORT SPORT

125, boulevard de la République
ANDERNOS-LES-BAINS
✆ 05 56 82 11 45
www.delort-sport.fr
Ouvert du mercredi au samedi de 10h à 12h30 et de 14h30 à 19h. Ouverture le dimanche en saison.

Le vélo reste le meilleur moyen pour se déplacer sur le bassin d'Arcachon ! Location, vente et réparation, Delort Sport met à votre disposition tout l'univers du deux-roues. Vélos de ville, VTC, VTT, remorque, tandem enfants et adultes, sièges et coques pour bébé, tandem, panier ou remorque pour chien : à vous de choisir. Un accueil chaleureux, une prise en charge attentive à vos envies et à vos capacités, c'est une adresse de professionnels qui vous permettra de circuler aisément sur le bassin tout en profitant de votre séjour.

CYCLES DEMION

Rue du Puits-Neuf - **LE GRAND-VILLAGE-PLAGE**
✆ 05 46 47 59 64
www.cyclesdemion.fr
Ouvert d'avril à octobre 7j/7. 3 Boutiques sur l'île d'Oléron : Saint-Trojan-Les-Bains, Grand Village Plage, Le Château.

C'est l'une des trois boutiques d'une entreprise familiale que l'on ne présente plus ! Que ce soit ici au Grand-Village, au Château ou à Saint-Trojan-les-Bains, vous serez assurés de trouver des vélos de qualité et un accueil chaleureux. Fort de son expérience, ce loueur vous conseillera de la meilleure des façons afin de trouver le vélo qui correspond le mieux à votre pratique. 3 vitesses pour petit budget, hollandais pour plus de confort et à assistance électrique pour se rendre au bout de l'île, il suffit de choisir ! Il est possible de réserver en ligne.

CYCLES DEMION

Quai Antony Dubois - **SAINT-TROJAN-LES-BAINS**
✆ 05 46 76 02 63
https://www.cyclesdemion.fr
3 magasins de location sur l'île d'Oléron. Réservation en ligne. Tarifs de 1 h à 7 jours. Équipements et accessoires.

Que vous soyez passionnés de vélo ou désireux de visiter l'île autrement, vous pourrez vous rendre chez ce loueur. Cette entreprise familiale est installée depuis plus de 70 ans sur Oléron. En entrant, vous ferez la connaissance de passionnés qui sauront vous équiper de la meilleure des façons. A vous de choisir le vélo qui conviendra le plus à vos balades : Confort pour parcourir route et chemin en toute quiétude ou VTT pour plus de sensations. On trouve également des vélos à assistance électrique, de nombreux accessoires et des conseils avisés.

CYCLES MARIANI

27, avenue Docteur-Nancel-Pénard - **PESSAC**
✆ 05 56 45 25 20
www.velo-scoot-pessac.com
Ouvert du mardi au vendredi de 8h30 à 12h et de 13h30 à 18h ; le samedi de 10h à 12h et de 13h30 à 17h.

Les cycles Mariani sont de réels spécialistes du deux-roues : ils vous accueillent pour vous présenter une large gamme de neufs et d'occasion : vélos Gitane, Bianchi, vélo de ville, vélos électriques mais aussi des scooters. Un atelier vélo et scooter assure la réparation ou l'entretien. Vous trouverez un stock important de pièces détachées d'occasions et neuves et ainsi qu'un show-room dans lequel vous pourrez essayer les derniers modèles. Un service de location de vélo est également proposé. Simple et rapide : 1 heure = 1 € !

CYCLO PARC

Avenue de la Monnaie - **LA ROCHELLE**
✆ 05 46 07 25 06
www.cycloparc.com
Haute saison : tous les jours de 9h30-19h30. 1 jour : 15 € ; 2 jours : 26 € ; Rosalie de 10 € à 15 € pour 1/2 h.

Pour sillonner la côte rocheloise à vélo, rendez-vous chez ce loueur. L'accueil est ici toujours chaleureux et les conseils pertinents. Laissez-vous guider par un personnel qui vous donnera tous les informations nécessaires pour passer un joli moment à vélo. Le choix est large : du fameux VTC au look sympa pour une balade urbaine, au VTT pour les chemins côtiers en passant par l'inévitable vélo électrique pour se rendre sur l'île de Ré. Futé, Cyclo Parc propose également de piloter une Rosalie, un drôle d'engin coloré qui ne manquera pas de séduire les enfants !

CYCLO-SURF

16, avenue d'Antioche et 23 bis avenue du Mail - **LA COUARDE-SUR-MER** ✆ 05 46 29 92 78
www.cyclo-surf.com
Tous les jours 9h30-12h30 et de 14h-18h30. Vélo adulte confort 11 €/jour, VTT 13 €/jour, vélo électrique 29 €/jour.

Avec ses venelles fleuries et de sa plage de sable fin, le village de la Couarde est le lieu parfait pour la pratique du vélo. Nous vous conseillons de vous rendre dans l'une des deux agences de ce loueur de vélo bien connu des voyageurs ! Facilement accessibles, ces deux points de location offrent un accueil agréable. L'occasion de partir en balade sur l'un des vélos disponibles à la location : VTT pour des sentiers de découverte, Eco pour ceux qui ont un petit budget ou Electrique pour pédaler sans effort. Il est possible de réserver directement en ligne.

DINGOVELOS

1, rue Grenier - **ARCACHON**
✆ 05 56 83 44 09
www.dingovelos.bike
Ouvert du 1er avril au 11 novembre. Du lundi au vendredi de 10h30 à 18h30 ; le week-end de 9h30 à 18h30.

Si vous entendez le fameux klaxon de la rosalie, c'est que les beaux jours arrivent. La rosalie, c'est cette petite voiture à pédales qui vous permet de transporter toute votre famille et dont Dingovelos s'est fait une spécialité. Plus de 150 vélos sont à louer : VTT/VTC, des vélos de villes, mais aussi des remorques, des vélos électriques et girafe (accessoires fournis). Les vélos peuvent être livrés à domicile. On vous y propose même des circuits avec toutes les informations nécessaires pour ne pas transformer une balade familiale en épreuve de force !

NOUVELLE-AQUITAINE

DORDOGNE CYCLE HIRE

SAINT-MARTIAL-D'ALBARÈDE
✆ 06 06 47 29 94
www.dordognecyclehire.com
Haute saison : ouvert tous les jours.

C'est une entreprise familiale spécialisée dans la location de vélos. Le choix des vélos est large (vélo de randonnée, VTC, VTT) et il y a différentes tailles. Elle loue également des remorques pour les enfants en bas âge et des vélos suiveurs pour les plus grands. Chaque vélo est équipé d'un kit de réparation, d'une veste haute-visibilité, et d'un casque pour les enfants. D'autres accessoires sont aussi disponibles : casques pour adultes, antivols, lampes, cartes, sièges pour enfants, etc. Il est possible de faire livrer ses vélos à domicile.

GARAGE À VÉLO

108, avenue du Lac - **HOURTIN**
✆ 05 56 09 69 60
www.legarageavelo.com
Location de vélos. Ouvert tous les jours de 9h à 19h. Livraison possible (sur votre lieu de vacances).

A Hourtin, le Garage à vélo vous propose la location de vélos pour des balades sur les pistes situées juste à côté. Toute l'année, 7 jours sur 7, locations de VTC, VTT, tandems, vélos enfants, suiveurs enfants et le tout au meilleur prix avec bien évidemment des remorques enfants et des sièges pour les plus petits. Le matériel nécessaire est fourni. La proximité des pistes vous permettra de partir avec les enfants sans risque de rouler sur la route. La livraison sur votre lieu de vacances est possible. En piste pour les sentiers d'Hourtin !

ECOCYCLE MÉRIGNAC

36, avenue Aristide-Briand - **MÉRIGNAC**
✆ 05 56 96 07 50
www.velo-occasion.com
Ouvert du mardi au vendredi de 8h30 à 19h ; le samedi de 8h30 à 18h. Réparation. Rachat. Location. Livraison.

Ici, rien ne se perd, tout se transforme ! Vous trouverez ici, et en permanence, plus d'une centaine de vélos pour hommes, femmes et enfants. Et de toutes catégories, y compris à assistance électrique, avec une préférence, avouons-le, pour les vélos hollandais ou vintage ! Ces derniers datent des années 70 et les propriétaires du magasin conseillent à ceux qui en ont de les garder. En effet, ils sont résistants et réparables puisqu'on trouve toujours les pièces détachées. Chez *Ecocycle*, quelques solex sont aussi à la vente et proposés en location.

L'ATELIER VÉLO BY FUNBIKE

6, place du Sauvignon
PAUILLAC
✆ 05 56 09 76 62
www.funbike.fr
Ouvert de Pâques à fin octobre (jours et horaires variables). De 14 € à 21 €/adulte ; de 10 € à 17 €/enfant.

Visiter les vignobles du Médoc à vélo, à deux, entre amis ou en famille ? C'est toujours une bonne idée. Pour un après-midi dans les vignes ou pour la journée, rien de plus simple ! Rendez-vous au village de Bages, louez, pédalez et vibrez ! C'est d'ailleurs la devise de l'atelier du vélo by Fun Bike (le spécialiste de vélo de Carcans-Maubuisson). Ici, on loue vélos classiques ou électriques, tandems et vélos enfants. Ils vendent aussi des accessoires et s'occupent des réparations.

FUN BIKE

109, avenue de Maubuisson - **CARCANS**
✆ 05 56 82 96 74
www.funbike.fr
Ouvert de Pâques à la Toussaint et le reste de l'année sur réservation. De 12 €/adulte à 10 €/enfant à la journée.

VTT, VTC, vélos et remorques pour enfant, coques bébé, tandem, vélos électriques... Vous allez pouvoir parcourir les pistes cyclables seul, à deux, entre amis ou en famille. Fun Bike a tout prévu, François et Christophe, les deux gérants, ont plus de 800 vélos à louer et tout est compris (antivol, panier et casque). Le magasin peut même accueillir des groupes (jusqu'à 500 personnes). L'équipe connaît la forêt des Landes girondines et vous guide pour des balades mémorables. Fun Bike fait aussi la vente, la réparation et l'entretien de vos vélos.

LODGING LE LAC €€

30, avenue de la Plage - **LACANAU**
✆ 05 56 03 00 26
www.lodginglelac.com
Fermé du 31 octobre au 1er avril. Emplacement de 26 € à 29,50 €. Logement sur pilotis (4 pers) dès 45 € la nuit.

Le lac d'un côté, la forêt et l'océan de l'autre et partout ces immenses espaces verts : niché près de la plage du Moutchic, le Lodging est un précieux refuge pour amateurs de nature. Si on y vient pour son cadre, le choix des hébergements est aussi convaincant : emplacement libre, tipi, cabane perchée, logement sur pilotis, bulle, mobile suspendu, lodge de toile et de bois de style colonial... C'est au choix ! L'équipe peut aussi vous concocter un séjour VIP avec des prestations haut de gamme à la carte (champagne, douceurs sucrées, accès au sauna, massage...).

LOISIRS BOULEVARD

543, boulevard d'Arcachon - **BISCARROSSE**
✆ 05 58 78 33 63
www.location-velos-biscarrosse.com
Ouvert tous les jours d'avril à fin octobre de 9h45 à 13h et de 14h à 19h (hors période sur rdv). Tarifs en ligne.

Chez ce spécialiste du vélo, vous n'aurez que l'embarras du choix : VTC, VTT, e-bike, cruiser californien, tandem, vélo pour enfant, remorque et siège... *Loisirs Boulevard* assure aussi la vente et la réparation de vos deux-roues. Autres points de location : camping Campéole *Le Vivier* (Biscarosse-Plage), camping *Le Bimbo* (Biscarosse-Lac), résidence Pierre et Vacances *Domaine de Gascogne* et Port Navarrosse (Biscarosse-Lac). Mais aussi dans les résidences et hôtels partenaires. Réservation en ligne et possibilité de livraison du matériel sur votre lieu de séjour.

LA STATION VÉLO

60, boulevard Victor Hugo - **CRÉON**
✆ 05 57 34 30 95
www.station-velo-creon.fr
D'avril à octobre. Location de la demi-journée à la semaine à partir de 10 € pour un vélo adulte. Tourisme & Handicap.

Pour vos petites et vos grandes expéditions cyclo, la Station Vélo de Créons vous propose plusieurs vélos à la location. Il y a des VTC, des vélos électriques, des tandems, des tricycles et même des vélos cargos électriques pour les adultes ainsi que des handbikes. Pour les sorties en famille, les enfants trouveront des équipements à leur taille et vous aurez même la possibilité d'ajouter un siège bébé ou une remorque. Les cadenas, casques et paniers sont offerts. A louer à la demi-journée (4h), la journée, deux jours ou pour une semaine complète !

MAISON MÉTROPOLITAINE DES MOBILITÉS ALTERNATIVES

69, cours Pasteur - **BORDEAUX**
✆ 09 74 76 30 33
Ouvert toute l'année (voir les horaires en ligne). Prêt de vélos. Gravage de vélos. Abonnements de stationnement.

Ici, c'est le royaume de la petite reine ! La Maison Métropolitaine Des Mobilités Alternatives (MAMMA) propose le prêt de vélo classique pour une période de dix mois maximum. Il est également possible d'emprunter, pour une période de deux mois, un vélo à assistance électrique, un vélo pliant, un vélo cargo ou un tricycle. Pour cela, amenez une pièce d'identité, un justificatif de résidence de moins de trois mois et un IBAN afin de prélever des pénalités en cas de non-restitution.

VÉLO 4U

3, rue Georges Leclanché - **POITIERS**
✆ 05 16 83 41 60
www.velo4u.fr
Ouvert du mardi au vendredi de 9h à 12h et de 14h à 19h ; le samedi de 9h à 12h et de 14h à 18h. Atelier de réparation.

Vélo 4U, entendez « Vélo for you », est un spécialiste du vélo à assistance électrique. Ancien électronicien passionné par les cycles, il allait de soi que Cyril Hivert se lance dans l'affaire pour vous aider à faire le bon choix entre toutes les marques : O2 Feel, Granville et Trek. Le conseil est avisé. Ici, on répond aux exigences des cyclistes à la recherche de matériel fiable et de qualité. En plus, avant d'acheter vous pouvez essayer ! Le magasin dispose d'un atelier de réparation et d'un service de location de vélos électriques au mois.

NOMADE

4, avenue Plantey - **LACANAU**
✆ 05 56 03 06 99
www.location-velo.org
Ouvert de Pâques à la Toussaint. Location vélo : 9 € la demi-journée et 11,50 € la journée - Enfant : 8 € la journée.

La commune de Lacanau est aujourd'hui reconnue comme l'un des territoires les mieux dotés de pistes cyclables et Nomade est le meilleur ami de vos vacances. Dans cette jolie boutique aux couleurs vives qui vous accueille à votre arrivée à Lacanau-Océan, on vous propose des locations de Vélos Surfer Californie, de VTC, de VTT, de vélos enfants, de tandems, de vélos électriques, d'accessoires et également la vente de vélos d'occasion... Thierry se fera un plaisir de vous concocter un programme sportif ou détente pour découvrir la région !

WOODEE BIKES

Quai de la Pêcherie - Horizons II - **CAPBRETON**
✆ 06 77 96 84 47
www.woodeebikes.com
Location du lundi au samedi de 9h à 13h et de 14h à 18h.

Woodee Bikes est le pionnier français du Fat bike type beach cruiser à assistance électrique. Conçue et développée à Hossegor, la gamme Woodee allie confort, design et performance avec l'une des plus puissantes motorisations homologuées du marché. Avec ses plaques en bois originales sur le cadre, Woodee illustre parfaitement le lifestyle dont s'inspire la marque : la beach culture, les sports de glisse et la nature. La gamme convient à tous les profils et toutes les surfaces (sable, neige, chemins, routes...). Les modèles sont proposés à la vente et à la location.

PASSEPORT

OCCITANIE

ASCENSION DU COL DU TOURMALET (HAUTES-PYRÉNÉES)

- **Itinéraire :** Ascension du col du Tourmalet.
- **Total :** 47,9 km.
- **Durée :** de 3 à 6 heures, entre 20 et 10 km/h.
- **Difficulté :** difficile. Col de montagne avec point culminant à 2 876 m d'altitude.
- **Dénivelé positif** : 1 850 m

VENCAV - ADOBESTOCK

LIEUX	Km partiel	Km cumul	Routes
SAINTE-MARIE-DE-CAMPAN	0	0	D918
COL DU TOURMALET	11,9	11,9	D918
PIC DU MIDI-DE-BIGORRE	11,8	23,7	Direction Observatoire
COL DU TOURMALET	12,3	36	Sens inverse
SAINTE-MARIE-DE-CAMPAN	11,9	47,9	D918

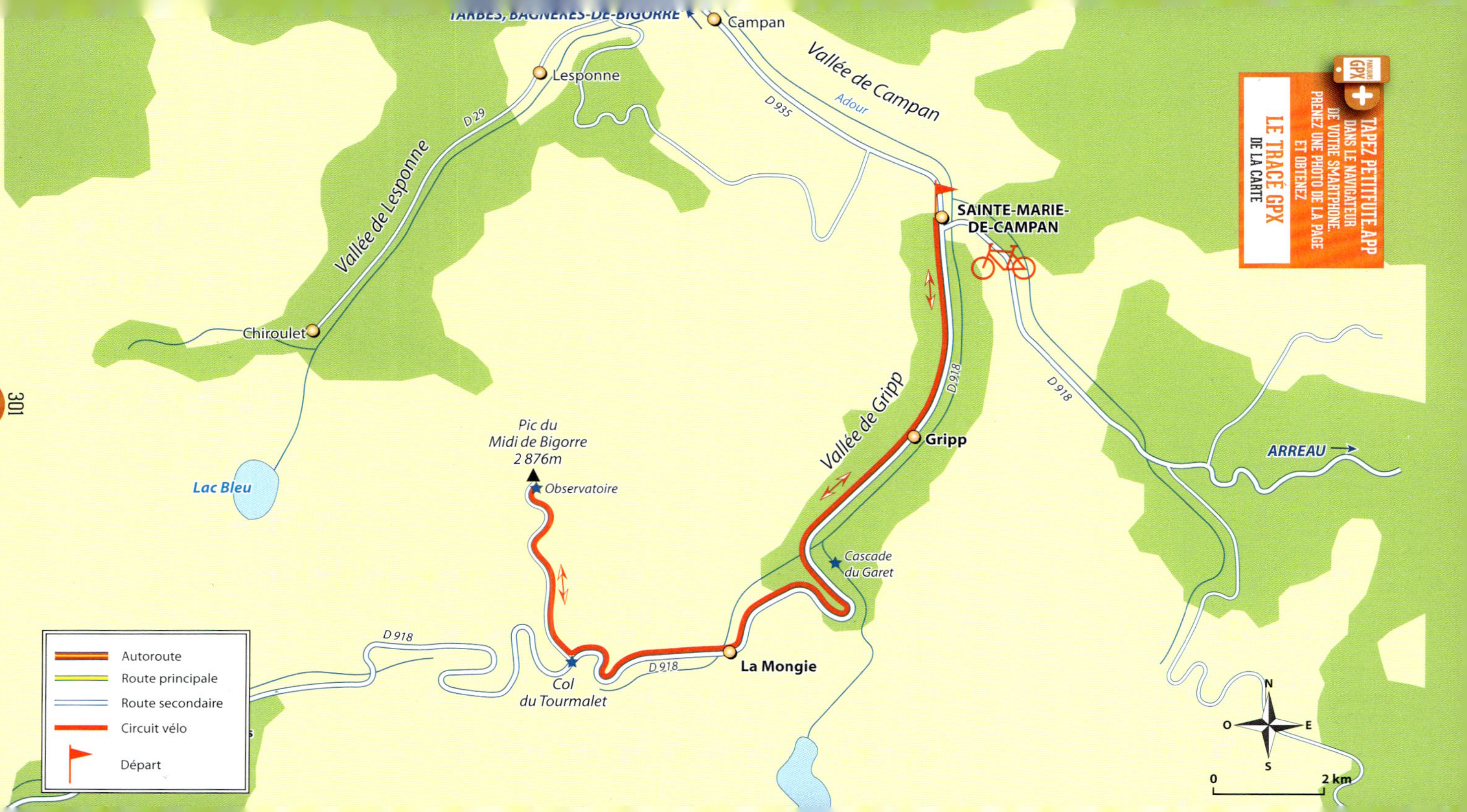
TAPEZ PETITFUTE.APP
DANS LE NAVIGATEUR
DE VOTRE SMARTPHONE.
PRENEZ UNE PHOTO DE LA PAGE
ET OBTENEZ
LE TRACÉ GPX
DE LA CARTE
PARCOURS GPX
TARBES, BAGNÈRES-DE-BIGORRE
Campan
Vallée de Campan
Adour
D 935
Lesponne
D 29
Vallée de Lesponne
Chiroulet
Lac Bleu
SAINTE-MARIE-
DE-CAMPAN
D 918
Vallée de Gripp
Gripp
ARREAU
Cascade
du Garet
La Mongie
Pic du
Midi de Bigorre
2 876m
Observatoire
Col
du Tourmalet
Autoroute
Route principale
Route secondaire
Circuit vélo
Départ
N
O
E
S
0
2 km

AU CŒUR DES CAUSSES DU QUERCY (LOT)

- **Itinéraire :** Au cœur des Causses du Quercy.
- **Total :** 52 km.
- **Durée :** de 2 heures 30 à 5 heures, entre 20 et 10 km/h
- **Difficulté :** moyen à difficile. Petites routes de campagne vallonnées et tranquilles.
- **Dénivelé positif :** 1 030 m

© CURIOS - ADOBESTOCK

LIEUX	Km partiel	Km cumul	Routes
MARCILHAC-SUR-CÉLÉ	0	0	D41
SAULIAC-SUR-CÉLÉ	6,5	6,5	D41
CABRERETS	8,5	15	D41
CRÉGOLS	10,5	25,5	D41, D662, D181, D8
CALVIGNAC	9,5	35	D8
MAS DE LA BORIE	9	44	D143
MARCILHAC-SUR-CÉLÉ	8	52	D82, Saint-Chels, D17

MARCILHAC-SUR-CELE
Orniac
Saint-Chels
Mas de la Borie
FIGEAC
Parc Naturel Régional
des Causses du Quercy
Sauliac-sur-Célé
Grotte de Pech-Merle
Château de Gontaut-Biron
Cabrerets
D 41
Célé
D 143
D 19
Cajarc
Salvagnac-Cajarc
D 24
VILLEFRANCHE-DE-ROUERGUE
Lot
D 662
Château de Condat
Bouziès
CAHORS
Tour-de-Faure
Saint-Martin-Labouval
Saint-Cirq-Lapopie
D 8
Crégols
Cénevières
Calvignac
N
O
E
S
0
2 km
Autoroute
Route principale
Route secondaire
Circuit vélo
Départ
PARCOURS GPX
TAPEZ PETITFUTE.APP
DANS LE NAVIGATEUR
DE VOTRE SMARTPHONE.
PRENEZ UNE PHOTO DE LA PAGE
ET OBTENEZ
LE TRACÉ GPX
DE LA CARTE

AUTOUR D'AIGUES-MORTES (GARD)

- **Itinéraire :** Autour d'Aigues-Mortes.
- **Total :** 16,5 km.
- **Durée :** de 1 à 2 heures, entre 20 et 10 km/h.
- **Difficulté :** aucune. Plat.
- **Dénivelé positif :** 50 m

LIEUX	Km partiel	Km cumul	Routes
PORTE DE LA GARDETTE	0	0	Grand-Rue Jean-Jaurès
PLACE SAINT-LOUIS	0,150	0,150	Rue Emile-Jamais Rue Roger-Salengro Boulevard Diderot Faubourg National Rue Alphonse-Daudet Chemin de la Pinède A droite vers chemin de la Pinède Chemin de la Pinède
ÉCLUSE DU BOURGIDOU	1,85	2	Passage à proximité du Mas Solan Rue de la Pinède Avenue de la Tour-de-Constance
TOUR DE CONSTANCE	5,5	7,5	D718 Rue du Vidourle Passage à proximité du Mas Reboul
MAS DE QUINCANDON	5	12,5	D718 D979 Avenue Tour-de-Constance
PORTE DE LA GARDETTE	4	16,5	Grand-Rue Jean-Jaurès

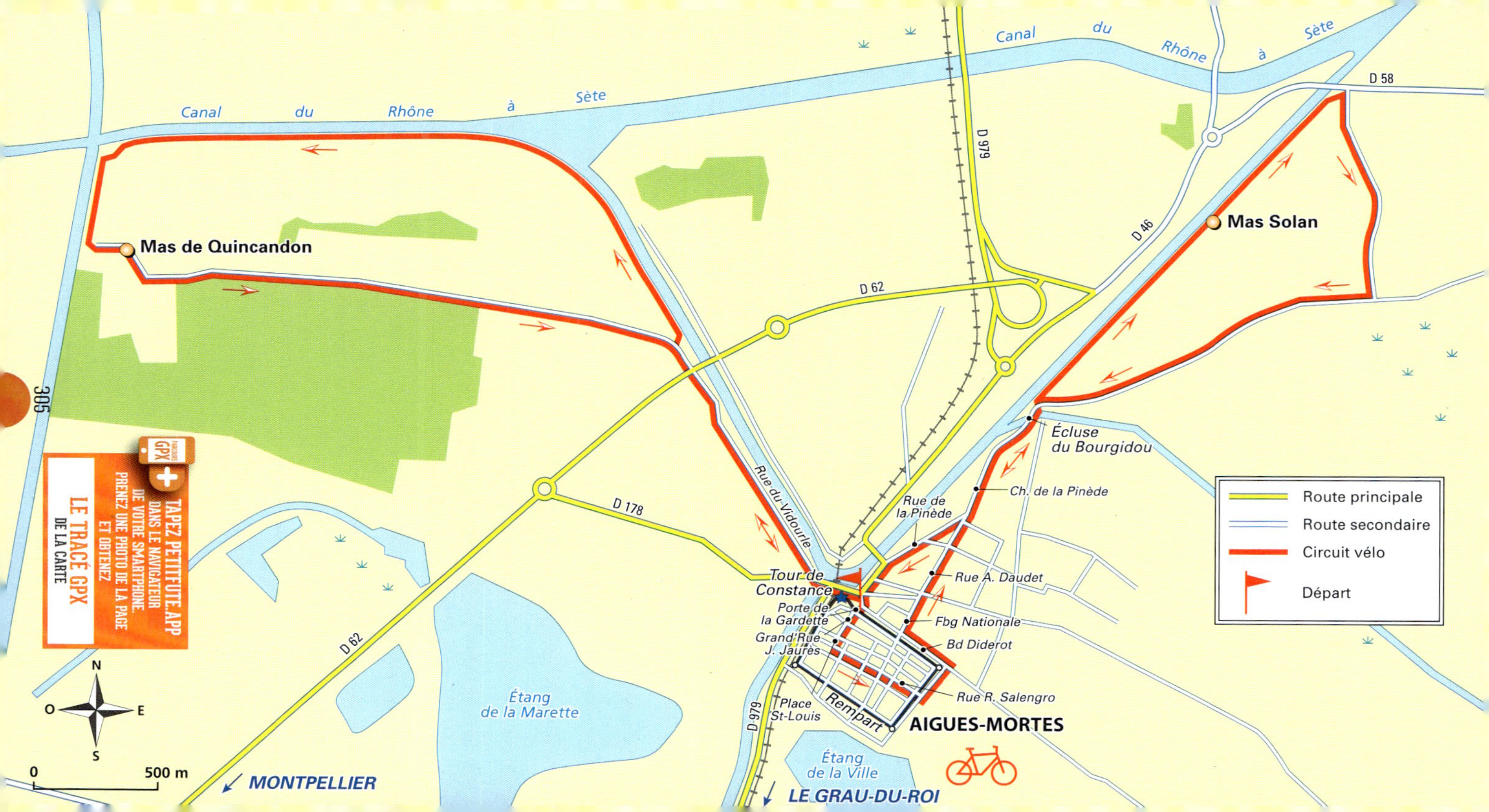
Canal du Rhône à Sète
Canal du Rhône à Sète
D 58
Mas Solan
Mas de Quincandon
D 979
D 46
D 62
D 178
D 62
Rue-du-Vidourle
Écluse du Bourgidou
Ch. de la Pinède
Rue de la Pinède
Rue A. Daudet
Fbg Nationale
Bd Diderot
Rue R. Salengro
Tour de Constance
Porte de la Gardette
Grand'Rue J. Jaurès
Place St-Louis
Rempart
D 979
AIGUES-MORTES
Étang de la Marette
Étang de la Ville
MONTPELLIER
LE GRAU-DU-ROI
Route principale
Route secondaire
Circuit vélo
Départ
N
O
E
S
0
500 m

BOUCLE DU PONT DU GARD (GARD)

- **Itinéraire :** Boucle du pont du Gard.
- **Total :** 39 km
- **Durée :** de 2 heures à 3 heures 50, entre 20 et 10 km/h.
- **Difficulté :** Moyen à difficile. Routes vallonnées.
- **Dénivelé positif :** 850 m.

LIEUX	Km partiel	Km cumul	Routes
CABRIÈRES	0	0	Route de Collias – D3
COLLIAS	7,3	7,3	Avenue du Pont, route d'Uzès – D3 –, chemin du Grès, chemin Veille-Barque, croisement avec D981, Chemin des Bégudes, D112, chemin des Ronland, avenue de Santa-Vittoria-d'Alba, place de la Fontaine
VERS-PONT-DU-GARD	6,2	13,5	Rue du Marché, route de Castillon, chemin de la Cariérrasse, chemin du Puits-de-Jonquier
VESTIGES VILLA ROMAINE DE LA GRAMIÈRE (CASTILLON-DU-GARD)	2,5	16	D192 Chemin de Saint-Hilaire – D228 – Chemin du Mas-de-Raffin
CASTILLON-DU-GARD	1	17	Chemin Neuf, chemin de Pizouroux, chemin des Perrières Chemin de Fontgrasse D19 Chemin des Bosquets
PONT-DU-GARD	3,5	20,5	Traverser pont du Gard 1re à droite le long du Gardon Vers Saint-Privat
CHÂTEAU DE SAINT-PRIVAT (VERS-PONT-DU-GARD)	2	22,5	Retour vers pont du Gard
PONT-DU-GARD	3,5	26	Continuer sur même rive, chemin à gauche – 270 m avant rond-point Lafoux – Passage à proximité du circuit automobile de Lédenon
CABRIÈRES	13	39	Route de Collias – D3

Argilliers
Site de la Gramière (Vestiges)
la Chapelle Saint Caprais
Saint-Hilaire-d'Ozilhan
Alzon
D 981
D 3
Vers-Pont-du-Gard
D 192
D 6086 (ex N 86)
Castillon-du-Gard
D 112
Sanilhac-Sagriès
Collias
Château de Saint-Privat
Pont du Gard
D 981
AVIGNON
D 6100
Gardon
Ermitage de Notre-Dame-en-Laval
Bois de Saint-Privat
Remoulins
Gorges du Gardon
23
Gard ou Gardon
A 9
Fournès
Saint-Bonnet-du-Gard
D 986L
D 6086 (ex N 86)
D 3
Lédenon
Sernhac
CABRIERES
A 9
NÎMES
TARASCON
N
O
E
S
0
1 Km
Autoroute
Route principale
Route secondaire
Circuit vélo
Départ

COMTÉ DE COMMINGES ENTRE FRANCE ET ARAGON (HAUTE-GARONNE)

- **Itinéraire :** Comté de Comminges entre France et Aragon.
- **Total :** 58 km.
- **Durée :** de 3 à 6 heures, entre 20 et 10 km/h.
- **Difficulté :** Difficile. Routes tranquilles et vallonnées dont une ascension.
- **Dénivelé positif :** 1 110 m

LIEUX	Km partiel	Km cumul	Routes
SAINT-GAUDENS	0	0	D5
ASPRET-SARRAT	8	8	D5 D8 D39
IZAUT-DE-L'HÔTEL	7,5	15,5	D39 D34
CAZAUNOUS	5,5	21	D39
SAINT-PÉ-D'ADRET	12	33	D618 D9
SAUVETERRE-DE-COMMINGES	7	40	D9
BARABZAN	4,5	44,5	D26
LABARTHE-RIVIÈRE	7,5	52	D33
SAINT-GAUDENS	6	58	D33 D8 D21

Villeneuve-de-Rivière
A 64 - E 80
A 64 - E 80
18
TOULOUSE
D 817
D 817
D 9
D 5
SAINT-GAUDENS
PAU, TARBES
Bordes-de-Rivière
Garonne
D 921
D 21
D 8
D 33L
Valentine
D 33L
Miramont-de-Comminges
D 5
Pointis-de-Rivière
D 39
D 8
D 33
Labarthe-Rivière
Ardiège
Aspret-Sarrat
Lespiteau
Cier-de-Rivière
Comminges
D 39
D 5
D 33
Encausse-les-Thermes
Sauveterre-de-Comminges
Barabzan
Cabanac-Cazaux
Izaut-de-l'Hôtel
D 33
D 39
Malvezie
D 825
D 9
Arbon
Col des Ares
D 618
Saint-Pé-d'Ardet
Cazaunous
D 618
Juzet-d'Izaut
Garonne
Antichan-de-Frontignes
D 618
Autoroute
Route principale
Route secondaire
Circuit vélo
Départ
PARCOURS GPX
TAPEZ PETITFUTE.APP DANS LE NAVIGATEUR DE VOTRE SMARTPHONE. PRENEZ UNE PHOTO DE LA PAGE ET OBTENEZ
LE TRACÉ GPX DE LA CARTE
N
O
E
S
0
2 km

LA DÉCOUVERTE DES GRANDES CAUSSES (AVEYRON)

- **Itinéraire :** La découverte des Grandes Causses
- **Total :** 66 km.
- **Durée :** de 3 heures 30 à 6 heures 30, entre 20 et 10 km/h.
- **Difficulté :** moyen à difficile. Routes départementales avec dénivelé dans les gorges.
- **Dénivelé positif** : 1 020 m

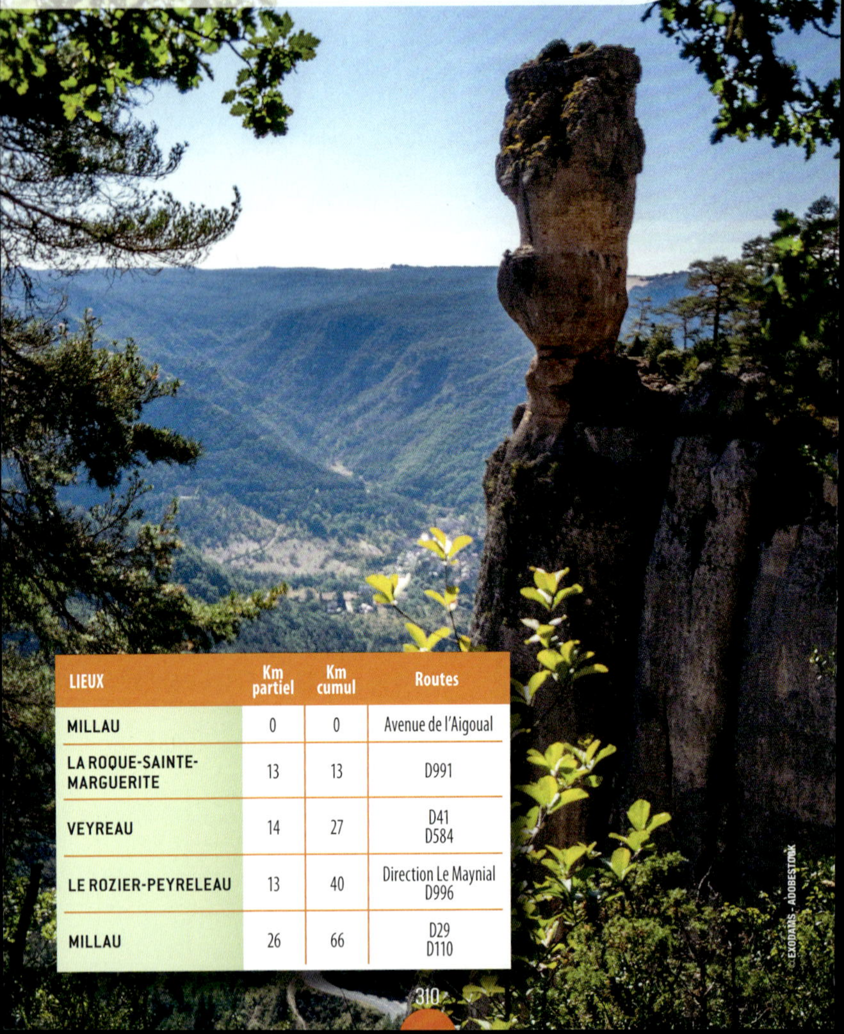

©EXODAMS - ADOBESTOCK

LIEUX	Km partiel	Km cumul	Routes
MILLAU	0	0	Avenue de l'Aigoual
LA ROQUE-SAINTE-MARGUERITE	13	13	D991
VEYREAU	14	27	D41 D584
LE ROZIER-PEYRELEAU	13	40	Direction Le Maynial D996
MILLAU	26	66	D29 D110

N
O
E
S
0
2 km
Le Maynial
Le Rozier-Peyreleau
Veyreau
Vessac
Corniche du Causse Méjean
Corniche du Causse Noir
Gorges du Tarn
Jonte
D 996
D 907
D 584
D 41
D 9
Mostuéjouls
Rivière-sur-Tarn
La Cresse
Compeyre
Aguessac
Paulhe
A75-E11
MONTPELLIER
D 29
D 809
Parc Naturel Régional
des Grands Causses
Chaos de
Montpellier-le-Vieux
D 110
Longuiers
Le Rajol
La Roque-
Sainte-Marguerite
Causse
Noir
Tarn
D 911
D 991
Le Monna
Gorges de la Dourbie
Saint-Véran
Dourbie
MILLAU
Autoroute
Route principale
Route secondaire
Circuit vélo
Départ
PARCOURS GPX
TAPEZ PETITFUTE.APP
DANS LE NAVIGATEUR
DE VOTRE SMARTPHONE.
PRENEZ UNE PHOTO DE LA PAGE
ET OBTENEZ
LE TRACÉ GPX
DE LA CARTE

LA GASCOGNE
(GERS)

- **Itinéraire :** La Gascogne.
- **Total :** 74,5 km.
- **Durée :** de 3 heures 45 à 7 heures 30, entre 20 et 10 km/h.
- **Difficulté :** facile à moyen. Petites routes de campagnes assez vallonnées.
- **Dénivelé positif :** 800 m

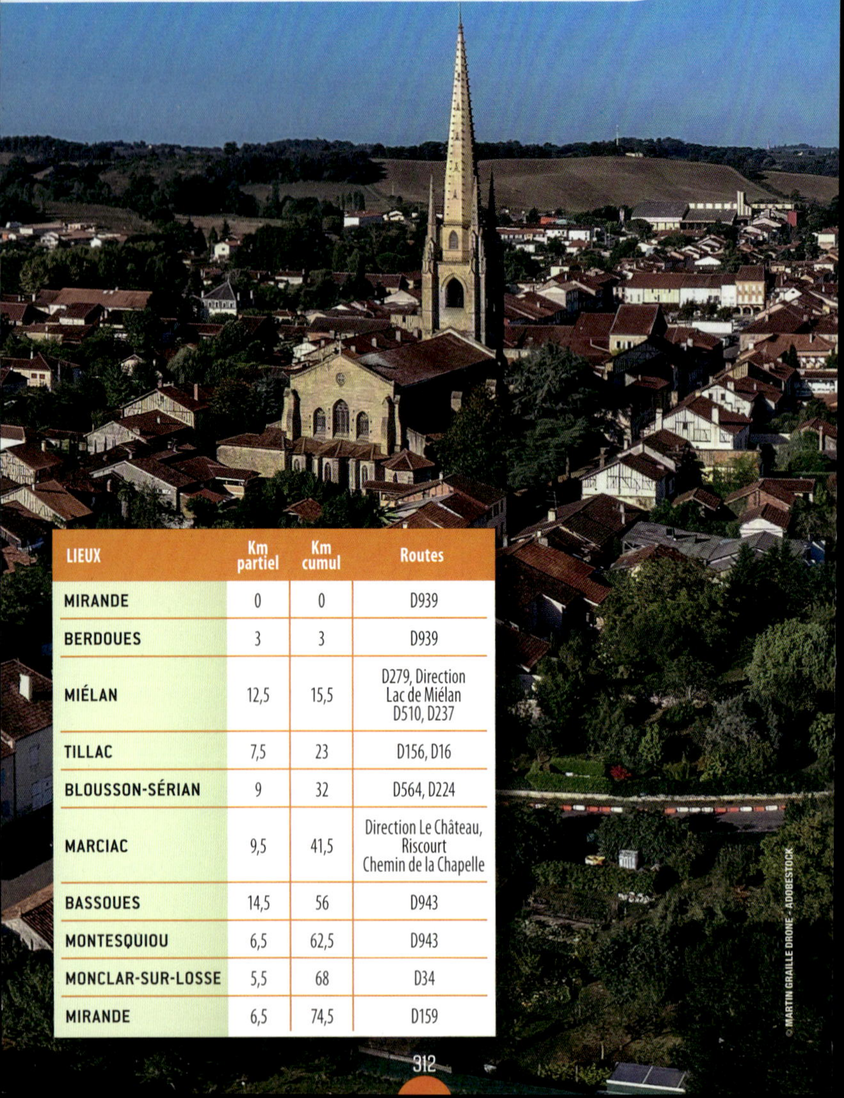

© MARTIN GRAILLE DRONE - ADOBESTOCK

LIEUX	Km partiel	Km cumul	Routes
MIRANDE	0	0	D939
BERDOUES	3	3	D939
MIÉLAN	12,5	15,5	D279, Direction Lac de Miélan D510, D237
TILLAC	7,5	23	D156, D16
BLOUSSON-SÉRIAN	9	32	D564, D224
MARCIAC	9,5	41,5	Direction Le Château, Riscourt Chemin de la Chapelle
BASSOUES	14,5	56	D943
MONTESQUIOU	6,5	62,5	D943
MONCLAR-SUR-LOSSE	5,5	68	D34
MIRANDE	6,5	74,5	D159

TAPEZ PETITFUTE.APP
DANS LE NAVIGATEUR
DE VOTRE SMARTPHONE.
PRENEZ UNE PHOTO DE LA PAGE
ET OBTENEZ
LE TRACÉ GPX
DE LA CARTE
MIRANDE
Montesquiou
Monclar-sur-Losse
Bassoues
Marciac
Mascaras
(Le Château)
Armous-et-Cau
Tourdun
Juillac
Saint-Christaud
Pouylebon
Bars
Pallanne
Monlezun
Ricourt
Saint-Justin
Blousson-Sérian
Troncens
Monpardiac
Tillac
Miélan
Lac de Mièlan
Aux-Aussat
Laguian-Mazous
Malabat
Sainte-Dode
Saint-Michel
Ponsampère
Saint-Maur
Berdoues
Saint-Martin
Saint-Médard
Belloc-Saint-Clamens
Idrac-Respaillès
Miramont-d'Astarac
Mouchès
L'Isle-de-Noé
AUCH
TARBES
Petite Baïse
Baïse
le Bouès
D 943
D 946
D 3
D 34
D 137
D 159
D 2
N 21
D-939
D 279
D 510
D 237
D 156
D 16
D 564
D 127
N
S
E
O
0
2 km
Autoroute
Route principale
Route secondaire
Circuit vélo
Départ

LA PLAINE ALLUVIALE DE L'ARIÈGE (ARIÈGE)

- **Itinéraire :** La plaine alluviale de l'Ariège.
- **Total :** 60 km.
- **Durée :** de 3 à 6 heures, entre 20 et 10 km/h.
- **Difficulté :** facile à moyen. Routes tranquilles et vallonnées.
- **Dénivelé positif** : 840 m

LIEUX	Km partiel	Km cumul	Routes
PAMIERS	0	0	D 10
RIEUX-DE-PELLEPORT	7	7	D 11
LOUBENS	6,5	13,5	D 11
AIGUES-JUNTES	9	22,5	D 11 D1A
SABARAT	13	35,5	D 1A D 119
PAILHES	7,5	43	D 119
PAMIERS	17	60	D 119 D 10

TOULOUSE
MIREPOIX
FOIX
PAMIERS
A 66
N 20 - E 09
D 11
D 10
D 119
D 12
D 919
D 1A
D 117
D 628
Saint-Jean-du-Falga
Benagues
Rieux-de-Pelleport
Varilhes
Dalou
Saint-Jean-de-Verges
Loubens
Escosse
Saint-Victor-Rouzaud
Lèze
Aigues-Juntes
Unjat
Lac de Mondély
Pailhès
Artigat
Gabre
Sabarat
Les Bordes-sur-Arize
Le Mas d'Azil
Allières
Arize
Parc Naturel Régional des Pyrénées Ariégeoises
N
E
S
O
0
2 km
TAPEZ PETITFUTE.APP
DANS LE NAVIGATEUR
DE VOTRE SMARTPHONE.
PRENEZ UNE PHOTO DE LA PAGE
ET OBTENEZ
LE TRACÉ GPX
DE LA CARTE
PARCOURS GPX
Autoroute
Route principale
Route secondaire
Circuit vélo
Départ

LA ROUTE DES CITÉS MÉDIÉVALES (TARN)

- **Itinéraire :** La route des cités médiévales.
- **Total :** 63 km.
- **Durée :** de 2 heures 30 à 5 heures, entre 20 et 10 km/h.
- **Difficulté :** facile à moyen. Petites routes de campagne vallonnées et tranquilles.
- **Dénivelé positif :** 650 m

ANIBAL TREJO - ADOBESTOCK

LIEUX	Km partiel	Km cumul	Routes
CARMAUX	0	0	D41
TAIX	7	7	D3, D90
CAGNAC-LES-MINES	3	10	D90
CASTELNAU-DE-LÉVIS	11	21	D90, D1
CESTAYROLS	10	31	D1
NOAILLES	4	35	D30
CORDES-SUR-CIEL	6,5	41,5	D30, D992
SALLES	8,5	50	D91
MONESTIÉS	7	57	D91
CARMAUX	6	63	D91, D91B

RODEZ
N 88
N 2088
Rosières
CARMAUX
D 91
D 3
Saint-Benoît-de-Carmaux
Le Garric
D 90
Taïx
D 25
Cagnac-les-Mines
D 903
Lescure-d'Albigois
Tarn
Albi
N 88
D 1
Castelnau-de-Lévis
D 600
Sainte-Croix
Labastide-Gabausse
Monestiés
Salles
Virac
Villeneuve-sur-Vère
Castanet
Bernac
Livers-Cazelles
Noailles
D 30
Cestayrols
Fayssac
Senouillac
D 922
Cordes-sur-Ciel
Souel
Amarens
Frausseilles
0
2 km
N
E
S
O
Autoroute
Route principale
Route secondaire
Circuit vélo
Départ

LAC DU SALAGOU
(HÉRAULT)

- **Itinéraire :** Lac du Salagou.
- **Total :** 37,2 km.
- **Durée :** de 1 heure 50 à 3 heures 45, entre 20 et 10 km/h.
- **Difficulté :** Difficile. Fort dénivelé.
- **Dénivelé positif** : 950 m

LIEUX	Km partiel	Km cumul	Routes
OCTON	0	0	Place du Griffe Route du Lac – puis chemin du Lac – D156
LIAUSSON	8,3	8,3	Rue de Clermont – D156 – D156E4
CLERMONT-L'HÉRAULT	5,1	13,4	Avenue du Lac Rue Joseph-Delteil Rue Haute-du-Pioch Chemin de la République Rue des Tiradous Place Mendès-France Rue Bozène Rue d'Enoze Rue du Lieutenant-Fernand Pio Place de la République Rue Louis-Blanc Rue de la Croix-Rouge Rue Lamartine Boulevard Gambetta Avenue de Montpellier Avenue de la Piscine Avenue Paul-Valéry
LACOSTE	4,5	17,9	Rue de la Mairie Route du Mas-Audran – D140
MAS-AUDRAN (LACOSTE)	4,9	22,8	Chemin de Vailhés
LES VAILHÈS (CELLES)	6,2	29	Chemin de Vailhés, D140E5, D148
OCTON	8,2	37,2	Rue du Mas-de-l'Hébrard Avenue du Mas-de-Ruffas Avenue des Platanes Place du Griffe

LIANEM - ADOBESTOCK

TAPEZ PETITFUTE.APP DANS LE NAVIGATEUR DE VOTRE SMARTPHONE. PRENEZ UNE PHOTO DE LA PAGE ET OBTENEZ
LE TRACÉ GPX DE LA CARTE
GPX
le Puech
MILLAU
54
A 75
Lergue
55
56
A 75
N
O
E
S
0
1 Km
Saint-Guiraud
Saint-Félix-de-Lodez
MONTPELLIER
N 109
Les Vailhès
Mas Audran
D 140
D 148
Celles
Notre-Dame-des-Clans
Lac de Salagou
Barrage
OCTON
D 156
Lacoste
Ceyras
D 908
D 156E4
D 148E
Salagou
Mérifons
Liausson
D 156
Montagne de Liausson
Cirque de Mourèze
N 9
A 75
D 908
Clermont-l'Hérault
Brignac
Salasc
Mourèze
D 8
57
D 2
N 9
Villeneuvette
D 908
PÉZENAS, BÉZIERS
Nébian
Autoroute
Route principale
Route secondaire
Circuit vélo
Départ

LE CANAL DU MIDI ET LA VOIE VERTE

(TARN-ET-GARONNE)

- **Itinéraire :** Le canal du Midi et la Voie verte.
- **Total :** 47 km.
- **Durée :** de 2 heures 30 à 5 heures, entre 20 et 10 km/h.
- **Difficulté :** facile. L'itinéraire emprunte la Voie verte qui longe le canal du Midi.
- **Dénivelé positif :** 20 m

LIEUX	Km partiel	Km cumul	Routes
GRISOLLES	0	0	Voie Verte
MONTECH	17	17	Voie Verte
CASTELSARRASIN	14	21	Voie Verte
MOISSAC	10	31	Voie Verte
VALENCE	16	47	Voie Verte

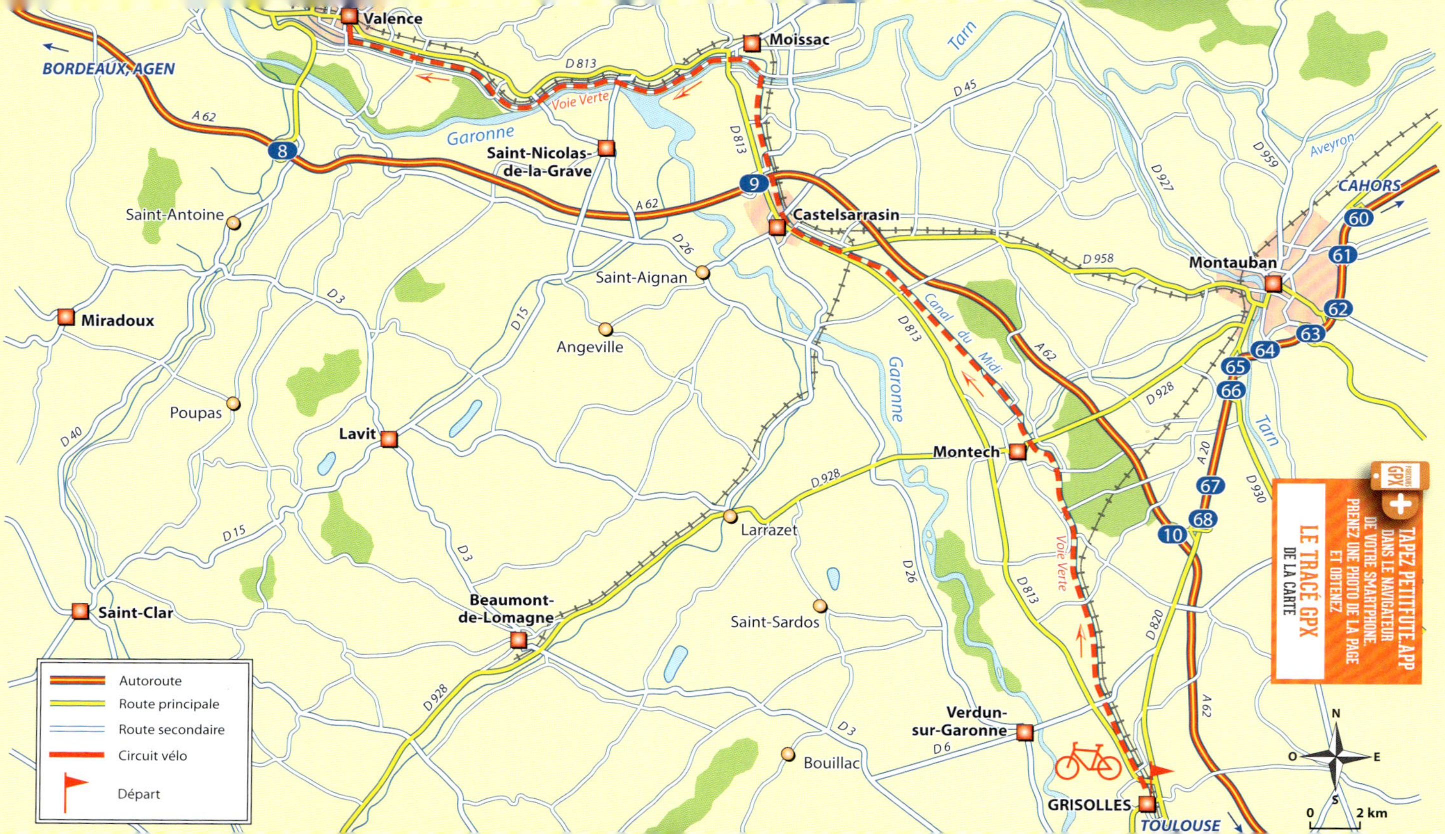

BORDEAUX, AGEN
Valence
Moissac
Saint-Nicolas-de-la-Grave
Castelsarrasin
Montauban
CAHORS
Saint-Antoine
Saint-Aignan
Angeville
Miradoux
Poupas
Lavit
Larrazet
Montech
Beaumont-de-Lomagne
Saint-Sardos
Saint-Clar
Verdun-sur-Garonne
Bouillac
GRISOLLES
TOULOUSE
Garonne
Tarn
Aveyron
Canal du Midi
Voie Verte
A 62
A 20
D 813
D 45
D 959
D 927
D 958
D 928
D 930
D 820
D 26
D 3
D 15
D 40
D 6
8
9
10
60
61
62
63
64
65
66
67
68
TAPEZ PETITFUTE.APP DANS LE NAVIGATEUR DE VOTRE SMARTPHONE. PRENEZ UNE PHOTO DE LA PAGE ET OBTENEZ
LE TRACÉ GPX
DE LA CARTE
PARCOURS GPX
Autoroute
Route principale
Route secondaire
Circuit vélo
Départ
N
S
E
O
0
2 km

MONT AIGOUAL
(HÉRAULT)

- **Itinéraire :** Mont Aigoual.
- **Total :** 43,5 km.
- **Durée :** de 2 heures 10 à 4 heures 20, entre 20 et 10 km/h.
- **Difficulté :** Difficile
- **Dénivelé positif :** 1 653 m

LIEUX	Km partiel	Km cumul	Routes
L'ESPÉROU (VALLERAUGUE)	0	0	D986
COL DE LA SERREYRÈDE (VALLERAUGUE)	1,6	1,6	D269
MONT-AIGOUAL (VALLERAUGUE)	7,6	9,2	D118 D18 D269
CROISEMENT D986/D986A	10	19,2	D986A
COL DE FAUBEL (SAINT-SAUVEUR-DE-CAMPRIEU)	3,8	23	D986A D48
COL DU MINIER (BRÉAU-ET-SALAGOSSE)	8,5	31,5	D48
COL DE LA BROUE (BRÉAU-ET-SALAGOSSE)	3,5	35	Route des Cascades – D548
CASCADES D'ORGON (ARPHY)	2,5	37,5	D548
COL DE MONTALS (ARPHY)	2,5	40	D548 Grande Draille
L'ESPÉROU (VALLERAUGUE)	3,5	43,5	D548A

FLORAC
D 18
Forêt Domaniale de l'Aigoual
Mont Aigoual
1 567 m
D 118
D 269
Menhir
du Font-de-Trépalou
le Devois
le Bonheur
Prat-Peyrot
D 269
D 986
D 986
Col
de Serreyrède
D 986A
L'ESPEROU
D 986
l'Hérault
LE VIGAN
Col de Faubel
Dourbie
D 151
D 48
Col de Montals
Source
de la Dourbie
Col du Minier
Cascades
d'Orgon
TAPEZ PETITFUTE.APP
DANS LE NAVIGATEUR
DE VOTRE SMARTPHONE.
PRENEZ UNE PHOTO DE LA PAGE
ET OBTENEZ
LE TRACÉ GPX
DE LA CARTE
D 48
Col de la Broue
D 48
LE VIGAN
Arphy
Route principale
Route secondaire
Circuit vélo
Départ
N
O
E
S
0
1 Km

SUR LES PAS DES CHEVALIERS CATHARES

(PYRÉNÉES-ORIENTALES)

- **Itinéraire :** Sur les pas des Chevaliers Cathares.
- **Total :** 52,8 km.
- **Durée :** de 3 à 7 heures, entre 20 et 10 km/h.
- **Difficulté :** très difficile. Dénivelé important avec 1 col de 6 km.
- **Dénivelé positif :** 1 750 m

LIEUX	Km partiel	Km cumul	Routes
SOURNIA	0	0	
LE VIVIER	11	11	D7
SAINT-PAUL-DE-FENOUILLET	11	22	D7
ANSIGNAN	8	30	D9B
TRILLA	4,5	34,5	D9
TRÉVILLACH	7,5	42	D9B
SOURNIA	10,8	52,8	D2 Col des Auzines D619

PERPIGNAN
D 117
D7
Saint-Paul-
de-Fenouillet
Boulzane
D 117
LAVELANET
Lesquerde
D 19
Agly
Fosse
D7
Saint-Martin
Saint-Arnac
D7
le Vivier
Matassa
Felluns
Ansignan
D 9
D 9b
Agly
Prats-de-
Sournia
Trilla
Pézilla-
de-Conflent
D7
SOURNIA
D619
D 9b
D619
Campoussy
Trévillach
D 13
ILLE-
SUR-TÊT
D619
Tarerach
D 17
Autoroute
Route principale
Route secondaire
Circuit vélo
Départ
PARCOURS GPX
TAPEZ PETITFUTE.APP
DANS LE NAVIGATEUR
DE VOTRE SMARTPHONE.
PRENEZ UNE PHOTO DE LA PAGE
ET OBTENEZ
LE TRACÉ GPX
DE LA CARTE
N
O
E
S
0
1,5 km

TOUR DE NARBONNE
(AUDE)

- **Itinéraire :** Tour de Narbonne
- **Total :** 58 km
- **Durée :** de 3 à 6 heures, entre 20 et 10 km/h.
- **Difficulté :** très facile. Balade avec très peu de dénivelé autour de Narbonne.
- **Dénivelé positif :** 145 m

LIEUX	Km partiel	Km cumul	Routes
NARBONNE	0	0	Avenue Anatole-France
MOUSSAN	8	8	D607 D169
SAINT-MARCEL-SUR-AUDE	6	12	D469 D607
CUXAC-D'AUDE	7,5	19,5	D1118 via Sallèle-d'Aude
COURSAN	6	25,5	D1118
VINASSAN	4	29,5	Avenue Michel Flanzy D31
GRUISSAN	12,5	42	D31 D32
NARBONNE	16	58	D32 Route de Mandirac (centre hospitalier de Narbonne)

PARCOURS GPX
TAPEZ PETITFUTE.APP DANS LE NAVIGATEUR DE VOTRE SMARTPHONE. PRENEZ UNE PHOTO DE LA PAGE ET OBTENEZ
LE TRACÉ GPX DE LA CARTE
Ouveillan
Abbaye de Fontcalvy
BÉZIERS
D13
D413
D6009
Cesse
OLONZAC
Sallèles d'Aude
D1118
D1118
D607
Cuxac-d'Aude
Saint-Marcel-sur-Aude
Aude
Coursan
D 469
Moussan
Marcorignan
Canal du Midi
D6009
D 169
D 607
Vinassan
CARCASSONNE
D 607
Montredon-des-Corbières
NARBONNE
A 9
Armissan
D 31
D 168
NARBONNE PLAGE
D 613
A 61
D 32
D 32
D6009
Massif de Fontfroide
Prat de Crest
A 9
D 32
Gruissan
Etang de Bages et de Sigean
Autoroute
Route principale
Route secondaire
Circuit vélo
Départ
Salin de St-Marti
N
O
E
S
Peyriac-de-Mer
l'Ayrolle
PERPIGNAN
Etang de l'Ayrolle
0
2 km

TOUR DU LAC DE NAUSSAC
(LOZÈRE)

- **Itinéraire :** Tour du lac de Naussac.
- **Total :** 42 km.
- **Durée :** de 2 heures 15 à 4 heures, entre 20 et 10 km/h
- **Difficulté :** facile à moyen. Routes vallonnées et sinueuses autour du lac de Naussac.
- **Dénivelé positif :** 580 m.

LIEUX	Km partiel	Km cumul	Routes
NAUSSAC	0	0	D26
BRIGES	9,5	9,5	D26
FABRÈGES	3,3	12,8	D26
AUROUX	6,2	19	D26 Traverser les Salles et l'Herm
LES MOULINS	7	26	Direction Chastanier D988
LA CHAZE	3,8	29,8	RD988 direction Aurouzet
CHASTANIER	3	32,8	Route communale
NAUSSAC	9,2	42	D34

TAPEZ PETITFUTE.APP
DANS LE NAVIGATEUR
DE VOTRE SMARTPHONE.
PRENEZ UNE PHOTO DE LA PAGE
ET OBTENEZ
LE TRACÉ GPX
DE LA CARTE
PARCOURS GPX
EN-VELAY
EN-VELAY
AUBENAS
MENDE
NAUSSAC
LANGOGNE
Barrage de Naussac
l'Allier
Chapeauroux
Pouillouse
Fabrèges
Briges
Auroux
Les Moulins
Chastanier
La Chaze
Aurouzet
Rocles
Sainte-Colombe-de-Montauroux
le Veymen
le Villeret
le Cellier
Saint-Jean-la-Fouillouse
la Vaissière
Pierrefiche
Soulages
les Thors
Saint-Flour-de-Mercoire
Fontanes
Porneyrols
Saint-Etienne-du-Vigan
Pradelles
la Ribeyre
Lespéron
Espezonne
Concoules
Saint-Alban-en-Montagne
D 988
D 26
D 34
D 108
D 906
N 88
Autoroute
Route principale
Route secondaire
Circuit vélo
Départ
N
S
O
E
0
1,5 km

AMICALE ROUSSILLONNAISE DE CYCLOTOURISME

7, avenue Bachaga Saïd Boualam
PERPIGNAN
www.arc66perpignan.fr
Licence et assurance obligatoires téléchargeables sur Internet. Tarif adhésion de 66,50 à 116,50 €
Club de cyclotourisme affilié à la FFCT qui compte actuellement plus d'une centaine d'adhérents dont parmi eux quelques femmes. Des sorties « route » sont organisées régulièrement : les dimanches, mardis, jeudis ; sorties VTT : les samedis. De nombreuses activités extra sportives auxquelles peuvent participer l'ensemble des familles sont prévues. Chaque semaine des sorties longues sont aussi organisées par la joyeuse bande qui partage un groupe Facebook qu'il est possible de rejoindre.

COMITÉ DÉPARTEMENTAL DE CYCLOTOURISME DE L'AUDE

11, Avenue Henri Goût
CARCASSONNE
✆ 06 14 99 50 64
www.ffc11.com/
Le comité départemental de cyclotourisme de l'Aude fédère quelque 770 licenciés et une douzaine de Club. Si la période de la COVID avait pu mettre à mal quelque peu leurs statistiques, de nombreux clubs sont bel et bien toujours en activité. Alors foncez ! Les raisons de pratiquer le cyclotourisme dans l'Aude sont nombreuses. Touristique, culturelle ou sportive mais aussi humaine : le sens de l'accueil, de la convivialité est bien présent sur le territoire cathare.

BÉZIERS MÉDITERRANÉE CYCLISME

4, rue Edmond Michelet
BÉZIERS
✆ 06 51 53 59 43
www.bmcbeziers.fr/fr
Compétition sur route, cyclo-cross, VTT : le BMC soutient toutes les disciplines du cyclisme. Ce club particulièrement dynamique a compté dans ses rangs des grands noms du cyclisme : Stéphane Barthe, champion de France professionnel en compétition sur route, Roger Mascaro et Emmanuelle Marevery, respectivement champion de France et membre de l'équipe de France. Le BMC organise de nombreuses compétitions et des déplacements pour celles-ci dans toute la France.

COMITÉ DÉPARTEMENTAL DE CYCLOTOURISME DE MILLAU

210, chemin de Grisolles
MILLAU
✆ 06 95 80 41 12
www.cyclotourismeaveyron.org
Le but de cette association est de faire découvrir l'Aveyron à vélo. Une riche idée qui permet de s'organiser des balades agréables et de parcourir des paysages uniques. Toutes les dates, tous les événements sont annoncés sur le site Internet, qui est très régulièrement mis à jour et entretenu par les membres de ce comité dynamique. Une vraie mine d'infos pour les amateurs de vélos ou pour ceux qui souhaiteraient s'initier à la petite reine dans un environnement adapté.

COMITÉ DÉPARTEMENTAL CYCLOTOURISME LOT

11, place St Pierre-Es-Lien
PESCADOIRES
✆ 07 57 49 77 57
www.lot.ffvelo.fr
Bienvenue sur le site du comité départemental du Lot de la FFCT ! La région du Lot recèle de trésors à découvrir avec ses nombreux villages pittoresques et paysages de causses comme les vallées du Lot et du Célé, de la Dordogne, mais aussi sa célèbre falaise de Rocamadour. Randonnez sur les plus beaux circuits de la région et vous en serez comblé par sa beauté et son bon savoir vivre. Profitez de la visite pour goûter ses produits du terroir avec son foie gras, sa truffe, etc.

COMITÉ RÉGIONAL DE CYCLOTOURISME OCCITANIE

7, rue André Citroën
BALMA
www.occitanie.ffvelo.fr
Le Comité régional de cyclotourisme Occitanie a vu le jour en 2016 lors de la création de ladite grande région, réunissant ainsi 13 départements. Sur le site internet vous y trouverez toutes les informations relatives au cyclotourisme en Occitanie ainsi que des liens vers les comités départementaux. Actualité, événements, conseils, la promotion du vélo est à l'honneur et chacun y trouvera de quoi pédaler ! Quelques circuits et points de visite à ne pas manquer vous seront suggérés.

COMITE RÉGIONAL DU TOURISME D'OCCITANIE

15, rue Rivals - **TOULOUSE**
✆ 04 30 63 84 20
www.tourisme-occitanie.com
Ouvert du lundi au vendredi de 9h à 12h30 et de 14h à 17h30.

Tourisme Occitanie vous permet de faire le plein d'informations pratiques sur les activités dans le Grand sud, région qui s'étend de la Méditerranée aux Pyrénées et s'articule autour de Toulouse et Montpellier. Site internet et point accueil-infos s'adressent aux visiteurs de passage comme aux résidents voyageurs. Au menu : virée au bord des étangs méditerranéens, randonnée cévenole, dégustation sur les bords du Tarn, flânerie dans un village pyrénéen, découverte du Canal du Midi...

OFFICE DE TOURISME VILLENEUVE-LÈS-AVIGNON

Place Charles-David
VILLENEUVE-LÈS-AVIGNON
✆ 04 90 03 70 60
www.avignon-tourisme.com

L'office de tourisme de Villeneuve-lès-Avignon tient à votre disposition un parcours de santé et trois circuits balisés de 8, 12 et 23 kilomètres. En venant d'Avignon, les sentiers se découvrent sur la droite, juste après avoir dépassé la tour Philippe le Bel. Pendant des kilomètres, à pied ou à vélo on longe les bords du Rhône. Points de départ : en face de la place Charles-David, en contrebas de la tour Philippe le Bel et à l'entrée du camping municipal de la Laune.

CYCLO-CLUB MENDOIS

CHASTEL-NOUVEL
✆ 06 79 64 74 73
www.cycloclubmendois.fr

Crée en 1994 au sein de la fédération française de cyclotourisme (FFCT), le Cyclo Club Mendois a pour objectif la promotion du cyclotourisme. Les sorties sont organisées sur les routes de Lozère le samedi après-midi et en semaine (lundi, mercredi et le vendredi). Le club propose quelques balades sympathiques. Le club est à l'origine du circuit qui fait le tour de la Lozère soit 600 km et 9 600 m de dénivelés, proposé en 6 étapes. Son site Internet dispose d'une cartothèque d'itinéraires pour découvrir le causse Méjean, le Sauveterre, le Mont Lozère, Charpal...

LA RÉBENNE

1, place du 8 mai 1945 - **FOIX**
✆ 05 61 65 20 93
www.larebenne.com/fr
Ouvert du lundi au vendredi de 9h à 12h30 et de 14h à 17h30.

Pour le randonneur à pied qui aime aussi pédaler ! La Rébenne, agence spécialisée dans le voyage à vélo, le cyclotourisme comme le cyclosportif, la randonnée VTT ou VTC, vous accompagne sur les routes et chemins des Pyrénées. Avec elle, franchissez les cols, traversez les montagnes, rejoignez mer et océan et profitez d'une logistique de grande qualité ! Traversée des Pyrénées à vélo, canal du Midi en VTC, châteaux cathares à vélo. En itinérance ou en étoile, avec moniteur, accompagnateur ou en liberté, avec ou sans assistance... Des séjours sur mesure.

NÎMES CYCLISME

4 bis, rue des Hortensias
NÎMES
http://nimes-cyclisme.fr

Nîmes Cyclisme est né de la fusion du célèbre Amical Vélo Club Nîmois et du Sprinter Vélo Club Nîmois. Avec la création d'une division régionale en Languedoc-Roussillon et les compétitions, c'est du sérieux : manches de challenge, championnats sur routes et contre-la-montre sont réservés aux coureurs sélectionnés. Plus tranquilles, les sorties petites mises en jambes pour les adhérents sillonnent le département. L'hiver, pour changer des courses et des entraînements en «route», des sorties en VTT partent à travers les chemins et monotraces autour de Nîmes.

VCCB

8, rue Paul-Eluard
BOUJAN-SUR-LIBRON
✆ 04 67 30 34 61
www.veloclubcheminotsbiterrois.com

Ce club, membre de la Fédération française de cyclisme compte une soixantaine d'adhérents de tous âges. Tous les mercredis, samedis et dimanches, des entraînements démarrent de la coopérative viticole de Béziers. Les coureurs, encadrés par une équipe de trois éducateurs diplômés par la fédération, effectuent des parcours d'une centaine de kilomètres. Le VCCB – c'est le Vélo Club des Cheminots du Biterrois – participe à toutes les compétitions du grand sud de la France. Il n'y a pas de cotisation pour être adhérent, on s'acquitte seulement du montant de la licence.

BALADE NOCTURNE À VÉLO

5, avenue Collignon
TOULOUSE
www.bntoulouse.wordpress.com
De mars à octobre. Gratuit. Port du casque obligatoire pour les enfants de moins de 12 ans. Éclairage obligatoire.

L'association 2P2R (Deux Pieds Deux Roues) vous propose de découvrir ou de redécouvrir la ville d'une façon insolite : à bicyclette… et de nuit ! Une fois par mois, elle organise des circuits urbains qui vous permettent de pédaler autour de thèmes variés. Chaque promenade d'une dizaine de kilomètres réunit entre cent et cent cinquante cyclistes, soucieux de faire avancer la cause de la petite reine tout en partageant un moment convivial. Les itinéraires sont conçus pour accueillir les cyclistes de tous niveaux. Ici, un seul mot d'ordre : la bonne humeur !

CAROUX VTT

MONS
✆ 04 67 97 64 42
www.velo-caroux.fr
Ouvert toute l'année sauf lundi et mardi. VTT adulte : 1/2 journée 16 €. Sur réservation.

Un bon moyen de découvrir les multiples facettes du Parc régional du haut Languedoc, la balade en vtt peut se faire seul ou accompagné par un titulaire du brevet d'état de cyclisme. Plusieurs randonnées sont proposées, selon le niveau et le temps. Le parcours va d'une balade autour de Rosis à un circuit de 20 km dans la vallée. Des randonnées d'orientation sont organisées pour les groupes, à la fois ludiques et instructives ! Pour les plus sportifs, sont mis en place des week-ends VTT avec nuit en gîte, repas et veillée au coin du feu.

LE BIKE PARK

LES ANGLES
✆ 04 68 04 32 76
https://bikeparklesangles.com
Ouvert tous les jours de fin juin à fin août, puis les week-ends de septembre. Tarif journée adulte : 26 €

C'est un bel espace pour profiter du domaine, avec cinq pistes aménagées pour le VTT : Le Mordor, la piste noire de 2,6 km, la rouge Izangard sur 4,8 km vous mènera sur une crête, dans des pierriers, des parties trialisantes, des ponts, etc. La bleue Aragorn mène sur le Pla del Mir ; l'autre bleue, la Gandalf de 4,9 km permet de découvrir les 5 portes d'entrée. Et enfin la Frodon est adaptée aux enfants et débutants. Le Bike Park des Angles propose également deux itinéraires « famille » : les sources de l'Aude (7,5 km) et les vallées du Soula (9,8 km),.

LES CYCLOS DU MALPAS

LA CANOURGUE
✆ 04 66 48 08 14
www.cyclo-club-canourguais.fr

Pas moins de 13 circuits sont téléchargeables sur le site Internet des Cyclos du Malpas : les gorges du Tarn, les Causses, l'Aubrac, il y en a pour tous les goûts, avec un choix de kilométrages et de dénivelés pour toutes les envies et tous les mollets… Une quarantaine d'adhérents du club se retrouvent les lundis, mercredis et samedis à 13 heures sur la place du Pré commun de La Canourgue, pour les sorties d'entraînement sur route mais ils organisent aussi des randos à vélo sur et hors du département tout au long de l'année.

LE CANAL DU MIDI ET LA VOIE VERTE

www.canal-et-voie-verte.com

Vous pouvez relier l'océan Atlantique à la mer Méditerranée en vélo en empruntant la voie verte, le chemin de Hâlage ou véloroute. L'itinéraire qui longe le Canal permet de découvrir des sites prestigieux, des paysages et d'accéder à des lieux oubliés mais préservés de la région. N'hésitez pas à vous aider de L'Officiel du Canal du Midi qui vous fournira une carte interactive de la voie verte avec un grand nombre d'informations (hébergements, restaurants, points d'intérêts…)

LA LAURENT JALABERT

MAZAMET
✆ 06 35 17 43 68
www.uvmazamet.fr
En août. 4 courses, 2 randos à partir de 18 et 15 ans. Inscription web. Départ 8h.

La cyclosportive Jalabert se déroule chaque année au mois d'août et vous propose de découvrir la Route des lacs, les monts de Lacaune et son célèbre Pic du Montalet culminant à 1256m. Possibilité de choisir entre deux parcours : la Laurent, 142 km et 2500 m de dénivelé, et la Nicolas, 105 km et 1450 m de dénivelé. Une randonnée cyclotouriste de 40 km pour tous permet de participer à cette fête du vélo en découvrant les paysages de la Vallée du Thoré, sur la Voie Verte, entre Mazamet et Lacabarède. Une journée placée sous le signe du plaisir de rouler ensemble.

LA MONTÉE JALABERT À VÉLO

Place du Foirail - **MENDE**

04 66 94 00 23

www.ot-mende.fr

Parce qu'il en faut pour tous les niveaux, nous nous adressons cette fois aux plus sportifs d'entre vous, à qui peut-être la montée Jalabert évoque quelque chose… Il s'agit en fait de la côte de la Croix-Neuve, rebaptisée ainsi par les Mendois depuis la victoire de Laurent Jalabert à l'une des courses cyclistes organisées ici. Vous vous sentez l'âme d'un champion ? Rendez-vous alors à l'Office de Tourisme pour vous procurer une carte du site, et en selle !

MONTÉE SPORTIVE DE CORDES-TOLOSANNES À VÉLO

100, boulevard Hubert-Gouze

MONTAUBAN

05 63 21 79 65

www.tourisme-tarnetgaronne.fr

Gratuit. 6,6 km, assez difficile.

Avant de vous lancer pour cette étape sportive, pourquoi ne pas prendre le temps de visiter l'abbaye de Belleperche qui sert de cadre au musée des Arts de la Tables et que vous pouvez aujourd'hui visiter gratuitement. Vous êtes fin prêt ? Alors en selle ! Les 6,6 kilomètres qui vous attendent s'annoncent assez rudes, mais le jeu en vaut bien la chandelle : à votre arrivée à Cordes-Tolosannes, vous jouirez d'un panorama exceptionnel sur la vallée de la Garonne et les coteaux du Quercy.

MONTPELLIER À VÉLO

Place de la Comédie - **MONTPELLIER**

04 67 60 60 60

www.montpellier-tourisme.fr

Stations en libre-service ouvertes 7j/7 et 24h/24. Deux premières heures de location gratuites. Puis, 0.50€/heure.

Vous êtes sportif ou amateur de balades ? Montpellier dispose d'un réseau cyclable de près de 160 kilomètres pour vous. Moins cher, plus écologique, plus rapide aux heures de pointe et très agréable pour une escapade sous le soleil, le vélo se présente comme une activité aux nombreux bienfaits. Si vous ne possédez pas votre propre vélo, l'agglomération se charge de vous en fournir un en location. Rendez-vous dans l'une des 49 stations automatiques de Vélomagg' et servez-vous : plus de 2 000 vélos sont à votre disposition dans toute la ville de Montpellier !

NATURAVÉLO

Office de tourisme - **TORREILLES**

04 68 28 41 10

www.tourisme-pyreneesorientales.com

Ouvert toute l'année. Dépliant à télécharger et QR- codes à scanner sur les panneaux de balisage des 3 circuits à vélo.

L'Office de Tourisme et l'association Torreilles Vivre le sport ont créé des parcours destinés à la découverte du village et de ses alentours. Littoral sauvage, ruelles typiques du Vieux-Torreilles et hauts lieux de son patrimoine culturel : Naturavélo vous propose trois circuits de 9 km, 14 km ou 20 km, considérés comme faciles et idéals pour des balades en famille. On peut rejoindre le Barcarès, Sainte-Marie, Rivesaltes et même Perpignan. Vous découvrirez des paysages bruts avec en point de mire la chaîne des Pyrénées catalanes et le mythique Canigó.

PISTE CYCLABLE EDMOND BLANC À BEAUCAIRE

BEAUCAIRE

www.provence-camargue-tourisme.com

À pied ou à vélo, vous évoluerez le long du Rhône, sur une piste en sable sans trop de dénivelé, jusqu'à l'abbaye de Saint-Roman. Il est déjà prévu que d'ici quelques années, cette Voie verte soit prolongée jusqu'au Pont du Gard ; elle mesurera alors 18 kilomètres, cette route cyclable qui relie le lac Léman à la Méditerranée. Mais rassurez-vous, cela vous laisse le temps de vous perfectionner !

- **Tarif :** gratuit.
- **Distance :** 4 km.
- **Difficulté :** facile.

RANDO-VÉLOS TOULOUSE MÉTROPOLE

05 67 73 80 79

www.toulouse-tourisme.com

Premier dimanche du mois d'avril à novembre. Départ place du Capitole. Gratuit, sans inscription. À partir de 12 ans.

Dès que les beaux jours arrivent, Toulouse Métropole donne rendez-vous à tous les amateurs de la petite reine chaque premier dimanche du mois, à 10 heures, place du Capitole, pour deux heures de randonnée urbaine. Ces promenades sont gratuites, sans inscription, ouvertes à tous à partir de douze ans (les mineurs doivent toutefois être accompagnés). C'est un plan futé pour apprécier de façon conviviale le patrimoine toulousain, car chaque promenade propose un circuit différent.

RANDONNÉE VTT BALISÉE

Point de départ : la Tour Philippe le Bel
VILLENEUVE-LÈS-AVIGNON

Une balade en vélo rafraichissante et assez facile. Les vignes, la garrigue et la faune vous accompagnent tout du long !

L'itinéraire propose trois boucles de 25 km au total. Il ne comporte pas de difficultés majeures et ravira les amateurs de nature. En suivant les balises de couleur le long du contre canal, vous pénétrez d'abord les terres puis les sous-bois qui vous mèneront jusqu'au barrage de Villeneuve. Traversez, dépassez le camping, il suffit de suivre les bornes ou les panneaux et de longer le Rhône pour revenir au point de départ, la Tour Philippe Le Bel. Une balade rafraîchissante et intéressante, entre eau, vigne, garrigue et faune diversifiée.

RANDONNÉE VTT SALAGOU MANIA

www.salagoumania.fr

Adultes : 13 €, moins de 16 ans : 6 €, moins de 12 ans : gratuit. Inscription obligatoire.

La Salagou Mania est une randonnée VTT qui se déroule au mois de septembre. Elle comporte des parcours adaptés aux différents niveaux de pratiques. Le Salagou est un des lieux les plus réputés pour la pratique familiale ou sportive du VTT. La Salagou Mania, c'est avant tout un site, surprenant, attachant, ludique, mais qui peut aussi être technique et varié. Cette manifestation a déjà fait ces preuves. Plus de 1200 vététistes répondent présent chaque année. Inscrivez-vous !

ROUTE DES COLS

www.lespyrenees.net/route_des_cols

Le site Web de la Route des Cols est édité par la Confédération pyrénéenne de tourisme. La Route des Cols passe par 34 grands cols de montagne répartis sur 952 km. Près de la moitié de son parcours est située dans la région Midi-Pyrénées. Selon vos envies et votre niveau cycliste, vous pourrez bien sûr parcourir toute la Route des Cols à vélo ou gravir seulement un ou plusieurs de ses grands cols. Dans l'onglet Cols, vous trouverez le profil des parcours menant à chacun des grands cols de Midi-Pyrénées (point de départ, distance, dénivelé)… À vos guidons !

SUR LES RAILS DU LARZAC

Gare - **SAINTE-EULALIE-DE-CERNON**
✆ 05 65 58 72 10
www.surlesrailsdularzac.com

De 16 € à 25 € par adulte, 7 à 10 € par enfant, selon âge et parcours.

Voilà une façon originale de découvrir la vallée du Cernon, en parcourant une ancienne voie ferrée pleine de charme et de mystère au départ de Sainte-Eulalie-de-Cernon. Plusieurs parcours sont proposés : le grand voyage, les explorateurs, les orchidées, et les papillons, sur lesquels tunnels et viaducs s'enchaînent. Accessible à tous, les balades durent entre une et quatre heures et l'on peut à loisir s'arrêter, prendre une photo de la vallée. Bravo au propriétaire pour la sauvegarde du patrimoine ferroviaire qui permet une randonnée originale et amusante.

LE TOUR DE LA LOZÈRE CYCLOTOURISTE

CHASTEL-NOUVEL ✆ 04 66 94 07 63
www.cycloclubmendois.fr

Tarifs : 7 € pour les licenciés FFCT,10 € pour les autres participants.

Le Tour de la Lozère est une randonnée permanente labellisée par la fédération française de cyclotourisme (F.F.C.T.) et initié par le Cyclo Club Mendois. Il ne vous reste plus qu'à vous laisser guider sur les petites routes de Lozère, le long des 600 km. Vos pérégrinations vous emmèneront à la découverte du parc national des Cévennes.

Après inscription, on reçoit un dossier comprenant les cartes du parcours, des informations sur les sites et monuments ainsi qu'un carnet de route.

LA VÉLITTORALE (EV8) - LE BARCARÈS À CANET-PLAGE

Place de la République
LE BARCARÈS
✆ 04 68 86 16 56
www.portbarcares.com

Tarif : gratuit. Distance : 13 km. Difficulté : facile.

Comme son nom l'indique, cette Véloroute évolue le long des plages, et comme son nom l'indique, elle est uniquement praticable à vélo – dommage pour les piétons, qui devront trouver une autre option. Aménagés dans le cadre d'un plus vaste projet qui reliera plus tard Le Barcarès à Argelès-Plage, ses 13 kilomètres vous donnent de sympathiques opportunités pour vous entraîner entre Le Barcarès et Canet-Plage. Constituée à 70 % de Voie verte, la piste longe en grande partie la RD 81.

VELOCITÉ LANGUEDOC

23, rue de la Condamine
MONTPELLIER
www.velocite-montpellier.fr
Adhésion chômeurs : 5 € ; adhésion simple : 8 € ; adhésion couples 12 € ; adhésion de soutien 16 € ou plus.

Vélocité est née du mouvement Vélorution en automne 2005. Montpellier a ainsi rejoint le club des villes « vélorutionnaires ». Les Vélorutions sont des manifestations à vélo avec un côté festif. L'objectif est de valoriser le déplacement à vélo, rassembler et défendre les usagers du vélo, améliorer la sécurité des cyclistes et vivre dans des villes plus humaines, plus respirables. L'association propose également des balades « balades de Vélocité » qui permettront de découvrir la ville et ses alentours. Elles vont de 10 km aller/retour à des boucles de 100 km.

VÉLOROUTE DE L'AVEYRON - MONTAUBAN ET BRUNIQUEL

4, rue du Collège - **MONTAUBAN**
✆ 05 63 63 60 60
www.montauban-tourisme.com
Tarif : gratuit. Distance : 36 km (ou partie seulement). Difficulté : facile.

Voici une portion de la Véloroute de la Vallée de l'Aveyron, qui relie Montauban et Laguépie. Vous partez donc du chef-lieu de Tarn-et-Garonne, et empruntez des petites routes, jalonnées de panneaux directionnels. En 36 kilomètres, l'itinéraire atteint finalement Bruniquel via les communes de Saint-Étienne-de-Tulmont, Négrepelisse, Bioule, Saint-Laurent-de-Maynet et Montricoux. Si vous ne vous sentez pas de le parcourir dans son intégralité, vous pouvez bien sûr ajuster votre circuit !

VÉLOROUTE ENTRE SAINT-CIRQ-MADELON ET GOURDON

24, Rue du Majou
GOURDON
✆ 05 65 27 52 50
www.tourisme-gourdon.com
Tarif : gratuit. Distance : 8 km. Difficulté : facile.

Si cette Véloroute débute bien à Saint-Cirq-Madelon, elle se termine très exactement au plan d'eau d'Écoute s'il Pleut, à l'entrée de Gourdon. Ne comptez donc pas relier les deux centre-villages. Si vous êtes à la recherche d'une sortie vélo sympa, en revanche, cette promenade en Bouriane saura vous combler. Agréable, son itinéraire évolue sur des petites routes plus sécuritaire que la moyenne, à tel point même qu'on l'apparenterait presque à une Voie verte.

VOIE VERTE ENTRE CARMAUX ET CAP' DÉCOUVERTE

Moulin albigeois
ALBI
✆ 05 63 77 32 10
www.af3v.org
Accès libre.

Cette voie verte suit le cheminement de l'ancienne voie ferrée qui reliait autrefois Carmaux à la mine de la Découverte. Aujourd'hui, les rails ont laissé place à une plaisante balade ombragée et la mine à une base de loisirs plutôt complète. Disposant de 35 kilomètres de pistes cyclables accessibles gratuitement, elle vous permettra de poursuivre votre effort physique un peu plus longtemps. Seul bémol : le revêtement n'est pas idéal pour les rollers.

Le Barcarès, port de la Côte Radieuse.

LOUEURS / REVENDEURS

2 ROUES VERTES

185, avenue des Etats-Unis - **TOULOUSE**
✆ 09 50 21 30 98
www.2rouesvertes.fr

Ouvert le mardi, le mercredi, le vendredi et le samedi de 10h à 13h et de 14h à 18h30 ; le jeudi de 14h à 18h30.

Installé au nord des Minimes, 2 Roues Vertes est le leader de la mobilité électrique à Toulouse. Cette enseigne assure la vente, la maintenance et la location des vélos à assistance électrique et des équipements annexes. La bonne adresse pour disposer d'un vélo de ville électrique haut de gamme pour vos déplacements. Le VTC électrique pour s'éloigner un peu des voies goudronnées, le VTT électrique pour la randonnée sportive assistée, mais aussi des motos électriques et même, des patinettes électriques. Une autre adresse de l'enseigne le long du canal, à Labège.

LE BARJONAUTE

282, rue Carnot - **VAUVERT**
✆ 06 03 53 65 64
www.lebarjonaute.com

Ouvert toute l'année (en fonction de la météo). Location 1/2 journée : à partir de 30 € ; guidage à partir de 30 €.

Jean-Jacques Courrée est un globe-trotter qui a parcouru les grands espaces en voiture, à vélo et en voilier. Installé à Vauvert, il souhaite vous faire partager sa passion des barjomobiles ! Ces drôles d'engins ressemblent à des tricycles couchés que l'on conduit allongé sur le dos. Ces étranges vélos sont à louer à la demi-journée, et pour les plus courageux, à la journée ou pour plusieurs jours. Le Barjonaute vous propose des locations de trikes, version anglaise de ces barjomobiles. Vous pourrez louer sacoches et remorque pour vos randonnée de plusieurs jours.

AU BON VÉLO

52, rue Saint-Guilhem - **MONTPELLIER**
✆ 04 99 67 65 25
www.aubonvelo.com

Du mardi au samedi de 10h à 18h30. Réparations de 7 à 50 €. Révision à partir de 25 €. Vente de vélos et accessoires.

Si le ronronnement des moteurs se fait de plus en plus discret dans le centre de Montpellier, c'est bien parce que le cœur de l'Écusson est devenu le terrain de jeu des piétons et des cyclistes. Il faut dire que ça pédale dans les ruelles de la cité ! Les profils d'utilisateurs sont très variés. Une seule chose les unit : le besoin d'avoir une adresse de confiance où obtenir et/ou entretenir leur monture. Au Bon Vélo a su répondre à ce besoin en s'implantant dans l'hypercentre. Toutes les bicyclettes y sont entretenues avec le même amour et talent.

LE CANAL DU MIDI À VÉLO

70, allées Paul-Riquet - **BÉZIERS**
✆ 06 38 12 32 82
www.relaxrentals.fr

Location de vélo de 75 € pour 3 jours (durée mini) à 120 € la semaine. Tarifs des grands itinéraires sur le site.

À 400 mètres de la gare de Béziers, Relax Rentals propose des vélos et VTT à la location pour la journée ou à la semaine. Il vous sera possible d'en louer près du canal du Midi pour improviser vos promenades. Idéal dès l'arrivée des beaux jours pour une sortie en famille ! Attention, pièce d'identité demandée et assurance de responsabilité civile préférable. Pour les longues randonnées, des services de transfert sont proposés. Retrouvez les différentes formules sur le site Internet et n'hésitez pas à prendre contact avec l'agence pour réserver.

CIGALE AVENTURE

3, rue de l'Horloge
LE VIGAN
✆ 09 80 36 37 84
www.cigaleaventure.com
Ouvert de fin mars à début octobre. Réservation obligatoire. Tarifs complets sur le site.

Cigale Aventure est l'adresse qu'il faut avoir dans un coin de sa tête lorsqu'on manque d'inspiration pour ses vacances. En effet, cet établissement n'est pas qu'un loueur de vélo, c'est aussi un magicien des vacances. De nombreuses activités sont proposées pour tous les âges : via ferrata, parcours aventures, canoës-kayaks, randonnées famille en VTT...C'est une vraie mine d'or ! Pour des efforts maîtrisés, Cigale Aventure loue aussi des vélos électriques sur sa base du cirque de Navacelles. De bons moments nature en perspective !

CYCLABLE MONTPELLIER

7 bis, quai des Tanneurs
MONTPELLIER
✆ 04 67 10 07 77
montpellier-centre.cyclable.com
Ouvert du mardi au samedi de 10h à 13h et de 14h à 19h.

Afin de correctement vous équiper et d'entretenir votre monture, plusieurs magasins de cycles ont vu le jour en ville et dans les communes alentour. Cyclable a suivi cet engouement de près et propose depuis 2005 de se charger de votre équipement. Membre d'une société présente aux quatre coins du pays, la boutique a su mettre en avant sa grande expertise tout en conservant sa nature de magasin de proximité. Que ce soit pour une acquisition, une réparation ou encore de la location, la petite équipe des lieux sera là pour vous guider avec le sourire.

EBIKE PREMIUM

13, boulevard Ledru Rollin
MONTPELLIER
✆ 06 82 59 65 82
www.ebikepremium.com
Ouvert tous les jours de 8h à 19h. Achat. Location (1h 15€, une journée 45€, week-end 70€).

Spécialisée dans la vente et la location de vélos électriques, la boutique s'est bâtie une belle réputation auprès des amateurs et des professionnels de la branche. Entre ses murs, des dizaines de cycles n'attendent qu'à être essayés et appréciés. Vélos vintage, customiser, adaptés à la plage, il y en a pour toutes les tendances. Côté composition, vous découvrirez le confort des freins à disques hydrauliques, d'un cadre en aluminium, d'un moteur à propulsion arrière, de la belle mécanique ! Location à prix très attractifs, réservation conseillée.

FLYING CAT

1, quai Charles Lemaresquier
SÈTE
✆ 09 60 46 18 20
www.flying-cat.fr
Ouvert du lundi au samedi de 9h à 12h et de 14h à 19h.

Tout style de vélo à assistance électrique pour toutes utilisation du typé VTT au typé beach, du plus U.S au plus pliable (au fond du coffre de la voiture ou du bateau). On compte pas moins de 6 modèles et tous d'excellentes qualités. Wilfrid et Jacques assemblent même du sur mesure si vous voulez le vélo de vos rêves. La gamme Flying-Cat utilise des batteries au lithium-ion, (li-ion) offrant un bon rapport poids puissance. Les cadres sont en alu. Et les vélos sont beaux, tout simplement. Le S.A.V est de la même veine : efficace et professionnel.

HOSTELLERIE DE LA POSTE €€

16, avenue Victor-Pilhes
TARASCON-SUR-ARIÈGE
✆ 05 61 05 60 41
www.lhostellerieposte.fr
Logis de France. Ouvert toute l'année midi et le soir. Menus de 18,80 € à 39 €. Menu enfant 12 €.

L'Hostellerie de la poste, situé au bord de la rivière est un ancien relais de poste au charme rustique, authentique. Vous vous régalerez dans la grande salle réchauffée par une imposante cheminée, s'il fait un peu frisquet.. ou vous pourrez opter pour la vaste terrasse couverte offrant une vue panoramique d'exception sur la vallée avec les montagnes comme fond d'écran ! Au menu, de quoi vous faire plaisir : foie gras poêlé au muscat, *azinat* spécialité locale à base de choux et de charcuterie de pays, agneau au four, cassoulet. Incontournable. Garage moto, vélo

INDIGO WEEL - VÉLOS ET SCOOTERS

TOULOUSE
www.indigoweel.com
Vélo : à partir de 0,05 € la minute. Scooter : à partir de 0,28 € la minute.

Les vélos en flotte libre, vous connaissez : vous localisez le vélo le plus proche à l'aide d'une application dédiée, vous l'utilisez le temps nécessaire et vous le laissez à la disposition du prochain client à votre point d'arrivée. Depuis 2019, Indigo Weel vous permet à Toulouse de louer un scooter exactement sur le même principe. 50 km/h maximum, deux places, deux casques, un top-case : futé pour les courses en ville sans souci de stationnement !

LOCAVÉLO

3, rue du Plô-d'Orbiel - **TRÈBES**
✆ 04 68 78 68 81
www.locavelo.fr
Haute saison : ouvert tous les jours 10h - 20h. Ouvert tous les jours en juillet et août, sur rdv le reste de l'année.

Installé à Trèbes, depuis plus de 14 ans au cœur du vieux village, entre l'église et le canal du Midi, le credo de Locavélo est de satisfaire vos moindres désidératas. Quelle que soit votre envie, le type de sortie que vous envisagez, ils vous conseilleront au mieux pour vous trouver le type de monture adaptée. Leur situation géographique offre un départ idéal pour des balades et randonnées à votre rythme. Vous trouverez chez eux tous les accessoires indispensables à la pratique du cycle (casques, kit anti-crevaison, pompe, remorque enfants, sièges bébé...).

OZONE VTT

1, avenue du Lac-du-Salagou
CLERMONT-L'HÉRAULT ✆ 04 67 96 27 17
www.vtt-salagou.com
Basse saison : ouvert du mardi au samedi 9h-12h puis 15h-19h. Ouvert tous les jours sauf le dimanche en juillet et août.

Tenu par des passionnés, ce magasin offre tout le matériel et les conseils pour entreprendre une randonnée autour du lac du Salagou. Ozone, spécialiste incontesté, loue et répare tous les engins, propose des circuits (de la demi-journée à la journée), libres ou encadrés par un moniteur diplômé et organise même des stages tous niveaux. Une belle balade pour découvrir le lac et sa nature environnante. Évadez-vous dans des paysages surprenants sur le site du Salagou, le cœur d'Hérault et ses gorges, le Larzac et ses contreforts escarpés qui vous enchanteront.

VELO LOVE

140, boulevard Jean-Moulin - **VALRAS-PLAGE**
✆ 04 67 37 34 79
www.velo-love.com
A partir de 13 € la demi-journée/ 19 € la journée/ 44 € la semaine pour un VTT ou vélo de ville. Location de rosalies.

Installé depuis des lustres dans la station balnéaire, Vélo Love loue des Rosalies (de 2 à 15 places), et des cycles, l'occasion idéale pour faire une petite balade le long du boulevard du Front-de-Mer. Les vélos individuels, pour adultes et enfants, mais aussi des tandems peuvent se louer à la demi-journée, à la journée, et même jusqu'à deux semaines. Des itinéraires cyclotouristiques sont à votre disposition, et un large choix d'accessoires apportent plus de confort à votre location (remorque, siège bébé, panier...). La réservation est vivement conseillée.

VELOMAGG'

✆ 04 67 22 87 87
www.tam-voyages.com
Service accessible 24h/24 et 7j/7. Jusqu'à 24h consécutives. La carte TaM donne accès au service gratuitement.

En créant Vélomagg' il y a quelques années, la Métropole de Montpellier ne se doutait pas du succès qu'allait avoir une telle opération ! De nos jours, le libre-service est accessible depuis 57 vélo-stations automatiques mettant à disposition des vélos « intelligents » munis d'un boîtier électronique. Pour les emprunter, il vous suffira d'utiliser votre carte d'abonnement ou de saisir un code d'accès envoyé à la suite de votre paiement. A la fois pratique et peu onéreuse, cette solution dispose déjà de très nombreux adeptes.

LES VÉLOS D'ADRIEN

2 ter, rue des Cinq-Parts
MARCIAC
✆ 06 51 32 38 62
Réservation par téléphone tous les jours pendant le festival.

Passionné par les vélos, Adrien les a collectionnés, restaurés et parfois même transformés. Il a amassé pas moins d'une centaine de vélos en tous genres qui, à sa disparition en 2009, semblaient voués à l'oubli. C'était sans compter sur la détermination de Jeannot et Rémi Lacour qui ont lancé un service de location de deux-roues. Vélo de ville, VTT, VTC et même tandem sont disponibles pour arpenter les environs pendant le festival. Les compères louent aussi des rosalies aux abords du lac. Elles peuvent embarquer de 4 à 6 personnes, pour des balades de 30 minutes.

W - VILLE & VÉLO

41, boulevard de Strasbourg - **MONTPELLIER**
✆ 06 98 67 95 12
www.velo-et-ville.net/
Ouvert du mardi au samedi de 10h à 19h. Vente. Réparation. Location.

Erwin a débarqué des Pays-Bas avec une passion commune à tous les Hollandais : le vélo ! Son rêve était de devenir « le docteur du vélo » et il l'a réalisé en 2015. Dans son atelier, on trouve un large choix de vélos de ville essentiellement des Pays-Bas. De très beaux deux-roues design sous la marque Roetz ou encore Union ou Sandwichbikes qui propose de drôles de vélos en bois à monter soi-même ! Avec l'office de tourisme, Erwin vous propose 3 itinéraires touristiques bien sympas à dos de vélo : Montpellier Urbaine, Le Chemin des Plages, Entre Vignes et Oliviers.

PAYS DE LA LOIRE

BEAULIEU-SUR-LAYON – LES COTEAUX DU LAYON (MAINE-ET-LOIRE)

- **Itinéraire :** Beaulieu-sur-Layon, les coteaux du Layon.
- **Total :** 52,5 km.
- **Difficulté :** facile avec des dénivelés sur les coteaux du Layon.
- **Durée :** entre 2 heures 30 et 5 heures, entre 20 à 10 km/h
- **Dénivelé positif :** 150 m

LIEUX	Km partiel	Km cumul	Routes
BEAULIEU-SUR-LAYON	0	0	Rue de l'Orée
MOZÉ-SUR-LOUET	6	6	D204
BRISSAC-QUINCÉ	6	12	D130
VAUCHRÉTIEN	3,5	15,5	D55
FAYE-D'ANJOU	6	21,5	D55
BONNEZEAUX	3,5	25	D199
MARTIGNÉ-BRIAND	7,5	32,5	D199 D114
AUBIGNÉ-SUR-LAYON	3	35,5	D748
FAVERAYE-MACHELLES	5	40,5	D408
RABLAY-SUR-LAYON	9,5	50	D120 D125
BEAULIEU-SUR-LAYON	2,5	52,5	D54

ANGERS
LES PONTS-DE-CÉ
LES PONTS-DE-CÉ
A 87
N 160
24
Aubance
D 748
Soulaines-
sur-Aubance
Mozé-
sur-Louet
Brissac-Quincé
Château
de Brissac
D 130
D 130
D 761
D 204
Vauchrétien
DOUÉ-LA-FONTAINE
N 160
D 55
BEAULIEU-
SUR-LAYON
Forêt de Beaulieu
D 748
Bois
de Brissac
CHOLET
D 54
D 55
Notre-Dame-
d'Allençon
Layon
Faye-d'Anjou
Rablay-
sur-Layon
D 24
D 125
D 199
Champ-sur-Layon
Chavagnes
Thouarcé
Layon
D 114
D 748
D 120
Faveraye-Mâchelles
Martigné-
Briand
D 24
Château
des Noyers
D 408
D 748
Layon
Valanjou
D 84
Aubigné-
sur-Layon
D 84
Tigné
Autoroute
Route principale
Route secondaire
Circuit vélo
Départ
PARCOURS GPX
TAPEZ PETITFUTE.APP
DANS LE NAVIGATEUR
DE VOTRE SMARTPHONE.
PRENEZ UNE PHOTO DE LA PAGE
ET OBTENEZ
LE TRACÉ GPX
DE LA CARTE
D 748
N
O
E
S
0
1 Km
Montilliers

DE SAINT-JEAN-DE-MONTS AUX SABLES D'OLONNE, LA CÔTE DE LUMIÈRE (VENDÉE)

- **Itinéraire :** De Saint-Jean-de-Monts aux Sables-d'Olonne, la Côte de Lumière.
- **Total :** 64 km.
- **Durée :** de 3 heures 15 à 6 heures 30, entre 20 et 10 km/h.
- **Difficulté :** facile. Balade sur le littoral via pistes cyclables et voies partagées.
- **Dénivelé positif :** 70 m

LIEUX	Km partiel	Km cumul	Routes
SAINT-JEAN-DE-MONTS	0	0	Remblai
SAINT-HILAIRE-DE-RIEZ	11,4	11,4	Piste cyclable
BRÉTIGNOLLES-SUR-MER	27,6	39	Piste cyclable
BERM-SUR-MER	8,6	47,6	Piste cyclable
LES SABLES-D'OLONNE	16,4	64	Piste cyclable Remblai

© CHRISTIAN MUSAT - ADOBESTOCK

NOIRMOUTIER
CHALLANS
CHALLANS
D 38
Soullans
TAPEZ PETITFUTE.APP
DANS LE NAVIGATEUR
DE VOTRE SMARTPHONE.
PRENEZ UNE PHOTO DE LA PAGE
ET OBTENEZ
LE TRACÉ GPX
DE LA CARTE
GPX
SAINT-JEAN-
DE-MONTS
D 59
D 69
L'Ligneron
Forêts des
Pays de Monts
Commequiers
Le Pissot
Vie
Saint-Hilaire-
de-Riez
Le Fenouiller
D 754
CÔTES DE LMUMIERE
Saint-Gilles-
Croix-de-Vie
D 6
Saint-Révérend
AIZENAY
D 38
L'Aiguillon-
sur-Vie
Jaunay
Brétignolles-
sur-Mer
D 12
La Chaize-
Giraud
D 32
Berm-
sur-Mer
D 38
OCÉAN ATLANTIQUE
L'Île-
d'Olonne
Forêt
d'Olonne
D 87
D 80
LES SABLES-
D'OLONNE
Autoroute
Route principale
Route secondaire
Circuit vélo
Départ
N
O
E
S
0
2 km

FRESNAY-SUR-SARTHE, LES ALPES MANCELLES (SARTHE)

- **Itinéraire :** Fresnay-sur-Sarthe, les Alpes mancelles.
- **Total :** 71 km.
- **Durée :** de 3 heures 30 à 7 heures, entre 20 et 10 km/h.
- **Difficulté :** moyen à difficile. Circuit avec un dénivelé assez important.
- **Dénivelé positif :** 760 m

LIEUX	Km partiel	Km cumul	Routes
FRESNAY-SUR-SARTHE	0	0	D21
MONTREUIL-LE-CHÉTIF	7,3	7,3	D21 suivre Saint-Aubin D226B
PEZÉ-LE-ROBERT	7,5	14,8	D173
SILLÉ-LE-GUILLAUME	5,7	20,5	D5
MONT-SAINT-JEAN	9,3	29,8	D310, D105
SAINT-GEORGES-LE-GAULTIER	6,7	36,5	D105
SAINT-LÉONARD-DES-BOIS	12,6	49,1	D105, D204
MOULINS-LE-CARBONNEL	5,9	55	D146
ASSÉ-LE-BOISNE	6,2	61,2	D200
SAINT-VICTEUR	4,3	65,5	D106 bis
FRESNAY-SUR-SARTHE	5,5	71	D111, D15

© IMLADRIS - ADOBESTOCK

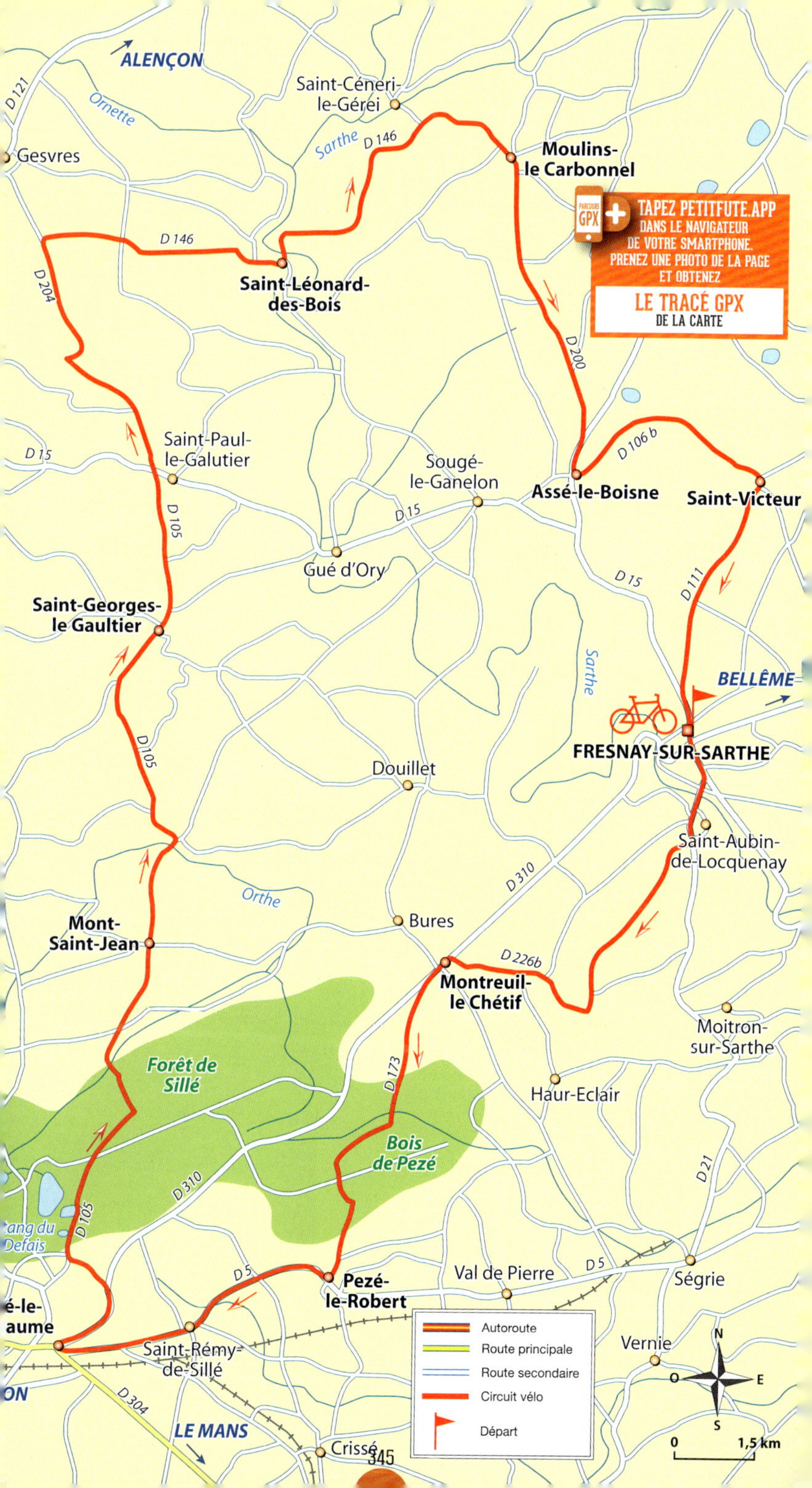

ALENÇON
D 121
Ornette
Gesvres
Saint-Céneri-
le-Gérei
Sarthe
D 146
Moulins-
le Carbonnel
TAPEZ PETITFUTE.APP
DANS LE NAVIGATEUR
DE VOTRE SMARTPHONE.
PRENEZ UNE PHOTO DE LA PAGE
ET OBTENEZ
LE TRACÉ GPX
DE LA CARTE
GPX
D 146
Saint-Léonard-
des-Bois
D 204
D 200
D 106 b
Saint-Paul-
le-Galutier
D 15
Sougé-
le-Ganelon
Assé-le-Boisne
Saint-Victeur
D 15
D 105
Gué d'Ory
D 15
D 111
Saint-Georges-
le Gaultier
Sarthe
BELLÊME
FRESNAY-SUR-SARTHE
D105
Douillet
Saint-Aubin-
de-Locquenay
D 310
Orthe
Bures
Mont-
Saint-Jean
D 226b
Montreuil-
le Chétif
Moitron-
sur-Sarthe
Forêt de
Sillé
D 173
Haur-Eclair
Bois
de Pezé
D 21
D 310
D 105
Étang du
Defais
D 5
D 5
Pezé-
le-Robert
Val de Pierre
Ségrie
é-le-
aume
Saint-Rémy-
de-Sillé
Vernie
D 304
ON
LE MANS
Crissé
Autoroute
Route principale
Route secondaire
Circuit vélo
Départ
N
O
E
S
0
1,5 km

LAVAL, LE CHEMIN DE HALAGE DE LA MAYENNE

(MAYENNE)

- **Itinéraire :** Laval, chemin de hâlage de la Mayenne.
- **Total :** 44,3 km.
- **Durée :** de 2 heures 15 à 4 heures, entre 20 et 10 km/h.
- **Difficulté :** facile. Itinéraire avec peu de dénivelé et chemin de halage balisé.
- **Dénivelé positif :** 230 m

LIEUX	Km partiel	Km cumul	Routes
LAVAL	0	0	
MONTFLOURS	15,3	15,3	Chemin de halage (balisé PK)
MONTGIROUX	6	21,3	D250
ANDOUILLÉ	8	29,3	D12 D225
CHANGÉ	11	40,3	D131 via Saint-Jean-de-Mayenne D167
LAVAL	4	44,3	D167

TAPEZ PETITFUTE.APP
DANS LE NAVIGATEUR
DE VOTRE SMARTPHONE.
PRENEZ UNE PHOTO DE LA PAGE
ET OBTENEZ
LE TRACÉ GPX
DE LA CARTE
Alexain
La Bigottière
Saint-Germain-d'Anxure
Montgiroux
Saint-Germain-le-Guillaume
Ernée
D 225
Mayenne
D 250
Sacé
MAYENNE
Andouillé
D 131
Montflours
Autoroute
Route principale
Route secondaire
Circuit vélo
Départ
N 162
la Ricoulière
Saint-Germain-le-Fouilloux
Saint-Jean-de-Mayenne
La Chapelle-Anthenaise
Louverné
A 81
ENNES
D 162
Changé
Chemin de halage
D 31
D 900
Grenoux
D 32
LE MANS
Bonchamp-lès-Laval
D 57
LAVAL
int-Berthevin
D 21
D 771
Forêt
e Concise
BRÛLON
N
O
E
S
0
2 km

NORT-SUR-ERDRE – LE CANAL DE L'ERDRE (LOIRE-ATLANTIQUE)

- **Itinéraire :** Nort-sur-Erdre, le canal de l'Erdre.
- **Total :** 49 km et/ou 46,5 km.
- **Difficulté :** facile avec quelques dénivelés. 2 parcours possibles, soit par Casson soit en prenant la D26 pour accéder sur les bords de l'Erdre (le Lavoir).
- **Durée :** entre 3 et 5 heures, entre 20 à 10 km/h.
- **Dénivelé positif :** 110 m

LIEUX		Km partiel	Km cumul	Routes
NORT-SUR-ERDRE		0	0	D164
SUCÉ-SUR-ERDRE	PAR CASSON	13,5	13,5	D26, D37
	PAR LA D69 (LE LAVOIR)	16	16	D69
CARQUEFOU		6	19,5 22	D37, D178
LE GRAND FRESNE		8	27,5 30	D178, les lieux-dits : Le Chêne Plante, La Ceriseraie, La Noë
SAINT-MARS-DU-DÉSERT		6,5	34 36,5	D89, D9
PETIT-MARS		5,5	39,5 42	D9, les lieux-dits : La Tréluère, La Bouffetière, La Bourdinière
NORT-SUR-ERDRE		7	46,5 49	D178

© DIDIER SAN MARTIN - ADOBESTOCK

CHÂTEAUBRIANT, JOUÉ-SUR-ERDRE
Canal de Nantes à Brest
REDON
D 164
D 121
D 178
NORT-SUR-ERDRE
les Touches
D 164
D 16
OUVRON
ANCENIS
D 31
D 26
Erdre
TAPEZ PETITFUTE.APP DANS LE NAVIGATEUR DE VOTRE SMARTPHONE. PRENEZ UNE PHOTO DE LA PAGE ET OBTENEZ
LE TRACÉ GPX
DE LA CARTE
Petit-Mars
Casson
la Bourdinière
la Bouffetière
la Treluère
D 9
D 37
D 69
Marais de Saint-Mars
D 178
Saint-Mars-du-Désert
le Grand Fresne
la Noé
Sucé-sur-Erdre
D 89
la Ceriseraie
D 49
Hocmard
ANGERS
D 69
la Chêne Planté
D 9
D 37
D 178
ANCENIS
Erdre
A 11
N 23
La Chapelle-sur-Erdre
Carquefou
Mauves-sur-Loire
22
23
A 11
25
UTRON
Loire
A 811
N 23
38
23
Thouares-sur-Loire
39
Sainte-Luce-sur-Loire
40
41
antes
NANTES-Centre
24
LES SORINIÈRES
Autoroute
Route principale
Route secondaire
Circuit vélo
Départ

SAUMUR, LE PAYS SAUMUROIS (MAINE-ET-LOIRE)

- **Itinéraire :** Saumur, le Pays saumurois.
- **Total :** 56 km.
- **Durée :** entre 3 heures et 5 heures 30, entre 20 et 10 km/h.
- **Difficulté :** facile à moyen, routes vallonnées.
- **Dénivelé positif :** 210 m

LIEUX	Km partiel	Km cumul	Routes
SAUMUR	0	0	Château de Saumur
CHACÉ	7	7	Rue du Maréchal-Leclerc Pont Fouchard Rue du Dolmen Rue du Vieux-Bagneux Rue des Gravelles (suivre D160) D205
SAINT-CYR-EN-BOURG	3	10	D93
SAINT-JUST-SUR-DIVE	3	13	D162
BALLOIRE	5,5	18,5	D178
EPIEDS	3,5	22	D266
BRÉZÉ	3,5	25,5	D93
FONTEVRAUD-L'ABBAYE	7	32,5	D162
MONTSOREAU	9	41,5	Centre-ville, Rue Robert-d'Arbrissel Rue de l'Hermitage Route de Couziers La Roncheraie
TURQUANT	3,5	45	D751, Chemin de Herpinière Route des Vins
SOUZAY-CHAMPIGNY	5,5	50,5	Route des Vins
SAUMUR	5,5	56	Chemin de la Rouaillière, D145 Route de Champigny Rue des Moulins

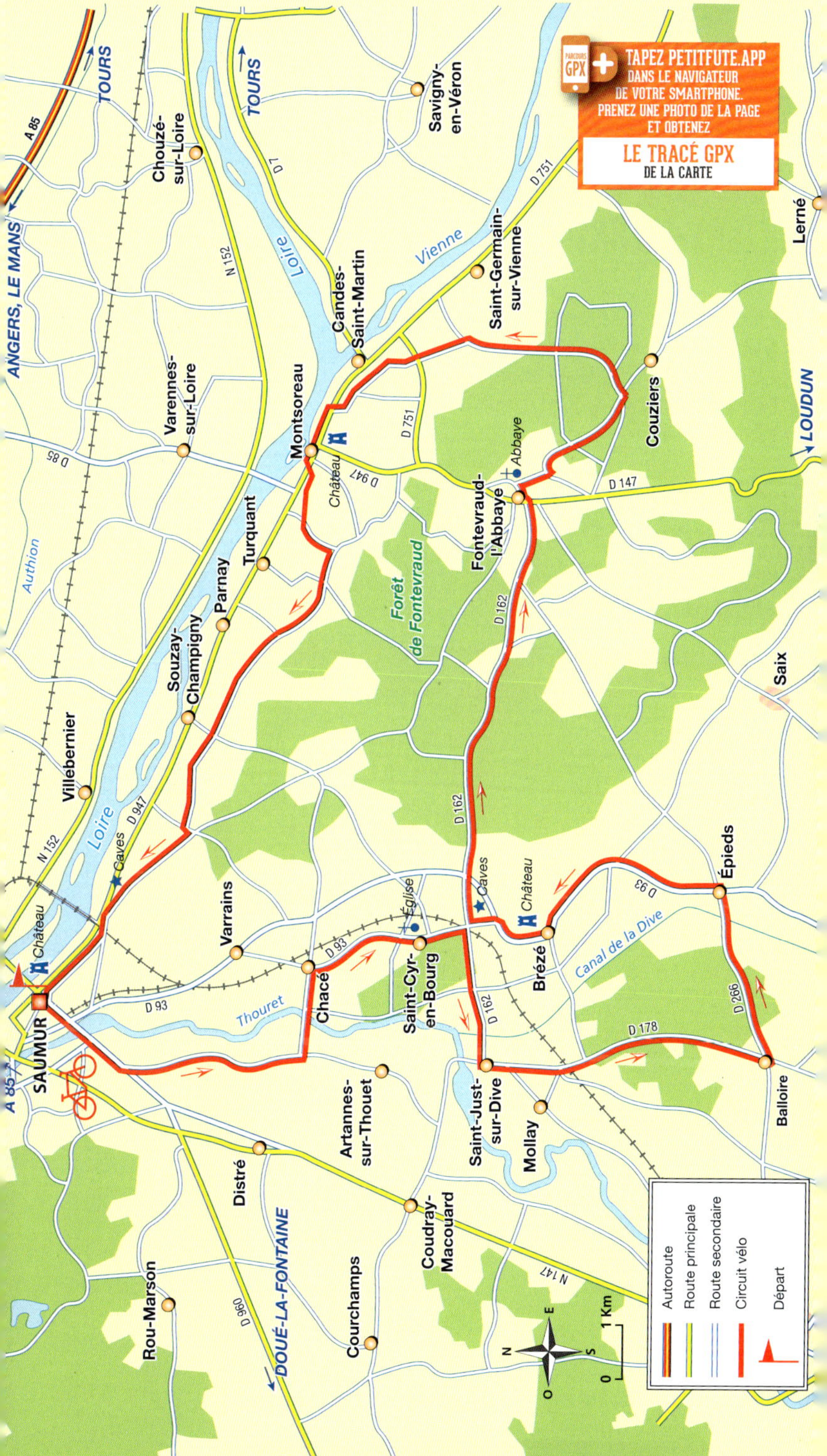

TAPEZ PETITFUTE.APP
DANS LE NAVIGATEUR
DE VOTRE SMARTPHONE.
PRENEZ UNE PHOTO DE LA PAGE
ET OBTENEZ
LE TRACÉ GPX
DE LA CARTE
Autoroute
Route principale
Route secondaire
Circuit vélo
Départ
0
1 Km
N
S
E
O
SAUMUR
Château
Villebernier
Souzay-Champigny
Parnay
Turquant
Montsoreau
Candes-Saint-Martin
Saint-Germain-sur-Vienne
Savigny-en-Véron
Chouzé-sur-Loire
Varennes-sur-Loire
Fontevraud-l'Abbaye
Abbaye
Forêt de Fontevraud
Couziers
Lerné
Saix
Varrains
Chacé
Saint-Cyr-en-Bourg
Église
Caves
Brézé
Épieds
Balloire
Mollay
Saint-Just-sur-Dive
Artannes-sur-Thouet
Distré
Coudray-Macouard
Courchamps
Rou-Marson
Loire
Vienne
Authion
Thouet
Canal de la Dive
TOURS
ANGERS, LE MANS
LOUDUN
DOUÉ-LA-FONTAINE
A 85
N 152
D 947
D 7
D 751
D 85
D 147
D 162
D 93
D 178
D 266
D 960
N 147

LE PARC NATUREL DE LA BRIÈRE

(LOIRE-ATLANTIQUE)

- **Itinéraire :** Parc naturel de la Brière.
- **Total :** 54 et/ou 61,5 km.
- **Durée :** entre 3 heures 30 et 6 heures, entre 20 à 10 km/h.
- **Difficulté :** facile, tour du Grand Étang de la Brière.
- **Dénivelé positif :** 70 m

LIEUX		Km partiel	Km cumul	Routes
MAISON DU PARC DE LA BRIÈRE		0	0	Île de Fredun
LA CHAPELLE-DES-MARAIS		10	10	D50 par Saint-Joachim
HERBIGNAC		7,5	17,5	Rue de la Saulzaie, D2, Sapillon, D33
SAINT-LYPHARD		7	24,5	D47
SAINT-ANDRÉ-DES-EAUX	PAR KERHINET	13,5	28	D51, *Kerhinet*, D48, D47
	PAR LE ROCHER DU ROHAIN	11	35,5	D47
LA CHAUSSÉE-NEUVE		3,5	31,5 39	D127
LE MARAIS-D'UST		5	36,5 44	D127, D47, route de Brais, route de l'Angle
BERT		6	42,5 50	Route de Quémeneau, route de Cuneix, Marsac, route des Grenouillères, Aucard-Trembly, rue des Grimaudières
SAINT-MALO-DE-GUERSAC		5	47,5 55	Route de Bert, Loncé, rue des Pâtures, Le Pin, D50
SAINT-JOACHIM		5	52,5 60	D50
MAISON DU PARC DE LA BRIÈRE		1,5	54 61,5	Route Maison du Parc

TAPEZ PETITFUTE.APP DANS LE NAVIGATEUR DE VOTRE SMARTPHONE. PRENEZ UNE PHOTO DE LA PAGE ET OBTENEZ
LE TRACÉ GPX DE LA CARTE
PARCOURS GPX
VANNES
N 165
D 774
D 315
Dolmen de Riholo
D 2
D 50
PONCHÂTEAU
Herbignac
Sapillon
D 33
la Chapelle-des-Marais
Sainte-Reine-de-Bretagne
Château de Ranrouet
D 33
D 33
D 47
D 51
D 774
D 83
D 83
D 50
Canal du Nord
Parc Naturel Régional de Brière
Crossac
Saint-Lyphard
GUÉRANDE
D 51
Saint-Joachim
D 47
Dolmen le Rocher du Rohain
Kerhinet
Dolmen
Maison du Parc
ILE FREDUN
Bréca
Canal de Bréca
Canal de Rozé
Rozé
Canal de Trignac
Saint-Malo-de-Guersac
la Chaussée-Neuve
D 48
D 127
D 47
le Pin
D 247
D 50
Lloncé
Parc ornithologique de Ker Anas
Bert
N 171
NANTES
Saint-André-des-Eaux
Trignac
GUÉRANDE
Aucard
Marais d'Ust
Trembly
la Baule-Escoublac
N 171
D 47
N 171
Autoroute
Route principale
Route secondaire
Circuit vélo
Départ
N
O
E
S
Saint-Nazaire
Loire
0
1 Km
D 92

BOUCLE DU DAVIAUD À VÉLO DEPUIS LA BARRE-DE-MONTS

Place de la Gare
LA BARRE DE MONTS - FROMENTINE
✆ 02 51 68 51 83
www.fromentine-vendee.com
Distance 11,7 km, environ 2h. Circuit facile.

Cette balade nature à l'est de La Barre-de-Monts vous fera découvrir le marais tel qu'il fut autrefois, avec ses levées de terre, ses chenaux d'eau salée et d'eau douce et ses vannes en bois qui aujourd'hui disparaissent sous la vase. Au départ de la mairie du village, votre itinéraire vous mène notamment à l'écomusée du Marais vendéen ; les curieux qui décideront de pousser ses portes en apprendront bien davantage sur cet espace paysager (ouvert de mars à septembre).

COMITÉ DÉPARTEMENTAL DE CYCLOTOURISME DE LA VENDÉE

202, boulevard Aristide Briand
LA ROCHE-SUR-YON ✆ 06 08 99 33 25
http://vendee.ffct.org
«La Vendée au fond du cœur», 5 boucles labellisées BPF, 1 grande boucle «Tour de Vendée», cyclotourisme 700 km.

Le comité de Vendée de la Fédération française de Cyclotourisme vous invite près de chez vous pour randonner sur les routes et sentiers, au travers d'un vaste choix de randonnées, tout au long de l'année. Vous y trouverez de quoi satisfaire votre passion à pratiquer la bicyclette que ce soit en sortie loisir, en passant aux courtes randonnées de type cyclo-découverte en famille. Les novices et les plus aguerris pourront partager la passion de la sortie à bicyclette.

COMITÉ DE CYCLOTOURISME DES PAYS-DE-LA-LOIRE

80, rue des Coteaux
SAUMUR
✆ 02 41 67 64 40

Le comité régional de cyclotourisme des Pays-de-la-Loire, composé des comités des 5 départements de la région, compte environ 11 000 licenciés répartis dans environ 220 clubs et membres individuels. C'est grâce à l'effort des bénévoles, qui animent clubs et comités, tout en accueillant et en conseillant les adhérents, que ceux-ci découvrent une pratique adaptée à leurs envies, dans un sport alliant trois composantes indissociables : tourisme, sport-santé et culture.

EN PAYS DE LA LOIRE

7, rue du Général de Bollardière
NANTES
✆ 02 40 89 89 89
www.enpaysdelaloire.com

L'agence régionale promeut le tourisme dans la Région des Pays de la Loire et présente toute la belle diversité des paysages, le patrimoine naturel et culturel, les ressources humaines et historiques, les multiples activités sur ce territoire d'une grande richesse. Venez découvrir les vignes et les vins made in Pays de la Loire, admirer les villes emblématiques, riches par leur histoire, leur architecture et patrimoine, ou profiter du littoral atlantique avec ses 450 kilomètres de côtes, ou encore suivre la Loire à vélo, à pied, sur l'eau...

COMITÉ DÉPARTEMENTAL DE CYCLOTOURISME DE LA SARTHE

29, boulevard Saint-Michel
LE MANS
www.sarthe-cyclisme.com

Bienvenue au comité de la Sarthe de la FFCT. Il ne suffit pas de traverser « le pays » pour le connaître. La Sarthe n'est pas un musée à visiter, mais bien une civilisation à rencontrer. C'est pour cette raison que chaque club vous propose des randonnées sur les routes de campagne et la visite de nombreux villages. Sur le site Internet, vous retrouverez tous les événements cyclistes du département et l'actualité autour de la petite reine. Pour de beaux moments sportifs.

L'ESTUAIRE À VÉLO

9, rue des États
NANTES
www.nantes-tourisme.com
Distance : 60 km (au total) ; difficulté : facile à difficile. Gratuit.

L'estuaire de la Loire abrite un véritable musée à ciel ouvert entre la ville de Nantes et Saint-Nazaire. Sur plus de 60 km, s'y succèdent une série de 33 œuvres contemporaines apportant chacune un regard singulier sur l'espace qui lui est dédié. Sortez vos vélos ou courez en louer un, et pédalez à votre rythme au gré de la brise ligérienne. Bien entendu, vous n'êtes pas obligé de vous rendre jusqu'à Saint-Nazaire ! Laissez-vous surprendre par cet itinéraire fléché, signalé au départ de Nantes et réconciliant la ville et son fleuve.

LA LOIRE À VELO

SAVENNIÈRES

✆ 02 41 23 51 51

www.loireavelo.fr

Ouvert toute l'année.

En selle ! Depuis Nevers, situé dans le centre de la France, jusqu'à Paimbœuf en Loire-Atlantique, le parcours « La Loire à Vélo » offre près de 800 kilomètres d'itinéraire balisé. Ce voyage permet de relier les prémisses du fleuve royal à son embouchure, sur la côte Atlantique. Le parcours, truffé de lieux incontournables, atypiques ou méconnus, est une véritable rencontre avec soi et les autres. À votre rythme, en famille, entre amis ou en solitaire, des centaines d'établissements vous accueillent tout au long de ce chemin magnifique et passionnant. En Maine-et-Loire, la Loire à Vélo mène de Montsoreau (commune frontalière de l'Indre-et-Loire) à Champtoceaux. Le parcours traverse le département de bout en bout, alliant pistes cyclables et petites routes peu fréquentées. Pour traverser Angers, deux itinéraires vous sont proposés : un premier par la ville, où l'on partage la route avec les autres véhicules, ou un second par le sud (via Trélazé et Les Ponts-de-Cé), où l'on jouit de la tranquillité des communes excentrées et de leurs paysages verdoyants. Après Angers, sur le chemin en direction de l'Atlantique, vous aurez l'opportunité de découvrir Savennières et ses paysages enchanteurs, ou encore l'île de Béhuard et son église à ciel ouvert, toutes deux classées « Petite cité de caractère ». Au départ de Bouchemaine, de Montjean ou d'ailleurs, rejoignez l'aventure d'où il vous plaira ! Retrouvez toutes les informations utiles dans les offices de tourisme du département, ou sur la page Facebook « Fan de Loire à Vélo ».

LA LOIRE À VÉLO EN MAINE-ET-LOIRE

Place Kennedy

ANGERS

✆ 02 41 23 51 51

www.anjou-tourisme.com

À quelques encablures d'Angers, nous avons la chance de pouvoir admirer l'un des plus beaux fleuves d'Europe et le plus grand de France ! Sur les 1 012 kilomètres qui le composent, 126 traversent le département. S'aventurer le long des rives angevines de la Loire, c'est d'abord contempler de magnifiques paysages : îlots sableux, villages en tuffeau, sans oublier ses célèbres châteaux. Pour trouver l'itinéraire qui vous sied le mieux, rendez-vous sur le site d'Anjou Tourisme.

LA LOIRE À VÉLO - LE MARAIS D'AUTHION

2, place du Port Charles Sigogne

LOIRE-AUTHION

✆ 02 41 57 01 82

www.loire-a-velo.fr

Itinéraire bis de La Loire à Vélo, ce parcours plat est idéal en famille. La vallée et les bords de l'Authion offrent un paysage rural typique sur lequel le frêne règne en maître. Dans ses étendues marécageuses se succèdent roselières animées par les oiseaux tels que le héron, espaces cultivés par les horticulteurs et maraîchers, moulins... 4 itinéraires classiques sont proposés au départ de Saint-Mathurin, ainsi que 4 circuits VTT (au départ de Brain-sur-l'Authion).

RANDONNÉES PÉDESTRES ET CYCLISTES

BRISSAC LOIRE AUBANCE

Blaison-Saint-Sulpice est réputé pour être un lieu privilégié pour les randonnées pédestres – plus de 60 kilomètres de sentiers balisés – et le VTT. Les randonneurs que n'effraient pas les fortes côtes découvriront de somptueux panoramas sur le fleuve et la vallée. Renseignez-vous également auprès de l'Office de tourisme Loire-Layon-Aubance (située à Chalonnes-sur-Loire, ayant aussi un bureau à Brissac) pour trois circuits en plus, dont deux accessibles aux cavaliers et aux vélos.

LES SENTIERS CYCLABLES DE VENDÉE

www.vendee-tourisme.com

Aujourd'hui, 1 000 km d'itinéraires cyclables sillonnent la Vendée. Sur ces sentiers, tout est mis en œuvre pour votre sécurité : voies en site propre ou à faible circulation, signalétique adaptée. Restez cependant vigilants et respectez scrupuleusement le code de la route. À terme, vous pourrez parcourir tout le littoral vendéen, une interconnexion avec la Loire-Atlantique au nord et le Marais Poitevin au sud vous permettra même de prolonger encore le plaisir.

LE VELOO DE LA FORET

105, rue Joseph Benatier - **LES SABLES-D'OLONNE**

✆ 06 10 52 42 59

www.veloodelaforet.fr/

Pour la location. Haute saison : 7/7 10h13h/14h-19h. Tarifs Journée : enfant 13 €, adulte 15 €. Vélo électrique 30 €/j.

Les vélos de Guénael ne manquent pas d'originalité avec leur robe noire à poids blancs. Il propose un large choix de modèles pour les petits et les grands, ainsi que des vélos électriques. Ce magasin proche du Super U propose la vente, la location et aussi la réparation de cycles. En plus de la location à l'heure, la demi-journée, journée ou plus, Guénael propose de faire des balades insolites (minimum 10 personnes) : brunch dans les marais, dégustation d'huîtres, rencontre avec un skipper... En saison, un autre point de location au Château-d'Olonne.

SENTIERS CYCLOS

DAMVIX

Brochure en vente disponible à l'office de tourisme de Maillezais qui décrit ces différents tracés avec précision.

Au départ de Damvix, trois circuits : des Vals d'Autize (33 km), des écluses (20 km), des frênes (20 km), qui vous promèneront à travers le Marais mouillé pour profiter de splendides paysages. Au départ du Mazeau, le circuit des Garennes (26 km) vous fera visiter les ports et cales caractéristiques de la région. Le port de Courdault sera le départ du circuit du halage (16 km) qui vous emmènera sur les anciens chemins de halage. Le circuit des Ragondins (16 km) débute à Saint-Pierre-le-Vieux et vous fera parcourir une petite boucle entre marais et plaine.

LE VIGNOBLE À VÉLO : ENTRE BRETAGNE ET ANJOU

LA BOISSIÈRE-DU-DORE

Ce circuit fait une boucle de 9 km au départ de la Boissière-du-Doré. En traversant la Divatte, vous pourrez faire une halte à la ferme de la Péquinière pour ensuite rejoindre le zoo. En passant devant les Tuileries, rejoignez le centre avec son église de style romano-byzantin, avant de revenir vers l'Aubinière et sa chapelle du XVIIe siècle. La fiche de ce circuit est disponible à l'office de tourisme du Loroux-Bottereau et elle est téléchargeable sur le site www.cc-vallet.fr.

UNION CYCLISTE NANTES ATLANTIQUE

25, rue Gaston-Turpin

NANTES

✆ 02 40 93 37 44

www.ucna.fr

La grande équipe cycliste nantaise, qui évolue au niveau DN1 (national), est aussi un vivier de jeunes talents. Une excellente formation également pour les jeunes amateurs, des minimes aux juniors qui pourront rejoindre plus tard les seniors, puisque toutes les catégories sont représentées. L'UCNA accueille également une école de vélo pour enfants. On y pratique notamment le cyclisme de route, de piste, le BMX, le VTT, le cyclo cross et d'orientation et le vélo Handisport.

VTT

VAL-DU-LAYON

Ouvert toute l'année.

Les coteaux du Layon et de l'Aubance, réputés pour leurs vins moelleux, font le bonheur des deux-roues. 13 circuits sont répertoriés selon leur niveau de difficulté. Ici, des tracés pour tous les niveaux (bleu, rouge, vert) vous emmèneront à travers les nombreux vignobles du coin où il fait bon goûter aux crus locaux, avec modération si vous devez remonter sur votre vélo…

- Le circuit de Beaulieu-sur-Layon à Bonnezeaux, avec son dénivelé de plus de 300 m et ses 38 km, promet des sensations fortes, doublées de joies esthétiques.

ALTERNATIVE BIKE NANTES

31, rue de Strasbourg - **NANTES**
✆ 09 50 16 58 11
www.alternative.bike
Ouvert du mardi au vendredi de 11h à 13h30 et de 14h30 à 19h ; le samedi de 10h à 13h30 et de 14h30 à 18h.

Implanté à Nantes, Laval, Paris, cette boutique promeut la mobilité électrique. On y trouve de nombreux vélos électriques (Peugeot, Gitane ou Matra) mais également tout aussi électriques, des trottinettes, des skates ou des gyropodes, engins à une ou deux roues. En résumé, tout ce qui est électrique et qui facilite le déplacement. Si ces nouveaux modes de transport vous intéressent, avant de penser achat, pensez location. Si vous êtes de passage à Nantes, la solution location sera souple et pratique pour découvrir la côte et ses chemins douaniers en vélo.

L'ATELIER DU POUPOUPIDOU

21, quai Ernest Renaud - **NANTES**
✆ 06 79 35 83 89
https://lepoupoupidou.fr
Lundi et jeudi de 8h à 16h. Mardi et mercredi de 11h30 à 17h. Vendredi de 8h à 19h30. Samedi de 10h30 à 19h30

L'histoire du Poupoupidou commence en 2015, quand Céline et Marc créent la pince à jupe à vélo afin de faciliter l'usage de la bicyclette en robe ou en jupe. L'accessoire mène le couple au concours Lépine où il reçoit la médaille d'argent. Il ouvre son atelier à vélo en 2017 à Nantes. Chez Poupoupidou, on répare vos bicyclettes, on monte l'assistance électrique sur votre vélo, et on vous propose des accessoires indispensables (perles pour les rayons, stickers réfléchissants, casques airbag et pliant de Overade, ponchos, paniers...). Une belle adresse !

L'AUTO BÉCANE

8, Rue de la Chaume - **L'ILE-D'YEU**
✆ 02 51 58 70 42
www.autobecane.fr
Basse saison : du lundi au samedi 9h-12h/14h-18h ; été : 7/7 9h-19h. Vélo à partir de 14,50 €/j. Scooter : 49 €/j.

Ouvert 10 mois de l'année, ce loueur à 50 m de la gare maritime propose la location de vélos, VTT, VTC, tandems, vélos enfants. Les parents rajouteront la remorque pour les plus petits – qui accueille deux enfants – ou, pour les tout jeunes apprentis cyclistes, une canne additionnelle. Pour les moins courageux, des scooters 2 places (49,9 cc), des motos – carburant et casque compris –, des voitures type Jeep, Dallas, ou des voitures « carrossées » de petit modèle, et pour les petits groupes, des voitures multiplaces (jusqu'à 8 personnes). Dépannage vélo gratuit.

BIKÉVASION

9, rue du Général Leclerc - **LE POULIGUEN**
✆ 02 40 24 09 10
www.bikevasion.fr
Basse saison : du mardi au vendredi 9h30-12h30 et 14h-18h. Haute saison : 7j/7 9h-13h et 14h-18h30.

Basé au port du Pouliguen-La Baule, venez découvrir la boutique de passionnés de cyclisme et de nature, convaincus que le vélo traditionnel ou électrique est un formidable moyen pour rencontrer librement des paysages, des lieux et des personnes. Vous pourrez y louer des vélos adultes et enfants, électriques, tandems, triporteurs et remorques. Parmi les vélos proposés à la location, vous retrouverez la gamme Neomouv. Vous pourrez tester tous les modèles pour la location comme pour la vente. L'établissement propose également des parcours adaptés gratuits.

BICLOO

12, rue Léon Maître - **NANTES**
✆ 01 30 79 33 44
www.bicloo.nantesmetropole.fr
Sans abonnement : 0,75 € la 1re 1/2h. BiclooPlus illimité avec abonnement 36 € : 0,50 € la 1re 1/2h.

Son garde-boue orange a envahi les rues de Nantes. Le bicloo, c'est le système de vélo en libre service de Nantes Métropole. La ville compte aujourd'hui 123 stations installées tous les 300 mètres, et propose pas moins de 1 230 vélos dans un périmètre élargi des facultés jusqu'au sud Loire et de la place Mellinet au boulevard Dalby, aux Nantais et aux touristes. C'est un service disponible 7 jours sur 7 et 24 heures sur 24. Les 30 premières minutes sont offertes. Bien entendu, un excellent moyen de découvrir la ville et de profiter des pistes cyclables.

LOUEURS / REVENDEURS

BLOO BIKE

12 bis, avenue de la Forêt - **SAINT-JEAN-DE-MONTS**
✆ 06 22 60 53 21
www.bloobike.fr
De Pâques à la Toussaint. Haute saison : 7j/7 10h-20h. VTC/VTT : 4 €/h, 14 € pour 1 jour. Vélo électrique, 1 jour 30 €.

Ce loueur propose la location de vélos de tous styles : VTC, VTT, tandems, rosalies ainsi que les sièges et remorques enfants. Pour les moins courageux, il y a aussi des vélos électriques. Durée de location de 1 heure à 28 jours. Équipements famille : casques et sièges gratuits. Idéal pour les amoureux ou les parents : le tandem. Quant aux rosalies, que vous avez certainement déjà croisées sur le remblai, c'est idéal pour les familles nombreuses puisque certaines accueillent jusqu'à 9 passagers. Assistance dépannage et atelier de réparation.

LES CYCLES DE LA BAIE

74, avenue du Général de Gaulle
PORNICHET
✆ 02 40 42 39 09
www.lescyclesdelabaie.fr
A partir de 8 € la demi-journée

Les amateurs de la petite reine seront comblés ici. Vous pourrez louer des vélos, en acheter ou bien faire réparer votre propre vélo. Vous trouverez également tout l'équipement nécessaire dans la boutique. La gamme de vélos de location des Cycles de la Baie se compose de vélos de ville, à assistance électrique, VTT, VTC, et de vélos de course. À noter que le magasin tient à votre disposition une zone de ravitaillement avec café et petits encas, l'occasion de reprendre des forces après votre balade. Vous obtiendrez à coup sûr ce que vous souhaitez.

CYCLABLE

25, quai de Versailles
NANTES
✆ 02 28 24 54 03
Du mardi au samedi de 9h à 19h.

Cyclable, c'est un peu la Mecque du vélo à Nantes si tant est que vous soyez un client exigeant avec un portefeuille plutôt bien garni. La qualité, ça se paye ! Vous trouverez ici une belle gamme de vélos, du triporteur familial au vélo de randonnée en passant par le désormais incontournable vélo à assistance électrique ou le vélo pliable, pratique pour combiner transports et pistes cyclables. Vous trouverez également de nombreux accessoires, notamment vintages (casques, sacoches, lampes, etc.) et un atelier pour faire réparer votre fidèle destrier à 2 roues.

CYCLES VAL D'HUISNE

49, avenue du Général de Gaulle
LA FERTÉ-BERNARD
✆ 02 43 71 44 44
Ouvert du lundi au samedi de 9h30 à 12h et de 14h à 18h30. Dés 10h le samedi et jusqu'à 17h30.

Une petite adresse bien pratique pour les cyclotouristes qui y trouvent tout ce qu'il faut pour l'entretien et la réparation de leur deux-roues, peu importe le modèle. Le lieu fait aussi boutique avec plusieurs modèles de vélos en vente, pour les adultes comme pour les enfants, tels que des VTT ou des VTC. De multiples accessoires et textiles sont également en vente. Louer des vélos y est possible, électriques ou non, le temps de votre séjour. Une escale de spécialiste sur votre itinéraire cycliste ! Le plus : les conseils et des prix honnêtes.

CYCLES CHARIER

23, avenue Joseph-Pineau
NOIRMOUTIER-EN-L'ILE
✆ 02 51 39 01 25
Du lundi au samedi, 8h-12h30 & 14h-18h30. En juillet-août tous les jours de 8h à 19h (dimanche 10h-12h30).

Les Cycles Charier, installés à Noirmoutier, vous accueillent tout au long de l'année pour la location de vélos. Vous aurez le choix parmi plusieurs types de vélos : VTT, VTC, entre autres. Depuis peu, la boutique loue des vélos à assistance électrique, idéals pour vous aider dans les montées et rendre vos déplacements plus confortables. Également des accessoires si besoin, comme remorques et porte-bagages. Les Cycles Charier vous accompagnent pour la réparation de vos vélos et fait aussi de la location de scooters. À vous les belles balades.

DÉTOURS DE LOIRE

Péniche «Drôle de barge» - **NANTES**
✆ 02 55 10 11 74
https://detoursdeloire.com/
Ouvert du lundi au samedi de 9h30 à 12h30 et de 16h à 18h30 ; le dimanche de 9h30 à 12h30 et de 17h30 à 19h.

Découvrez tranquillement la vallée de la Loire à vélo, ses trésors cachés et ses chemins de traverse avec l'agence Détours en Loire. Un concept simple : de Nevers à Saint-Brévin, des agences Détours de Loire et de nombreux partenaires (hôtels, campings) vous facilitent la location ou la restitution de votre vélo. Ainsi vous louez des vélos à Nantes et les rendez à Paimbœuf ou à Saint-Brévin. Détours de Loire propose également un service « clés en main » (hébergement, vélo, restauration, transfert de bagages et circuit à la carte).

L'ÎLOT FAMILLES

site des Chantiers
NANTES
✆ 07 60 22 74 81
www.ilot-familles.com
Horaires selon les périodes (voir site internet). A partir de 9 €/h pour un vélo adulte (5 € enfant).

Située sur l'île de Nantes, l'association L'îlot Familles propose une belle gamme de vélos à la location. Sa particularité est de faire la part belle aux transports adaptés aux familles avec des équipements dédiés comme les sièges enfants, les biporteurs, triporteurs et tandems dotés de cabine pour transporter les enfants les cheveux au vent. Certains vélos sont également équipés pour des personnes à mobilité réduite. Des tarifs avantageux sont réservés aux adhérents. Des conseils de balades sont d'ailleurs prodigués avec plans et cartes.

SARDINES À VÉLO

13, Boulevard de la Prairie-au-Duc - **NANTES**
✆ 02 51 72 37 42
www.sardinesavelo.com
Boutique du mardi au samedi 10h-12h30/14h-19h ; le samedi jusqu'à 18h. Atelier : du lundi au vendredi 10h-12h30/14h-19h.

Chez Sardines à Vélo, on vend et on répare votre bicyclette. Grâce aux conseils et à l'expertise de l'équipe vous trouverez le vélo qui vous convient, parmi quelques marques plutôt haut de gamme. Vous trouverez aussi un large choix d'accessoires : sacoches Ortlieb, porte-bagages Tubus ou casques Abus. Côté atelier (situé au 13, rue de la Tour-d'Auvergne), les doigts de fée de Rémi viendront à bout des roues crevées et de l'entretien de votre Petite Reine, quels que soient sa marque et son état ! Distributeur de chambres à air en libre-service à l'extérieur.

LE VEL' HOP

1, rue du Centre - **BARBÂTRE**
✆ 02 51 35 80 61
www.cyclhop.fr
D'avril à novembre. Été : 7j/7, 9h30-12h30/14h-19h. Vélo adulte, 11 €/jour, VTC 14 €, vélo électrique 30 €.

Si vous séjournez sur Barbâtre et que vous recherchez un loueur de vélos dans cette commune pour découvrir cette magnifique île propice aux balades à vélo, permettant de s'arrêter facilement pour faire de jolies photos des marais salants, ce loueur propose la livraison gratuite à domicile, l'assistance sur toute l'île si vous tombez en panne. Il propose une gamme de vélos de ville et VTC adultes, vélos à assistance électrique et aussi des vélos pour enfants avec la location des accessoires (carriole, paniers, etc.). Tarifs dégressifs si vous louez plusieurs jours.

VÉLO COMPANY

21, rue du Pertuis-Breton
LA TRANCHE-SUR-MER
✆ 02 51 30 40 50
Basse saison : du mardi au samedi de 9h30 à 12h30 et de 14h30 à 19h. Haute saison : tous les jours de 9h30 à 19h30.

Cette boutique réunit un atelier de réparations de cycles et la vente puisque c'est son parc qu'elle revend en partie chaque saison : VTT, VTC, vélos de ville ou pliants, vélos électriques, Cruiser, trottinettes, sans oublier les accessoires. Sur les deux sites (du centre-ville et du quartier de la Grière), on vous propose aussi des sorties et animations, à la journée ou à la demi-journée. Franchement, ces balades valent le coup. Des balades et randonnées encadrées où vous apprécierez les paysages qu'offrent la baie d'Aunis.

VELO HORIZON

49, avenue Jean Joxé - **ANGERS**
✆ 02 72 72 54 44
www.velo-horizon.fr
Ouvert du mardi au vendredi de 9h30 à 12h30 et de 14h à 19h ; le samedi jusqu´à 18h. Labellisé Loire à Vélo.

Anciennement Vert Event, ce spécialiste du vélo électrique a fusionné avec son voisin nantais Vélo Contact, expert du vélo classique. Le magasin de 300 m² est incontournable dans la ville d'Angers et abrite un large choix de vélos (toute catégorie) et de trottinettes également, des accessoires, ainsi qu'un atelier de réparation, d'entretien et de service après-vente. Il est possible d'y louer un vélo, électrique ou classique, à choisir parmi un panel d'une centaine vélos et de faire transférer vos bagages dans certaines villes le long de la Loire !

VELOCITE

6, rue de la Gare
ANGERS
✆ 02 41 18 13 21
www.angers.fr
Ouvert du mardi au samedi de 9h30 à 12h30 et de 14h à 19h. Fermeture à 18h le samedi.

Emprunter un vélo gratuitement durant plusieurs mois ? C'est possible, à Angers avec le concept Vélocité. Un concept économique et écologique, dont les étudiants sont friands, mais qui s'adresse bien à tout le monde. Pour bénéficier d'un des vélos du parc de la ville, il suffit simplement d'être majeur, domicilié à Angers ou d'y travailler au quotidien. Une fois inscrit, il ne vous reste plus qu'à ouvrir grand les yeux pour repérer ces fameux vélos. Toutes les informations pratiques sur Vélocité sont accessibles sur le site Internet de la ville.

ARLES, PORTE DE LA CAMARGUE

(BOUCHES-DU-RHÔNE)

- **Itinéraire :** Arles, porte de La Camargue.
- **Total :** 66 km.
- **Durée :** entre 3h et 5h30, 10 à 20 km/h.
- **Difficulté :** facile. Routes tranquilles sans aucun relief.
- **Dénivelé positif :** 20 m

TRAVELPETER - ADOBESTOCK

LIEUX	Km partiel	Km cumul	Routes
ARLES	0	0	D36
VILLENEUVE	14	14	D37
SALIN-DE-BADON	11	25	D36B
SAINT-BERTRAND	4	29	D36C
PEAUDURE	12	41	D36
SAMBUC	6	47	D36
ARLES	19	66	D36

TAPEZ PETITFUTE.APP
DANS LE NAVIGATEUR
DE VOTRE SMARTPHONE.
PRENEZ UNE PHOTO DE LA PAGE
ET OBTENEZ
LE TRACÉ GPX
DE LA CARTE
PARCOURS GPX
NÎMES
ARLES
Pont-de-Crau
Moulès
N 113
D 453
D 570
D 36
D 35
Marais
de Meyranne
SAINTE-MARIES-DE-LA-MER
SALON-DE-PROVENC
MARSEILLE
Sainte-Cécile
N 568
Azegat
Marais
de la Grand Mar
Villeneuve
D 37
D 37
D 36
Grand Rhône
D 35
D 24
FOS-SUR-MER
Mas Thibert
Étang
de Vaccarès
Sambuc
Mas
de Fielouse
Parc Naturel Régional
de Camargue
D 36
D 35
Salin de Badon
Peaudure
Saint-Bertrand
Badon
D 36
D 36C
Salin
de Giraud
N
O
E
S
0
2 km
Autoroute
Route principale
Route secondaire
Circuit vélo
Départ

DÉCOUVERTE DU MASSIF DES DENTELLES DE MONTMIRAIL (VAUCLUSE)

- **Itinéraire :** Découverte du massif des Dentelles de Montmirail.
- **Total :** 67,5 km.
- **Durée :** de 3 heures 30 à 7 heures, entre 20 et 10 km/h.
- **Difficulté :** facile à moyen. Routes entretenues et circulation tranquille.
- **Dénivelé positif :** 570 m

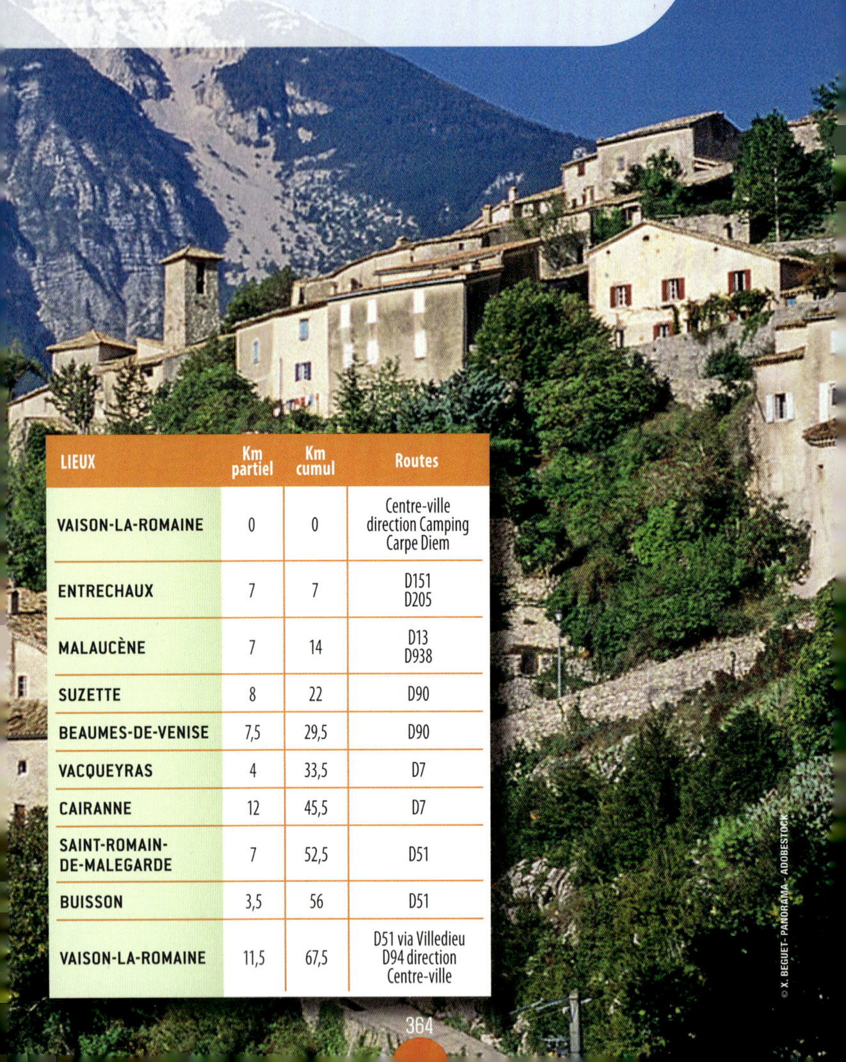

© X. BEGUET - PANORAMA - ADOBESTOCK

LIEUX	Km partiel	Km cumul	Routes
VAISON-LA-ROMAINE	0	0	Centre-ville direction Camping Carpe Diem
ENTRECHAUX	7	7	D151 D205
MALAUCÈNE	7	14	D13 D938
SUZETTE	8	22	D90
BEAUMES-DE-VENISE	7,5	29,5	D90
VACQUEYRAS	4	33,5	D7
CAIRANNE	12	45,5	D7
SAINT-ROMAIN-DE-MALEGARDE	7	52,5	D51
BUISSON	3,5	56	D51
VAISON-LA-ROMAINE	11,5	67,5	D51 via Villedieu D94 direction Centre-ville

NYONS
NYONS
D 94
D 538
DRÔME
Eygues
Visan
Mirabel-
aux-Baronnies
Saint-Maurice-
sur-Eygues
D 576
D 94
Tulette
Villedieu
ORANGE
D 51
Buisson
Saint-Romain-
de-Malegarde
D 20
D 94
Puyméras
D 46
Aigues
D 938
Saint-Romain-
en-Viennois
D 51
D 975
Roaix
D 975
D 977
VAISON-LA-ROMAINE
Cairanne
Rasteau
D 205
D 8
l'Ouvèze
Crestet
Entrechaux
D 938
D 13
Séguret
D 975
Sablet
VAUCLUSE
D 938
D 8
D 977
Montmirail
de
Dentelles
D 90
Malaucène
D 974
La Bégude
Suzette
Violès
D 8
D 19
D 977
Lafare
La Roque-
Alric
Vacqueyras
D 90
Le Barroux
Beaumes-
de-Venise
D 25
Caromb
D 938
Autoroute
Route principale
Route secondaire
Circuit vélo
Départ
N
O
E
S
0
2 km
CARPENTRAS

L'ESTEREL (VAR)

- **Itinéraire** : L'Esterel
- **Total :** 55,5 km.
- **Durée :** de 2 heures 45 à 5 heures 30, entre 20 et 10 km/h.
- **Difficulté :** intermédiaire à difficile. Routes tranquilles et plutôt vallonnées. Sauf la route principale où le débit de circulation risque d'être élevé.
- **Dénivelé positif :** 1 500 m

LIEUX	Km partiel	Km cumul	Routes
MANDELIEU-LA-NAPOULE	0	0	N7
TANNERON	12	12	D38
MONTAUROUX	13,5	25,5	D94
LES-ADRETS-DE-L'ESTEREL	15	40,5	D37
MANDELIEU-LA-NAPOULE	15	55,5	N7

Montauroux
Mouans-Sartoux
D618
D 109
D 562
DRAGUIGNAN
D 94
D 562
Barrage de Saint-Cassien
Auribeau-sur-Siagne
La Roquette-sur-Siagne
Pégonnas
Mougins
Tanneron
NICE
Lac de Saint-Cassien
D 38
D 138
D 109
A 8 - E 80
D 37
D 92
41
Cannes
40
39
A 8 - E 80
A 8 - E 80
MANDELIEU-LA-NAPOULE
Golfe de la Napoule
Les Adrets-de-l'Esterel
DN 7
DN7
Massif de l'Esterel
FRÉJUS, AIX-EN-PROVENCE
N
O
E
S
0
2 km
PARCOURS GPX
TAPEZ PETITFUTE.APP DANS LE NAVIGATEUR DE VOTRE SMARTPHONE. PRENEZ UNE PHOTO DE LA PAGE ET OBTENEZ
LE TRACÉ GPX DE LA CARTE
Autoroute
Route principale
Route secondaire
Circuit vélo
Départ

LA VALLÉE DU CHAMPSAUR (HAUTES-ALPES)

- **Itinéraire :** La Vallée du Champsaur.
- **Total :** 46 km.
- **Durée :** de 2 heures 30 à 5 heures, entre 20 et 10 km/h.
- **Difficulté :** facile. Routes tranquilles avec dénivelé sur quelques kilomètres.
- **Dénivelé positif :** 540 m

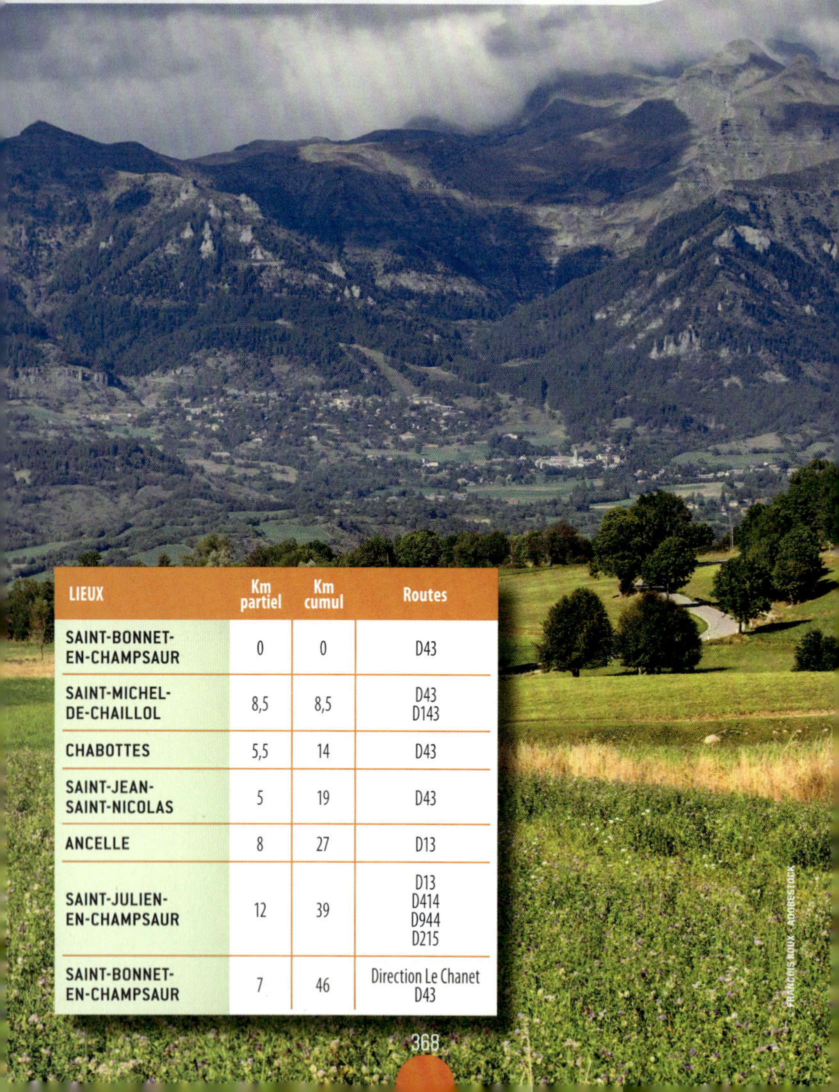

LIEUX	Km partiel	Km cumul	Routes
SAINT-BONNET-EN-CHAMPSAUR	0	0	D43
SAINT-MICHEL-DE-CHAILLOL	8,5	8,5	D43 D143
CHABOTTES	5,5	14	D43
SAINT-JEAN-SAINT-NICOLAS	5	19	D43
ANCELLE	8	27	D13
SAINT-JULIEN-EN-CHAMPSAUR	12	39	D13 D414 D944 D215
SAINT-BONNET-EN-CHAMPSAUR	7	46	Direction Le Chanet D43

FRANÇOIS ROUX - ADOBESTOCK

ORCIÈRES
Bénévent-et-Charbillac
Poligny
SAINT-BONNET-EN-CHAMPSAUR
N 85
D 143
Chaillol
1 600
Saint-Michel-de-Chaillol
D 43
Saint-Jean
Saint-Jean-Saint-Nicolas
Saint-Julien-en-Champsaur
Buissard
Chabottes
D 944
D 13
D 114
Saint-Laurent-du-Cros
Forest-Saint-Julien
Laye
Ancelle
GAP
Autoroute
Route principale
Route secondaire
Circuit vélo
Départ
TAPEZ PETITFUTE.APP DANS LE NAVIGATEUR DE VOTRE SMARTPHONE. PRENEZ UNE PHOTO DE LA PAGE ET OBTENEZ
LE TRACÉ GPX
DE LA CARTE
PARCOURS GPX
N
O
E
S
0
2 km

LES GORGES DU LOUP
(ALPES-MARITIMES)

- **Itinéraire :** Les Gorges du Loup.
- **Total :** 71,5 km.
- **Durée :** de 3 heures 45 à 7 heures 15, entre 20 et 10 km/h.
- **Difficulté :** intermédiaire à difficile. Routes sinueuses avec une seule longue ascension.
- **Dénivelé positif :** 1 000 m

LIEUX	Km partiel	Km cumul	Routes
VENCE	0	0	Centre-ville D2210
TOURETTES-SUR-LOUP	5	5	D2210
PONT-DU-LOUP	7	12	D2210
SAINT-PONS	11,5	23,5	D6 D3 D2
COURSEGOULES	12	35,5	D2
BOUYON	11	46,5	D8
LE BROC	8	52,5	D1
CARROS	3	55,5	D1
GATTIÈRES	6	61,5	D2209 direction Saint-Jeannet
VENCE	10	71,5	D2210

SASHA64F - ISTOCKPHOTO.COM

TAPEZ PETITFUTE.APP
DANS LE NAVIGATEUR
DE VOTRE SMARTPHONE.
PRENEZ UNE PHOTO DE LA PAGE
ET OBTENEZ
LE TRACÉ GPX
DE LA CARTE
PARCOURS GPX
Montagne du Cheiron
Plateau de Calern
Col de Vence
Bouyon
Bézaudun-les-Alpes
Le Broc
Carros
Gattières
la Roquette-du-Var
Saint-Martin-du-Var
ENTREVAUX
Gréolières
Saint-Pons
Coursegoules
Cipières
Le Loup
Bramafan
Observatoire
Saut du Loup
Coursmes
Cascade de Courmes
Gorges du Loup
Gourdon
Le Bar-sur-Loup
Tourettes-sur-Loup
VENCE
La Gaude
Saint-Paul
NICE
MONACO
Le Var
D 1
D 8
D 2
D 3
D 6
D 2209
D 2210
D 18
D 36
D 901
D 6202
D 6202B
A 8
52
N
S
E
O
0
2 km
Autoroute
Route principale
Route secondaire
Circuit vélo
Départ

LES GORGES DU VERDON (ALPES-DE-HAUTE-PROVENCE)

- **Itinéraire :** Les Gorges du Verdon.
- **Total :** 72,8 km.
- **Durée :** de 3 heures 10 à 5 heures 45, entre 20 et 10 km/h.
- **Difficulté :** moyen à difficile. Routes tranquilles et panoramiques de dénivelé modéré à prononcé.
- **Dénivelé positif :** 1 100 m

LIEUX	Km partiel	Km cumul	Routes
ALBIOSC	0	0	D82
ESPARRON-DE-VERDON	4	4	D82
SAINT-MARTIN-DE-BRÔME	7,8	11,8	D82
RAVIN-DE-LAVAL	8	19,8	D952 D8
VALENSOLE	12,5	32,3	D8
RIEZ	14	46,3	D6
MONTAGNAC-MONTPEZAT	10,5	56,8	D11 Rue Edouard Dauphin D11
ALLEMAGNE-EN-PROVENCE	8	64,8	D111
ALBIOSC	8	72,8	D15

Valensole
D6
D8
MANOSQUE
Roumoules
D953
D952
Riez
D11
Parc Naturel Régional
du Verdon
Château de Castellane
Allemagne-en-Provence
Montagnac-
Montpezat
D111
D952
Saint-Martin-
de-Brôme
Gréoux-
les-Bains
D82
ALBIOSC
Esparron-
de-Verdon
Lac
d'Esparron
Verdon
QUINSON
Sainte-Croix-
du-Verdon
Lac de
Sainte-Croix
Sainte-Laurent-
du-Verdon
N
O
E
S
0
2 km
Autoroute
Route principale
Route secondaire
Circuit vélo
Départ
PARCOURS GPX
TAPEZ PETITFUTE.APP
DANS LE NAVIGATEUR
DE VOTRE SMARTPHONE.
PRENEZ UNE PHOTO DE LA PAGE
ET OBTENEZ
LE TRACÉ GPX
DE LA CARTE

SUR LES CRÊTES DE LA SAINTE BAUME
(ALPES-DE-HAUTE-PROVENCE)

- **Itinéraire :** Sur les crêtes de la Sainte-Baume.
- **Total :** 59 km.
- **Durée :** de 3 à 6 heures, entre 20 et 10 km/h.
- **Difficulté :** facile à moyen. Routes tranquilles et une longue montée.
- **Dénivelé positif :** 750 m

© PIERRE VIOLET - ADOBESTOCK

LIEUX	Km partiel	Km cumul	Routes
SAINT-MAXIMIN-LA-SAINTE-BAUME	0	0	D64
MAZAUGUES	16	16	D64
PLAN-D'AUPS-SAINTE-BAUME	16,5	32,5	D95
SAINT-ZACHARIE	9,5	42	D480
SAINT-MAXIMIN-LA-SAINTE-BAUME	17	59	N560

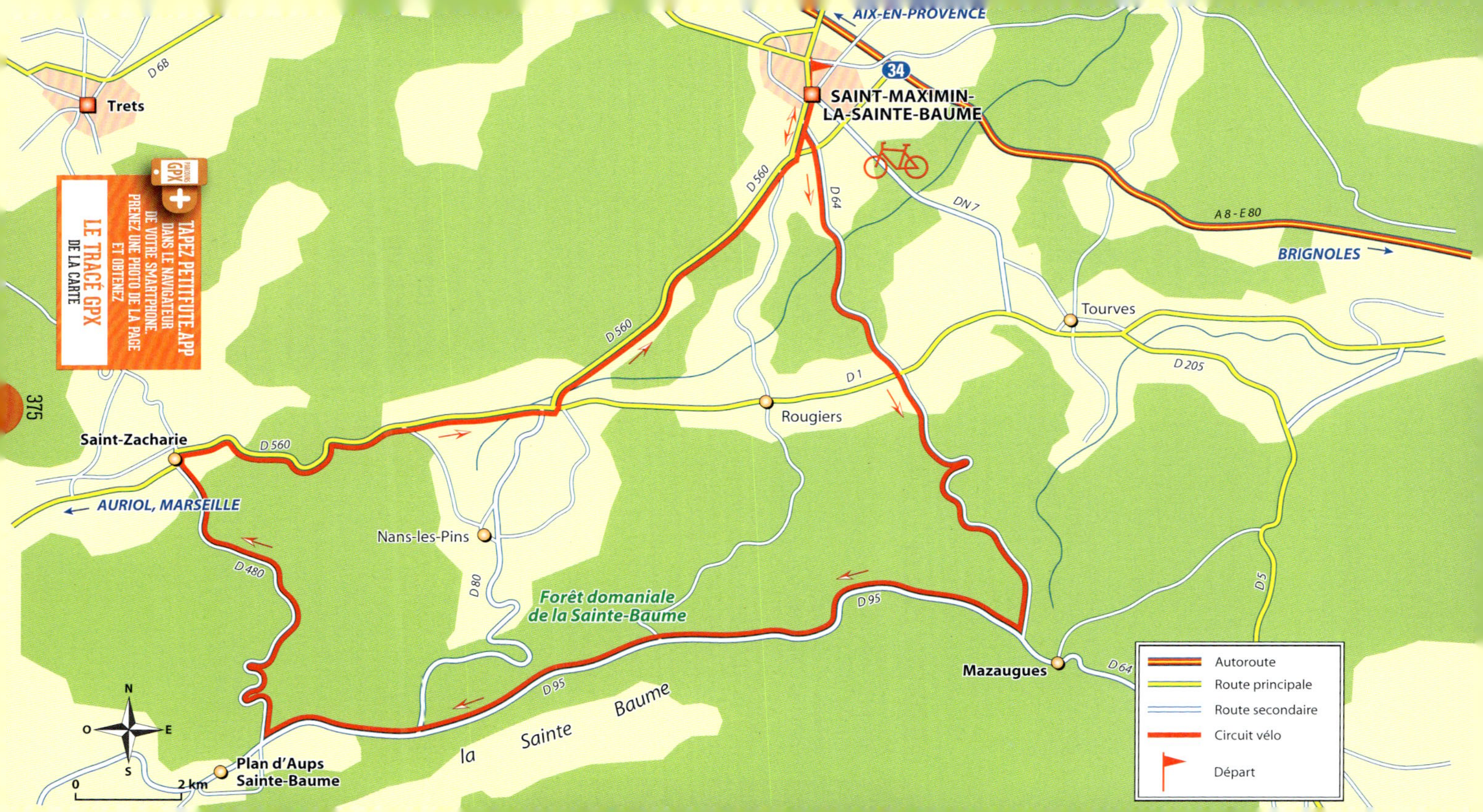
Trets
D 68
SAINT-MAXIMIN-
LA-SAINTE-BAUME
AIX-EN-PROVENCE
34
D 560
D 64
DN 7
A 8 - E 80
BRIGNOLES
Tourves
D 205
D 1
Rougiers
Saint-Zacharie
D 560
AURIOL, MARSEILLE
Nans-les-Pins
D 80
D 480
Forêt domaniale
de la Sainte-Baume
D 95
D 95
D 5
Mazaugues
D 64
la Sainte Baume
Plan d'Aups
Sainte-Baume
N
O
E
S
0
2 km
Autoroute
Route principale
Route secondaire
Circuit vélo
Départ

AVC AIX-EN-PROVENCE

35, chemin Albert-Guigou
AIX-EN-PROVENCE
✆ 04 42 39 12 35
www.avcaix.com

L'Amicale Vélo Club fait partie de l'élite du cyclisme amateur français. C'est l'un des clubs les plus importants du sud de la France avec plus d'une centaine de licenciés. Les plus jeunes peuvent également s'initier aux joies du vélo de manière ludique le mercredi après-midi. L'AVCA propose également des stages pour coureurs confirmés. Les nombreuses épreuves qu'elle organise sont très courues : la célèbre Ronde d'Aix mais aussi le grand prix du Pays d'Aix, grand prix de la Sainte-Victoire, le tour PACA, le trophée Sipec, la Provençale Sainte-Victoire…

VÉLO CLUB LA POMME MARSEILLE

462, boulevard Mireille-Lauze
MARSEILLE (11e)
✆ 04 91 35 16 10
www.veloclublapomme.com
Licence 28 € + adhésion 85 € ou 105 € (si encadré). Maillot offert.

Route, piste, cyclo-cross, cyclotourisme, VTT, toutes les pratiques sont ici représentées. La devise reflète assez bien l'esprit du Vélo Club. « Sport et convivialité ». Le club est ouvert à tous, des amateurs qui cherchent des compagnons de balade aux cyclistes confirmés qui souhaiteraient faire de la compétition. Sur le site du club, vous pourrez également consulter des annonces de ventes de vélos d'occasion qui ont servis à l'équipe pro la saison passée.

DÉCOUVERTE PACA

61, La Canebière
MARSEILLE (1er)
✆ 04 91 56 47 00
www.provence-alpes-cotedazur.com

Entre mer, collines et montagnes, Découverte PACA vous dévoile quelques propositions d'escapades pour vos courts séjours ou vos week-ends... Dans les Hautes-Alpes, dont de nombreux cols ont été rendus célèbres par le passage du Tour de France, les amateurs de la petite reine pourront suivre les traces des champions. De nombreux chemins sont également à la disposition des promeneurs qui privilégient la balade familiale aux exploits sportifs. Plus de 500 km de pistes ont été tracés pour les vététistes, adaptés aux différents niveaux.

VIAVÉLO

16, rue d'Italie
NICE
✆ 06 51 52 49 85
www.viavelo-nice.fr
Adhésion : 20 € par an.

Viavelo est une association gérée intégralement par des bénévoles permettant aux adhérents passionnés de la petite reine de se retrouver dans cet atelier pour échanger, entretenir ou trouver un moyen de recycler leur bicyclette, ou tout ce qui roule à la force des jambes. De la simple crevaison au réglage de la transmission en passant par le dévoilage... les mystères de la mécanique sont accessibles à tous dans la bonne humeur et dans une ambiance des plus conviviale. Apéro discutaille tous les 3e jeudi du mois de septembre à juin.

PROVENCE À VELO

www.provence-a-velo.fr

Bienvenue en Provence ! Ce portail vous propose des balades en famille et des circuits à travers la Provence entre amis, à la découverte du Luberon et du Mont Ventoux. Vous pourrez choisir votre circuit vélo selon votre pratique, vos envies ou selon les paysages traversés ; sillonnez la Provence en VTC. Des hôtels et des chambres d'hôtes de charme labellisées « vélo » vous réservent un accueil privilégié. Des week-ends ou séjours d'une semaine, pour profiter pleinement de vos circuits en vélo sans vous soucier du reste. À vous de choisir !

AIXPRIT VÉLO

3, Boulevard Aristide Briand
AIX-EN-PROVENCE
✆ 04 42 21 24 05
www.aixpritvelo.com
Ouvert le lundi, le mardi et du jeudi au samedi de 9h à 12h et de 14h à 18h.

Cette boutique propose location, vente ou réparation de vélos. Au choix : vélos de ville, vélos pliants, VTT ou tandems. Un service de location de vélos en ligne est proposé, via le site Internet : une bonne idée lorsque l'on vient de loin. Tarifs de location raisonnables à la demi-journée ou à la journée. Aixprit Vélo organise également des randonnées et balades, sportives ou non, à la carte. Ces sorties s'adressent à des groupes constitués de minimum cinq personnes. En selle pour «rouler» sur les pas de Cézanne et découvrir le refuge du peintre !

BIKE PARK

Station du Seignus - **LE SEIGNUS**
✆ 04 92 83 02 81
www.valdallos.com/bike-park-le-seignus
Accès par les remontées mécaniques ouvertes 7j/7 l'été, et les week-ends en juin. Accès VTT : 7,20 € la montée adulte

Grâce à ses 1 000 mètres de dénivelé, Le Seignus devient, durant la saison estivale, le lieu de prédilection des vététistes ! Avec 8 itinéraires de descentes balisées, débutants comme vététistes confirmés y trouveront leur compte. Le téléphérique et les deux télésièges du Clos-Bertrand et du Gros-Tapys permettent d'accéder facilement aux sommets des pistes : trois vertes, deux bleues, trois rouges. Le site est également labellisé par la Fédération française de cyclisme pour ses nombreuses boucles et itinéraires de cross-country ou boardercross.

CAFÉ DU CYCLISTE

16, quai des Docks - **NICE**
✆ 09 67 02 04 17
www.cafeducycliste.com
Du mardi au samedi de 8h30 à 18h. Dimanche de 8h30 à 13h30.

Cyclistes passionnés ou amateurs, ce magasin propose des vêtements et des accessoires pour hommes et femmes rigoureusement étudiés pour vous donner la plus grande satisfaction : des tissus de qualité et performants pour rouler en toute saison dans les meilleures conditions. Des vélos en location y sont également proposés. Mais ce qui fait la particularité de cet établissement, c'est bien l'espace café, cosy et très chic avec son ambiance boisée épurée, où vous pourrez échanger des conseils entre amateurs de cyclisme tout en dégustant un bon cappuccino.

CULTURE VÉLO

34, avenue des Vergers
CAVAILLON
✆ 04 90 78 07 06
www.cycling.fr
Ouvert du mardi au samedi de 9h30 à 12h et de 14h à 18h30.

Fraîchement installé, la boutique Cycling Cavaillon est sur un rond-point de la route qui va vers Avignon. Elle est immense et vous y trouverez tous les derniers modèles de vélo route, vélo urbain, VTC, et surtout les vélos électriques qui ont de plus en plus la cote en ce moment. Vous y rencontrerez les spécialistes du deux roues. Un atelier réparation est sur place, avec prise de rendez-vous en ligne. C'est le bon endroit pour tester le bolide que vous rêvez d'acheter. Consultez donc leur site Internet pour découvrir leurs offres.

CYCLES AJP

460, chemin de la Pioline
AIX-EN-PROVENCE
✆ 04 42 38 09 29
www.cycles-ajp-aix.fr
Ouvert le lundi de 14h à 19h ; du mardi au samedi de 10h à 19h.

Changement d'adresse pour cette enseigne qui était à l'étroit dans la boutique de l'avenue du Club Hippique. Du vélo utilitaire au vélo de loisir, le choix est conséquent, du neuf et de l'occasion dans de nombreuses marques et à tous les prix. Accessoires, pièces détachées et un grand choix aussi dans les accessoires de sécurité et de protection, casques, coudières, genouillères, combinaisons dorsales, gants chauffants pour l'hiver. Le service après-vente est assuré sur place, entretien, réglage et préparation de votre vélo. L'équipe est jeune et dynamique.

CYCLES D'ÉMOTION BY MOBICITY

12, rue Gustave-Desplaces - **AIX-EN-PROVENCE**
✆ 04 42 39 90 37
www.cyclesdemotion.com
Ouvert du mardi au samedi de 10h à 12h et de 14h à 19h. Fermeture à 18h le samedi. Dès 45€ la journée.

Le magasin se situe en face de la gare SNCF et à 5 minutes de la gare routière. Cycles d'émotion propose à la vente et à la location, des vélos à assistance électrique dont il s'est fait une spécialité. Avec les VAE, vous arpenterez les ruelles de la vieille ville ou les boulevards extérieurs sans vous fatiguer car on ne dirait pas, mais du sud vers le nord, la ville monte ! L'autonomie peut aller de 30 à 100 km. L'occasion de faire un essai... vous serez conquis !

CYCLES ROBERT

13, boulevard Sixte-Isnard - **AVIGNON**
✆ 04 90 86 62 72
Ouvert du mardi au vendredi de 10h à 12h30 et de 14h15 à 19h ; le samedi de 10h à 12h30 et de 14h15 à 18h30.

Jean-Michel, qui a repris l'activité, fut dans les années 2000 un sportif de haut niveau. A l'extérieur, de multiples vélos d'occasion, des VTT et des vélos de route, de ville et à assistance électrique VAE : Wilier, T-Bird, Neomouv, Bottecchia en électrique, Merida, Cipollini ainsi que les e-bikes pliants signés. Aussi un rayon accessoires bien fourni et textile et un atelier de réparation toutes marques. Jean-Michel Robert et son équipe se feront un plaisir de partager la passion du vélo et de vous indiquer les bonnes randos cyclistes des environs.

CYCLOTOURISME

SAULT

Le pays de Sault, station verte de vacances, compte plus de 160 km d'itinéraires de randonnées VTT et plus de 260 km d'itinéraires pédestres, figurant sur des cartes et des topoguides diffusés par l'office de tourisme. En somme, de belles balades en perspective, à travers forêts de chênes et de pins, champs de lavande et de petit épeautre. À votre disposition à l'office de tourisme, vous trouverez également un cyclo-guide comportant 9 circuits vélo au départ de Sault dont 66 km au travers des gorges de la Nesque et 33 km par le plateau d'Albion.

LES GORGES DE LA NESQUE À VÉLO

Avenue de la Promenade
SAULT
✆ 04 90 64 01 21
www.saultenprovence.com
1h30 (facile).

Le canyon de la Nesque peut se découvrir à vélo, par une boucle de 65 kilomètres qui relie les communes de Villes-sur-Auzon, Méthamis, Sault et Monieux. Cet itinéraire à flanc de montagne étant assez long, il est réservé aux sportifs. Vous pouvez cependant l'aborder par tronçons pour faciliter la balade. Par exemple : seuls 6 kilomètres séparent Sault de Monieux. Profitez-en pour visiter ces deux villages qui offrent de beaux panoramas sur la vallée.

DÉCOUVERTE DU LUBERON SUR LA VÉLOROUTE DU CALAVON

APT
✆ 04 90 74 03 18
www.luberon-apt.fr
1h30. Facile.

Le trajet de la véloroute emprunte le tracé de l'ancienne voie ferrée Cavaillon-Apt. Le circuit, d'une trentaine de kilomètres, passe alternativement d'une voie verte à une route partagée. Vous pourrez par exemple partir du hameau de Lumière, suivre la vallée du Calavon et finir votre périple du côté de Castellet. Ne manquez pas le magnifique pont Julien, quelques kilomètres après Lumière, c'est une véritable merveille. Admirez le paysage provençal et ses villages perchés.

NATURE BIKE

1, rue de la République - **ORANGE**
✆ 04 90 34 75 08
www.nature-bike-provence.com
Location de vélos, voir site pour les tarifs.

On y loue des VTC, VTT, vélos de route ou vélos électriques. On vous propose des parcours au départ de la ville :

- **Circuit de la Pierre aux Galets :** 32 km de niveau déjà un peu expert. Le parcours est vallonné et traverse les vignobles. 3h.
- **Circuit d'Orange à Sérignan-du-Comtat :** 26 km. Découverte du village de Piolenc, des vignobles colorés alternent avec oliviers et chênes avec pour toile de fond le mont Ventoux et les Dentelles de Montmirail. Visite du village de Sérignan-du-Comtat, belles maisons provençales.

Les plans sont disponibles à l'office de tourisme

PISTE CYCLABLE ENTRE LA BARQUE ET TRETS

✆ 04 42 16 11 61

www.aixenprovencetourism.com

12 km. Facile.

Une piste cyclable en alternative à la voiture et à la très encombrée D6 entre Fuveau et Trets. Son revêtement lisse, son très faible dénivelé et ses très beaux points de vue sur la Sainte-Victoire constituent d'autres arguments de taille qui, peut-être, vous convaincront d'abandonner définitivement le volant au profit du guidon ! Et si vous êtes encore réticent, laissez-vous au moins tenter par quelques coups de pédales pour le plaisir. Départ du hameau de La Barque, sur la D96.

RANDO-VÉLO SUR LE PLATEAU DE VALENSOLE

« Doux » : voici certainement le plus approprié des adjectifs pour qualifier cet itinéraire… Doux d'abord pour son relief : évoluant sur le plateau de Valensole, ce ne sont pas les rudes montées qui viendront vous épuiser ! Doux, ensuite, pour ses paysages provencaux, qui se révélent toujours plus colorés au fil des kilomètres avalés. Doux, encore, pour l'atmosphère si singulière qui règne dans cet environnement.

- **Tarif :** gratuit.
- **Durée :** 2h.
- **Difficulté :** moyenne.

ROC D'AZUR

Base nature François Léotard

FRÉJUS

✆ 09 69 36 88 21

www.rocazur.com

En octobre. Inscription en ligne sur le site de l'événement et sur la page Facebook.

C'est le plus grand événement VTT au monde. Implanté depuis 1997 à Fréjus et à Roquebrune-sur-Argens, l'épreuve-reine du VTT fait des émules : ce sont plus de 20 000 participants qui sont attendus chaque année. Amateurs et professionnels de tous âges sont de plus en plus nombreux à s'aligner aux départs des différentes courses proposées. Pendant cinq jours, de nombreuses animations sont proposées sur les différents sites de la base nature de Fréjus. Le Roc d'Azur est aussi un salon du cycle qui réunit les plus grandes marques du vélo.

ROLLER STATION

49, quai des Etats-Unis - **NICE**

✆ 04 93 62 99 05

roller-station.net

Ouvert 7j/7 de 11h à 18h d'octobre à mars et jusqu'à 20h d'avril à septembre. Location vélo 18 €/jour, rollers 15 €.

La location de vélo est une idée très futée pour circuler durant l'été. Excellent accueil d'Eric et de toute son équipe. Chez Roller Station on vous propose de louer non pas que des vélos, mais aussi des trottinettes électriques, rollers, skateboards ou encore des longboards. La boutique est idéalement située à quelques pas de la Promenade des Anglais, qui relie Nice à Cagne-sur-Mer sur 20 km, en passant par l'aéroport. L'on vous indiquera par ailleurs tout le réseau cyclable de Nice et ses alentours. Une bonne adresse si vous passez par là.

LA ROUE LIBRE

11, rue Auguste-Gal - **NICE**

✆ 04 93 89 62 26

http://www.larouelibre.fr

Ouvert le lundi de 14h30 à 19h ; du mardi au samedi de 8h15 à 12h et de 14h30 à 19h. Location à partir de 25 €/jour.

La Roue Libre à Nice c'est plus de 30 ans de passion. VTT enduro, descente ou route, le choix est important. À l'atelier, vous pourrez profiter des conseils et du savoir-faire de ces professionnels lors d'une révision ou de la réparation de votre petite reine. Elle en ressortira toute neuve et fonctionnelle pour retourner fouler l'asphalte ou le tout terrain. Possibilité de louer un vélo de route à la journée ou à la semaine : 4 modèles Giant sont mis à votre disposition. Équipe professionnelle et à l'écoute. Une bonne adresse pour les cyclistes.

SUN E BIKE

1, avenue Clovis-Hugues

BONNIEUX

✆ 04 90 74 09 96

www.sun-e-bike.com

Ouvert en saison. Voir horaires sur le site. Présent aussi à Vaison-la-Romaine.

Agence qui vous propose une nouvelle façon de découvrir le Luberon et le Haut-Vaucluse en louant, à la journée ou demi-journée, des vélos électriques, peut-être pour les moins sportifs… Sont mis à votre disposition plusieurs circuits tout au long desquels il est possible de recharger ses batteries. Une solution agréable et écolo pour monter les côtes… Et pour des circuits organisés, on vous propose des journées découverte avec visite de domaines viticoles, de musées, pique-nique et fous rires en prime ! Et bien sûr un professionnel répare si besoin !

SUN-E-BIKE

2, rue Camille-Pelletan
SAINT-RÉMY-DE-PROVENCE
✆ 04 32 62 08 39
Haute saison : tous les jours de 9h à 18h30. À partir de 28 € la demi-journée. Tarifs dégressifs à partir de 3 vélos.

Avec ses 200 vélos électriques en location (à la demi-journée, à la journée ou à la semaine), Sun-e-bike propose de découvrir les Alpilles à travers six circuits : La route des oliviers ; A la découverte des Baux ; La découverte de l'abbaye de Frigolet ; Le tour des Alpilles ; Sur la route d'Arles ; Les terres agricoles. Plus besoin désormais de recharger les batteries en cours de route, grâce aux nouveaux vélos qui ont une très grande autonomie (entre 70 et 100 km). De quoi faire une très belle balade agréable et écolo. Vente de vélos électriques sur place.

VÉLO ATTITUDES

46, chemin de la Petite Bastide
VENELLES
✆ 04 42 54 19 04
www.veloattitudes.fr
Ouvert du mardi au samedi de 10h à 12h30 et de 14h à 19h.

Equipementier réputé en vélo avec une autre adresse à Aix-en-Provence (Giant Store), cette enseigne propose toutes les gammes à la vente, mais également des vélos d'occasion de toutes marques et de la location. On fait le tour du magasin pour jeter un coup d'œil au petit rayon d'articles de sportswear bien sélectionnés. Pratique, un atelier d'entretien et de réparation sur place vous reçoit sur rendez-vous de préférence. Le magasin qu'il vous faut pour vous lancer dans la pratique du vélo dans la région. Service de location également.

AU VELO ÉLECTRIQUE

64, rue Raphael-Ponson - **MARSEILLE** (8e)
✆ 09 50 95 22 22
www.veloland-marseille.fr
Ouvert du mardi au jeudi 12h-19h ; le vendredi et le samedi 10h-18h. Location vélo à partir de 59 € par mois.

Pour développer l'usage des vélos électriques dans la cité phocéenne, on vous propose de découvrir plus d'une centaine de modèles de qualité. Il est possible de s'initier à la pratique durant une journée et accompagné d'un moniteur diplômé. Vous pourrez également louer vélo et vélo électrique en solo. Cela vous convaincra peut-être à réinvestir la ville autrement en prenant soin de l'environnement. Un bon choix de vélos de ville, de VTT, VTC et de vélos pliants, des accessoires. L'atelier sur place se fera un plaisir de bichonner et entretenir vos deux-roues.

LE VÉLO SAINTOIS

19, avenue de la République
SAINTES-MARIES-DE-LA-MER ✆ 04 90 97 74 56
www.levelosaintois.camargue.fr
9h à 18h (février-novembre). VTT adulte : 15 € la 1/2 journée 20 € la journée. Électrique : 40 € la journée.

Toute l'année, le Vélo Saintois, situé au cœur du village, met à disposition son matériel deux-roues. Des VTT adultes mais aussi pour les enfants, des tandems, le Vélo Saintois pense à tout et à tous, même à vous donner une plaquette sur laquelle sont consignés de nombreux itinéraires, suivant votre état de forme (de 10 km à 70 km). La sympathique équipe se fera une joie de vous guider. Possibilité de louer 3 jours ou à la semaine. Par ailleurs, on vous délivrera de précieux conseils pour respecter les espaces naturels que vous traverserez.

VÉLORAIL DE HAUTE-PROVENCE

MALLEMOISSON
✆ 04 94 72 79 93
Tarif : 25 € le Vélorail 4-5 personnes (réservation obligatoire par téléphone). Durée : 2h maximum.

Le Vélorail se présente indéniablement comme un moyen original et convivial pour parcourir les kilomètres de rails désaffectés. Un engin en acier, deux à trois pédaliers, parfois quelques sièges pour les moins téméraires, et c'est parti pour un périple atypique à la conquête du patrimoine historique et culturel de l'Hexagone ! Arpentez les forêts, sillonnez les plaines, traversez ponts, tunnels et viaducs : un véritable retour en arrière à partager entre amis ou en famille !

VOIE VERTE DE CADEROUSSE

VILLES-SUR-AUZON
✆ 04 90 80 47 00
www.provenceguide.com
Tarif : gratuit. Durée : 1h. Difficulté : facile.

Construite en 2009, la Voie verte de Caderousse relie le centre du village aux rives du Rhône en empruntant une ancienne digue. Le chemin est donc entièrement sécurisé et accessible aux cyclistes, piétons et rollers. C'est une balade idéale pour un dimanche ensoleillé en famille ou pour faire un jogging à la sortie du travail. Cette voie s'inscrit dans deux grands projets cyclables : elle permet de rejoindre la via Venaissia, une autre Voie verte qui part de Jonquières. Elle sera aussi à terme reliée à la via Rhôna, un itinéraire reliant la Suisse et la Camargue.

5 CONSEILS POUR

VOTRE BALADE VÉLO EN FAMILLE

veloenfrance.fr
À vélo tout est plus beau !

Le vélo est une activité sportive qui se transmet de génération en génération. Rouler en famille, c'est partager un moment unique pour se ressourcer et se réunir autour d'une activité commune. La Fédération française de cyclotourisme vous apporte quelques conseils pour quelques sorties sympas durant les vacances… Essayez : ça plaira à tous les âges !

1. Votre parcours

Pour une sortie vélo, si vos enfants sont sur un vélo autonome, assurez-vous qu'ils aient acquis certaines bases pour rouler : suivre une trajectoire, pédaler de façon constante, reconnaissance de la signalisation routière.

Ensuite, côté condition physique, nous vous conseillons des parcours de niveau très facile à facile (vert / bleu côté code couleur, comme au ski). Il s'agira d'une distance ne dépassant pas 40 kilomètres pour une journée avec des enfants à partir de 12 ans, et 30 kilomètres sur la journée pour des enfants plus jeunes. Vous pouvez toujours opter pour une roue additionnelle, voire une carriole pour les plus petits. Nous vous invitons également à choisir un parcours au cours duquel vous pourrez faire des haltes avec d'autres activités (visites, pique-nique, jeux, etc.), afin de varier les plaisirs et toujours avoir un objectif à la sortie vélo !

Trouvez des circuits de différents niveaux de difficulté sur le site ***veloenfrance.fr***

2. Respectez le Code de la route et les autres usagers

Avec les enfants vous privilégierez les pistes cyclables et autres Voies vertes, ou encore des routes à faible circulation. Cela n'empêche pas de respecter les autres usages et les réglementations : priorité aux piétons, rouler à droite, stops, feux rouges… Pensez à vous mettre en file indienne chaque fois que les conditions de circulation l'exigent. La route ne vous appartient pas, il faut la partager.

Révisez en famille ses bons réflexes à vélo sur ***fvelo.abeilles-jeux.fr***

3. Votre matériel indispensable

N'oubliez pas le nécessaire de réparation et la pompe. Emportez vos papiers d'identité, de l'argent, de quoi vous orienter. Évidemment, à boire et à manger ! Le casque est obligatoire pour les enfants de moins de 12 ans, mais nous le conseillons aussi pour les adultes. Côté vêtements, vous opterez pour des tenues confortables de couleur claire. Vous pouvez aussi mettre des gants (utiles pour le confort et en cas de petite chute), et des lunettes (pour le soleil et des branches éventuels sur les chemins forestiers).

4. L'échauffement est essentiel

En début de sortie, pensez à utiliser de petits développements (pédalage facile), à partir avec une allure modérée, et constante. Cela permet de se familiariser à la route ou au chemin, d'être attentif à votre petit groupe. Si vous le pouvez, partez également face au vent afin que le retour soit moins pénible.

5. Les réflexes pour rouler en groupe

En groupe, votre progression doit donc être constante afin de limiter les à-coups. Un adulte à l'avant donnera ce rythme et l'adulte à l'arrière alertera pour temporiser. Des changements brusque du rythme entrainent de la fatigue supplémentaire, mais peuvent aussi poser des problèmes de sécurité. Pensez à anticiper vos changements de direction, de route ou de chemin (« *à droite* » et on met le bras), les arrêts éventuels (« *on s'arrête* »), avec des gestes et des paroles simples et compréhensibles par tout le monde.

INDEX

E

F

G

H

I

J

K

L

M

N

O

P

EDITION

Directeurs de collection et auteurs : Dominique AUZIAS et Jean-Paul LABOURDETTE

Auteurs : Marie-Charlotte AMBLARD, Priscilla PARARD, Sarah DEHAUT, Antoine GROGNET, Stéphan MONTOUCHET, Corine LACRAMPE, Jean-Paul LABOURDETTE, Dominique AUZIAS et alter

Directeur Editorial : Stéphan SZEREMETA

Rédaction France : Briséis CREAC'H-MENUT, Audrey VEDOVOTTO, Marie VIGNERON, Nicolas WODARCZAK, Mélanie PEILLET

Rédaction Monde : Laure CHATAIGNON, Morgane VESLIN, Pierre-Yves SOUCHET, Natalia COLLIER

FABRICATION

Maquette et Montage : Romain AUDREN, Julie BORDES, Delphine PAGANO

Iconographie et Cartographie : Anne DIOT, Julien DOUCET

WEB ET NUMERIQUE

Directeur Web : Louis GENEAU DE LAMARLIERE

Technical Project Manager : Hervé MARION

Développeurs : Guillaume BARBET, Adeline CAUX

Intégrateur Web : Mickael LATTES, Antoine DION

Webdesigner : Caroline LAFFAITEUR

Community Traffic Manager : Alice BARBIER, Noémie LE SAUX

DIRECTION COMMERCIALE

Directeur commercial : Guillaume VORBURGER

Coordinatrice des Régies commerciales : Manon GUERIN

Account Manager Marketplace : Leila ROUGEOT

Responsable Régies locales : Michel GRANSEIGNE

Responsables Développement régie inter : Jean-Marc FARAGUET et Guillaume LABOUREUR et Camille ESMIEU

Assistante commerciale Régie internationale : Leila ANTRI-BOUZAR

Chefs de Publicité Régie nationale : Caroline AUBRY, François BRIANCON-MARJOLLET, Perrine DE CARNE MARCEIN et Jonathan TOUTOUX

DIFFUSION ET PROMOTION

Directrice des Ventes : Bénédicte MOULET assistée d'Aissatou DIOP

Responsable des ventes : Jean-Pierre GHEZ assisté de Nelly BRION

Relations Presse-Partenariats : Jean-Mary MARCHAL

ADMINISTRATION

Président : Jean-Paul LABOURDETTE

Directrice des Ressources Humaines : Dina BOURDEAU assistée de Sandra DOS REIS et Eva BAELEN

Directrice Administrative et Financière : Valérie DECOTTIGNIES

Comptabilité : Guillaume PETIT, Aminata BAGAYOKO, Jeannine DEMIRDJIAN, Adama DIABY

Recouvrement : Fabien BONNAN assisté de Sandra BRIJLALL

Responsable informatique : Elie NZUZI-LEBA

PETIT FUTÉ LES PLUS BELLES BALADES DE FRANCE À VÉLO

LES NOUVELLES EDITIONS DE L'UNIVERSITE
18, rue des Volontaires - 75015 Paris.
✆ 01 53 69 70 00 - Fax 01 42 73 15 24
Internet : www.petitfute.com
SAS au capital de 1 000 000 € - RC PARIS B 309 769 966
Couverture : © ActiveLines - Shutterstock.com
© Vector Juice - Shutterstock.com
© paprika - Shutterstock.com
Impression : IMPRIMERIE CHIRAT - 42540 Saint-Just-la-Pendue
Achevé d'imprimer : mars 2023
Dépôt légal : 10/04/2023
ISBN : 9782305091433

Pour nous contacter par email, indiquez le nom de famille en minuscule suivi de @petitfute.com
Pour le courrier des lecteurs : info@petitfute.com

IMPRIMÉ EN FRANCE

R

S

T

U

V

W